Uni-Taschenbücher 40

UTB

Eine Arbeitsgemeinschaft der Verlage

Birkhäuser Verlag Basel und Stuttgart
Wilhelm Fink Verlag München
Gustav Fischer Verlag Stuttgart
Francke Verlag München
Paul Haupt Verlag Bern und Stuttgart
Dr. Alfred Hüthig Verlag Heidelberg
Leske Verlag + Budrich GmbH Opladen
J. C. B. Mohr (Paul Siebeck) Tübingen
C. F. Müller Juristischer Verlag – R. v. Decker's Verlag Heidelberg
Quelle & Meyer Heidelberg
Ernst Reinhardt Verlag München und Basel
K. G. Saur München · New York · London · Paris
F. K. Schattauer Verlag Stuttgart · New York
Ferdinand Schöningh Verlag Paderborn
Dr. Dietrich Steinkopff Verlag Darmstadt
Eugen Ulmer Verlag Stuttgart
Vandenhoeck & Ruprecht in Göttingen und Zürich

Russischer Formalismus

Texte zur allgemeinen Literaturtheorie
und zur Theorie der Prosa

Herausgegeben und eingeleitet
von Jurij Striedter

 W. Fink Verlag
München

© 1969, 1971 Wilhelm Fink Verlag, München
1981, 3. Auflage
Einbandgestaltung: A. Krugmann, Stuttgart
Druck: Hain-Druck GmbH, Meisenheim/Glan
Buchbindearbeiten: Großbuchbinderei Sigloch, Stuttgart

ISBN 3 7705 0626 X

INHALT

VORWORT ZUR EINSPRACHIGEN AUSGABE

Das vorliegende Buch hat in seiner ursprünglichen russisch-deutschen Ausgabe über das Echo in Fachkreisen hinaus auch in Besprechungen von Rundfunkanstalten sowie auflagenstarken Tages- und Wochenzeitungen ungewöhnlich große Zustimmung gefunden. Stellvertretend dafür mögen die folgenden Sätze von Peter Demetz aus seiner Rezension in der „Zeit" stehen: „Ein Arbeits- und Studienbuch ersten Ranges, mit dem die deutsche Slawistik endlich ihre *splendid isolation* verläßt und sich an den Kreis aller Literaturfreunde wendet. (...) Wissenschaftliche Präzision verbindet sich mit der energischen Entschlossenheit, allein das Wesentliche abzudrucken. (...) Striedters einleitende Abhandlung macht allen schrecklichen Vereinfachungen den Garaus. (...) Das Bedeutsamste liegt darin, daß Striedter das literarische Streitgespräch mit dem soziologischen Methodenstreit der sechziger Jahre verbindet."

Es galt also, das Buch dem ganzen großen Leserkreis, an den es sich wendet, in einer preisgünstigen Ausgabe zugänglich zu machen. Durch vier Entscheidungen wurde das möglich: 1. unveränderter photomechanischer Nachdruck nach der zweisprachigen Ausgabe; 2. Verzicht auf den für die meisten Benutzer funktionslosen russischen Text; 3. Reduktion des Buchformats bei geringfügiger Verkleinerung der Schrift (15 %); 4. Beibehaltung der alten Seitenzählung. Letzteres wahrt die Benutzbarkeit der Register, die sich von vornherein nur auf die einleitende Abhandlung und die Übersetzungen bezogen.

Das zunächst vielleicht befremdliche Kuriosum eines Buches ohne gerade Seitenzahlen in seinem Hauptteil schien demgegenüber nicht nennenswert ins Gewicht zu fallen; ebenso wenig der Umstand, daß die Textseiten, als Folge der Bedingungen des zweisprachig synoptischen Drucks, nicht gleichmäßig ausgefüllt sind. Der Entschluß zur Verkleinerung wurde dadurch erleichtert, daß der Textteil in der Originalausgabe in einer für Veröffentlichungen dieser Art ungewöhnlich großen Type gedruckt ist.

*

Herausgeber und Redaktion haben sich bemüht, verschiedene Auflagen der benutzten Texte zu berücksichtigen. Folgende Quellen lagen der Übersetzung zugrunde:

Abkürzungen wurden, soweit zum Verständnis notwendig, aufgelöst, bis auf die russischen Druckorte, für die einheitlich die bibliographisch üblichen Abbreviaturen stehen: M. Moskva; SPb. Sanktpeterburg; Pg. Petrograd; L. Leningrad. Die redaktionellen Anmerkungen, durch Sternchen gekennzeichnet, wurden möglichst knapp gehalten. Kurze biographische Angaben zu den in den Texten genannten Personen enthält das Namensverzeichnis am Ende des Bandes. Dort finden sich auch ein Sachregister und ein Werktitelindex.

An dieser Stelle sei Herrn Professor Roman Jakobson aufrichtig für das bereitwillige Einverständnis gedankt, seinen Realismus-Beitrag von 1921 abdrucken zu lassen.

Die Abhandlung Jakobsons und den ‚Mantel'-Artikel Ejchenbaums hat Dr. Karl Eimermacher übersetzt. Die übrigen Texte wurden von Helene Imendörffer (die Tynjanov-Beiträge, Ejchenbaums *skaz*- und ‚Leben'-Artikel sowie Vinogradovs Arbeit) und von Rolf Fieguth (die Šklovskij-Artikel und Ejchenbaums Leskov-Beitrag) übersetzt und von der Redaktion überarbeitet.

ZUR FORMALISTISCHEN THEORIE DER PROSA
UND DER LITERARISCHEN EVOLUTION

I

Der russische Formalismus, 1915/16 entstanden, in den zwanziger Jahren zur vollen Entfaltung gelangt und um 1930 unterbunden, findet seit etwa einem Jahrzehnt zunehmende Beachtung und Würdigung. Besonders seit dem Erscheinen von Victor Erlichs ausgezeichneter Monographie „Russian Formalism. History — Doctrine" (1955)[1] wurden Geschichte, Methode und Theorie dieser Schule auch im Westen weiteren Kreisen bekannt. Gleichzeitig vollzog sich im Osten, einschließlich der Sovetunion, seit Ende der fünfziger Jahre eine allmähliche Rehabilitierung der Formalisten verbunden mit Neuausgaben einzelner ihrer Schriften und mit indirekten oder direkten Rückgriffen auf Methoden und Erkenntnisse dieser Schule.[2] Starken Auftrieb erhielt dieses Interesse in jüngster Zeit sowohl im Westen wie im Osten durch die wachsende Bedeutung und Beachtung des Strukturalismus. Denn der russische Formalismus war während seines ganzen Bestehens eng verbunden mit der damals sich erst herausbildenden strukturalen Linguistik, die ihrerseits dem heutigen Strukturalismus in den verschiedenen Wissenschaftsbereichen entscheidende Impulse vermittelt hat. Schon die Person Roman Jakobsons, der ein Mitbegründer und Hauptrepräsentant des russischen Formalismus gewesen ist, dann Anreger und Mitglied des Cercle linguistique de Prague und damit des sogenannten Prager Strukturalismus wurde, und schließlich, in den USA, der modernen strukturalen Linguistik zur allgemeinen Anerkennung verhalf, macht deutlich, wie eng die personelle und methodische Verbindung ist.

Aber so sehr die Aktualität des Strukturalismus der Aktualisierung des Formalismus zugute kommt, so leicht kann eine zu enge Verbindung beider

---

[1] V. ERLICH. Russian Formalism. History — Doctrine. 's Gravenhage 1955, 2. überarb. Aufl. 1965. (Slavistic Printings and Reprintings, IV). DERS. Russischer Formalismus. Mit einem Geleitwort von René Wellek. München 1964 (Literatur als Kunst. Hrsg. von K. May und W. Höllerer).

[2] Als Beispiel für neue Editionen vgl.: JU. TYNJANOV. Problema stichotvornogo jazyka. Stat'i. M. 1965. Weitere Ausgaben s. Bibliographie im 2. Band. Zur Diskussion des Formalismus in sovetrussischen Zeitschriften vgl. V. V. KOŽINOV. Poètika za pjat'desjat let, in: Izvestija Akademii Nauk SSSR, Serija literatury i jazyka, tom XXVI, vyp. 5, M. 1967, S. 432—456 und die dort angegebene Literatur. Zur Fortsetzung formalistischer Methoden in der SU vgl. die Ausführungen über PROPP, S. XXVIII f. dieses Bandes; zu neuen Ansätzen auf formalistisch-strukturalistischer Basis in der SU vgl. Anm. 197; zu entsprechenden Tendenzen in anderen slavischen Ländern vgl. auch Anm. 173 und Anm. 196.

zu einer historisch wie methodisch etwas einseitigen Beurteilung der russischen Formalisten führen. Es besteht die Gefahr, nur jene Problemstellungen, Verfahren und Resultate des Formalismus für wesentlich zu halten, die sich von Anfang an mit denen der Linguistik berührten und später von der strukturalistischen Linguistik und Poetik systematisch ausgebaut worden sind, also vor allem Theorie und Analyse der poetischen Sprache und der Versstruktur. Andere Bereiche, wie z. B. die Theorie der erzählenden Prosa, der literarischen Genres[3] und der literarischen Evolution, die im russischen Formalismus selbst keine geringere Rolle spielten und von manchen Formalisten sogar als ihre eigentlich ›bahnbrechenden‹ Leistungen angesehen wurden[4], finden bei einer ausgesprochen linguistisch-strukturalistischen Rückschau weniger Beachtung oder werden sogar direkt als unbedeutend abgetan.[5]

Doch kann auch die fast entgegengesetzte Tendenz bestehen, zum Zwecke einer stärkeren Hervorhebung des heutigen Strukturalismus und seiner Eigenart zwischen ihm und dem vorausgehenden russischen Formalismus eine möglichst klare Grenze zu ziehen. In solchen Fällen wird gerne von der Namensgebung ausgegangen, d. h. der Unterschied beider ›Schulen‹ wird als Unterschied zwischen Form und Struktur definiert.[6] Doch ist das schon insofern problematisch, als der Name ›Formalismus‹ zunächst von Kritikern dieser Schule in polemischer Absicht geprägt wurde und zu Mißverständnissen verleitet. Die Formalisten selbst haben oft genug vor solchen Mißverständnissen und einer Festlegung ihrer Methode auf den Begriff der Form gewarnt. Auch vollzog sich bereits in der Entwicklung des russischen Formalismus selbst — und nicht erst als Fortsetzung oder gar Gegenthese durch den späteren Strukturalismus — der Übergang von einem noch eher statisch gefaßten Formbegriff (das Kunstwerk als Summe künstlerischer Verfahren) zu der Auffassung des literarischen Werkes und der literarischen Evolution als eines funktionalen und strukturalen Systems. Darin gehen Formalismus und Strukturalismus kontinuierlich ineinander über, nicht im Sinne einer bloßen Fortsetzung des ersten durch den zweiten, wohl aber im Sinne direk-

---

[3] Russisch ›žanr‹ bezeichnet bei den Formalisten, wie im Russischen überhaupt, sowohl ›Genre‹ als auch ›Gattung‹. Um diesen Zusammenhang zu wahren und zu betonen, daß die Formalisten mit ›žanr‹ grundsätzlich nicht die ›Gattungen‹ episch, dramatisch, lyrisch, sondern Gattungsformen wie Roman, Novelle, Ballade, Ode usw. oder ›Genre‹ in seinen verschiedenen Bedeutungen meinen, wird in der Einleitung wie in den Übersetzungen einheitlich der Terminus ›Genre‹ verwendet.

[4] B. ÉJCHENBAUM. Die Theorie der formalen Methode, in: DERS. Aufsätze zur Theorie und Geschichte der Literatur. Frankfurt/M. 1965, S. 33 (edition suhrkamp 119).

[5] Vgl. das Vorwort R. JAKOBSONS zur französischen Formalisten-Anthologie: Théorie de la littérature. Textes des formalistes russes, prés. et trad. par TZVETAN TODOROV. Paris 1965. Vgl. hierzu auch weiter unten S. XXIII.

[6] So z. B. bei C. LÉVI-STRAUSS. La Structure et la Forme. Réflexions sur un ouvrage de Vladimir Propp, in: Cahiers de l'Institut de science économique appliquée, Paris 1960, N⁰ 99, Série 7, S. 1—36. Vgl. hierzu auch diese Einleitung S. XXIX und S. LXXX.

ter methodischer Entsprechungen und Wechselwirkungen, die eine scharfe Trennung weder möglich noch erforderlich erscheinen lassen.[7] Versuche, diesen Zusammenhang zu zerreißen und einen formalistischen Zweig von einem strukturalistischen, eine frühe formalistische Phase von einer anschliessenden strukturalistischen säuberlich zu scheiden, münden unvermeidlich in die Konstruktion eines ›reinen‹, ›echten‹, ›orthodoxen‹ Formalismus, der dann festgelegt erscheint auf jene (und n u r jene) Momente, die dem späteren Strukturalismus widersprechen oder in ihm keine Rolle spielen. Dadurch entsteht ein einseitiges und viel zu statisches Bild des russischen Formalismus, der sich nicht nur durch seine Vielfalt, sondern auch durch die rasche Entfaltung und Wandlung der eigenen Methoden und Kategorien auszeichnet und zu dessen methodologischen Hauptforderungen es gehörte, die eigenen Methoden und Thesen beständig zu überprüfen, zu korrigieren und nötigenfalls durch angemessenere zu ersetzen.

Dem entspricht, daß die besten Selbstdarstellungen und Darstellungen des russischen Formalismus diejenigen sind, die die Theorie dieser Schule an ihrer Geschichte und damit zugleich die Geschichte des Formalismus als die konsequente Entfaltung einer Theorie der Literatur demonstrieren. Das gilt bereits für die erste, bis heute grundlegende umfassende Selbstdarstellung des Formalismus durch einen seiner Hauptvertreter: Boris Ejchenbaums „Die Theorie der formalen Methode" von 1925.[8] Ejchenbaum gibt hier eine Rückschau auf das erste Jahrzehnt des Formalismus anhand der Entwicklung der formalen Theorie in ihren wichtigsten Problembereichen. Und er schließt mit den für die Methodologie des Formalismus charakteristischen Sätzen:

> Nicht von ungefähr habe ich, obwohl mein Aufsatz den Titel *Theorie der formalen Methode* trägt, eine Skizze der Geschichte dieser Methode geliefert. Wir besitzen keine Theorie, die man als ein rundes, abgeschlossenes System darstellen könnte. Theorie und Geschichte sind für uns nicht nur in der Idee, sondern auch in der Praxis verschmolzen. Wir haben zu ausgiebig bei der Geschichte gelernt, als daß wir auf den Gedanken kämen, die Geschichte zu unterschlagen. In dem Augenblick, in dem wir uns selbst eingestehen müssen, daß wir eine alleserklärende, auf jeden Einzelfall aus Vergangenheit und Zukunft vorbereitete und einer Evolution weder bedürftige noch fähige Theorie unser eigen nennen — in diesem Augenblick werden wir zugleich eingestehen müssen, daß die formale Methode ihren Gang beendet, daß der Geist der wissenschaftlichen Forschung sie verlassen hat. Vorläufig ist es noch nicht so weit.[9]

Auch die grundlegende wissenschaftliche Darstellung des russischen Formalismus, das schon genannte Buch von Erlich, widmet den ganzen Teil der „History" dieser Schule, um sie erst im zweiten Teil als „Doctrine" zu

---

[7] Vgl. dazu die Ausführungen im letzten Kap. dieser Einleitung (S. LXXX f.) und besonders über das Programm JAKOBSONS und TYNJANOVS von 1928 (S. LXXXI ff.).

[8] B. EJCHENBAUM. Teorija „formal'nogo" metoda, in: DERS. Literatura. Teorija. Kritika. Polemika. L. 1927, S. 116—148. Zitiert wird im folgenden nach der deutschen Übersetzung von A. Kaempfe (vgl. Anm. 4).

[9] Op. cit., S. 52.

erörtern.[10] Und während im ersten Teil die Darlegung der ›Geschichte‹ dieser Schule zu einem überzeugenden Bild ihrer Theorien und Methoden und deren Wandlungen in den verschiedenen Anwendungsbereichen wird, bleibt der zweite Teil, der sich um eine systematische Zusammenfassung und Bewertung des Systems bemüht, problematisch, da sich die formale Methode einer solchen Systematisierung als ›Doktrin‹ widersetzt.[11]

Da inzwischen sowohl der Artikel von Èjchenbaum als auch das Buch von Erlich in deutscher Übersetzung erschienen sind, braucht die Geschichte des russischen Formalismus hier nicht noch einmal dargestellt zu werden. Ebensowenig ist es nötig, erneut zu erörtern, an welche ›Vorläufer‹ die Formalisten anknüpften, von wem sie polemisch abrückten, gegen wen sie sich durchzusetzen hatten und wie sie zum Schweigen gebracht wurden. Es genügt vielmehr, ihre Methode und deren methodologische Voraussetzungen so weit zu kennzeichnen, als nötig ist, um jene beiden Problembereiche darzustellen, denen die formalistischen Texte dieses ersten Bandes unserer Ausgabe hauptsächlich gewidmet sind, d. h. der Theorie und Analyse der erzählenden Prosa und ihrer Genres und der Theorie der literarischen Evolution.

II

Die russischen Formalisten selbst verstanden ihren Beitrag als eine „Theorie der Literatur".[12] Daher empfiehlt es sich, vor der Frage, was sie als Literatur definierten, die andere Frage zu stellen, was sie unter einer Theorie verstanden bzw. welche Art Wissenschaftstheorie sie praktizierten. Sowohl bei Erlich als auch in Todorovs Einleitung zur neuen französischen Anthologie formalistischer Texte[13] ist vom extremen Positivismus oder Empirismus der russischen Formalisten die Rede, teils wohlwollend als „Pathos des wissenschaftlichen Positivismus"[14], teils polemisch als „positivisme naïve", als bei den „empiristes" übliche methodologische Naivität.[15] Das trifft auf manche Behauptungen und Positionen besonders des frühen Formalismus zu. Doch sollte in einer deutschen Abhandlung das Wort Positivismus schon deshalb mit Vorsicht behandelt werden, weil es in Deutschland im Bereich der Geistes- und Literaturwissenschaft im allgemeinen etwas anderes bezeichnet.

---

[10] In der deutschen Übersetzung als „Teil I. Geschichte" und „Teil II. Lehre".

[11] Vgl. dazu das Zitat ÈJCHENBAUMS weiter unten auf S. XIV.

[12] So der Titel des Buches von B. TOMAŠEVSKIJ. Teorija literatury. Poètika. M. 1925. Vgl. auch die Titel des im gleichen Jahr erschienenen Buches von V. ŠKLOVSKIJ. O teorii prozy. M. 1925 und der schon zitierten, ebenfalls 1925 verfaßten Schrift ÈJCHENBAUMS „Teorija ›formal'nogo‹ metoda" u. a. m.

[13] Vgl. Anm. 5.

[14] V. ERLICH. Russischer Formalismus, S. 80 (ÈJCHENBAUM-Zitat); aber gleich anschließend: „Dieser kämpferische, um nicht zu sagen naive, Empirismus der formalistischen Wortführer . . ." (ibd.).

[15] TODOROV, op. cit., S. 19.

Empirismus hingegen ist ein im Rahmen der deutschen Literaturwissenschaft kaum gebräuchlicher und zu Mißverständnissen verleitender Begriff.

Es mag an der andersartigen philosophischen und geisteswissenschaftlichen Tradition liegen, daß die heute auf internationaler Ebene geführte wissenschaftliche Diskussion über Möglichkeiten und Grenzen der Anwendung empirischer Methoden im Bereich der Sozial- und Geisteswissenschaften von der deutschen Literaturwissenschaft noch kaum zur Kenntnis genommen, geschweige denn systematisch verarbeitet und mit den eigenen methodologischen Traditionen konfrontiert worden ist. Dem gegenüber hat die deutsche Sozialwissenschaft und ihre Methodologie diese Methodendiskussion mit vollzogen, ja sie hat gerade in jüngster Zeit aktiv zu ihr beigetragen und dabei auch gelegentlich die linguistischen und historisch-hermeneutischen Methoden mit erörtert.[16] Vom Standpunkt dieser Methodendiskussion könnte der (frühe) Formalismus und seine Art der Theoriebildung als eine nomologische oder „nomothetische" Theorie[17] angesehen werden. Die Voraussetzungen, Intentionen und Verfahrensweisen solcher Theorien sind besonders von K. R. Popper dargelegt und begründet worden.[18] Doch genügt im Blick auf die Position und Methode des Formalismus die knappe Unterscheidung, die J. Habermas in seinem kritischen Überblick über den derzeitigen Stand dieser Methodendiskussion bietet.[19] Er unterscheidet die „nomologischen Wissenschaften, die Gesetzeshypothesen über empirische Gleichförmigkeiten gewinnen und prüfen" von den „historisch-hermeneutischen Wissenschaften, die tradierte Sinngehalte aneignen und analytisch verarbeiten".[20] Nomologische Aussagen beanspruchen weder Sinndeutungen zu sein, noch das Wesen ihres Gegenstandes durch Definitionen zu bestimmen. Sie verstehen sich als Arbeitshypothesen, die aus Beobachtungen gewonnen

---

[16] Eine Zusammenstellung von Beiträgen bietet: Theorie und Realität. Ausgewählte Aufsätze zur Wissenschaftslehre der Sozialwissenschaften. Hrsg. von HANS ALBERT. Tübingen 1964. (Die Einheit der Gesellschaftswissenschaften. Bd. 2). Zur kritischen Zusammenfassung und Fortsetzung dieser Methodendiskussion vgl. JÜRGEN HABERMAS. Zur Logik der Sozialwissenschaften. Tübingen 1967. (Sonderheft der Philosophischen Rundschau, Beiheft 5, Februar 1967).

[17] Wissenschaftsgeschichtlich bildete den Bezugspunkt der russischen Formalisten selbstverständlich noch nicht die erst später entwickelte nomologische Theorie- und Wissenschaftskonzeption, sondern eher die der Phänomenologie (zum Einfluß der Phänomenologie auf die Formalisten vgl. ERLICH, op. cit., S. 69 f.). Zum Problem Formalismus und nomologische oder nomothetische Wissenschaft vgl. auch R. JAKOBSONS Formulierung in seinem Vorwort zur französischen Formalisten-Anthologie, S.10: „L'histoire de la littérature se trouvait dotée d'un fil conducteur et promettait de rejoindre les sciences nomothétiques".

[18] K. R. POPPER. Logik der Forschung. Wien 1935; erweiterte engl. Ausgabe: The Logic of Scientific Discovery. London 1959. Vgl. auch die beiden Beiträge POPPERS bei H. ALBERT, op. cit., im Abschnitt I „Theorien als nomologische Systeme" (S. 73 ff.).

[19] Vgl. Anm. 16.

[20] J. HABERMAS, op. cit., S. 3.

und durch erneute Beobachtung verifiziert oder „falsifiziert"[21] werden können und müssen. Der Anspruch auf Wissenschaftlichkeit beruht hier gerade nicht auf dem Kriterium absoluter Wahrheit, sondern auf dem der Falsifizierbarkeit.

Wie sehr eine solche Auffassung von Wissenschaft und Theoriebildung mit der des russischen Formalismus übereinstimmt, zeigt bereits Éjchenbaums Formulierung zu Beginn seiner „Theorie der formalen Methode":

> Ein komplettes System, eine in sich geschlossene Doktrin besitzen wir nicht und haben wir nie besessen. In unserer wissenschaftlichen Arbeit schätzen wir die Theorie bloß als Arbeitshypothese, mittels derer die Fakten entdeckt werden und einen Sinn bekommen: in ihrer Gesetzmäßigkeit sowie als Material für die Forschung. Deshalb geben wir uns nicht mit Definitionen ab, nach denen die Epigonen so dürsten, und errichten keine allgemeinen Thesen, an denen die Eklektiker so hängen. Wir stellen konkrete Grundsätze auf und halten uns daran, sofern sie vom Material verifiziert werden. Wenn das Material ihre Differenzierung oder Veränderung erheischt, dann ändern und differenzieren wir die Grundsätze. In diesem Sinne sind wir unabhängig von unseren eigenen Theorien, wie es sich für die Wissenschaft auch gehört; denn Theorie und Überzeugung ist zweierlei. Fertige Wissenschaften gibt es nicht — Wissenschaft vollzieht sich nicht in der Aufstellung von Wahrheiten, sondern in der Überwindung von Irrtümern.[22]

Die Übereinstimmung scheint so frappierend, daß sich sofort auch die Frage einstellt, die bis heute die zentrale Frage im methodologischen Streit zwischen den ›empirisch-nomologischen‹ und den ›historisch-hermeneutischen‹ Wissenschaften ist. Lassen sich Grundsätze und Kategorien, die in den naturwissenschaftlichen Disziplinen gelten, ohne weiteres auf alle Bereiche der Sozialwissenschaften und auf die Geisteswissenschaften übertragen? Wird hier nicht ein unkritischer Begriff von ›Fakten‹ und ›Gesetzmäßigkeiten‹ vorausgesetzt und die ›Beobachtung‹ solcher Fakten als selbstverständliche, nicht weiter zu reflektierende Ausgangsbasis proklamiert? Wenn es die Naturwissenschaften mit Aussagen über Fakten oder Sachverhalte zu tun haben, so sind die Fakten der Sozial- und Geisteswissenschaften bereits Tatsachen, die durch bestimmte Sinnvorstellungen mitbedingt und insofern ›intentional‹ sind; und sie liegen weitgehend dem Forscher nur als Aussagen vor, die bereits bestimmte Sinndeutungen enthalten (als sprachlich formuliertes historisches Dokument, als sprachliche Äußerung des Partners im Interview usw.).[23] Für die Literaturwissenschaft läßt sich darüber hinaus sogar sagen, daß sie es statt mit Aussagen ü b e r Fakten mit Aussagen a l s Fakten zu tun hat.

---

[21] Der Terminus ›falsifizieren‹ wird hier verwendet, da er sich als Entlehnung aus dem Englischen auch in der deutschen Diskussion eingebürgert hat, obwohl es sich um eine wenig glückliche, ja mißverständliche Übertragung handelt, da englisch ›falsify‹ sowohl ›fälschen‹ als auch ›falsch nachweisen‹ bezeichnet, während im Deutschen ursprünglich nur die erste, in diesem Zusammenhang irreführende Bedeutung gebräuchlich war.

[22] B. ÉJCHENBAUM, op. cit., S. 8.

[23] Vgl. dazu auch HABERMAS, op. cit., besonders Kap. III und IV.

Oder anders formuliert: für diese Wissenschaft ist nicht nur ihr Gegenstand einzig über die Form sprachlicher Aussagen zugänglich, sondern eben diese sprachlichen Aussagen und ihre Form sind ihr eigentlicher Gegenstand. Insofern ist die Literaturwissenschaft eine historisch-hermeneutische Wissenschaft par excellence. Die Anwendung empirisch-nomologischer Methoden in diesem Bereich bedarf daher der Reflexion auf Möglichkeiten und Grenzen eines solchen Vorgehens, wenn sie sich nicht dem Vorwurf eines methodologisch naiven Empirismus aussetzen will. Es ist kaum zu bestreiten, daß der Formalismus, zumindest anfänglich, diese unerläßlichen methodologischen Vorfragen bagatellisiert hat. Insofern, aber nur insofern, ist der gegen ihn erhobene Vorwurf eines methodisch unzureichend reflektierten und darin ›naiven Positivismus‹ berechtigt. Nur sollte man, wenn man das als Mangel feststellt, zugleich die Vorzüge erkennen und die Möglichkeiten einer Selbstkorrektur würdigen, die mit der Wahl einer solchen Methode gegeben waren.

In einer Zeit, in der Wissenschaftlichkeit weitgehend mit den Methoden der Natur- oder Erfahrungswissenschaften gleichgesetzt oder zumindest an ihnen gemessen wurde, konnte, ja mußte als besonders unbefriedigend empfunden werden, daß im Bereich der Literaturgeschichte und Literaturkritik unkontrollierbare Spekulationen und Impressionen oder das bloße Sammeln literarisch wenig relevanter biographischer, historischer und soziologischer Fakten das Feld beherrschten. Auf diesem Hintergrund erschien der Formalismus ungeachtet mancher Einseitigkeiten und Überspitzungen seiner Vertreter als legitimer Versuch, endlich eine Literaturwissenschaft zu begründen, die sowohl Wissenschaft im eben skizzierten Sinne als auch speziell eine Wissenschaft von der Literatur genannt werden konnte.

Hinzu kam, daß die Konzentration auf Probleme der literarischen Technik und ihrer Wirkungsweise eine enge Verbindung zwischen Literaturtheorie, Literaturkritik und zeitgenössischer literarischer Praxis ermöglichte. Die enge, wechselseitig anregende Verbindung zwischen den russischen Formalisten und der russischen literarischen Avantgarde ihrer Zeit — besonders mit Majakovskij und den Futuristen — ist von ihnen selbst und anderen oft hervorgehoben und eingehend erörtert worden.[24] Allerdings konnte sich eine solche enge Verbindung auch negativ auf das wissenschaftliche Niveau einzelner formalistischer Äußerungen auswirken. Wie ihre futuristischen Freunde neigten einige der Formalisten gelegentlich zur ›Selbstreklame‹ und zum Prinzip des *épater le bourgeois*. Sie liebten es, provokativ zu überspitzen und gelegentlich mangelnde Gründlichkeit für geniale Großzügigkeit und souveränes Spiel auszugeben. Das gilt besonders für manche Beiträge Šklovskijs; und so nimmt es nicht wunder, daß er seit jeher am stärksten der Kritik durch Gegner aber auch Freunde des Formalismus, ja sogar durch einstige

---

[24] B. ÉJCHENBAUM, op. cit., S. 11: „Zwischen der formalen Methode und dem Futurismus herrschte ein wechselseitiges geschichtliches Einverständnis". Vgl. bei ERLICH, op. cit., Kap. II, Abschn. 2 (S. 45 ff.).

formalistische Mitstreiter ausgesetzt war.[25] Aber schon Erlich warnt davor, derartige Überspitzungen und Entgleisungen einfach dem jeweiligen Formalisten oder dem Formalismus als ganzem zur Last zu legen und nicht zu bedenken, daß diese Schule in einer revolutionären Epoche entstand und sich behauptete, in der oft nur derjenige sich Gehör verschaffen konnte, der bereit und fähig war, entsprechend laut und provokativ aufzutreten.[26]

So beherzigenswert dieser Hinweis ist, bleibt es darüber hinaus erforderlich, Leistungen und Grenzen des Formalismus im Blick auf die generellen Voraussetzungen und Arbeitsweisen der Methode zu beurteilen. Eine Wissenschaft, die ihre Formulierungen von vornherein weder als Wesensbestimmungen noch als unumstößliche Wahrheiten begreift, sondern als Arbeitshypothesen, die der Verifikation und Falsifikation bedürfen, hat und fordert ein von Grund auf anderes Verhältnis zu diesen Aussagen und darf nicht einfach mit ihren Anfangshypothesen gleichgesetzt und danach beurteilt (bzw. verurteilt) werden. Die Bereitschaft, die eigenen Hypothesen beständig an den ›Fakten‹ zu korrigieren und von dieser Korrektur her in neuer Weise an die ›Beobachtung‹ zu gehen, wurde zur großen Chance einer Selbstkorrektur nicht nur der Einzelergebnisse, sondern auch der Methoden und der methodologischen Grundlagen. Dabei wurde allerdings bald eine Schwierigkeit erkennbar, die sich bei der Anwendung empirisch-nomologischer Methoden im Bereich der Literaturwissenschaft notwendig einstellt. Während in den Naturwissenschaften und im erfahrungswissenschaftlichen Bereich der Sozialwissenschaften jede Aussage durch die Wiederholbarkeit im Experiment oder durch die Widerlegung der Prognose einer rigorosen und relativ schnellen Kontrolle unterliegt, sind solche Kontrollen in der Literaturtheorie nur sehr bedingt oder gar nicht anwendbar. Daher ist es in diesem Bereich unerläßlich, andere Möglichkeiten der Verifikation zu sichern, wenn nicht willkürlicher Spekulation und unkontrollierbarer Konstruktion — gegen die man doch gerade mit dem Pathos positivistischer Wissenschaftlichkeit angetreten war — Tür und Tor geöffnet werden sollen.

Im russischen Formalismus hat diese Kontrollfunktion vor allem die dialogische Form des Theoretisierens ausgeübt. Geschichte und Theorie des russischen Formalismus sind ein ununterbrochenes Wechselgespräch zwischen den Formalisten und ihren Opponenten, aber noch viel stärker zwischen den untereinander opponierenden und einander kritisierenden Formalisten selbst, die dazu schon durch die recht unterschiedlichen Interessenrichtungen und Methoden und durch die sehr verschiedenen Temperamente günstige Voraussetzungen mitbrachten. Die Linguisten Jakobson und Jakubinskij, die Literarhistoriker Ejchenbaum und Tynjanov, der Theoretiker und Publizist

---

[25] Zu letzterem vgl. das Vorwort JAKOBSONS zu TODOROVS Text-Edition.

[26] V. ERLICH, op. cit., S. 88: „Von diesem Standpunkt aus betrachtet erscheint die formalistische Schule im Guten wie im Schlechten als ein zwar etwas exzentrisches, aber durchaus legitimes Kind der Revolutionszeit, als unabtrennbarer Teil ihrer geistigen Atmosphäre". Vgl. auch S. 55, 90 f. et passim.

Šklovskij, der Versspezialist Tomaševskij, der vor allem als Gesprächspartner und Organisator wichtige Brik, um nur die wichtigsten aus dem ersten Jahrzehnt zu nennen — sie alle waren als Gesprächspartner zugleich Gesprächsgegner in dem faszinierenden Dialog, der die Entfaltung der formalen Methode trug und sie darstellte. Nur in diesem Dialog, in der Konfrontation mit kritischen Linguisten und Literarhistorikern konnten die ebenso kühnen wie oft unpräzisen Hypothesen Šklovskijs durch Konkretisierung und Korrektur wissenschaftlich tragfähig und bahnbrechend werden; nur im Rahmen des gemeinsamen Theoretisierens wurde aus Tynjanov, der sich mit Vorliebe der Erforschung von Dichterbiographien widmete, ein Literaturtheoretiker von großer Klarsicht und Präzision der Formulierung.[27]

Wenn daher Éjchenbaum in seinem Rückblick schreibt: „Die Geschichte der formalen Methode . . . präsentiert sich als konsequente Entwicklung theoretischer Grundsätze: unabhängig von der individuellen Rolle eines jeden von uns"[28], so bedarf dieser Satz einer erläuternden Präzisierung. Tatsächlich stellt die Geschichte der formalen Methode eine konsequente Entwicklung ihrer theoretischen Grundsätze dar. Aber sie war es nicht unabhängig von der individuellen Rolle jedes einzelnen. Vielmehr war eine so konsequente Entwicklung der Methode nur möglich, weil die glückliche historisch-biographische Situation und die Attraktion dieser Schule eine ganze Reihe von hochtalentierten, dem Temperament, der Ausbildung und den Interessen nach grundverschiedenen Individuen zu einem Rollenspiel verband, das ein beständiges Gegen- und Nacheinander von vorwärts weisenden Hypothesen und verifizierender oder falsifizierender Kontrolle am historisch-literarischen Material ermöglichte. Dabei begnügte man sich nicht mit der Prüfung einzelner Resultate oder Thesen; man konnte und mußte darüber hinaus immer wieder die Methode selbst und ihre methodologischen Voraussetzungen in Frage stellen, reflektieren und gegebenenfalls korrigieren. Eben darin lag die große Chance, den anfänglichen Mangel eines methodologisch unzureichend überprüften Empirismus im Verlauf der Arbeit selbst auszuräumen. Der Formalismus hat diese Chance intensiv zu nutzen gewußt, auch wenn es ihm verständlicherweise im Verlauf seiner kurzen Geschichte und angesichts der

---

[27] Es genügt, als Vergleich ŠKLOVSKIJS Buch „Über die Theorie der Prosa" und TYNJANOVS Buch „Archaisten und Neuerer" heranzuziehen. In beiden Fällen stehen die grundlegenden theoretischen Aufsätze am Anfang, nur ist ŠKLOVSKIJS erster Aufsatz „Die Kunst als Verfahren" auch entstehungsgeschichtlich der früheste (1916), die beiden ersten Aufsätze TYNJANOVS, „Das literarische Faktum" und „Über die literarische Evolution", sind hingegen relativ späten Datums (1924 und 1927), während die früheren Arbeiten durchweg literarhistorische Untersuchungen waren, mit Vorliebe in Form von Vergleichen zweier Dichter („Dostoevskij und Gogol'", „Tjutčev und Heine", „Puškin und Tjutčev" usw.). Bei beiden Formalisten bedeutet die Hinwendung zu der neuen Interessenrichtung und Arbeitsweise keine Abkehr von der alten, sondern lediglich eine Erweiterung.

[28] B. ÉJCHENBAUM, op. cit., S. 51.

inneren und äußeren Schwierigkeiten nicht möglich war, alle sich dabei ergebenden Fragen zu Ende zu diskutieren oder auch nur klar zu formulieren. Für den, der sich rückschauend mit der Geschichte dieser Schule beschäftigt und zur Rückbesinnung auf sie beitragen möchte, ergeben sich aus dem dialogischen Charakter des Formalismus für die Darstellung bestimmte Konsequenzen. Es erscheint weder möglich noch sinnvoll, die einzelnen Stimmen des Dialogs voneinander abzugrenzen und gegeneinander abzuwägen. Darüber hinaus gehört es zum Charakter dieses Dialogs und zur Eigenart des russischen Formalismus, daß eine rein historisch-berichtende Darstellung diesem Phänomen kaum gerecht werden kann. Man darf, ja man muß, wenn man diesen Dialog ernst nimmt, selbst in ihn eintreten, an die Fragen und Antworten der Formalisten jene Fragen stellen, die sich aus der Sicht der heutigen Literaturwissenschaft ergeben und die zum großen Teil auch aus dieser Sicht offene Fragen sind. Erst das macht eine Rückbesinnung auf den Formalismus sinnvoll und erweist zugleich die große Bedeutung und Aktualität dieser Schule für die Literaturwissenschaft der Gegenwart.

III

Der formalistischen Theoriekonzeption widersprach eine normative Poetik ebenso wie jede aus einem philosophischen System deduzierte Ästhetik. Schon daraus ergab sich die Polemik des frühen Formalismus gegen die von der idealistischen Philosophie geprägte Ästhetik des russischen Symbolismus ebenso wie die spätere formalistische Opposition gegen die inzwischen zur Herrschaft gelangte marxistische Literaturtheorie.[29] Ausgangspunkt konnte aber ebensowenig die Definition des eigenen Gegenstandes im Sinne einer essentialistischen Wesensbestimmung sein. Auf die Frage, was d i e Literatur sei, gibt der Formalismus ebensowenig eine Antwort wie auf die Frage, was Literatur sein solle. Das schließt die Frage nach dem Spezifischen der Literatur nicht aus. Vielmehr ist diese Frage Ausgangspunkt und Motor der ganzen formalistischen Literaturtheorie. Aber sie kann nach Auffassung des Formalismus nur im Sinne einer Abgrenzung des Forschungsgegenstandes, einer Spezifizierung der Forschungsrichtung und einer Historisierung des Begriffes selbst beantwortet werden. Das heißt, die Literatur muß als besondere Form der Sprache von anderen Formen und Funktionen der Sprache abgegrenzt werden. Es muß ferner geklärt werden, wie im Verlauf der

---

[29] Zur Auseinandersetzung des frühen Formalismus mit dem russischen Symbolismus vgl. bei ERLICH, op. cit., Kap. II, S. 36 ff. („Wege zum Formalismus. Vom ›Wald der Symbole‹ zum ›Selbstwertigen Wort‹.") und — besonders in Bezug auf ŠKLOVSKIJS Verfremdungs-These — meinen Beitrag: „Transparenz und Verfremdung. Zur Theorie des poetischen Bildes in der russischen Moderne", in: Poetik und Hermeneutik, II, Immanente Ästhetik — Ästhetische Reflexion. Lyrik als Paradigma der Moderne. Hrsg. von W. ISER, München 1966, S. 263—296. Zur Auseinandersetzung mit dem Marxismus vgl. Kap. X dieser Einleitung.

literarischen Evolution sich diese Grenze beständig verschiebt, wodurch sich auch der Begriff Literatur ständig wandelt. Und es muß klargestellt werden, daß die Literaturwissenschaft als eine selbständige Wissenschaft erst gegeben ist, wenn sie ihre spezifische Fragestellung (und nicht nur einen spezifischen Gegenstand) hat. Denn wie die Formalisten gleich zu Beginn ihrer Tätigkeit mit Nachdruck und vollem Recht betont haben, ist nicht jede Beschäftigung mit Literatur, auch nicht jede wissenschaftliche, schon Literaturwissenschaft. Als Ausdruck der Individualität eines Verfassers, als gesellschaftliches Phänomen und als historisches Dokument können Werke der Literatur sehr wohl unter psychologischen, soziologischen, historischen und anderen Aspekten mit wissenschaftlichen Methoden und Ergebnissen analysiert werden. Nur handelt es sich dabei noch nicht um die Wissenschaft von der Literatur als solcher. Deren Gegenstand ist, nach der Auffassung der Formalisten in Jakobsons viel zitierter Formulierung, nicht die Literatur in der Vielfalt ihrer Aspekte, sondern das Literarische an ihr, ihre „literaturnost"".[30]

Eine solche Eingrenzung der Fragestellung schärft einerseits den Blick für die Literatur als einer besonderen Form der Sprache, verstellt ihn aber andererseits leicht für alle anderen, nicht unmittelbar damit zusammenhängenden Probleme. Sowohl Gegner wie Apologeten des Formalismus haben oft und zum Teil mit guten Gründen den Standpunkt vertreten, der Hauptmangel des Formalismus bestehe im Ausklammern aller nicht sprachlich-formalen Aspekte der Literatur. Es läßt sich nicht bestreiten, daß in der formalistischen Praxis eine solche Neigung und Gefahr tatsächlich bestand und daß viele Überspitzungen oder Einseitigkeiten des Formalismus auf sie zurückgehen. Nur muß hier unterschieden werden zwischen dem, was in der Praxis geschah und als mögliche Gefahr in der Theorie angelegt war, und dem, was diese Theorie grundsätzlich vorschrieb oder ausschloß. Festgelegt war in der formalen Methode lediglich die Fragerichtung, nicht der Katalog der Fragen. Insofern läßt sie sehr wohl zu, auch soziologische, psychologische, philosophische und andere Probleme einzubeziehen, vorausgesetzt, daß die Zielrichtung der Untersuchung auf die Literatur selbst gewahrt bleibt, d. h. die besondere Funktion all dieser Faktoren im System des literarischen Werks oder der Literatur untersucht wird, statt diese zum bloßen Material anderer Wissenschaften und ihrer speziellen Problemstellungen zu machen. Wie noch zu zeigen sein wird, hat der russische Formalismus diese Problematik erst relativ spät systematisch erörtert und dabei viele Fragen offen gelassen. Doch ist es wichtig, gleich zu Anfang dem verbreiteten Irrtum entgegenzutreten, der Formalismus schließe derartige Problemstellungen aus oder sei ihnen grundsätzlich ausgewichen.

Die eindeutige Ausrichtung auf das spezifisch Literarische und die polemische Abgrenzung gegen alle Methoden, die in der umgekehrten Richtung

---

[30] R. JAKOBSON. Novejšaja russkaja poèzija. (Nabrosok pervyj). Viktor Chlebnikov. Praga 1921, S. 11.

vom Literarischen weg fragen, führte dazu, daß in fast allen Abhandlungen über den Formalismus gesagt wird, eines der methodischen Hauptmerkmale dieser Schule sei die Konzentration auf das literarische Werk selbst, worin sie mit gleichzeitigen Tendenzen in Westeuropa korrespondiere, wie z. B. der *explication dc texte* in Frankreich oder der Methode Oskar Walzels in Deutschland.[31] Diese Analogien sind jedoch trügerisch, besonders im Hinblick auf die Situation der neueren deutschen Literaturwissenschaft, in der nach dem Zweiten Weltkrieg die werkimmanente Methode eine beträchtliche Rolle gespielt hat und zum Teil noch spielt. Denn eine konsequente Beschränkung auf das einzelne literarische Werk entspricht weder dem theoretischen Programm noch der Praxis des russischen Formalismus. Bei einer Gesamtbetrachtung der formalistischen Schriften fällt auf, daß Analysen, die sich auf ein einziges Werk beschränken, relativ selten sind.[32] Und selbst in diesen Fällen ist die Analyse des einzelnen Werkes fast nie Selbstzweck. Es geht vielmehr darum, an ihm als Beispiel bestimmte literarische Techniken oder Verfahren zu erläutern. Soweit Intention, Anwendung und Wirkung dieser Verfahren durch das Heranziehen anderer literarischer Texte oder auch außerliterarischer Dokumente (wie z. B. Briefe des Autors, Erinnerungen von Zeitgenossen, Reaktionen der Kritik usw.) erhellt werden können, bedienen sich die Formalisten gern und mit Erfolg solcher Möglichkeiten. Der in unserem Bande enthaltene Aufsatz Ejchenbaums über Gogol's „Mantel" ist ein geradezu klassisches Beispiel für ein solches Vorgehen. Wesentlich zahlreicher jedoch sind Untersuchungen, in denen statt eines einzelnen Werkes ein bestimmtes Problem im Mittelpunkt steht, zu dessen Klärung zahlreiche Werke oder Autoren herangezogen werden. Und Ejchenbaum selbst hat in seinem Überblick mit Recht darauf verwiesen, daß besonders für die frühen Arbeiten des Formalismus die Tendenz charakteristisch ist, Eigenart und Funktion eines bestimmten literarischen Verfahrens an Material aus sehr verschiedenen Genres, Epochen und Traditionen aufzuweisen. Wieder ist man an die gleichlaufende Tendenz der empirisch-nomologischen Wissenschaften erinnert, denen es darum geht, „Gesetzeshypothesen über empirische Gleichförmigkeiten [zu] gewinnen und [zu] prüfen".[33] Und der Unterschied zur werkimmanenten Interpretation oder ähnlichen literaturwissenschaftlichen Methoden, denen es darum geht, das einzelne Kunstwerk als isolierten Gegenstand unter möglichst vielen, verschiedenartigen Aspekten zu betrachten, erweist sich als so grundlegend, daß er trotz der Gemeinsamkeit des Interesses an der literarischen Form mit allem Nachdruck festgestellt werden sollte.

---

[31] Vgl. ERLICH, op. cit., S. 66 f. und S. 308.

[32] Wenn in der vorliegenden Anthologie relativ viele Untersuchungen über Einzelwerke („Don Quijote", „Tristram Shandy", „Der Mantel") enthalten sind, liegt das an der Auswahl, die sich von der Auffassung leiten ließ, die Beschränkung auf ein einziges, auch dem Nicht-Slavisten vertrautes Werk erleichtere die kritische Beurteilung der angewandten literaturwissenschaftlichen Methode.

[33] Vgl. S. XIII (und Anm. 20) dieser Einleitung.

IV

Da der Formalismus das literarische Werk als sprachliche Form und die Literatur als Form der Sprache auffaßt und untersucht, stand die Frage nach dem Verhältnis von poetischer zu nichtpoetischer Sprache zu Beginn im Mittelpunkt der formalistischen Diskussion. Die Terminologie war anfänglich noch schwankend. Während z. B. die beiden Linguisten Jakubinskij und Jakobson zwischen „poetischer" und „praktischer" Sprache unterscheiden [34], bevorzugt Šklovskij auch im Hinblick auf sprachliche Phänomene den Gegensatz Poesie-Prosa. Prosa meint hier noch eindeutig die Opposition zur Literatur in ihrer Gesamtheit, nicht Prosa-Literatur als Opposition zur Versdichtung. Bald stellte sich jedoch heraus, daß unabhängig von der jeweiligen Terminologie jeder der beiden Pole einer weiteren Differenzierung bedurfte. Einerseits betraf die Bezeichnung ›praktische‹ oder ›prosaische‹ Sprache ein so komplexes Phänomen, daß weitere Unterteilungen und Kennzeichnungen unerläßlich wurden, wenn man diesem Phänomen gerecht werden oder es auch nur als methodischen Vergleichspunkt für die Erforschung der poetischen Sprache verwenden wollte. Andererseits zeigte sich, daß innerhalb der Literatur als Sprachkunst zwischen Prosa und Vers grundsätzliche Unterschiede bestanden. Daraus ergab sich eine Auffächerung nach Spezialproblemen, in die Theorie der poetischen Sprache und der Versdichtung einerseits, die Theorie der Prosa andererseits.

Da die formalistische Theorie der poetischen Sprache und der Versdichtung im zweiten Band unserer Ausgabe repräsentiert und erörtert werden soll, genügt es, in der Einleitung zum ersten Band nur jene Stelle aufzuzeigen, an der sich die Gabelung vollzog. Dazu eignet sich am besten Šklovskijs Artikel „Die Kunst als Verfahren", der von vielen nicht zu Unrecht als das eigentliche Manifest des frühen Formalismus angesehen wird. [35] Denn als Šklovskij diesen Artikel 1916 verfaßte, ging es ihm in der Polemik gegen die Sprachtheorie Potebnjas und der russischen Symbolisten [36] um eine klare Unterscheidung zwischen den Prinzipien und Funktionen der poetischen und der prosaischen Sprache (Prosa hier noch im generellen Sinne). Zugleich aber wurde dieser Artikel der Grundstein von Šklovskijs eigener Theorie der erzählenden Prosa, die in den nächsten Jahren sein eigentliches Spezialgebiet wurde. Dementsprechend hat Šklovskij diesen Artikel 1925 an den Anfang seines Buches „Über die Theorie der Prosa" [37] gestellt, in dem mit Prosa

---

[34] Vgl. schon die frühesten Sammelbände des ›Opojaz‹: Sborniki po teorii poėtičeskogo jazyka, I, Pg. 1916 und II, Pg. 1917; ferner: Poėtika. Sborniki po teorii poėtičeskogo jazyka. Pg. 1919. Zur Position von JAKOBSON vgl. vor allem seine „Novejšaja russkaja poėzija" (s. Anm. 30).

[35] Schon ÉJCHENBAUM nennt ihn in seiner „Theorie der formalen Methode" eine „Art Manifest der formalen Methode" (S. 21).

[36] Vgl. dazu Anm. 29 dieser Einleitung.

[37] v. ŠKLOVSKIJ. O teorii prozy. M. 1929², S. 7—23.

bereits eindeutig die literarische Prosa gemeint ist. Schwankungen in der Verwendung des Terminus Prosa verraten in diesem Falle also zwei unterschiedliche Intentionen, die es zu berücksichtigen gilt, wenn man unnütze terminologische Mißverständnisse vermeiden und Šklovskijs Absicht gerecht werden will.

Schon der Titel des Artikels führt den Begriff des „Verfahrens", russ. *priem*, ein [38], der von nun an einer der Zentralbegriffe des Formalismus werden sollte. An ihm tritt die latente Differenz zum Prinzip der wirklich empirisch-nomologischen Wissenschaften zum erstenmal klar zu Tage: An die Stelle *„empirischer* Gleichförmigkeiten", aus deren experimenteller Beobachtung „Gesetzeshypothesen" gewonnen und geprüft werden sollen, treten bestimmte, am literarischen Material immer wieder zu beobachtende „Verfahren", aus denen sich Schlüsse über Strukturen und Wirkungsweisen der Literatur gewinnen lassen, die es dann in erneuter Konfrontation mit dem historischen Material zu überprüfen gilt. Charakteristisch für die Radikalität Šklovskijs und des frühen Formalismus überhaupt ist, daß er sofort noch einen Schritt weitergeht. Das Aufzeigen bestimmter Verfahren der Kunst führt zu der These, daß Kunst nichts anderes sei als die konsequente Anwendung und Wirkung solcher Verfahren. Der Titel „Die Kunst als Verfahren" ist selbst schon Arbeitshypothese und polemisches Programm.

Als das charakteristische Verfahren der Literatur erweist sich für Šklovskij das „Verfahren der Verfremdung" (priem ostranenija). Šklovskij hat damit einen Begriff geprägt, der weit über den russischen Formalismus hinaus für die moderne Kunst und Kunsttheorie wichtig geworden ist. In Deutschland, und nicht nur hier, ist er vor allem in jener Abwandlung wirksam und bekannt geworden, die er später durch Bert Brecht erhalten hat. [39] Ob

---

[38] Russisch *priem* (prijóm) wurde bereits von v. ŽIRMUNSKIJ in seinem deutschen Bericht über den russischen Formalismus („Formprobleme in der russischen Literaturwissenschaft", in: Zeitschrift für slavische Philologie, I, 1925, S. 117—152) mit „Kunstgriff" übersetzt. Seitdem war diese Übersetzung üblich. Sie wurde z. B. von R. JAKOBSON noch für die deutsche Übersetzung des Buches von ERLICH empfohlen, von der Übersetzerin jedoch als „zu eng" kritisiert (vgl. op. cit., S. 339, Anm. 42a). Die Kritik ist berechtigt, der Gegenvorschlag „Kunstmittel" jedoch nicht überzeugend. Denn auch diese Zusammensetzung mit „Kunst-" engt den Begriff, abweichend vom russischen *priem*, von vornherein auf Kunst ein, wodurch z. B. Tautologien entstehen („Iskusstvo kak priem" = „Kunst als Kunstmittel" u. a.). Der Terminus „Verfahren" ist frei von solchen Mängeln und entspricht m. E. am ehesten sowohl der allgemeinen Bedeutung von russisch *priem*, wie der besonderen Verwendung des Wortes bei den russischen Formalisten.

[39] Vgl. R. GRIMM. Verfremdung. Beiträge zu Ursprung und Wesen eines Begriffs, in: Revue de Littérature Comparée, 35, 1961, S. 207—236. Zur Verfremdung in der Dramaturgie Brechts vgl. J. WILLETT. The Theatre of B. Brecht. New York 1959; R. GRIMM. Bertolt Brecht. Die Struktur seiner Dichtung. Nürnberg 1960²; DERS. Vom Novum Organum zum Kleinen Organon. Gedanken zur Verfremdung, in: Das Ärgernis Brecht. Basel-Stuttgart 1961, S. 45—70; P. BÖCKMANN. Provokation und Dialektik in der Dramaturgie Brechts, in: Kölner Universitätsreden, Heft 26, Köln 1961; H. E. HOLTHUSEN. Dramaturgie der Verfremdung. Eine Studie zur Dramen-

Šklovskijs Begriff der Verfremdung den Kunstcharakter der Literatur hin-
länglich charakterisiert — darüber läßt sich streiten. Wenn allerdings Roman
Jakobson kürzlich behauptet hat, dieser Begriff verfehle das Wesen der
poetischen Sprache und gehöre zu den „platitudes galvaudées", deren Bedeutung für den Formalismus man nicht überschätzen dürfe [40], wird man
das zwar als persönliche Distanzierung des einstigen Mitstreiters, der in den
folgenden Jahrzehnten als strukturaler Linguist zu weiterführenden Erkenntnissen gelangt ist, verstehen können, es aber nicht als historisch gerechtes
Urteil akzeptieren. Die Bedeutung der Verfremdungs-These Šklovskijs für
die Anfänge des Formalismus, für die weitere Entwicklung seiner Theorie
und analytischen Praxis und für deren spätere Wirkung und Aktualität ist
nicht zu leugnen und wird auch von kritischen Historikern des Formalismus
wie Erlich mit allem Nachdruck gewürdigt. [41]

Da Šklovskijs Artikel im vorliegenden Bande enthalten ist, braucht seine
Auffassung von Verfremdung nicht referiert zu werden. Statt dessen soll
auf diejenigen Probleme verwiesen werden, die Šklovskij nicht ausdrücklich
diskutiert, die sich aber aus der Verfremdungs-These und den angeführten
Beispielen ergeben und deren Behandlung oder Nichtbehandlung im Rahmen
des Formalismus hier zum Teil schon indirekt vorentschieden wird. Šklovskijs
frühe Verfremdungs-These läßt noch deutlich zwei unterschiedliche Intentionen der Verfremdung erkennen. Einmal dient die Verfremdung dazu, die
durch sprachliche und gesellschaftliche Konventionen „automatisierte" Wahrnehmung zu erschweren, dadurch ein neues Sehen der Dinge zu erzwingen
und so das eigene Verhältnis zur Umwelt zu korrigieren. Zum anderen wird
in einer Art gegenläufigen Bewegung die durch Verfremdung erschwerte
Wahrnehmung auf die verfremdende und erschwerende Form selbst gelenkt.
Diese Form und die für sie konstitutiven Verfahren werden zum eigentlichen
Gegenstand kunstgemäßer Wahrnehmung und schließlich zum eigentlichen
Gegenstand der Kunst. Der erste, ethische und auf Erkenntnis der Umwelt
gerichtete Aspekt literarischer Verfremdung ist in den von Šklovskij erörter-
ten Tolstoj-Zitaten noch unverkennbar. Er hat bekanntlich später in der
Neufassung der Verfremdungs-Theorie bei Brecht wieder eine wichtige Rolle
gespielt. Šklovskij sieht ihn und leugnet nicht seine Bedeutung. Aber er betont, daß für ihn als Literaturwissenschaftler nur der zweite, ästhetische
Aspekt der Verfremdung von Interesse ist. Damit werden bereits die Weichen

---

technik Bertolt Brechts, in: Merkur, XV, 1961, Heft 6, S. 520—542; J. M. FRADKIN.
Bertolt Brecht, M. 1965 (russ.). Zur Verfremdungstechnik in der Theorie und Praxis
des modernen Dramas überhaupt vgl. P. SZONDI. Theorie des modernen Dramas.
Frankfurt 1956, und M. KESTING. Das epische Theater. Zur Struktur des modernen
Dramas. Stuttgart 1959.

[40] Vorwort zur französischen Anthologie, op. cit., S. 11. Eine kritische Ein-
schränkung dieser Vorwürfe gegen ŠKLOVSKIJ unternimmt bereits V. STRADA in seiner
Rezension der Anthologie in: Strumenti critici, I, Torino 1967, S. 98—100.

[41] Op. cit., S. 199 passim. Zu ERLICHS Kritik an ŠKLOVSKIJS Verfremdungs-These
vgl. besonders S. 195 ff.

gestellt für Šklovskijs eigene weitere Entfaltung dieser Theorie und damit wesentliche Teile der Theorie des Formalismus überhaupt. Die charakteristische Bagatellisierung der ethischen Aspekte der Literatur, das relativ geringe Interesse an Fragen der Thematik, die erst relativ spät einsetzende systematische Diskussion des Verhältnisses zwischen Literatur und außerliterarischer Realität — das alles ist schon in Šklovskijs frühem Artikel angelegt.

Gerade wenn man diesen Mangel in Šklovskijs Verfremdungs-Theorie kritisch vermerkt, ist es nötig, zugleich darauf hinzuweisen, daß in der Verfremdungs-These selbst schon ein Korrektiv enthalten war. Wenn Literatur nur durch Verfremdung wirksam wird und wirksam bleibt, müssen die auf diese Weise entstandenen neuen Formen, sobald sie ihrerseits kanonisiert und damit automatisiert worden sind, selbst wieder verfremdet werden. Die Theorie der Verfremdung mündet in eine Theorie der literarischen Evolution als einer „Tradition des Traditionsbruchs". [42] Zwar wird damit die historische Wandlung der Literatur primär, wenn nicht ausschließlich, als ein innerliterarischer Evolutionsprozeß verstanden; aber die Betonung des historisch-evolutionären Moments zwingt, konsequent durchdacht, zur Frage nach dem Verhältnis zwischen einer so verstandenen Geschichte der Literatur und der allgemeinen Geschichte. So wird von diesem Problemzusammenhang her die Frage nach dem Verhältnis von Literatur und „Leben" [43] wieder aktuell, die zunächst durch die Konzentration auf die formalen Elemente und die rein innerliterarischen Zusammenhänge ausgeklammert zu sein schien. Tatsächlich ist der Formalismus in den rund anderthalb Jahrzehnten nach Šklovskijs Artikel eben diesen Weg gegangen. Von beiden Problembereichen, dem der literarischen Evolution und dem des Verhältnisses von Literatur und „Leben", wird später noch eingehend zu reden sein.

Im Zusammenhang mit Šklovskijs Artikel sei noch ein Thema erwähnt, das von Šklovskij selbst nur indirekt berührt wird und im Gegensatz zu den eben erörterten Problemen gerade deshalb Aufmerksamkeit verdient, weil seine Vernachlässigung in der späteren Entwicklung des Formalismus auffällt: die spezifische Problematik des Dramas. Šklovskij wählt alle Beispiele aus der Epik. Eines davon ist allerdings die Beschreibung einer Opernaufführung aus „Krieg und Frieden". Die Verfremdung geschieht hier durch veräußerlichte Beschreibung der Bühnenaufmachung und des Bühnengeschehens, ohne daß der Wahrnehmende den Text versteht oder die Bühnenillusion mitvollzieht. Verfremdung ist hier statt bloßer ›Entautomatisierung‹ innerliterarischer Konventionen Desillusionierung durch Aufhebung der Bühnenillusion als Grundvoraussetzung des Illusionsdramas. Das trifft genau den Punkt, von dem her die speziellen Bedingungen und Möglichkeiten der Verfremdung

---

[42] Die zitierte Formel nach P. BRANG. Der russische Formalismus, in: Neue Zürcher Zeitung, 12. 2. 1966, Blatt 21: „So präsentierte sich den russischen Formalisten die Geschichte der Literatur vor allem als die Tradition des Traditionsbruchs".

[43] Zur Behandlung dieser Problematik in der späteren Phase des Formalismus s. u. und bei ERLICH, op. cit., Kap. XI („Literatur und ›Leben‹"), S. 212 ff.

im Drama zu diskutieren wären. Aber Tolstoj, ein Meister epischer Verfremdung, der, wie das Beispiel zeigt, im Medium der Epik auch das Drama zu verfremden weiß, ist bekanntlich als Dramenautor der Illusionsdramatik verpflichtet geblieben. Und auch sein Interpret Šklovskij geht hier auf dieses Spezialproblem nicht ein. Bekanntlich hat erst Bert Brecht Verfremdung auch und gerade zu einer Kategorie der modernen Dramenpraxis und Dramentheorie gemacht.[44]

Doch kommt Šklovskij in einem anderen Beitrag wieder und direkter auf das Thema zu sprechen, und zwar wieder im Zusammenhang mit epischer Verfremdung. In seinem Aufsatz über den Don Quijote[45] vergleicht er das Durchbrechen der epischen Fiktion mit der Bühnentechnik des An-die-Rampe-Tretens. Das wird Anlaß zu einer kurzen ›Abschweifung‹ über die Rolle der Illusion im Drama.

> Was das Theater anlangt, so muß in ihm die Illusion, aller Wahrscheinlichkeit nach, einen flimmernden Charakter haben, d. h. teils erscheinen, teils völlig verschwinden. Der Zuschauer muß in sich einen Wechsel in der Wahrnehmung des szenischen Geschehens erfahren, teils als etwas „Absichtliches", teils als etwas „Tatsächliches".

Es gibt Stücke, die auf einem solchen „Bewußtwerden der flimmernden Illusion" begründet sind.

> In diesen Stücken wird das Geschehen auf der Szene wahrgenommen teils als Spiel, teils als Leben.[46]

So kurz Šklovskijs Reflexion ist, trifft sie doch ein entscheidendes Problem. Šklovskij erkennt, daß Verfremdung als Illusionsaufhebung das Schaffen einer Illusion voraussetzt, und daß ein absichtliches Wechselspiel zwischen Illusionerzeugung und Illusionsbrechung besondere szenische Wirkungen erzeugen, ja eine besondere Dramenform konstituieren kann. Hier ist wohl der Hauptgrund dafür zu suchen, daß Theorie und Technik der Verfremdung sich später gerade im Bereich der Bühnendichtung am radikalsten zu entfalten vermochten. Während in Lyrik und Epik alles nur im Medium der Sprache gegeben und nur durch dieses Medium als ›Realität‹ anschaulich wird, ist bei der Bühnendichtung durch Bühnenbild und Akteure zusätzlich andere, anschauliche Realität gegeben. Diese Zweiplanigkeit gestattet ebensowohl ein sinn- und illusionsstiftendes Zusammenspiel beider Faktoren wie ein illusions- oder sinnauflösendes Gegeneinander von Schauspieler und Rolle, Bühnenwirklichkeit und Bühnenillusion.

Die gleiche Zweiplanigkeit aber könnte auch der Hauptgrund dafür sein, daß die Verfremdungs-Theorie des Dramas nicht von den Formalisten selbst entwickelt wurde und die Probleme des Dramas von ihnen generell auffallend vernachlässigt worden sind. Neben einigen Bemerkungen, wie den

---

[44] Vgl. die in Anm. 39 genannte Literatur.
[45] „Kak sdelan ›Don Kichot‹". Zuerst erschienen in „O teorii prozy". M. 1925. Übersetzt nach der 2. Aufl. M. 1929, S. 91—124.
[46] Op. cit., S. 116.

zitierten von Šklovskij, oder kurzen Thesen[47] und außer Untersuchungen einzelner Dramen unter rein literarhistorischer Problemstellung[48] gibt es an umfangreicheren Untersuchungen zum Drama nur S. D. Baluchatyjs Studien, die sich aber ganz auf Čechov konzentrieren und insofern das Problem unter einem sehr speziellen Blickwinkel betrachten.[49] Eine formalistische Theorie der dramatischen Dichtung, die sich ebenbürtig neben die der Verspoesie und die der erzählenden Prosa stellen könnte, gibt es nicht einmal als Programm. Das ist nicht so erstaunlich wie es auf den ersten Blick erscheinen mag. Denn eine Literaturtheorie, die Literatur als spezifische Form der Sprache definiert und analysiert, läßt sich im Bereich der ›rein sprachlichen‹ Lyrik und Erzählkunst besser begründen und konsequenter anwenden als bei der Dramatik, in der als Bühnenkunst andere Medien und Ausdrucksmittel eine oft ebenso große Rolle spielen. Dieser Vorbehalt galt nicht ohne weiteres auch für den Film. Denn diese damals neue und bahnbrechende Kunstform schien, besonders als Stummfilm, gar nicht erst den Anspruch zu stellen, Sprachkunst zu sein, und bediente sich einer ›eigenen Sprache‹ der Bilder und Bildabläufe. Untersuchte man die für diese ›Sprache‹ konstitutiven Verfahren und Strukturen und verglich sie mit denen der Literatur als Wortkunst, so konnte man vielleicht auf diese Weise leichter und besser zu Resultaten gelangen als bei der komplizierten, literarisch-szenischen ›Mischform‹ Drama. Das mag erklären, warum sich führende Formalisten auf dem Gebiet der Filmtheorie, der Filmkritik und sogar der Filmpraxis aktiv betätigt haben.[50]

Das Beispiel zeigt übrigens besonders deutlich, wie sehr die „Geschichte der formalen Methode" sich tatsächlich als eine „konsequente Entwicklung theoretischer Grundsätze"[51] darstellt und wie falsch es wäre, die Problemstellungen des Formalismus und seine Wahl bestimmter Materialbereiche bloß aus der Verbindung mit den herrschenden Zeittendenzen zu erklären. Denn die Periode des russischen Formalismus ist ebensosehr Blütezeit einer experimentierfreudigen, avantgardistischen Lyrik und des großen russischen Stummfilms, wie die Epoche des berühmten russischen Revolutionstheaters und seiner großen Regisseure. Nur ging es diesen Regisseuren und diesem

---

[47] Wie B. TOMAŠEVSKIJ. O dramatičeskoj literature, in: Žizn' iskusstva, 1924. Nr. 13, S. 5; Nr. 16, S. 5—6.

[48] Wie z. B. JU. TYNJANOVS Untersuchung über Küchelbeckers Tragödie „Argivjane" (in: JU. TYNJANOV. Archaisty i novatory, L. 1929, S. 292—329) u. a.

[49] S. D. BALUCHATYJ. Problemy dramaturgičeskogo analiza. Čechov. L. 1927 (Voprosy poètiki. IX). Die späten Arbeiten B.s über Čechov, Gor'kij u. a. sind kaum im eigentlichen Sinn als formalistisch anzusprechen.

[50] Eine Neuausgabe der Schriften ŠKLOVSKIJS zum Film bietet der Sammelband: V. ŠKLOVSKIJ. Za sorok let. M. 1965, eine Auswahl von ihnen in deutscher Übersetzung: V. SCHKLOWSKIJ. Schriften zum Film. Frankfurt/M. 1966 (edition suhrkamp 174).
Im Bereich der Filmpraxis war von den Formalisten vor allem O. BRIK tätig, der mehrere Filmdrehbücher verfaßt hat, darunter das für den von V. Pudovkin inszenierten Film „Der Nachfahre des Tschingis-Chan" (Potomok Čingis-chana) von 1928.

[51] Vgl. das ÈJCHENBAUM-Zitat S. X.

Theater statt um ein Drama des ›reinen‹ Wortes um ein „entfesseltes" oder „totales" Theater, in dem neben, ja oft vor dem dichterischen Wort die bühnentechnischen, choreographischen, mimischen und sogar akrobatischen Möglichkeiten der Bühnenkunst voll zur Geltung gebracht werden sollten.[52]

V

Die zuletzt aufgeworfenen Fragen werden erst aktuell, wenn man von der späteren Entwicklung des russischen Formalismus auf den frühen Artikel Šklovskijs zurückschaut. Für Šklovskij selbst und seine Theorie der Prosa war zunächst eine andere Frage dringlich. Versteht man das Kunstwerk als ›Summe von Verfahren‹, so ist zu fragen, welche Verfahren außer dem der Verfremdung summiert werden, welche Verfahren des ›Summierens‹ für den Aufbau konstitutiv sind und ob zwischen diesen Verfahren des Gesamtaufbaus und denen der sprachlichen Gestaltung der Einzelteile eine Korrespondenz besteht. Diese Probleme erörtert der Artikel „Der Zusammenhang zwischen den Verfahren der Sujetfügung und den allgemeinen Stilverfahren"[53].

Wieder geht es um das Aufzeigen „allgemeiner Regeln"[54] an sehr unterschiedlichem Material: von Volksmärchen und Ritterepen über Victor Hugo und Maupassant bis zur Technik der Verfolgungsjagden im Film. Entsprechend allgemein sind die Verfahren, die Šklovskij ermittelt: Wiederholung, Parallelismus, Reihung, Stufung usw. Unbestreitbar handelt es sich hier um Verfahren, die sowohl für die Sujetfügung wie als allgemeine Stilmittel wichtig sind; aber über die speziellen Sujet-Techniken erzählender Prosa und über das komplizierte Zusammenspiel von Sujetbau und Stil wird mit so allgemeinen Kategorien wenig ausgesagt. In dieser Hinsicht verspricht der Titel mehr als der Artikel hält. Doch erwiesen sich Šklovskijs Thesen als wegweisend, sobald sie von ihm oder anderen auf bestimmte Spezialbereiche angewandt oder als Ausgangspunkt zu weiterführenden Fragen der allgemeinen Literaturtheorie benutzt wurden.

Der Spezialbereich, in dem sich Šklovskijs Thesen am fruchtbarsten erwiesen, war die Märchenforschung. Das liegt zum Teil am Volksmärchen selbst. Dieses Genre hat, nicht zuletzt dank seiner mündlich-anonymen Überlieferung, klar ›ausgeschliffene‹, prägnant zur Geltung kommende Prinzipien des Stils und der Komposition. Auch werden hier Geschehnisse und Figuren ganz den Bedürfnissen der linear geführten Handlung unter-

---

[52] Vgl. A. TAIROFF. Das entfesselte Theater. Potsdam 1927. Zur Dramen- und Theaterkonzeption des russischen Revolutionstheaters und seiner großen Regisseure vgl. J. RÜHLE. Das gefesselte Theater. Köln-Berlin 1957, besonders S. 79—131 sowie die auf S. 444 f. verzeichnete Literatur.

[53] Zuerst erschienen in: Poëtika. Sborniki po teorii poëtičeskogo jazyka. Pg. 1919, S. 115—150. Textabdruck in unserem Band auf S. 36—121.

[54] Vgl. das Zitat weiter unten S. XXX.

worfen, während auf psychologische ›Motivierung‹ verzichtet wird. Šklovskijs These vom Primat der Sujet-Konstruktion ließ sich daher an Beispielen aus diesem Genre besonders gut stützen. Dieser Vorteil, nicht etwa ein spezielles Interesse an der Folklore, erklärt, warum Šklovskij in seinen frühen Artikeln häufig folkloristisches Material heranzog und dadurch diesen Bereich für die formalistische Erzähltheorie erschloß.

Hinzu kam die besondere Situation der damaligen Märchenforschung. Für eine Ästhetik und Literaturgeschichte, die das Werk primär als Ausdruck einer Dichterpersönlichkeit würdigte, war das anonym überlieferte Volksmärchen ebensowenig ein adäquater Untersuchungsgegenstand wie für eine Literaturkritik, die in erster Linie an den gesellschaftspolitischen Problemen der eigenen Gegenwart interessiert war. Man überließ es daher bereitwillig der Spezialdisziplin Folkloristik (mehr nationaler oder mehr komparatistischer Richtung), d. h. damals in Rußland der sogenannten „ethnographischen Schule".[55] Sie aber interessierte sich fast ausschließlich für die Aspekte des ›Stoffes‹, speziell für die Genese und Verwandtschaft der Motive. Ihre These, das Motiv sei eine Antwort auf grundlegende Probleme menschlichen Seins in Natur und Gesellschaft und die weitgehende Ähnlichkeit primitiver Lebensformen erkläre Parallelen in Märchen verschiedener Völker und Zeiten, bei denen gemeinsame Herkunft oder Entlehnung ausgeschlossen seien, wurde von Šklovskij mit treffenden Argumenten bestritten. Das Märchen sei nicht unmittelbare Widerspiegelung gültigen Brauchtums. Formale Parallelen der besprochenen Art ließen sich weder aus Milieuentsprechung erklären noch als Zufälle abtun, sondern ergäben sich „aus dem Vorhandensein besonderer Gesetze der Sujetfügung".[56] Darum müsse die in der Folkloristik und Komparatistik übliche „Analogie der Motive" durch die „Analogie der Schemata" möglicher Sujetkonstruktionen ergänzt bzw. ersetzt werden.[57]

Šklovskij selbst liefert, wie so oft, nur das polemische Programm und einzelne Ansätze. Seine eigenen „Schemata" sind, wie gesagt, zu allgemein, das Material zu heterogen, als daß ein Teilbereich sachgerecht und systematisch untersucht werden könnte. Das leistete für die Märchenforschung erst rund ein Jahrzehnt später V. Propp in seinem Buch „Morphologie des Märchens"[58], das später mit Recht einer „der wertvollsten formalistischen Bei-

---

[55] ŠKLOVSKIJ verbindet hier, ähnlich wie in seiner Potebnja-Polemik, einen bestimmten Gelehrten mit einer ganzen ›Schule‹, wobei zumindest für den weniger sachkundigen Leser nicht erkennbar wird, wie sehr die Konzeption des Gelehrten die Begrenztheit der sich auf ihn berufenden ›Schule‹ übersteigt. Bei der Polemik gegen die ›ethnographische Schule‹ bezieht sich ŠKLOVSKIJ vor allem auf A. N. VESELOVSKIJ, den wohl bedeutendsten russischen Komparatisten, dessen einschlägige folkloristische Studien zur „Poetik der Sujets" (1897 bis 1906) nur einen Teil der Gesamtkonzeption einer ›historischen Poetik‹ bildeten. Zur russ. Literatur über VESELOVSKIJ vgl. „Kratkaja literaturnaja ėnciklopedija", I, M. 1962, S. 940 ff.

[56] S. unten S. 43.

[57] S. unten S. 70 f.

träge zur Theorie der Erzählkunst" genannt worden ist.[59] Propp, dessen
spätere Publikationen fast ausschließlich dem Märchen und der Folklore
gewidmet blieben[60], und der heute auf diesem Gebiet zu den bekanntesten
Forschern und Theoretikern zählt, hat seine Methode auch nach der Auflösung der formalistischen Schule weiter ausbauen können. Er hat sich dabei
den Blick des Formalisten für den Zusammenhang zwischen ›allgemeinen
Regeln‹ der Konstruktion sprachlicher Kunstwerke, Spezifika des Genres und
seiner Tradierung (in der Folklore speziell der mündlich-anonymen) und
besonderer Werkstruktur bewahrt. Er fragt aber auch nach der Beziehung
der poetischen Strukturen zur außerliterarischen Realität (in der Folklore
speziell dem Brauchtum mit seinen anthropologischen, ethnologischen und
soziologischen Aspekten). Darin geht er weit über die Position Šklovskijs
und des frühen Formalismus hinaus, entspricht aber der Forderung des
späten Formalismus, Sprachkunst als ein spezifisches System mit spezifischen
Strukturen sei auf ein übergreifendes „System der Systeme" und dessen allgemeine Strukturgesetze zu beziehen.[61] Und gerade an diesem Punkt wird die
Verbindung der ›formalistischen‹ Methode Propps und ihrer Ergebnisse mit
anderen, älteren oder jüngeren Schulen und ihren Methoden möglich. Das
gilt für die schon besprochene ›ethnographische Schule‹ und ähnliche Richtungen (wie die sogenannte ›finnische Schule‹) mit ihrem Interesse für die
Genese und Verbreitung der Märchenmotive. Das trifft auch für die marxi-
stisch-sovetische Folkloristik zu, die den Zusammenhang zwischen sozialen
Voraussetzungen, nationalem Brauchtum und Themen oder Formen der
Volksdichtung betont und Propp hauptsächlich unter diesem Aspekt würdigt.[62] Das ließe sich aber auch im Hinblick auf die ›morphologische Methode‹ von A. Jolles und ihre Auffassung des Märchens als „einfacher Form"
nachweisen.[63] Vor allem aber gilt das für den derzeitigen Strukturalismus

---

[58] v. PROPP. Morfologija skazki. L. 1928. (Voprosy poètiki. XII). Englische
Übersetzung: v. PROPP. Morphology of the Folktale, in: International Journal of
American Linguistics, Indiana 1958, v. XXIV, Nr. 4, S. 1—134. Italienische Übersetzung: v. PROPP. Morfologia della fiaba con un intervento di Claude Lévi-Strauss
e una replica dell'autore. Torino 1966.

[59] v. ERLICH, op. cit., S. 278.

[60] Eine Bibliographie der gedruckten folkloristischen Arbeiten PROPPS (einschließlich Rezensionen) bietet M. JA. MEL'C. Spisok pečatnych rabot V. Ja. Proppa v oblasti
fol'klora, in: Specifika fol'klornych žanrov, M.-L. 1966, S. 337—343. (Russkij
fol'klor, X).

[61] Zur Forderung eines „Systems der Systeme" im späten Formalismus vgl. die
Erörterung der Thesen JAKOBSON/TYNJANOVS von 1928 auf S. XXXII f. dieser Einleitung.

[62] Vgl. die Würdigung zum 70. Geburtstag PROPPS VON B. N. PUTILOV. Vladimir
Jakovlevič Propp (K 70-letiju so dnja roždenija), in: Specifika fol'klornych žanrov,
S. 335 ff. (Ausführliche Titelangabe, s. Anm. 60).

[63] A. JOLLES. Einfache Formen. Legende, Sage, Mythe, Rätsel, Spruch, Kasus,
Memorabile, Märchen, Witz. Halle/Saale 1930. (3. unveränderte Auflage, Tübingen
1965). Kap. „Märchen", S. 218—246. M. LÜTHI. Märchen. Stuttgart 1962. (Sammlung Metzler. Realienbücher für Germanisten, Abteilung Poetik) behandelt sowohl

bzw. diejenigen seiner Vertreter, denen es in erster Linie um ein ›System der Systeme‹ und seine anthropologischen Voraussetzungen geht. Nicht zufällig hat C. Lévi-Strauss die 1958 in Amerika erschienene englische Ausgabe der „Morphologie des Märchens" von Propp zum Anlaß genommen, um an ihr Gemeinsamkeiten und Differenzen zwischen Form und Struktur, Formalismus und Strukturalismus (der von Lévi-Strauss selbst repräsentierten Richtung) zu erörtern.[64]

Während Šklovskijs Thesen über die Sujetkonstruktion einerseits der Spezifizierung in einem bestimmten Anwendungsbereich bedurften, dienten sie andererseits dem Verfasser selbst als Basis für weitere Thesen beim Ausbau der eigenen Kunsttheorie. So mündet seine Polemik gegen die Milieu-These der ›ethnographischen Schule‹ in die Gegenthese:

> Als allgemeine Regel möchte ich hinzufügen: Ein Kunstwerk wird wahrgenommen auf dem Hintergrund und auf dem Wege der Assoziierung mit anderen Kunstwerken. Die Form des Kunstwerks bestimmt sich nach ihrem Verhältnis zu anderen, bereits vorhandenen Formen . . . Eine neue Form entsteht nicht, um einen neuen Inhalt auszudrücken, sondern um eine alte Form abzulösen, die ihren Charakter als künstlerische Form bereits verloren hat.[65]

Damit wird die eigene Definition der Kunst als Verfremdung indirekt wieder aufgenommen und in jener Richtung weiter entwickelt, die sich schon bei der Erörterung des Artikels „Die Kunst als Verfahren" abzeichnete. Einerseits wird die von vornherein erkennbare Konzentration auf die kunstimmanente Funktion der Verfremdung (unter Vernachlässigung ihrer außerkünstlerischen Bezugspunkte und Implikationen) jetzt als These formuliert, die Wandlungen der Kunst und ihrer Formen seien ein rein kunstimmanenter Prozeß der notwendigen Ablösung automatisierter Formen und Verfahren durch sie verfremdende neue. Andererseits entspricht der Verengung auf den kunstimmanenten Bereich die Ausweitung innerhalb dieses Bereiches durch das Verallgemeinern des evolutionären Moments. Da jedes Kunstwerk nur als Form, jede Form aber nur als „Differenzqualität", als „Abweichung" von einem „geltenden Kanon" angemessen wahrgenommen werden kann[66], muß das Vorgegebene jeweils mit berücksichtigt werden. Das bloße Konstatieren bestimmter Verfahren genügt nicht mehr; zusätzlich ist nach ihrer jeweiligen Intention und Funktion im Kunstwerk zu fragen; diese aber ist nur feststellbar im Bezugssystem der literarischen Evolution, wo-

---

PROPPS als auch JOLLES' Märchenauffassung, doch steht ein systematischer Vergleich beider Methoden einschließlich ihrer methodologischen Voraussetzungen aus. Zur ›morphologischen Methode‹ von JOLLES als Gesamtkonzeption im Vergleich zu der des russischen Formalismus siehe auch S. LV f. dieser Einleitung.

[64] S. Anm. 6.

[65] S. unten S. 51.

[66] S. unten S. 51. Wie aus ŠKLOVSKIJS Fußnote ersichtlich, greift er hier direkt auf die Kunstphilosophie des deutschen Ästhetikers BRODER CHRISTIANSEN zurück, dessen Schriften (Philosophie der Kunst. Hanau 1909, u. a.) für die russischen Formalisten besonders im Hinblick auf den Begriff der „Differenzqualität" wichtig wurden. Vgl. dazu auch ERLICH, op. cit., S. 197 u. 360 passim.

durch der literar h i s t o r i s c h e Aspekt (in dieser speziellen Bedeutung) unerläßlicher Bestandteil formaler Analyse wird.

Angesichts solcher Schlußfolgerungen genügt es aber nicht mehr, einzelne Verfahren der Sujetfügung zu beschreiben und zu katalogisieren. Die Technik der Sujetfügung muß ebenfalls im Zusammenhang der literarischen Evolution gesehen werden. Šklovskij zieht diese Konsequenz im dritten Beitrag zu seiner „Theorie der Prosa" („Der Bau der Erzählung und des Romans").[67] Zwar bespricht er auch hier bestimmte Verfahren, durch die kleinere Erzähleinheiten zu Erzählungen und einzelne Erzählungen zu Erzählzyklen oder Romanen verklammert werden können; aber er fügt jetzt dem bloßen Typenkatalog den Versuch einer Skizze der historischen Entwicklung vom Erzählzyklus zum neuzeitlichen Roman hinzu. Sie beginnt für ihn bei den Märchen- und Novellensammlungen orientalischer Herkunft mit ihren unterschiedlichen Techniken der Rahmung und Motivierung (Erzählen zwecks Aufschub, als Wettstreit usw.). In unmittelbarer Berührung mit dieser Tradition entsteht ein eigener „europäischer Typ der Umrahmung", dessen Besonderheit und besondere Bedeutung in der „Motivierung des Erzählens um des Erzählens willen" gesehen wird.[68] Hinzu tritt die Tradition des Schelmenromans, in der — bis hin zum „Gil Blas" — die Zentralfigur, die noch nicht eigentlich Person ist, auf ihrer Stellensuche oder Wanderschaft als das „Garn" dient, an dem die Einzelepisoden „aufgereiht" werden.[69] Der Schnittpunkt der Entwicklung, an dem bei einer solchen Zentralfigur das Problem der personalen Einheit auftaucht, ist der „Don Quijote". Ihm ist Šklovskijs vierter Beitrag, „Wie der ‚Don Quijote' gemacht ist", gewidmet.[70]

Šklovskij fragt, auf welche Weise das „Material" in den Roman eingefügt und „motiviert" wird. Das untersucht er an zwei Stoffbereichen: den Reden Don Quijotes (Kapitel 1 des Artikels) und den eingeschobenen Novellen (Kapitel 2). Den Text des Romans chronologisch durchgehend, zeigt Šklovskij die Vielfalt der von Cervantes verwendeten Verfahren und auch, wie diese selbst immer wieder ⟩entblößt⟨ werden, um die „Künstlichkeit der Konstruktion und Motivation" sichtbar zu machen. Er zieht aus seinen Analysen den Schluß, daß auch der Held des Cervantes ursprünglich nur als Träger des Materials und noch nicht als geschlossene Person konzipiert worden sei, ja nicht einmal als ein „Typus Don Quijote", wie er dann später von Heine gerühmt und von Turgenev thematisiert wurde.[71] Dieser Typus habe sich vielmehr gleichsam als „Resultat" aus dem Romanaufbau selbst ergeben.

---

[67] „Stroenie rasskaza i romana". Zuerst erschienen in „O teorii prozy". M. 1925. Übersetzt nach der 2. Aufl., M. 1929, S. 68—90.

[68] Op. cit., S. 84, besonders im Blick auf das „Decamerone".

[69] ŠKLOVSKIJ verwendet dafür das russische Wort *nanizyvanie*, ‚Aufreihen' (einer Perlenschnur u. a.). (Op. cit., S. 85 u. 87).

[70] Vgl. Anm. 45.

[71] ŠKLOVSKIJ bezieht sich hier speziell auf I. TURGENEVS Essay „Hamlet und Don Quijote" („Gamlet i Don-Kichot") von 1860 (vgl. den Text in Bd. VIII der Gesammelten Werke (russ.), M. 1964, S. 169—192 und die Anmerkungen S. 552 ff.).

Cervantes habe schon während der Arbeit am Roman erkannt, daß durch das Aufbürden mit gelehrten Reden und ähnlichem Material, das durch Herkunft und Bildung seiner Figur nicht ausreichend „motiviert" war, sich eine eigentümliche „Doppelheit" oder Zwiespältigkeit des Helden ergab, die der Autor dann für seine künstlerischen Ziele zu nutzen wußte.[72] Auch werde durch die Situation des Ritters von der kläglichen Gestalt am Hofe des Herzogs ein neuer Ton der „Humanität" möglich, der gleichsam zu einem Maskenwechsel und zu einem „neuen Durchempfinden des alten Materials" führe. Ähnlich ergehe es Sancho Pansa bei seiner Gouverneurs-Episode, in der nicht mehr einfach im Sinne des alten Verfahrens Handlungen oder Reden auf die Figur gehäuft würden, sondern diese selbst zu ihnen in ein bewußt erlebendes Verhältnis träte. Auch hier „wird ein neues Durchdenken des alten Materials sichtbar; das ist bereits ein Schritt in den neuen Roman".[73]

Šklovskijs Interpretation des Don Quijote ist ein anregender Versuch, der manches vorweggenommen hat, was erst von der neuesten Cervantes-Forschung (ohne Kenntnis des Šklovskij-Artikels) bestätigt und systematisch untersucht worden ist.[74] Angesichts der (nicht nur in Rußland) verbreiteten Neigung, Don Quijote als Typus oder Individuum zu betrachten, ist Šklovskijs Vorbehalt gegen ein Zurückprojizieren moderner Individualvorstellungen auf die alte Erzähltradition berechtigt. Ob seine These, die Zwiespältigkeit der Figur sei entstehungsgeschichtlich erklärbar, sich halten läßt, braucht hier nicht erörtert zu werden. Wichtiger, weil für Šklovskijs Methode charakteristisch, ist das Vernachlässigen der thematischen Zusammenhänge. Šklovskij weist zwar darauf hin, daß gerade Don Quijotes Reden über die Gelehrsamkeit zu einer eigentümlichen Spaltung der Figur führen. Aber die Einführung dieser Reden ist für ihn rein technisch ›motiviert‹. Dabei bleibt unerwähnt und wohl auch ungesehen, daß mit Don Quijotes großer Rede über das Ideal des Gelehrten und des Ritters schon zu Beginn des Romans eines seiner Zentralthemen eingeführt wird, das zugleich eines der bewegenden Themen der Zeit des Cervantes war. Ob und in welcher Weise die ›Doppelheit‹ der Zentralfigur diesem ›Doppelthema‹ entspricht, wird nicht gefragt. Ebensowenig wird das andere zentrale Thema, der Konflikt zwischen Ideal und Wirklichkeit und seine Bedeutung für die Komposition, untersucht. Hier wirkt sich Šklovskijs grundsätzliche Vernachlässigung der Thematik, seine Neigung, alle im Werk zu Wort kommenden ideellen Gehalte als unwichtig abzutun oder bestenfalls als ›Motivation‹ gelten zu lassen, nachteilig aus.

---

[72] v. ŠKLOVSKIJ. O teorii prozy. M. 1929², S. 100 f.

[73] Op. cit., S. 222.

[74] Vgl. dazu H. J. NEUSCHÄFER. Der Sinn der Parodie im Don Quijote. Heidelberg 1963, insbesondere Kap. 4, „Die kompositorische Verbindung von Haupthandlung und eingeschobenen Geschichten", S. 60 ff.

Diese Einseitigkeit ist eine generelle Schwäche der literarischen Theorie und besonders der Interpretationspraxis Šklovskijs (aber auch mancher anderer Formalisten). Gerade wenn man das kritisch feststellt, muß man zugleich darauf verweisen, daß Šklovskij selbst dieses Problem als Problem schon relativ früh gesehen hat. Einer der später in das Buch „Über die Theorie der Prosa" aufgenommenen Beiträge, die Abhandlung über den russischen Symbolisten Andrej Belyj und die sogenannte ›ornamentale‹ Prosa,[75] ist im Grunde eine Untersuchung über das Verhältnis zwischen ideologischer Konzeption und künstlerischer Technik eines Autors am Beispiel eines bestimmten Werks.

Šklovskij fragt, in welcher Weise Belyjs späte Wendung zur Anthroposophie seinen stark autobiographischen Kindheitsroman „Kotik Letaev" beeinflußt habe.[76] Belyj selbst habe zweifellos beabsichtigt, mit diesem Werk die Lehren des damals schon mit ihm befreundeten Rudolf Steiner zu propagieren, speziell die anthroposophische „Lehre von der Mehrschichtigkeit der Erscheinungen"[77], durch die jeder Gegenstand gleichsam mit mehreren Schatten von verschiedenen Lichtquellen gesehen werde. Dieser anthroposophischen Sichtweise entspräche in der Kunst die Tendenz, die Erscheinungen auf mehreren Ebenen darzustellen und ständig zwischen den Ebenen zu wechseln. Das charakteristische Darstellungsprinzip von Belyjs Roman, die Welt zuerst in der besonderen Brechung des kindlichen Bewußtseins, als „Schwarm" der Bilder, erscheinen zu lassen und erst allmählich in oder hinter den Symbolen eine „Ordnung"[78] anzudeuten, entspräche ebensosehr der anthroposophischen Konzeption wie einer grundsätzlichen Möglichkeit der Kunst, wie sie in der modernen, ornamentalen Prosa und ihrer literarischen Technik zur Geltung komme. Diese Technik und ihre Wirkung sei für den Leser wie für den Kritiker ausschlaggebend, unabhängig von der anthroposophischen Intention, die ihm nicht bekannt zu sein brauche.

> Im Kampf zwischen der Anthroposophie und dem künstlerischen Verfahren, das durch sie hervorgerufen worden war, zehrte das Verfahren die Anthroposophie auf. Und die ornamentale Prosa Andrej Belyjs floß leicht mit anderen Strömungen der ornamentalen Prosa zusammen (Leskov, Remizov), die durch andere Ursachen ins Leben gerufen worden waren.[79]

---

[75] „Ornamental'naja proza. Andrej Belyj". In „O teorii prozy", M. 1929², S. 205—225.

[76] Die persönliche Bekanntschaft BELYJS mit RUDOLF STEINER beginnt 1912 und führt während BELYJS Auslandsaufenthalt 1912—1916 zu einer engen Verbundenheit. Der „Kotik Letaev" entsteht in den gleichen Jahren und erschien 1916 ff. (erste Buchausgabe Petrograd-Berlin 1922), Neudruck mit Einleitung von D. Tschiževskij und A. Hönig (Slavische Propyläen, Bd. 3), München 1964.).

[77] „Učenie o mnogoplannosti javlenija". (v. ŠKLOVSKIJ. O teorii prozy. M. 1929², S. 206).

[78] Die von BELYJ verwendeten, von ŠKLOVSKIJ zitierten russischen Termini sind *roj* und *stroj*.

[79] Op. cit., S. 207.

Was Šklovskij hier am Roman Belyjs zeigt, ist ein gerade in der russischen Literatur häufiges Phänomen. Das starke gesellschaftspolitische Engagement dieser Literatur führte oft zu ausgesprochen polemischen und ideologischen Werkkonzeptionen, auch bei den bedeutendsten Autoren. Nur vollzog sich bei ihnen im Verlauf der Arbeit entweder eine überzeugende Integration dieser ideologischen Intentionen in die Struktur des Werkes, oder es setzte sich die Eigengesetzlichkeit dieser Struktur und ihrer »Bedürfnisse« gegen die ursprüngliche Konzeption und ideologische Position des Autors durch (die Entstehungsgeschichte der „Dämonen" Dostoevskijs ist dafür nur ein, allerdings besonders prägnantes Beispiel). Die Rolle dieser Eigengesetzlichkeit der Werkstruktur und der künstlerischen Verfahren und ihr Vermögen, sich gegen die (nur entstehungsgeschichtlich primäre) ideologische Position oder thematische Konzeption des Autors selbst zu behaupten, wird von Šklovskij mit vollem Recht hervorgehoben. Damit braucht weder die entstehungsgeschichtliche Bedeutung ideologischer Intentionen noch die Bedeutung der Thematik (einschließlich ihrer strukturellen Funktion) bestritten zu werden. Nur erscheinen dann nicht mehr die Ideologie und die thematische Konzeption des Autors als Untersuchungsgegenstand oder Bewertungskriterium der Literaturwissenschaft, sondern Grad und Art ihrer künstlerischen Integration im Werk selbst. Unter diesen Voraussetzungen wird man Šklovskij zustimmen können, wenn er — in Anspielung auf die marxistische These von der Priorität des Seins gegenüber dem Bewußtsein — in seiner Belyj-Untersuchung zur allgemeinen These gelangt:

> Die philosophische Weltanschauung ist für den Schriftsteller seine Arbeitshypothese. Genauer gesagt, das Bewußtsein des Schriftstellers wird durch das Sein der literarischen Form bestimmt ... Wenn die außerliterarische Ideologie, ohne durch die technischen Bedingungen der Meisterschaft gestützt zu sein, in den schriftstellerischen Bereich eindringt, wird das künstlerische Werk nicht gelingen.[80]

Daß Šklovskij hier nicht gegen eine spezielle Ideologie und nicht einmal speziell gegen Ideologie polemisiert, beweist schon die gleichzeitige Polemik gegen Biographismus und Psychoanalyse.[81] Mag die Tatsache, daß in Belyjs Roman die Welt aus dem Blickwinkel eines gern träumenden und oft kranken Kindes gesehen wird, biographisch oder psychoanalytisch motivierbar sein, für das Werk und seine Wirkung seien beide Aspekte ihrerseits nur ›Motivationen‹ des künstlerischen Erfordernisses, Welt in ›verfremdeter‹ Weise darzustellen, dadurch die künstlerische Wahrnehmung zu intensivieren und durch den Wechsel der Sicht- oder Darstellungsweisen dem Leser wechselnde

---

[80] Op. cit., S. 205.

[81] Vgl. op. cit., S. 211: „Man sollte sich nicht durch die Biographie des Künstlers verleiten lassen; er schreibt und sucht (erst) hinterher eine Motivierung. Am allerwenigsten aber sollte man sich durch Psychoanalyse verleiten lassen." Was ŠKLOVSKIJ anschließend gegen die Psychoanalyse vorbringt, ist allerdings nicht sehr stichhaltig und sachkundig, beweißt aber die generelle Richtung seiner Polemik gegen jede außerkünstlerische Interpretation.

Sichtweisen auf Welt und Werk anzubieten. Das erreiche Belyj durch die besonderen Techniken seiner ornamentalen Prosa, zu denen er persönlich durch die Anthroposophie Anstöße erhalten habe. Ähnliches erreiche z. B. Tolstoj in „Krieg und Frieden" durch das Nebeneinander unterschiedlicher Perspektiven, wobei seine perspektivische Verfremdungstechnik ihren persönlichen Anstoß einer moralistischen Haltung und Intention verdanke. So verschiedenartig also die persönlichen Motive und die literarischen Verfahren sein mögen, „für den Schriftsteller ist es wichtig, in seinem Werk dessen Verschiedenverstehbarkeit herzustellen".[82]

Es ist schade, daß Šklovskij diese Gedanken nicht weiter ausgeführt hat. Denn sie berühren indirekt eines der wichtigsten und schwierigsten Probleme der heutigen literatur- oder kunsttheoretischen Diskussion, in der rezeptionsästhetische Fragen immer mehr in den Mittelpunkt treten.[83] Ist ein sprachliches Kunstwerk dadurch ausgezeichnet, daß es immer neue Leser und Lesergenerationen anzusprechen, auf ihre neuartigen Fragen neue Antworten zu geben vermag, so muß die „Verschiedenverstehbarkeit" im Werk selbst angelegt sein. Da sich die im Werk vermittelten gesellschaftlichen Verhältnisse und ideologischen Konzeptionen (und mit ihnen auch Aussagen zu sogenannten ›ewigen Themen‹) relativ schnell überleben, kann diese Voraussetzung auf Dauer nur erfüllt werden, wenn sie in der Struktur des Werkes verankert ist. Diese Struktur muß einerseits ein so hohes Maß an „Mehrschichtigkeit" und „Verschiedenverstehbarkeit" aufweisen, daß sie — trotz ihrer Fixierung als Text — einen immer neu einsetzenden und sich fortsetzenden Dialog zwischen dem Werk und seiner Leserschaft ermöglicht. Sie muß andererseits als Struktur prägnant und stimmig genug sein, um Frage und Antwort bei aller Offenheit immer wieder auf das Werk zurückzubeziehen und so dem ›Gespräch‹ seinen dialogischen Charakter zu sichern, statt es völliger Beliebigkeit zu überlassen. Ziel der verschiedenen künstlerischen Verfahren und ihres Zusammenwirkens im funktionalen System des Werkes ist es nicht zuletzt, diese strukturale „Verschiedenverstehbarkeit" zu bilden und zu binden. Dabei spielen, um auf die konkreten Beispiele Šklovskijs zurückzukommen, offenbar die „Mehrschichtigkeit" der Bilder und Symbole (Beispiel Belyj) und die „Mehrschichtigkeit" der Perspektiven (Beispiel Tolstoj) eine besonders wichtige Rolle. Diese Rolle kann im Verlauf der literarischen Evolution als

---

[82] „Pisatelju v svoej vešči važno ustanovit' r a z n o s m y s l i v a n i e ee ...", op. cit., S. 214. (Sperrung nicht im Original).

[83] Die diesbezügliche Entwicklung in der angelsächsischen Literaturwissenschaft wird deutlich, wenn man z. B. den von R. WELLEK UND A. WARREN. Theory of Literature, (New York 1956 und dtsch. Bad Homburg v. d. H. 1959) referierten Diskussionsstand mit dem Buch von J. MARGOLIS. The Language of Art and Art Criticism. Analytic Questions in Aesthetics. Detroit 1965, vergleicht, wo Seins- und Wirkungsweise des Kunstwerks von seiner Identifizierung durch den Rezipierenden und Reproduzierenden abhängig gemacht wird. Zum Stand der jüngsten deutschen Diskussion über den Zusammenhang von Wirkungsästhetik und Literaturgeschichte vgl. Kap. X dieser Einleitung.

Dominanz des einen Prinzips auf Kosten des anderen, aber auch als Zusammenspiel beider zur Geltung kommen. Um im Sinne formalistischer Arbeitsweise die theoretische These sogleich als Fragestellung an die Literarhistorie zu formulieren, wäre zu fragen, ob nicht z. B. der Abbau der (für die klassisch-romantische Periode konstitutiven) Metaphorik und Symbolik durch den Realismus in der realistischen Literatur selbst zu einem verhängnisvollen Schwund an „Mehrschichtigkeit" und „Verschiedenverstehbarkeit" geführt hätte, wenn nicht in der neuen Schule eine stetige Entfaltung und Perfektionierung psychologischer und erzähltechnischer Perspektivik eingesetzt hätte; und ob nicht um die Jahrhundertwende, als diese Möglichkeit sich zu erschöpfen, ihr Repertoire zu Verfahren sich zu automatisieren begann, die erzählende Prosa der Moderne eben darum auf die metaphorisch-symbolische Tradition zurückgriff und eine Kombination beider Möglichkeiten, eine Synthese von ›Symbolismus‹ und ›Perspektivismus‹ anstrebte. Dafür ist die psychologisch und perspektivisch differenzierte, bildreiche und ›ornamentale‹ Prosa des Symbolisten Belyj ein besonders typisches und aufschlußreiches Beispiel.

VI

Wie schon der Belyj-Aufsatz beweist, hat Šklovskij und mit ihm der frühe Formalismus die Bedeutung ideologischer Intentionen und die Rolle der Thematik im sprachlichen Kunstwerk nicht grundsätzlich geleugnet, sondern nur die Vorrangigkeit der Werkstruktur und der formalen Verfahren betont — das allerdings oft in sehr einseitiger Polemik und Programmatik. Deshalb bewährte und bewährt sich diese Theorie in ihrer Anwendung am ehesten bei Werken und Genres, in denen die thematischen und ideellen Momente zugunsten ausgeprägter formaler Strukturen und Verfahren zurücktreten oder fast völlig verschwinden.

Zwei Grundtypen lassen sich unterscheiden. Zum ersten gehören Genres, die auf Grund besonderer Bedingungen oder Intentionen bestimmte Sujetkonstruktionen fordern und alles eingebrachte Material (einschließlich eventueller Ideengehalte, psychologischer Probleme und Milieuschilderungen) ganz diesem Bedürfnis unterordnen. Ein Musterbeispiel dieser Art, das Šklovskij untersucht hat, ist der Kriminalroman oder die Detektivstory. Zum anderen, fast entgegengesetzten Typ gehören Werke oder Genres, in denen das Sujet kaum noch Eigengewicht hat und die Reflexion über die Konstruktionsprinzipien oder Verfahren selbst zum ›Sujet‹ oder ›Thema‹ wird wie im parodistischen Roman oder in bestimmten Bereichen der sogenannten ›sujetlosen‹ Prosa. Auch diesen Phänomenen hat Šklovskij Spezialuntersuchungen gewidmet.

Schon bei der Formulierung seiner Verfremdungs-These hatte Šklovskij das Rätsel mit seiner Intention der künstlichen Erschwerung als Beispiel analysiert. So nimmt es nicht wunder, daß ihn der Detektiv als „professioneller Enträtseler von Geheimnissen"[84] und die um diese Figur gebaute Geschichte, die „Geheimnis-Novelle" oder der „Geheimnis-Roman"[85], interessieren. Am Beispiel der Detektivstories Conan Doyles erarbeitete er bestimmte Aufbauschemata dieser Erzählungen und der Kriminalgeschichte überhaupt und zeigte, wie das Bedürfnis nach spannungerzeugender Verrätselung und nach spannungsteigender Verzögerung der richtigen Lösung den ganzen Aufbau bestimmt (bis hin zum Festlegen bestimmter Figuren auf solche konstruktionsbedingte Funktionen, z. B. des Dr. Watson und des staatlichen Untersuchungsleiters als „ständige Dummköpfe", durch die „falsche Lösungen" suggeriert werden). Auch hier wird übrigens das Problem der ideologischen Konzeption wieder kurz gestreift, indem die vulgärsoziologische These verspottet wird, daß Conan Doyles Held Sherlock Holmes P r i v a t detektiv und der s t a a t l i c h e Funktionär der Dummkopf sei, spiegele die privat-individualistische Gesellschaftsstruktur und Ideologie des bourgeoisen England. Das sei schon soziologisch nicht exakt, da der englische Staat eben auf die privat-individuellen Interessen des Bourgeois zugeschnitten sei. Und selbst wenn man annehmen dürfe, daß bei einem Sovetschriftsteller der Held ein staatlicher Detektiv und der Privatdetektiv der Dumme wären bzw. Sherlock Holmes in den Staatsdienst überwechseln würde, „der Aufbau der Erzählung (die Frage, die uns jetzt beschäftigt), würde sich nicht ändern."[86]

In spätere, strukturalistische Terminologie umgesetzt hieße das: Festgelegt sind die Struktur des Systems und die für sie konstitutiven Funktionen, während deren jeweilige Besetzung je nach gesellschaftlichen Voraussetzungen, ideologischen Konzeptionen usw. variabel bleibt. Versteht man aber das Kunstwerk als ein solches funktionales System (und nicht mehr nur als ›Summe von Verfahren‹), muß die ›allgemeine Regel‹ in ihrer konkreten Variante gefaßt, muß jedes Verfahren auf seine systemspezifische Funktion hin untersucht werden. Das hatte Šklovskij inzwischen erkannt.

Čechov sagte, wenn in einer Erzählung gesagt werde, an der Wand hänge ein Gewehr, würde dieses nachher bestimmt schießen. Dieses Motiv geht, sobald es mit Betonung dargeboten wird, in das über, was man „Schicksalhaftigkeit" nennt (Ibsen). Diese Regel in ihrer üblichen Form entspricht tatsächlich einer allgemeinen Regel der künstlerischen Mittel, aber im Roman der Geheimnisse schießt das Gewehr, das an der Wand hängt, nicht, sondern es schießt ein anderes Gewehr.[87]

[84] Übersetzt nach v. ŠKLOVSKIJ. Novella tajn, in: O teorii prozy, M. 1929², S. 125—142; vgl. S. 127.

[85] „Novella tajn" (vgl. Anm. 84); „Roman tajn", in: op. cit., S. 143—176. Während der erste Artikel die Detektiv-Story behandelt, ist der zweite nicht speziell dem Kriminalroman, sondern allgemein dem mit Mystifikation arbeitenden Romantypus (von Anne Radcliffe über Charles Dickens bis Boris Pil'njak) gewidmet.

[86] „Novella tajn", op. cit., S. 136.

[87] Op. cit., S. 135.

Wieder wird eine „allgemeine Regel der künstlerischen Mittel" vorausgesetzt, in diesem Falle die ästhetische Norm, in einem Kunstwerk müsse jedes Detail seinen Sinn erfüllen. Sie liegt der Bemerkung Čechovs zugrunde. Der Übergang zur „Schicksalhaftigkeit" à la Ibsen vollzieht sich de facto nicht einfach durch „Betonung". Voraus geht die Umsetzung der rein ästhetischen Regel in eine Verhaltensregel von Personen. Erst dadurch erhalten für diese Personen die Dinge ihrer Lebensumwelt den gleichen Charakter der Notwendigkeit, der aber jetzt, nach Preisgabe der ästhetischen Distanz, als beängstigende Unausweichlichkeit empfunden wird. Wird dieses Verhalten und Empfinden seinerseits ästhetisch thematisiert (als Motiv ›betont‹), entsteht jene für Ibsen charakteristische Dichtung der Fatalität (die auch Čechov selbst nicht fremd ist). Im Kriminalroman hingegen dient das vermeintlich Unausweichliche nur der Irreführung. Dieses genrespezifische Bedürfnis ist bestimmend und setzt sich scheinbar gegen die allgemeine Regel durch, deren Allgemeinverbindlichkeit dadurch in Frage gestellt scheint. Aber die für das Genre entscheidende Funktion (Suggerieren einer falschen Lösung) kann nur erfüllt werden, weil (bzw. wenn) der Leser auf Grund seines Glaubens an die allgemeine Regel deren Einhaltung erwartet und durch diese Erwartung auf eine falsche Spur gebracht wird. Hinzu kommt, daß er sich in Wirklichkeit statt auf die „allgemeine Regel der künstlerischen Mittel" nur auf die „übliche Form" ihrer Anwendung stützt und diese obendrein mit außerästhetischen ›Regeln‹ seiner Lebenserfahrung verbindet (D e r Sinn eines Gewehrs ist es, zu schießen; jedes Detail hat in einem Kunstwerk s e i n e n Sinn zu erfüllen; also wird d i e s e s Gewehr in diesem Werk schießen). Dabei wird das Werk als bloßer Geschehensbericht statt als Wirkungszusammenhang verstanden. Denn dasselbe Gewehr, das im reinen Geschehensnexus tatsächlich nicht ›zum Zuge‹ kommt, erfüllt im Wirkungsnexus sehr wohl einen ›Sinn‹, der aber als spezifisch ästhetischer in diesem spezifischen Genre darin besteht, zu täuschen statt zu schießen. Die allgemeine Regel wird als eine solche der „künstlerischen Mittel" durch die vermeintliche Regelwidrigkeit nur bekräftigt und in ihrem Funktionieren einsichtig. Aber es erweist sich als unerläßlich, einerseits hinter die „übliche Form" ihrer Anwendung zurückzufragen, andererseits die für den jeweiligen Fall charakteristische Variante der Grundregel und ihre systemspezifische Funktion herauszuarbeiten.

Allerdings braucht sich die ›Irreführung‹ nicht grundsätzlich darauf zu beschränken, eine falsche Lösung vor die richtige zu schieben. Sie kann radikaler gegen die ästhetische Norm selbst protestieren, gegen die generelle Tendenz, hinter jedem Detail eines Kunstwerks eine Bedeutung zu suchen (gleich ob im Sinne eines Moments der Handlung, eines Milieumerkmals oder eines symbolischen Verweises). Intention und Begründung eines solchen Protestes können von sehr verschiedener Art sein. Eine quasi ›realistische‹ Konzeption ließe sich mit der Formel umschreiben: Auch im Leben ist nicht alles bedeutsam und sinnvoll, und eben dies soll das ›sinnlose‹ Detail im Werk formal spiegeln. Eine mehr ›artistische‹ Konzeption könnte durch die Formel charakterisiert werden: Kunst hat es nicht nötig, alles von einem Sinn her zu rechtfertigen, nicht einmal in einem kunstimmanenten Sinne. Eine Art Kombination beider Konzeptionen, die man als ›hermetische‹ bezeichnen könnte, wäre etwa in der Weise formulierbar: Indem das Werk dem Rezipierenden den gesuchten Bedeutungszusammenhang verweigert, provoziert es ihn dazu, die Prämissen seines eigenen Kunstverständnisses und über sie seines Selbst- und Weltverständnisses neu und kritisch zu reflektieren.

Daß letztlich auch bei solchen Konzeptionen dem Detail eine Bedeutung im Sinne einer Funktion als Wirkungsfaktor zukommt, läßt sich ebensowenig bestreiten, wie die Tatsache, daß es sich um andersartige, indirektere, einen größeren Spielraum belassende Funktionen handelt, als bei den vorhin erörterten Erwartungstäuschungen oder Erwartungserfüllungen. Das gilt besonders von der ›hermetischen‹ Konzeption, die in diesem besonderen Sinne erst in der jüngsten Kunstdiskussion in den Mittelpunkt der Theorie gerückt ist und daher in der Theorie des russischen Formalismus noch keine Rolle spielte.[88] Aber auch die quasi ›realistische‹ ist von den Formalisten, selbst in den wenigen Fällen, in denen sie systematisch auf das Problem des Realismus in der Kunst eingegangen sind, nicht methodisch untersucht worden.[89] Das Hauptinteresse galt eindeutig den verschiedenen ›artistischen‹ Möglichkeiten, ganz besonders der parodistischen Spielart im weitesten Sinne des Begriffs Parodie.

Schon Šklovskijs Ausgangsthese, Kunst sei Verfremdung und arbeite mit dem Bloßlegen der eigenen Verfahren, traf auf wenige Bereiche der Kunst so zu wie auf das Phänomen der Parodie. Im Bereich der Sujet-Theorie nimmt die Parodie (speziell in der Form des parodistischen Romans) wieder eine Art Zentralstellung ein. Sie steht gleichsam im Schnittpunkt zwischen den beiden Extremen der ›sujetgebundenen‹ Erzählprosa in der Art des Märchens oder des Kriminalromans und der auf Sujetfügung völlig verzichtenden „Literatur außerhalb des Sujets".[90] Einerseits ist sie frei von den Bindungen an bestimmte „Verfahren der Sujetfügung", ja sie ist durch das freie Spiel mit ihnen charakterisiert. Andererseits schafft sie sich, indem sie die konventionellen Verfahren zum ›Material‹ degradiert, im parodistisch-verfremdenden Durchspielen dieses Materials ihr eigenes, eigentliches ›Sujet‹. Schon deshalb stützt sich Šklovskij in seiner Sujet-Diskussion mit Vorliebe auf den parodistischen Roman („Don Quijote", „Tristram Shandy"), und deshalb ist für ihn Sternes Roman das Musterbeispiel dieses Romantyps, wenn nicht des Romans überhaupt.

---

[88] Vgl. dazu „Poetik und Hermeneutik", II (s. Anm. 29), wo mehrere Beiträge (W. D. Stempel, M. Fuhrmann, K. H. Stierle u. a.) und Diskussionen speziell dem Problem ›hermetischer‹ oder ›dunkler‹ Lyrik und ihrer Interpretation gewidmet sind.

[89] Vgl. dazu den Artikel R. JAKOBSONS „Über den künstlerischen Realismus" in diesem Band und die diesbezüglichen Ausführungen in der Einleitung (s. u.).

[90] So der Titel des Artikels über Rozanovs Essayistik „Literatura vne ›sjužeta‹" (in: O teorii prozy, M. 1929², S. 226—245).

Tatsächlich ist in diesem Falle die Affinität zwischen Untersuchungsgegenstand und Theorie oder Methode des Untersuchenden besonders groß, und Šklovskijs Analyse des „Tristram Shandy"[91] ist seine werkgerechteste Einzelinterpretation. Eben darum bedarf sie keiner erläuternden Einführung, wohl aber einer kurzen Bemerkung zur Forschungssituation. In der derzeitigen Diskussion über Roman und Erzählprosa spielt der „Tristram Shandy" eine wichtige Rolle, wird gern als Beispiel gewählt und in einer Weise interpretiert, die in vielem den Ausführungen Šklovskijs verwandt ist. So mag beim Leser, der diese aktuelle Diskussion besser kennt als die Geschichte der Shandy-Forschung und als die russische Literaturkritik der 20er Jahre, der Eindruck entstehen, Šklovskij stelle recht Selbstverständliches, um nicht zu sagen Banales fest. Doch ist Šklovskijs Anspruch, er sei eine Art Entdecker des Shandy für Rußland gewesen, begründet. So wichtig Sterne als Vorbild für den russischen Sentimentalismus dés ausgehenden 18. und frühen 19. Jahrhunderts gewesen ist, war er es hauptsächlich als Autor der „Empfindsamen Reise", während der „Tristram Shandy" erst sehr viel später vollständig übersetzt wurde. Und erst Šklovskijs Shandy-Analyse löste in Rußland eine wahre Mode des ›Shandyismus‹ aus.[92] In der westlichen Shandy-Forschung aber hat sich die von Šklovskij vertretene Auffassung erst rund drei Jahrzehnte später durchgesetzt, zunächst ohne Kenntnis des Šklovskijschen Artikels, der nicht übersetzt war. Soweit mir bekannt ist, verweist erst K. E. Harter 1954 direkt auf den Beitrag des russischen Formalisten.[93]

Šklovskijs Artikel schließt mit der These: „Der ‚Tristram Shandy' ist der typischste Roman der Weltliteratur". Erlich bemerkt dazu, das sei eine „starke Behauptung", die „falsch" sei und „die moderne Voreingenommenheit des Formalisten für ungegenständliche Kunst, seine Tendenz, fälschlich das Extreme für das Repräsentative zu halten," verrate.[94] Die ›Voreingenommenheit‹ ist nicht zu bestreiten und ebensowenig der provokative Charakter der Schlußformel. Und doch genügt es nicht, die These bloß aus der Orientierung an der gegenstandslosen Kunst zu erklären oder sie gar einfach als falsch abzutun, statt von ihr her nach der Rolle des parodistischen Romans für das Romangenre zu fragen.

---

[91] „Parodijnyj roman. ›Tristram Šendi‹ Sterna." Text S. 244—299 dieses Bandes. Als Einzeldruck u. d. Titel „›Tristram Šendi‹ Sterna i teorija romana". Pg. 1921, erschienen.

[92] Vgl. als Hinweis auf diese Mode und Polemik gegen sie den Schluß des VINOGRADOV-Artikels in unserem Band, S. 207: „... wenn die jetzige Epoche des literarischen ›Shandyismus‹ vorübergeht."

[93] K. E. HARTER. A Russian Critic and Tristram Shandy, in: Modern Philology, 52, 1954, S. 97 ff. Diesen Hinweis verdanke ich, ebenso wie andere zur neueren Sterne-Forschung, R. Warning, dem ich an dieser Stelle dafür danken möchte, und dessen Buch „Illusion und Wirklichkeit in Tristram Shandy und Jacques le Fataliste". München 1965, den Stand der neuesten Shandy-Diskussion kennzeichnet.

[94] V. ERLICH, op. cit., S. 214.

Dieser Problemzusammenhang wird deutlicher, sobald man den aus der gleichen Zeit (1921) stammenden, ebenfalls in die „Theorie der Prosa" aufgenommenen Beitrag über die „Literatur außerhalb des Sujets" mit heranzieht, obwohl er zunächst nichts mit dem parodistischen Roman und dem Werk Sternes zu tun zu haben scheint. Šklovskij untersucht in ihm die essayistische Prosa Rozanovs als Beispiel ›sujetloser‹ Literatur. Dabei zeigt sich, daß die Auflösung traditioneller Sujetkonstruktionen die Aufnahme neuer, bzw. bis dahin für ›unliterarisch‹ angesehener Themen und Verfahren in die Literatur ermöglicht und auf diese Weise zu einem wichtigen Faktor der literarischen Evolution wird. Damit aber wird auch die Frage akut, ob nicht gerade ›sujetarme‹ oder gegen die in der Romantradition üblichen „Verfahren der Sujetfügung" verstoßende Romane für das Genre und seine Evolution von besonderer Bedeutung sein können.

> Lev Tolstojs „Krieg und Frieden", Sternes „Tristram Shandy" mit ihrem fast völligen Fehlen einer rahmenden Novelle, können nur deshalb als Romane bezeichnet werden, weil sie speziell die Regeln des Romans verletzen. Die Reinheit eines Genre selbst ... ist nur verstehbar als Opposition zum Genre, das für sich nicht durchweg einen Kanon findet. Aber der Kanon des Romans als Genre ist vielleicht häufiger als jeder andere fähig durchparodiert und von Grund auf verändert zu werden.[95]

Was in Šklovskijs Artikel kurze ›Abschweifung‹ bleibt, deutet auf eine besondere, für den Formalismus charakteristische Auffassung des Begriffs Genre. Ein Genre ist nicht einfach ein fester ›Kanon‹, dessen ›Regeln‹ in ihrer ›Reinheit‹ realisiert oder nicht realisiert werden. Es ist ein beständig sich veränderndes, evolutionierendes Bezugssystem, in dem die tiefgreifenden ›Verstöße‹ gegen die gerade geltenden Vorbilder oder Regeln mindestens ebenso genreprägend sind wie die Bekräftigungen. Das gilt besonders für ein Genre wie den Roman, das erst zu voller Entfaltung, beherrschender Stellung und eigener Theorie gelangte, als die Herrschaft der normativen Poetik bereits vorüber war. Damit mag zusammenhängen, daß bei diesem Genre besonders häufig, zu verschiedenen Zeiten und unter verschiedenartigsten Gesichtspunkten, von einer ›Krise‹ des Genres gesprochen wurde und wird. Sie hat sich immer wieder als eine ›schöpferische Krise‹ erwiesen, als Fähigkeit des Genres, beständig „von Grund auf verändert zu werden". Das aber geschieht auch und besonders überall dort, wo es „durchparodiert" wird. Darum sind der „Don Quijote", der „Tristram Shandy", die „Toten Seelen" ebensosehr Roman-Parodien oder Anti-Romane wie Selbstvergewisserungen, Selbsterneuerungen und Richtpunkte des Genres Roman. Insofern ist der parodistische Roman im allgemeinen und der Roman Sternes im besonderen zwar kein ›normaler‹, wohl aber ein besonders ›typischer‹ Repräsentant seines Genres.

Faßt man allerdings den Begriff Parodie so weit und räumt ihm eine so wichtige Funktion ein, bedarf es einer vielseitigen und zugleich präzisen

---

[95] „Literatura vne ›sjužeta‹" (vgl. Anm. 90), in: op. cit., S. 230.

Funktionsbestimmung und Begriffsverwendung. Šklovskij bleibt sie schuldig. Seinem eigenen polemischen Temperament und seiner These von der Kunst als Verfremdung gemäß sieht er die Parodie fast nur als das spottende oder spielende Bloßlegen automatisierter Verfahren, d. h. primär als Destruktion. Aber ein parodistisches Kunstwerk ist immer bereits selbst konstruierte Destruktion, und nur als solche Konstruktion durch Destruktion kann sie konstruktiv wirken, vermag sie die Tradition, die sie „durchparodiert", gleichzeitig „von Grund auf [zu] veränder[n]".

Das hat Tynjanov sehr viel klarer gesehen und formuliert als Šklovskij. Tynjanovs Artikel „Dostoevskij und Gogol'. (Zur Theorie der Parodie)" erschien im gleichen Jahr wie derjenige Šklovskijs. Er gehört zu den frühesten Publikationen dieses Autors, zeigt aber bereits deutlich die charakteristischen Merkmale seiner Arbeitsweise: die Verbindung von materialreichen literar-historischen Spezialstudien mit genereller Literaturtheorie. Wie in vielen seiner frühen Arbeiten bietet Tynjanov einen Vergleich zweier Autoren.[96] Für die Untersuchung des Spezialphänomens Parodie hat dies den Vorzug, daß genauer dargelegt werden kann, w a s w i e parodiert wird. So gelingt es dem Verfasser z. B., den bis dahin in der Forschung übersehenen parodistischen Charakter der Erzählung Dostoevskijs „Das Gut Stepančikovo" überzeugend nachzuweisen.[97] Das Nebeneinander von Parodierendem und Parodiertem gestattet es, die verschiedenartigen Funktionen gleicher Verfahren im jeweiligen System und die unterschiedliche Intention beider Systeme herauszuarbeiten, damit aber auch neben der Bezogenheit des Parodierenden seine Eigenständigkeit. Erst dadurch wird einsichtig, warum eine solche Parodie auch dann zu wirken vermag, wenn der parodistische Bezug übersehen wird oder in Vergessenheit gerät (wie beim „Gut Stepančikovo" und vielen anderen parodistischen Werken). Neben dem destruktiven Aspekt der Parodie wird ihr konstruktiver betont. Für Tynjanov „erfüllt die Parodie eine doppelte Aufgabe: 1. die Mechanisierung eines bestimmten Verfahrens und 2. die Organisation neuen Materials, zu dem auch das mechanisierte alte Verfahren gehört".[98] Und erst durch diese Doppelfunktion entspricht die Parodie einem generellen Bewegungsprinzip der literarischen Evolution. Denn auch „jede literarische Nachfolge ist doch primär ein Kampf, die Zerstörung eines alten Ganzen und der neue Aufbau aus alten Elementen"[99], nicht aber „eine gerade Linie ..., die den jüngeren

---

[96] Zu dieser Tendenz in den frühen Arbeiten TYNJANOVS vgl. Anm. 27.

[97] TYNJANOVS Analyse kann hier nur im Blick auf ihre Bedeutung für die formalistische Auffassung von Parodie und literarischer Evolution erörtert werden. Die speziellere Frage, wie weit TYNJANOVS Kennzeichnung des Verhältnisses von Dostoevskij zu Gogol' der Ergänzungen oder Korrekturen bedarf, kann hier nicht gestellt werden. Eine kritische Auseinandersetzung in dieser Richtung bietet bereits das Buch von D. GERHARDT. Gogol' und Dostoevskij in ihrem künstlerischen Verhältnis. Leipzig 1941.

[98] S. unseren Band, S. 331.

[99] S. unten, S. 303.

Vertreter eines bestimmten literarischen Zweiges mit dem älteren verbindet".[100]

Die Gemeinsamkeiten mit Šklovskij sind ebenso unübersehbar, wie die Differenzen in der Akzentsetzung und Blickrichtung. Beide Formalisten arbeiten mit dem Begriffspaar ›Verfahren‹ und ›Material‹; beide sehen die Parodie als ein Bloßlegen konventioneller Verfahren, die dadurch ihrerseits zum Material gleichsam ›potenzierender‹ Verfahren werden; beide erkennen darin eine Gleichartigkeit zwischen der Parodie und der allgemeinen literarischen Evolution. Aber während bei Šklovskij der Akzent auf der Destruktion liegt, rückt bei Tynjanov die Neukonstruktion in den Mittelpunkt; während für Šklovskij die Parodie in erster Linie der Erprobung und Bestätigung seiner vorher formulierten Ausgangsthese von der Kunst als Verfremdung dient, ist für Tynjanov die literarhistorische Analyse parodistischer Texte und die daran skizzierte ›Theorie der Parodie‹ Ausgangspunkt für eine (in der Folgezeit weiter ausformulierte und erprobte) Theorie der literarischen Evolution.

VII

Bevor die formalistische Theorie der literarischen Evolution besprochen werden kann, muß noch auf einen Teilbereich der Prosa-Theorie eingegangen werden, der trotz seiner generellen Bedeutung in Šklovskijs „Über die Theorie der Prosa" kaum berücksichtigt wird: das Problem des Erzähl s t i l s. Prinzipien und Interpretationskategorien formalistischer Stil- und Werkanalyse sind intensiver und systematischer als auf dem Gebiet der Prosa an der Versdichtung erarbeitet und erprobt worden. Am kleineren und schon deshalb besser überschaubaren, sprachlich stärker gebundenen, eindeutig durch verschiedene Ordnungsprinzipien (Vers und Strophe, Reim und Lautinstrumentation, Metrum und Rhythmus usw.) strukturierten Gedicht ließ sich der spezifisch sprachlich-stilistische Aspekt der Literatur und der Charakter des literarischen Werks als eines komplexen, von bestimmten stilistischen »Dominanten« geprägten Systems besser erfassen.[101] Jakobson und Tynjanov hatten schon früh und mit Erfolg diese Richtung eingeschlagen, blieben aber in ihren Untersuchungen weitgehend auf Versdichtung konzentriert.[102] Šklovskij als der ausgesprochene Prosa-Theoretiker hatte manches davon über-

---

[100] S. unten, S. 301.

[101] Dieser Komplex ist in der Einleitung bewußt ausgespart worden, da die Versdichtung und ihre sprachlichen Voraussetzungen im 2. Band unserer Ausgabe repräsentiert und erörtert werden.

[102] TYNJANOVS erstes Buch, „Das Problem der Verssprache" (1924), ist ganz diesem Bereich gewidmet, aber auch sein zweites, „Archaisten und Neuerer" (1929), enthält nur zwei Beiträge speziell zur Prosa: den in unseren Band aufgenommenen über Dostoevskij und Gogol' und einen über „Das Vokabular Lenins als Polemiker" (JU. TYNJANOV. Archaisty i novatory. L. 1929, S. 456—499).

nommen. Innerhalb seiner „Theorie der Prosa" zeichnet sich deutlich eine Verschiebung vom Aufzeigen genereller Verfahren an unterschiedlichem Material zum Analysieren einzelner Werke oder Genres ab[103], ebenso wie die Wandlung von einer mehr ›additiven‹ Auffassung (das Werk als ›Summe von Verfahren‹, das Genre als ›Kanon von Regeln‹) zu einer mehr ›konstruktiven‹ und ›evolutionären‹ (das Werk als funktionales, das Genre als evolutionierendes Bezugssystem). Aber selbst in seinen gelungensten Einzelanalysen lag ihm das Aufspüren grundsätzlicher Möglichkeiten poetischer Konstruktion viel mehr als das behutsame Abwägen verschiedenartiger Faktoren innerhalb eines Systems und das Herausarbeiten seiner s p e z i f i s c h e n S t i l m e r k m a l e.

Ejchenbaum hingegen verband von Anfang an eine ausgesprochene Neigung zu monographischen Untersuchungen über einzelne Autoren mit allgemein-theoretischen und literarhistorischen Interessen.[104] Und er war der einzige unter den führenden Formalisten, der schon früh in seinen monographischen Studien sowohl reine Lyriker (wie Anna Achmatova) behandelte, als auch Autoren, für die das Nebeneinander von Lyrik und Erzählprosa charakteristisch war (wie Lermontov), aber auch reine Prosaisten (wie Gogol', Tolstoj oder Leskov).[105] Innerhalb der Prosa interessierte er sich anfänglich für Phänomene, die gleichsam im Schnittpunkt genereller Prosatheorie und spezieller Stilistik stehen, ganz besonders für den sogenannten *skaz*[106], jener in der russischen Erzählprosa des 19. und 20. Jahrhunderts reich ausgebil-

---

[103] Die beiden ersten Beiträge des Buches mit ihrer charakteristischen Bezugnahme auf sehr heterogenes Material sind auch entstehungsgeschichtlich die frühesten. Die Untersuchungen über einzelne Werke hingegen stammen erst aus den zwanziger Jahren.

[104] Anders als bei ŠKLOVSKIJ ist die Neigung zu monographischen Untersuchungen über einzelne Autoren bei ÉJCHENBAUM von den ersten Arbeiten an erkennbar. Da nach der Verfemung des Formalismus auf diesem Gebiet — einschließlich der kommentierten Werkeditionen — ein Weiterarbeiten am ehesten möglich war, ist in ÉJCHENBAUMS Gesamtwerk die Zahl der Abhandlungen zu einzelnen Autoren außergewöhnlich hoch. Allein zu Lermontov beträgt die Zahl selbständiger Bücher, Artikel, Rezensionen und Editionen 83 Titel (vgl. die Bibliographie in der posthumen Akademie-Ausgabe: B. M. ÉJCHENBAUM. Stat'i o Lermontove. M.—L. 1961, S. 367 bis 371); zu Lev Tolstoj sind es 61 Titel (vgl. die Bibliographie in der ebenfalls posthumen Ausgabe: B. ÉJCHENBAUM. Lev Tolstoj. Semidesjatye gody. L. 1960, S. 287—292).

[105] Vgl. dazu die Anm. 104, die umfangreiche Bibliographie formalistischer Schriften in der čechischen Formalisten-Anthologie von M. BAKOŠ. Teória literatúry. Výbor z formálnej metódy. Trnava 1941, und die Bibliographie bei V. ERLICH, op. cit., S. 381 ff.

[106] Russisch *skaz* — zu *skazat'* ‚sagen', *rasskazyvat'* ‚erzählen', *rasskaz* ‚Erzählung', *skazka* ‚Märchen' u. a. m. — hat als Stil- und Genrekennzeichnung in der russischen Literatur und Literaturwissenschaft eine so eigentümliche Bedeutung, daß in diesem Falle ausnahmsweise auf eine Übersetzung ins Deutsche verzichtet worden ist. Der Terminus ist inzwischen auch in der deutschen Literaturwissenschaft so weit bekannt, daß z. B. G. V. WILPERT. Sachwörterbuch der Literatur. Stuttgart 1964⁴, ihn unter seinen Stichwörtern aufgenommen hat.

deten Erzähltechnik, die in Lexik und Syntax, Metaphorik, Thematik und Perspektivik an der Erzählmanier eines mündlichen Erzählers aus dem ›einfachen‹ Volk orientiert, bzw. auf ein solches hypothetisches Muster hin stilisiert ist. Dieses Spezialproblem soll daher auch als Beispiel für die Behandlung von Problemen des Erzählstils innerhalb der formalistischen Prosa-Theorie dienen.

Dem Komplex *skaz* ist sowohl Éjchenbaums Artikel über Gogol's „Mantel" als auch derjenige über „Die Illusion des *skaz*" und der über „Leskov und die moderne Prosa" gewidmet.[107] Schon die Aufteilung und die entstehungsgeschichtliche Reihenfolge sind charakteristisch: am Anfang stehen getrennt nebeneinander eine detaillierte Werkanalyse und eine kurze theoretische Erörterung des Phänomens, denen später eine Untersuchung seiner Wandlungen innerhalb der literarhistorischen Evolution folgt. In unverkennbarer Übereinstimmung mit den etwa gleichzeitigen Sujet-Theorien Šklovskijs beginnt auch Éjchenbaum seinen „Mantel"-Artikel mit der Frage nach der grundsätzlichen Bedeutung des Sujets für die Erzählliteratur. Er definiert das Sujet als „Verflechtung von Motiven mit Hilfe ihrer Motivation" und unterscheidet zwischen einer vom Interesse am Sujet lebenden „primitiven" Erzählprosa und einer, in der das Sujet „aufhört, eine organisierende Rolle zu spielen" und bestenfalls zur „Verflechtung einzelner stilistischer Verfahren" benötigt wird. Aber was Éjchenbaum im Unterschied zu Šklovskij an dieser zweiten Art interessiert, ist die Tatsache, daß dadurch „der Erzähler sich auf irgendwelche Weise in den Vordergrund schiebt" und sein „persönlicher Ton" zum organisierenden, stilprägenden Prinzip werden kann.[108] Seine spezifische Ausprägung sucht Éjchenbaum zu bestimmen. Im „Mantel" sei das der *skaz* in der für Gogol' charakteristischen Variante, in der der mündliche Erzähler gleichsam wie ein „Schauspieler", unterstreichend und distanzierend zugleich, seine Darbietung als ein „System verschiedener mimisch-artikulatorischer Gesten" entfaltet. Dabei seien zwei tragende Stilschichten deutlich zu unterscheiden: ein „rein komischer" *skaz* und eine „pathetische Deklamation", die als ästhetischer Kontrasteffekt zu diesem angelegt sei.[109]

Damit deutete Éjchenbaum auch die sogenannten „humanen Stellen" des „Mantel", in denen einzelne Figuren oder der Erzähler ihr Mitgefühl für den leidenden Helden bekunden, als rein ästhetischen, ›formalen‹ Effekt.[110] Da gerade diese Passagen in Rußland seit dem Erscheinen des „Mantel" (und bis heute) im allgemeinen als eine Art sakrosanktes Programm sozialkritisch engagierter Literatur gelten, löste die Deutung des Formalisten leidenschaft-

---

[107] Vgl. diesen Band S. 122—159, S. 160—167 und S. 208—243.
[108] Vgl. S. 123 unseres Bandes.
[109] Ibd. und S. 131.
[110] S. unten S. 141 f.

liche Proteste aus. In der Gogol'-Forschung, einschließlich der deutschsprachigen, dauert die lebhafte Diskussion darüber bis in die Gegenwart an.[111]

Ejchenbaums eigene Deutung ist insofern ein typisches Produkt des f r ü h e n Formalismus, als sie durch ihre polemische Zuspitzung indirekt eine Alternative zwischen einer rein ›formalen‹ und einer ›inhaltlichen‹ Intention und Interpretation voraussetzt — eine Voraussetzung, die sich letztlich auch im ganzen späteren Streit durchhält. Dabei wird der rezeptionsästhetische Gesichtspunkt zu wenig berücksichtigt. Gerade wenn man — wie Ejchenbaum — die Erzählung Gogol's als ein virtuoses, effektvolles Spiel des ›komödiantischen‹ Erzählers interpretiert, müßte deutlicher hervorgehoben werden, wie sehr das Spiel mit Wortmaterial und literarischer Konvention zugleich ein Spielen mit Erwartungen und Vorstellungen des Lesers ist. Indem der Erzähler als ein ironischer sich nie ganz mit seinem Helden identifiziert und ihn immer wieder lächerlich macht, zugleich aber beständig emotional-pathetische, ›humane‹ Affekte auslöst, setzt er im Leser eigene, ästhetische u n d ethische Emotionen frei, die sich gegen die gefühllosen Kollegen und Vorgesetzten, gegen die ungerechte Gesellschaftsordnung, aber gegebenenfalls auch gegen den als ›zu distanziert‹ empfundenen Erzähler wenden können. Das kann geschehen, indem der Leser auf Grund der eigenen Emotion und bestimmter eigener Erwartungen die ironische Distanz des Erzählers bagatellisiert und eine satirisch-direkte Einstellung annimmt. Genau dies geschah in Rußland schon zu Lebzeiten Gogol's, als dessen Werke — noch tief in der romantischen Tradition, einschließlich ihrer ironischen aber auch ihrer metaphysischen Implikationen, verwurzelt — auf eine Literaturkritik stießen, die in radikal zunehmendem Maße rein sozialkritische und ›realistische‹ Erwartungen und Forderungen an die Literatur herantrug.[112] Das kann aber auch unabhängig von dieser besonderen literarhistorischen Situation in einer Weise geschehen, daß der spätere, durch den Erzählstil ebenso distanzierte wie emotionalisierte Leser gleichsam »trotz« der von ihm realisierten ironischen Distanz des Erzählers für die geschundene Kreatur Stellung nimmt und sich darin möglicherweise »humaner« vorkommt als der Erzähler, der nur allzu leicht fälschlich mit dem Autor gleichgesetzt wird. So gesehen brauchen die ironische Erzähldistanz

---

[111] Zur neueren Diskussion innerhalb der deutschen Slavistik vgl. insbesondere: D. TSCHIŽEWSKIJ. Zur Komposition von Gogol's ›Mantel‹, in: Zeitschrift für slavische Philologie, XIV, 1937, S. 63—94; H. WISSEMANN. Zum Ideengehalt von Gogol's ›Mantel‹, in: Zeitschrift für slavische Philologie XXVI, 1958, S. 391—415, und K. D. SEEMANN. Eine Heiligenlegende als Vorbild von Gogol's ›Mantel‹, in: Zeitschrift für slavische Philologie, XXXIII, 1966, S. 7—21. SEEMANN berücksichtigt auch die neueste nicht-deutsche Literatur zu diesem Thema.

[112] Die Kontroverse begann bereits mit der Deutung des „Revisor" (1836) durch die gesellschaftskritisch engagierte Kritik und Gogol's eigene Reaktion auf diese Kritik; sie fand ihren Höhepunkt im leidenschaftlichen Streit zwischen Gogol' und V. Belinskij, schon im Anschluß an die „Toten Seelen" und vor allem aus Anlaß der „Ausgewählten Stellen aus dem Briefwechsel mit Freunden".

und der ästhetische Effekt den ›humanen‹ Impuls nicht auszuschließen, sondern können umgekehrt seiner Steigerung dienen, indem sie die ›humanen‹ Kräfte des Lesers selbst mobilisieren, statt sie durch eindeutige Parteinahme des Erzählers zu gängeln.

Eine solche Deutung, in der die falsche Alternative ›rein ästhetisch‹ oder ›ethisch‹ aufgehoben wird, würde Ejchenbaums eigene zusammenfassende Charakteristik des „Mantels" als einer „Groteske" bestätigen, mit der übrigens die Tendenz der jüngeren ›westlichen‹ Forschung auch außerhalb der Slavistik übereinstimmt, Gogol' als einen der großen Meister der Groteske zu würdigen.[113] Denn die Groteske unterscheidet sich von der einfachen Satire nicht zuletzt dadurch, daß sie eine in sich geschlossene Welt verzerrter Proportionen darstellt, darum ein direktes Einbeziehen der moralischen Gegenposition in die Darstellung ausschließt, aber trotzdem erst voll wirksam wird, wenn der Leser den unausgesprochenen Kontrastpol mit realisiert. Diese Aporie durchzieht Gogol's gesamtes Werk, seine Wirkungsgeschichte und sogar Gogol's eigene Biographie. Denn während der zu seinen Lebzeiten beständig wiederholte Vorwurf, der Verfasser des „Revisor", des „Mantel" und der „Toten Seelen" sei zwar ein Meister der entlarvenden Negation, sei aber unfähig, ›Positives‹ darzustellen, den moralistisch und religiös engagierten Gogol' zutiefst beunruhigte, mußten all seine Versuche, diesen Vorwurf in der künstlerischen Produktion selbst zu widerlegen, die Grundlage seiner grotesken Kunst gefährden — ein für Gogol' selbst unlösbarer Widerspruch, der ihn schließlich zur Vernichtung des künstlerischen Werkes wie des eigenen Lebens führte.[114]

Diese kritische Ergänzung will die Bedeutung der „Mantel"-Analyse Ejchenbaums in keiner Weise schmälern. Sein Artikel bleibt einer der anregendsten und bedeutsamsten Beiträge zur Gogol'-Forschung und gilt darüber hinaus heute mit Recht als ›Klassiker‹ formalistischer Werk-Interpretation.[115] Wenn Ejchenbaum in ihm die Rolle der perspektivischen Differenzierung als Voraussetzung für das Wechselspiel ästhetischer und ethischer Impulse vernachlässigte und sich auf die rein stilistische Charakteristik des Gogol'schen *skaz* konzentrierte, lag das außer an der allgemeinen Aversion

---

[113] ÉJCHENBAUMS Kennzeichnung des „Mantels" als „Groteske" s. unten S. 147 passim. Sie wird wiederholt und unterstrichen im kurzen Selbstreferat im Rahmen der „Theorie der formalen Methode", op. cit., S. 32. Zur Geschichte und neueren Kennzeichnung des Grotesken vgl. W. KAYSER. Das Groteske. Seine Gestaltung in Malerei und Dichtung. Oldenburg-Hamburg 1957, und W. VAN O'CONNOR. The Grotesque. Carbondale 1962.

[114] Vgl. dazu V. SETSCHKAREFF. N. V. Gogol'. Leben und Schaffen. Berlin 1953. (Veröffentlichung d. Abt. f. Sprachen u. Literaturen d. Osteuropa-Instituts (Slavisches Seminar) a. d. Freien Universität Berlin, 2).

[115] Schon ÉJCHENBAUM selbst würdigte ihn als einzige seiner eigenen Arbeiten zur Prosa einer ausdrücklichen Besprechung im Rahmen seiner „Theorie der formalen Methode". Seitdem nimmt er nicht nur in fast jeder Gesamtdarstellung des Formalismus einen festen Platz ein, sondern fehlt auch in kaum einer Formalisten-Anthologie.

des frühen Formalismus gegen ›weltanschauliche‹ Deutungen an der Tatsache, daß ihn am *skaz* vor allem der sprachlich-stilistische Aspekt faszinierte und noch nicht die Frage der Perspektivik, die erst später in den Mittelpunkt der Erzählforschung gerückt ist. Das wird durch den im gleichen Jahr erschienenen Artikel über „Die Illusion ˙des *skaz*" noch deutlicher. Der avantgardistische russische Philologe stimmt aus vollem Herzen der Forderung der avantgardistischen deutschen Philologie eines Sievers oder Saran zu, daß die einseitige Konzentration auf Motiv- und Ideengeschichte endlich durch eine Erforschung der spezifisch sprachlichen Substanz (Klanggestalt, Rhythmik usw.) ergänzt, daß der traditionellen „Augenphilologie" eine „Ohrenphilologie" entgegengesetzt werden müsse.[116] Dafür ist der *skaz* als Umsetzung von Eigentümlichkeiten mündlicher Rede in schriftliche Literatur ein geradezu idealer Gegenstand, der obendrein den Vorzug hat, die weitgehende Begrenzung der ›Schall-Analyse‹ und ähnlicher Schulen auf Versdichtung zu sprengen und eine Art ›Ohrenphilologie der Prosa‹ zu ermöglichen, die bestimmten Erzählformen und Stiltraditionen der Prosa (Ejchenbaum würde sagen, ihrem „artikulatorischen" Aspekt) besser gerecht wird. Daß dies nur gelingen kann, wenn Problemstellungen und Methoden der Literaturwissenschaft mit solchen der allgemeinen Linguistik und linguistischen Stilistik kombiniert werden, bestätigt nur eine der Hauptforderungen des Formalismus, die er gerade in dieser frühen Phase besonders nachdrücklich vertrat.

Diese Kombination stellt für einen ausgesprochenen Literarhistoriker wie Ejchenbaum allerdings auch eine Gefahr dar, da er dabei unvermeidlich einen Boden betritt, auf dem ihm der Linguist oft mit Recht mangelnde Berücksichtigung linguistischer Sachverhalte und ungenügende Beherrschung linguistischer Kategorien vorwerfen kann. Vinogradov, selbst zwar nicht ›Formalist‹, aber einer der besten Kenner dieser Schule, der speziell in ihrer Frühphase in dauernder, ebenso kritischer wie sachlicher, interessierter Diskussion mit ihr stand[117], hat in dieser Weise zu Ejchenbaums *skaz*-Beiträgen

---

[116] S. unten, S. 161. Die Methode von Sievers fand besonders in der Verstheorie der Formalisten Beachtung, vor allem in den frühen Arbeiten, wie B. ÉJCHENBAUMS „Melodika sticha" (1921), V. ŽIRMUNSKIJS „Melodika sticha" (1922), R. JAKOBSONS „O češskom stiche" (1923) u. a. m. (Vollständige Titelangabe s. Bibliographie im 2. Band unserer Formalisten-Ausgabe).

[117] Wie im Bereich des Prosastils über den *skaz* diskutierten VINOGRADOV und ÉJCHENBAUM im Bereich des Versstils über die Lyrik A. Achmatovas, indem die Auffassung VINOGRADOVS („O simvolike Anny Achmatovoj", in: Literaturnaja mysl', I, Pg. 1922, S. 91 bis 138), von ÉJCHENBAUM durch eigene Gegenthesen angegriffen wurde („Anna Achmatova. (Opyt analiza)." Pg. 1923), worauf VINOGRADOV seinerseits kritisch replizierte („O poèzii Anny Achmatovoj. Stilističeskie nabroski". L. 1925). Auch VINOGRADOVS Arbeiten aus den zwanziger Jahren über Gogol', sein Verhältnis zu Dostoevskij, zur sog. „natürlichen Schule" und über die Entwicklung dieser Schule selbst (vgl. die bibliographischen Angaben bei V. ERLICH, op. cit., S. 386) bezeugen den engen Kontakt zu den Formalisten, ohne deshalb selbst im strengen Sinne formalistisch zu sein.

Stellung genommen und dabei mit guten Gründen an einzelnen Unkorrekt-
heiten, aber auch grundsätzlich an der linguistisch unzureichenden Definition
und Differenzierung des Ejchenbaumschen *skaz*-Begriffs Kritik geübt.[118] Sein
eigener Versuch, eine genauere Definition des Begriffs *skaz*, eine klarere Bestimmung seines Verhältnisses einerseits zur mündlichen, andererseits zur
schriftlichen Rede und eine Art Katalog verschiedener Typen des *skaz* zu
geben, ist eine berechtigte Korrektur und Ergänzung der Analysen und
Thesen Ejchenbaums.

Aber bei derartigen Korrekturen besteht häufig die Gefahr, daß die
strengere Definition und systematische Differenzierung vom Standpunkt
einer Spezialdisziplin aus (hier der linguistischen Stilistik) erkauft wird
durch Ausklammern oder Vernachlässigen der anderen Aspekte des gleichen
Phänomens, die in der anfänglichen, unpräziseren, aber vielseitigeren Kennzeichnung oder Beschreibung noch mit im Spiel waren. Gerade die methodisch
entscheidende Tatsache, daß der *skaz* durch seine Komplexität für Probleme
der Linguistik, der Stilistik, der Perspektivik, der Sujetfügung und der
allgemeinen Erzähltechnik gleichermaßen aufschlußreich ist und nur durch
deren Zusammenwirken aufgeschlossen werden kann, gerät bei einer rein
stilistischen Systematisierung leicht in Vergessenheit. Im Grunde bleibt bei
der Erforschung des *skaz* der Formalist und Literaturwissenschaftler Ejchenbaum auf die Korrektur durch den Nicht-Formalisten und Linguisten Vinogradov ebenso angewiesen, wie dieser auf die Herausforderung und Ergänzung durch die formalistische Theorie und Analyse der *skaz*-Erzählung.

Ähnliches gilt für die Erforschung der Perspektivik oder des *point of
view*. Wie sehr die russischen Formalisten das Interesse der Forschung zu
einem schon relativ frühen Zeitpunkt in diese Richtung gelenkt haben, beweisen bereits die Beispiele, die bisher in anderen Zusammenhängen erwähnt
wurden: die Funktion verfremdender Perspektiven des ›Außenseiters‹ (in
Tolstojs Schilderungen des Krieges oder des Theaters), des Tieres (in Šklovskijs Beispielen aus der Folklore und aus Tolstojs Pferdegeschichte „Cholsto-
mer"), die perspektivische Brechung aus der Sicht des Kindes (in Belyjs
„Kotik Letaev") oder des ›volkstümlichen‹ *skaz*-Erzählers, die ›irrefüh-
renden‹ Perspektiven im Kriminalroman usw. Doch ist in den Jahrzehnten
seit dem Verbot des Formalismus gerade auf diesem Gebiet ein so großer
Fortschritt erzielt worden, daß praktisch eine neue Forschungsrichtung entstanden ist, neben deren reifsten Ergebnissen die Versuche der Formalisten
primitiv anmuten mögen. Hinzu kommt, daß die Formalisten schon wegen
ihrer Abneigung gegen geistesgeschichtliche Fragestellungen und ihrer anfänglichen Konzentration auf rein i n n e r literarische Sachverhalte kaum
der Frage nachgegangen sind, wie sich die Entfaltung bestimmter Perspektiv-
techniken zum allgemeinen Wandel des Welt- oder Wirklichkeitsverständ-

---

[118] V. VINOGRADOV. Das Problem des *skaz* in der Stilistik, S. 168—207 dieser
Anthologie.

nisses verhält. In der jüngeren Literatur, Literaturkritik und Literaturwissenschaft aber sind gerade solche Fragen in den Mittelpunkt des Interesses getreten, wie z. B. die Frage nach der ›Objektivierung‹, ›Subjektivierung‹ oder ›Relativierung‹ der Wirklichkeitsvermittlung durch Verstärkung bzw. Reduktion der ›auktorialen‹ oder der ›personalen‹ Perspektive, durch Verzicht auf eine ›episch verbürgte‹ Deutung der vermittelten Realität zugunsten divergierender ›Ansichten‹ verschiedener Individuen, oder ganz allgemein Fragen nach der „Dargestellten Wirklichkeit in der ... Literatur" und dem Verhältnis von „Wirklichkeit und Illusion" in ihr.[119]

So wichtig diese Zusammenhänge und ihre Erhellung sind, besteht aber auch in diesem Falle die Gefahr, daß die Intensivierung und Systematisierung in einer ganz bestimmten Richtung durch Vernachlässigung anderer, nicht minder wichtiger und anfangs stärker berücksichtigter erkauft wird. In der deutschen Forschung auf diesem Gebiet besteht die Tendenz, die besonderen sprachlichen Strukturen perspektivischen Erzählens primär als Ausdruck von Wandlungen des Welt- und Selbstverständnisses zu deuten und den umgekehrten Aspekt, d. h. perspektivische Differenzierung als sprachlich-stilistischen Effekt, zu unterschätzen. Gerade in dieser Richtung aber lag ein Hauptvorzug der Éjchenbaumschen „Mantel"-Analyse. Sie war für Probleme der Perspektivik aufgeschlossen genug, um zu erkennen, daß für den „Mantel" einerseits die perspektivische Distanz des Erzählers von seinem ›Helden‹ charakteristisch ist, andererseits die Differenzierung perspektivisch nicht konsequent durchgehalten wird (die ›alogische‹ Art der Gedankenführung, bestimmte Merkmale des Sprachstils usw. spielen beständig aus der einen, ihnen ›angemessenen‹ Ebene in die andere hinüber). Letzteres könnte vom Standpunkt ›strenger‹ Perspektivik leicht als Mangel mißdeutet werden. Éjchenbaums s t i l orientierte Analyse aber wies nach, daß es Gogol' gerade n i c h t um den konsequenten Kontrast der Perspektiven, sondern um den durchgehenden Kontrast bestimmter Stilebenen geht, der die Abgrenzung der perspektivischen Ebenen wieder fließend macht und erst durch diese perspektivische ›Ambivalenz‹ die spezifisch groteske Wirkung (einschließlich der von ihr verursachten wirkungsgeschichtlichen ›Mißverständnisse‹ und Streitereien) ermöglicht. Auch versagt eine rein perspektivische Kennzeichnung des Gogol'schen Stils, die sich ganz auf die ironische Brechung durch den distanzierten Erzähler stützt, vor der Tatsache, daß dieser Stil außer in der erzählenden Prosa auch in der Komödie, der die Ebene des Erzählers fehlt, voll zur Entfaltung gelangt, während die Charakterisierung durch kontrastierende Stilebenen (und in jeder von ihnen durch stilistische Verfahren

---

[119] Nach den Titeln der beiden Bücher: E. AUERBACH. Mimesis. Dargestellte Wirklichkeit in der abendländischen Literatur. Bern 1946, und R. BRINKMANN. Wirklichkeit und Illusion. Studien über Gehalt und Grenzen des Begriffs Realismus für die erzählende Dichtung des 19. Jahrhunderts. Tübingen 1957.

des Kontrastes) sich bei der Interpretation des gesamten Gogol'schen Œuvre bewährt.[120]

So charakteristisch es für Ėjchenbaum, im Unterschied zu Šklovskij, war, daß er von der Interpretation eines einzelnen Werkes als eines poetischen Systems ausging und nach den Dominanten des Stils eines bestimmten Autors fragte, so bezeichnend ist es für die allgemeine Arbeitsweise des Formalismus, daß anschließend dasselbe Phänomen *skaz* von ihm einerseits in seiner historischen Entfaltung und seiner Bedeutung für die Gegenwartsliteratur untersucht, andererseits von dieser Basis aus nach grundsätzlichen Aufgaben und Möglichkeiten einer Theorie der Prosa gefragt wurde. Von Gogol', bei dem der *skaz* nur e i n e s der stilprägenden Momente ist, wandte sich Ėjchenbaum zu Leskov, der wie kein anderer Erzähler durch seine Vorliebe für den *skaz* und die meisterliche Beherrschung seiner Techniken berühmt geworden ist — berühmt geworden allerdings gerade auch durch Ėjchenbaum, der diese Seite des Leskovschen Werks in den Vordergrund gerückt und damit Leskov als den großen Erzähler sichtbar gemacht hat, während die ältere Leskov-Kritik hauptsächlich politische, soziale und religiöse Probleme im Werk Leskovs diskutierte, ihn am Maßstab der großen russischen Romanciers wie Tolstoj und Dostoevskij maß und dadurch seiner Eigenart und Bedeutung nicht gerecht wurde.[121] Sicherlich wurde die neue Bewertung Leskovs dadurch erleichtert und gefördert, daß in der russischen Erzählprosa unmittelbar vor und nach der Revolution alte und neue Techniken des *skaz* eine bedeutende Rolle spielten (besonders bei Remizov, aber auch vielen anderen Autoren speziell der sogenannten ›ornamentalen Prosa‹). Doch wurde dieser Zusammenhang selbst nicht zuletzt durch die Untersuchungen Ėjchenbaums und anderer Formalisten literarhistorisch evident und literaturtheoretisch bedeutsam.

Der Leskov-Aufsatz erschien 1925, also im gleichen Jahr wie Šklovskijs Theorie-Buch und Ėjchenbaums eigener Rückblick auf die Entwicklung der „Theorie der formalen Methode" im ersten Jahrzehnt ihres Bestehens.[122] In der zusammenfassenden Rückschau rühmt er gerade die formalistische Theorie der Prosa als originelle und „bahnbrechende" Leistung, stützt sich dabei

---

[120] Einen interessanten, von den Formalisten kritisch diskutierten Versuch, das gesamte Stilsystem Gogol's zu kennzeichnen, unternahm bereits vor den Formalisten I. MANDEL'ŠTAM. O charaktere Gogolevskogo stilja. Helsingfors 1902. Parallel zu den Gogol'-Studien der Formalisten entstanden: A. SLONIMSKIJ. Technika komičeskogo u Gogolja. Pg. 1923 (Voprosy poėtiki, I) und V. VINOGRADOV. Ėtjudy o stile Gogolja. L. 1926 (Voprosy poėtiki, VII). Zur neueren Literatur vgl. W. KASACK. Die Technik der Personendarstellung bei Nikolaj Vasil'evič Gogol'. Wiesbaden 1957. (Bibliotheca Slavica).

[121] Vgl. die vom Sohn verfaßte Biographie: A. LESKOV. Žizn' Nikolaja Leskova. M. 1954; die Einleitung von B. ĖJCHENBAUM und P. GROMOV zur neuesten Werkausgabe: N. S. LESKOV. Sobranie sočinenij. 11 Bde. M. 1956—1958, und V. SETSCHKAREFF. Nikolai S. Leskov — Sein Leben und sein Werk. Wiesbaden 1959.

[122] „Leskov i sovremennaja proza". Entstanden 1925.

ganz auf die Beiträge Šklovskijs (außer ihnen wird nur noch der eigene „Mantel"-Artikel referiert) und stellt demgemäß Sujet-Konstruktion und ›Motivierung‹ als Zentralbegriffe formalistischer Erzähltheorie heraus.[123] Im Leskov-Aufsatz hingegen unterzieht er diese Konzeption einer zwar kurzen, aber grundsätzlichen Kritik. Daß die Kritik ausgerechnet in dieser neuen Studie über den *skaz* formuliert wird, ist insofern begründet, als gerade die Untersuchungen zum *skaz* und zum Erzähl s t i l einzelner Prosaisten Ejchenbaum in zunehmendem Maße davon überzeugt hatten, daß auch eine formalistische Theorie der P r o s a von Kategorien auszugehen habe, die als ausgesprochen sprachbezogene in den verschiedenen Ebenen des Sprachkunstwerks konstitutiv sind. Das galt nicht für das Sujet, das im allgemeinen nur für die ›höchste‹ Ebene der Gesamtkonstruktion entscheidend war. Hingegen traf das z. B. auf den Versuch Tynjanovs zu, in seinem kurz vorher erschienenen programmatischen Buch „Das Problem der Verssprache" (1924) eine formalistische Theorie der Versdichtung auf der Basis des sprachlichen Rhythmus und der Überschneidungen zwischen rhythmischen und semantischen Strukturen aufzubauen.[124] Etwas Entsprechendes galt es für die Prosa zu finden, um die einseitige Ausrichtung bei Šklovskij zu korrigieren und die formalistische Erzähltheorie auf eine solidere, stärker sprachbezogene Grundlage zu stellen.

> Die Theorie der Prosa befindet sich bis heute in einem Anfangsstadium, eben weil die formbildenden Grundelemente der Prosa nicht untersucht worden sind. Die Theorie der Versformen und -genres hat mit dem Rhythmus als ihrem Ausgangspunkt eine solide prinzipielle Grundlage, wie sie der Theorie der Prosa fehlt. Das Sujet ist mit dem Wort nicht so eng verbunden, daß es als Ausgangspunkt für die Analyse aller Aspekte der Erzählprosa dienen könnte. Mir scheint daher, daß die Frage nach der *Erzählform* die Bedeutung eines Ausgangspunktes für den Aufbau einer Theorie der Prosa haben kann.[125]

Weder Ejchenbaum noch andere Formalisten sind in den wenigen Jahren, die dem Formalismus nach 1925 noch blieben, dazu gekommen, diese neue oder ›revidierte‹ Konzeption einer formalistischen Erzähltheorie systematisch zu entfalten. Ejchenbaum selbst war vor allem Literarhistoriker und Interpret, kein systematischer Theoretiker. Nachdem er einmal die Möglichkeit, ja Notwendigkeit einer solchen Theorie-Konzeption erkannt und ausgesprochen hatte, ging es ihm vor allem darum, sie mit Freunden, Mitarbeitern und Schülern zu diskutieren und sie in monographischen und literarhistorischen Spezialstudien auf ihre Tragfähigkeit zu prüfen. Das tat er in eigenen Arbeiten; das tat er darüber hinaus als Initiator formalistischer

---

[123] B. ÉJCHENBAUM, op. cit., insbesondere Abschnitt 4 und 5.

[124] JU. TYNJANOV. Problema stichotvornogo jazyka. L. 1924; Neuedition: M. 1965. Vgl. dazu auch Anm. 2 und 101.

[125] S. unten, S. 209.

Arbeitskreise oder Seminare.[126] Letzteres bezeugt am anschaulichsten der von Éjchenbaum zusammen mit Tynjanov 1926 herausgegebene Sammelband „Russische Prosa".[127] Er enthält Einzeluntersuchungen meist ›jüngerer‹ Formalisten, die von solchen Arbeitskreisen angeregt worden waren, und versucht, an einem bestimmten Phänomen innerhalb einer bestimmten historischen Phase (russische erzählende Prosa hauptsächlich des ›Sentimentalismus‹ und der Romantik) das synchrone Zusammenwirken und den diachronen Wandel verschiedener Genres, Erzählformen und Stiltendenzen aufzuzeigen. Das historisch Einmalige interessiert dabei ebenso, wie die an ihm explizierbare grundsätzliche literaturtheoretische Problematik. Eben darin aber zeigte schon dieser Band von 1926, daß die formalistische Theorie der letzten Jahre sich in zunehmendem Maße mit der Literaturhistorie verband, und die literarische Evolution selbst zum bevorzugten Gegenstand des Theoretisierens machte. Auch das trug dazu bei, daß Éjchenbaums Konzeption einer Prosatheorie der „Erzählform" nicht mehr im Sinne eines eigenen theoretischen Systems zur Entfaltung gelangte, dafür aber als theoretischer Ansatz bei der literaturhistorischen Erforschung solcher Formen und ihres Zusammenhangs um so wirksamer wurde.

VIII

Wie berechtigt Éjchenbaums Forderung nach einer Theorie und Erforschung der Erzählformen war und wie aktuell sie blieb, bedarf heute aus der Rückschau nicht erst der Begründung. Denn kaum ein Bereich der Literaturwissenschaft ist in den letzten Jahrzehnten so intensiv behandelt und so ausgebaut worden, wie die Theorie, Analyse und die historische Untersuchung der Erzählformen. Doch genügt es, die deutschen Beiträge in diesem Bereich zu überblicken, um neben den vorhandenen Parallelen sofort weitreichende und grundlegende Unterschiede festzustellen. Gemeinsam ist die Konzentration auf die ›Form‹. Aber ganz abgesehen davon, daß schon dieser Begriff selbst meist sehr unterschiedlich verstanden wird, ist diese Gemeinsamkeit, soweit sie die einzige wesentliche bleibt, reichlich allgemein. Die Unterschiede lassen sich vor allem an zwei Kriterien fassen: an Rolle und

---

[126] Einen Eindruck von dieser Zusammenarbeit teils ausgeprägt ›formalistischer‹, teils dem Formalismus nur nahestehender Gelehrter unterschiedlichen Alters und sehr verschiedener Interessenrichtung vermitteln außer dem in Anm. 127 genannten Sammelband die als Art ›Fortsetzung‹ des Sammelbandes „Poétika" von 1919 von der Abteilung für Wortkunst am Institut für Kunstgeschichte, Leningrad, herausgegebenen Sammelbände „Poétika" I—V (1926—1929). Da in diesen Jahren die offizielle Polemik gegen den Formalismus radikal anwuchs und bald zur Auflösung der ›Schule‹ führte, ist vieles, was in diesen Jahren in Seminaren oder Diskussionskreisen begonnen und teils auch ausgeführt wurde, leider unveröffentlicht geblieben.

[127] Russkaja proza. Sbornik statej. Hrsg. V. B. ÉJCHENBAUM und JU. TYNJANOV. L. 1926. (Voprosy poétiki, VIII).

Auffassung des sprachlichen und des evolutionären Moments. Zwar wird übereinstimmend Literatur als Wortkunst verstanden. Aber für den russischen Formalismus sind das sprachliche Material selbst, die Verfahren seiner Behandlung, seine Struktur und deren Unterschiede zu außerliterarischen Sprachsystemen die stets zu berücksichtigende Basis. Für die deutschen ›morphologischen‹ Schulen und ähnlichen Richtungen gilt das nur vereinzelt und nie in so hohem Maße.[128] Dem unterschiedlichen Gewicht des rein sprachlichen Moments entspricht eine unterschiedliche stoffliche und methodische Grundeinteilung: die einen trennen zwischen Versdichtung und Prosa; bei den anderen dominiert fast ausnahmslos die Gliederung in Lyrik, Epik und Dramatik, sei es im Sinne traditioneller Gattungsauffassungen, sei es mit Hilfe unterschiedlich begründeter Kategorien ›des‹ Lyrischen, Epischen und Dramatischen.[129] Häufig verweist die Dreiteilung auch auf eine mehr oder weniger ausgeprägte Orientierung an Goethes Auffassung von den ›Naturformen‹ lyrischen, epischen und dramatischen Dichtens, die sich fast immer mit Vorstellungen von einem ›organischen Wachstum‹ der Literatur und ihrer Formen verbindet. Jede derartige ›organische‹ Vorstellung (auch im übertragenen Sinne einer ›Entwicklung‹) aber war der spezifischen Evolutionsvorstellung des Formalismus ebenso fremd wie eine reine, das evolutionäre Moment verneinende oder übergehende Typologie.

Trifft auch nur eines der beiden Unterscheidungskriterien zu, sollte die Gemeinsamkeit des ›formalen‹ oder ›morphologischen‹ Interesses nicht überschätzt werden. Das gilt bereits für die (methodisch ohnehin immer fragwürdige) Benennung von ›Vorläufern‹. Unter den deutschen Literaturwissenschaftlern ist — seit den Anfängen des russischen Formalismus und bis heute — immer wieder vor allem Oskar Walzel genannt worden.[130] Unbestreitbar (und von den Formalisten selbst unbestritten) waren die Werke Walzels den Formalisten bekannt, entsprachen ihren eigenen Auffassungen weit mehr als die damals sonst übliche deutsche Literaturgeschichtsschreibung

---

[128] Vgl. dazu die kritische Auseinandersetzung bei E. LÄMMERT. Bauformen des Erzählens. Stuttgart 1955, Einleitung. Aber auch LÄMMERT selbst klammert, da es ihm um „typische" Bauformen im Sinne „außerhistorischer Sachgesetzlichkeiten" (S. 250) geht, sowohl das sprachlich-stilistische Moment (S. 18), als auch die Problematik der historischen Evolution (S. 250) ausdrücklich aus, ebenso wie die Strukturanalyse des konkreten Einzelwerkes (S. 249 f.). Vgl. dazu weiter unten S. LVI.

[129] Vgl. als Beispiel: W. KAYSER. Das sprachliche Kunstwerk. Eine Einführung in die Literaturwissenschaft. Bern 1948, (zitiert nach der 7. Auflage 1961), besonders Kapitel X: „Das Gefüge der Gattung" (S. 330 ff.) und die dazu angeführte Literatur (S. 421 ff.). Ferner als kritische Abgrenzung bei E. LÄMMERT, op. cit., die Einleitung „Gattungsbegriff und Typusbegriff in der Epik" (S. 9 ff.).

[130] So schon V. ŽIRMUNSKIJ. K voprosu o formal'nom metode (als Einleitung zu: Problema formy v poèzii, Pg. 1923, der russischen Übersetzung von O. WALZELS „Die Künstlerische Form des Dichtwerks"). ŽIRMUNSKIJ betont hier allerdings den Unterschied zwischen der Formauffassung WALZELS und der russischen Formalisten, und distanziert sich selbst kritisch von den letzteren.

und wirkten in mancher Hinsicht anregend. Gemeinsam ist das Interesse für „Die künstlerische F o r m des Dichtwerks".[131] Aber die Tatsache, daß Walzel mit dem Gegensatzpaar „G e h a l t und Gestalt im Kunstwerk des Dichters"[132] arbeitet, schränkt diese Gemeinsamkeit ein. Vor allem geht es Walzel in Theorie und Analyse der Wortkunst weniger um ihre spezifische Struktur als Wort-Kunst im Gegensatz zu anderen, nicht zur ›Kunst‹ gehörigen Verfahren und Strukturen des ›Wortes‹, als vielmehr um die „Wechselseitige Erhellung der Künste".[133] Insofern ist es kein Zufall, daß Žirmunskij, der zu Beginn des Formalismus diesem verbunden war, ihn aber bald als zu ›rein formal‹ und zu einseitig auf innerliterarische Phänomene beschränkt empfand, seine Abkehr von der formalen Schule gerade in seiner Einleitung zur russischen Übersetzung einer Arbeit von Walzel begründete.[134] Doch trifft seine Kritik vor allem Einseitigkeiten des frühen Formalismus und wird weder dem sprachlichen noch dem evolutionären Aspekt des formalistischen Form-Begriffs voll gerecht. Gerade hier aber lagen die entscheidenden Unterschiede zur Konzeption von Walzel.[135]

Fragt man nach anderen ›verwandten‹ Strömungen in der gleichzeitigen oder jüngeren deutschen Literaturwissenschaft, so verdient m. E. die ›morphologische Methode‹ von André Jolles besondere Beachtung. Denn bei ihr ist die Übereinstimmung nicht auf das Primat der ›Form‹ beschränkt. Hinzu kommt, daß diese Form bzw. die „Einfachen Formen"[136] als spezifische Formen der S p r a c h e verstanden werden. Eben darum untersucht Jolles statt bereits stärker individuell geprägter Kunstwerke „einfache Formen" wie Rätsel, Märchen u. a., „die sich, sozusagen ohne Zutun eines Dichters, in der Sprache selbst ereignen, aus der Sprache selbst erarbeiten".[137] Erinnert man sich an das, was z. B. Šklovskij über die Eigengesetzlichkeit sprachlicher Verfahren und Konstruktionsprinzipien im Rätsel und im Märchen sagte, ist die Ähnlichkeit des Ansatzes (und auch mancher Ergebnisse) erstaunlich. Auch läßt sich zunächst als bloße ›Nuance‹ formulieren, was sich bei eingehenderem Vergleich dann doch als weitreichende Unterscheidung erweist. Für Jolles ›arbeitet die Sprache‹; für die Formalisten wird ›mit Sprache gearbeitet‹. Jolles geht von bestimmten „Geistesbeschäftigungen" aus, denen bestimmte „reine einfache Formen" entsprechen, die sich als „vergegenwärtigte einfache

---

[131] O. WALZEL. Die künstlerische Form des Dichtwerks. Berlin 1916.

[132] O. WALZEL. Gehalt und Gestalt im Kunstwerk des Dichters. Berlin-Potsdam 1923.

[133] O. WALZEL. Wechselseitige Erhellung der Künste. Berlin 1917.

[134] Vgl. Anm. 130.

[135] Eine allgemeine, ebenso kritische wie sachkundige Darstellung des Formalismus bot ŽIRMUNSKIJ in „Formprobleme in der russischen Literaturwissenschaft", in: Zeitschrift für slavische Philologie, I, 1925, S. 117—152. Zur Position ŽIRMUNSKIJS gegenüber dem Formalismus und ihren Wandlungen vgl. auch V. ERLICH, op. cit., besonders S. 105—108.

[136] S. Anm. 63.

[137] A. JOLLES, op. cit., S. 10.

Formen" und schließlich als „bezogene Formen" realisieren[138]; die Formalisten gehen von grundlegenden ›Verfahren‹ aus, die z. T. als Entsprechungen
zu bestimmten Geisteshaltungen verstanden werden könnten (wie z. B. das
Verfahren der Verfremdung) und die im jeweiligen Kunstwerk als ›bezogene‹
Verfahren ›vergegenwärtigt‹ werden. Aber in Jolles' Sprachmetaphysik ist
die Sprache ein ›Wesen‹; für die Formalisten ist sie Instrumentarium oder
funktionales System. Und vor allem: Jolles' „einfache Formen" sind konzipiert als eine Art ›Urformen‹, die sich ›organisch‹ entwickeln, wobei sich seine
›morphologische Methode‹ ausdrücklich auf Goethes Morphologie als ihr
Vorbild beruft.[139] Das aber ist etwas von Grund auf anderes, als das Anwenden gleicher Verfahren in unterschiedlichen Systemen mit unterschiedlicher
Funktion und als eine Vorstellung von Evolution, für die der verfremdende
Bruch mit dem Tradierten, die dauernde Neukonstruktion aus Elementen
des destruierten Alten das entscheidende Merkmal ist.

Ejchenbaums Forderung, eine Theorie der Prosa von den Erzählformen
her zu entwickeln, scheinen in mancher Hinsicht auch die verschiedenartigen
typologischen Systeme zu entsprechen, die in der deutschen Literaturwissenschaft der letzten Jahrzehnte wiederholt aufgestellt worden sind. Das könnte
zumindest für jene Versuche geltend gemacht werden, die nicht ›Wesensdeu-
tungen‹ des Erzählens geben wollen und nicht von ›Urformen‹ ausgehen, sondern den Bestand typischer Erzählformen und Erzähltechniken zu erfassen
und zu systematisieren suchen, wie es in jüngerer Zeit z. B. Lämmert in seinen
„Bauformen des Erzählens" getan hat.[140] Die von ihm skizzierte Ausgangs-
lage ist derjenigen, die Jahrzehnte zuvor die russischen Formalisten vorfan-
den, in manchem vergleichbar. In beiden Fällen geht es darum, in Opposition
zu einem die Literaturwissenschaft beherrschenden Historismus eine Theorie
›allgemeiner Regeln‹ und Konstruktionsgesetze der Erzählprosa ›empirisch‹
zu erarbeiten und theoretisch zu begründen.[141] Und auch die Formalisten sind
durch ihre polemische Position anfänglich nicht frei von der grundsätzlichen
Gefahr solcher typologischer Systeme, die allgemeinen Prinzipien auf Kosten
des konkreten künstlerischen Einzelsystems und der literarischen Evolution zu
abstrahieren und absolut zu setzen. Doch hatte ihre Methode den Vorzug, daß
schon der Begriff des ›Verfahrens‹ auf Anwendung und Wirkung angewiesen
war und daher weniger zu Verselbständigung und Statik neigte als der Begriff
des ›Typus‹ und daß zusätzlich durch den für das gesamte System grundlegenden Begriff der ›Verfremdung‹ oder der ›Differenzqualität‹ das evolutionäre
Moment von vornherein als unerläßlicher Aspekt einbezogen war. So ergab
sich hier, trotz der ausdrücklichen Wendung gegen den ›Historismus‹ und als

---

[138] Op. cit., S. 262.
[139] Vgl. op. cit., S. 6: „Diesen Satz Goethes können wir als Grundlage einer
morphologischen Aufgabe auch in der Literaturwissenschaft aufstellen."
[140] S. Anm. 128.
[141] Zu LÄMMERTS Forderung nach „Empirie" und „empirische[r] Festigung" des
theoretischen Systems vgl. op. cit., S. 17.

Konsequenz der Methode selbst, schon sehr früh die Notwendigkeit, Synchronie mit Diachronie zu verbinden und die Theorie der Erzählliteratur als ein Neben- und Nacheinander solcher Systeme darzustellen. Das erschwerte die systematische Abgeschlossenheit der Darstellung, verhütete aber eine Abschließung des Systems selbst gegenüber den evolutionären und sprachlich-stilistischen Gegebenheiten der Literatur.[142]

Im Unterschied zu den ›ahistorischen‹ Typologien des Erzählens hat Walter Benjamin kurz nach Éjchenbaums Forderung versucht, gerade die historischen Voraussetzungen und Wandlungen des Erzählens zur Grundlage einer Erzähltheorie zu machen, wobei er sogar vom selben Autor wie Ejchenbaum ausging: von Leskov. Benjamins Essay „Der Erzähler. Betrachtungen zum Werk Nikolai Lesskows"[143] ist 1936 erschienen, also rund ein Jahrzehnt jünger als der Leskov-Artikel Éjchenbaums. Die Parallelen sind so zahlreich, daß man zunächst an eine direkte Filiation denken könnte, um so mehr als Benjamins direkter Kontakt zu Rußland (über die Moskauer Regisseurin Asja Lacis) und seine Mitarbeit an der sovetischen Enzyklopädie gerade in die Jahre fallen, aus denen Éjchenbaums Leskov-Artikel stammt. Kurz nach Erscheinen dieses Artikels hat Benjamin sogar persönlich eine Reise in die Sovetunion unternommen (Winter 1926/27). Und erst unmittelbar nach ihr setzte offenbar auch die intensive Lektüre Leskovs ein, allerdings vor allem aus Anlaß des Erscheinens der deutschen Ausgabe bei Beck.[144] Doch habe ich bisher keinerlei direkte Verbindungen Benjamins zu Éjchenbaum bzw. keine direkte Kenntnis der betreffenden formalistischen Schriften feststellen können. Und vieles spricht dafür, daß hier eher zwei verwandte Geister unabhängig voneinander die exemplarische Bedeutung Leskovs für das Problem des Erzählens — speziell auch des Verhältnisses von mündlichem und schriftlichem Erzählen — erkannten und zum Thema eines Essays machten.

Echtes Erzählen setzt für Benjamin Mitteilbarkeit von „Weisheit" auf Grund der Gemeinsamkeit von „Erfahrung" voraus. Diese Voraussetzung aber ging durch den Wandel „säkularer geschichtlicher Produktivkräfte" und gesellschaftlicher Verhältnisse verloren. Schon das „Aufkommen des Romans"

---

[142] Demgegenüber hat man LÄMMERTS Buch mit Recht ein „fast more geometrico durchgegliedertes Werk" von strenger Systematik genannt (Rezension H. MEYERS in: Zeitschrift für deutsches Altertum, 1956). Doch sieht LÄMMERT selbst am Schluß des Buches, daß diese Geschlossenheit des Systems nur unter Verzicht auf die konkrete Struktur des Einzelwerks und auf die historische Dimension der Literatur (im entstehungs- wie im wirkungsgeschichtlichen Sinne) erreicht wurde, weshalb das ganze System lediglich eine „Dienstfunktion" ausüben könne (op. cit., S. 248 ff.).

[143] Erstabdruck in: Orient und Okzident, 1936; zitiert wird nach der Ausgabe: W. BENJAMIN. Schriften (hrsg. von Th. W. und G. Adorno), II, Frankfurt/M. 1955, S. 229—258.

[144] Vgl. Brief W. BENJAMINS an H. v. Hofmannstal vom 8. 2. 1928 und an K. Marx-Steinschneider vom 15. 4. 1936 (W. BENJAMIN. Briefe. Hrsg. von G. Scholem und Th. W. Adorno, II, Frankfurt/M. 1966, S. 460 und S. 710 f.). Zu den Beziehungen mit der Sovetunion vgl. die „Biographische Notiz" von F. PODSZUS, in: W. BENJAMIN. Illuminationen. Ausgewählte Schriften. Frankfurt/M. 1961, S. 442.

als einer Form der Einsamkeit und Ratlosigkeit oder — mit Lukács gesprochen — der „transzendentalen Obdachlosigkeit"[145] kündigte den „Niedergang des Erzählens" an. Das neue Phänomen „Presse", das die ebenso schnell aufgenommene wie vergessene „Information" an die Stelle des „erinnernden" Erzählens setzte, beschleunigte diesen Prozeß und führte zugleich zu einer „Krise" des Romans. Leskov als einer der letzten großen Erzähler ist möglich durch den reichen Schatz seiner Erfahrung, die unmittelbar aus der Erfahrung des Volkes schöpft.

Zunächst ist auffallend und aufschlußreich, daß der an kultur- und sozialgeschichtlichen Zusammenhängen interessierte Benjamin trotz ganz andersartiger Intention und Methodik zu ähnlichen Resultaten oder Problemstellungen gelangt, wie die Formalisten. Auch er erkennt die grundlegenden Unterschiede zwischen mündlichem Erzählen und ausgesprochen literarischen Erzählformen; auch er faßt sie nicht als ahistorische Alternative, sondern als Möglichkeiten innerhalb einer historischen Evolution des Erzählens selbst; auch für ihn wird deshalb die Einwirkung jüngerer ›buchmäßiger‹ Formen wie des Romans auf die mündliche Erzähltradition, und noch jüngerer publizistischer Formen auf Erzählung und Roman wichtig. Allerdings geht es Benjamin mehr um die ›Makrostrukturen‹, Ejchenbaum mehr um die ›Mikrostrukturen‹[146] dieses Evolutionsprozesses. Bei Benjamin wird der Bogen über Jahrhunderte, ja Jahrtausende hin so weit gespannt, daß der Eindruck entsteht, einem ›ursprünglichen‹, ›echten‹ Erzählen folge ein stetiger, fast linear wirkender (wenn auch von Benjamin selbst dialektisch gemeinter) „Niedergang", während es den Formalisten gerade um den beständigen, oft recht ›kurzphasigen‹ Wechsel der Orientierungen geht: einzelnen Phasen einer betont ›buchmäßigen‹ Erzählliteratur folgen, sobald sich die entsprechenden Systeme ›automatisiert‹ und erschöpft haben, Rückbesinnungen auf Formen und Verfahren mündlichen Erzählens, die dann, ihrerseits ausgeschöpft, wieder von mehr ›buchmäßigen‹ abgelöst werden. So gesehen erscheint Leskov statt als spätes Exemplar eines ›echten‹ Erzählers mehr als einer der großen Repräsentanten der am mündlichen Erzählen sich orientierenden *skaz*-Tradition, die vor ihm schon bei Gogol', aber auch noch n a c h ihm (und unbeschadet einer beständig ansteigenden Bedeutung der ›Presse‹) in der nachrevolutionären Erzählprosa wieder dominant werden konnte, wobei der Rückgriff auf die Tradition durch die jeweils veränderte literaturhistorische Situation und die individuelle Intention weder als bloße Rückkehr noch als lineare ›Fortsetzung‹, sondern immer nur als ›Neukonstruktion aus Elementen des Alten‹ aufzufassen ist. Schon diese stärkere Berücksichtigung der ›Mikrostruktur‹ des evolutionären Prozesses, aber erst recht die im *skaz-*

---

[145] Das Lukács-Zitat in BENJAMINS Essay, op. cit., S. 246.

[146] Diese Begriffe werden hier im Sinne der Diskussionsbeiträge von S. KRACAUER (der übrigens mit BENJAMIN befreundet war) zu „Poetik und Hermeneutik", II (s. Anm. 29) und III: Die nicht mehr schönen Künste. Grenzphänomene des Ästhetischen, hrsg. V. H. R. JAUSS. München 1968, verwendet.

Begriff enthaltene stilistisch-perspektivische Komponente, verhüten eine zu direkte Projektion des Erzählers Leskov auf ein Ideal ›ursprünglichen‹, ungebrochenen mündlichen Erzählens. Anders als die am *skaz* interessierten Formalisten läßt Benjamin unberücksichtigt, daß Leskov durch den ›zwischengeschalteten‹ *skaz*-Erzähler sowohl die mitgeteilte „Erfahrung" als auch die Art ihrer Mitteilung als spezifische d i e s e s Erzählers kennzeichnet. Die besondere Struktur und Wirkung Leskovschen Erzählens beruht gerade n i c h t auf einem „naive[n] Verhältnis des Hörers zu dem Erzähler"[147], das laut Benjamin für das echte mündliche Erzählen konstitutiv ist, sondern umgekehrt auf einem nicht-naiven, ›sentimentalisch‹ gebrochenen Verhältnis eines Lesers zu einem mit Hilfe besonderer stilistischer und perspektivischer Techniken als ›naiv‹ stilisierten Erzähler.

Wieder zeigt sich, wie leicht mangelnde Berücksichtigung des sprachlich-stilistischen Aspekts zu einem Verkennen oder Verzeichnen der literatur-historischen Eigenart führen kann, selbst bei so historisch interessierten, versierten und auch für Strukturfragen des Erzählens so aufgeschlossenen Kritikern wie Benjamin. Nur wäre es auch in diesem Falle (und in ihm sogar ganz besonders) verfehlt, ›Vorteile‹ der einen Methode gegen ›Nachteile‹ der anderen auszuspielen statt zu sehen, wie in jeder der beiden Betrachtungsweisen Vor- und Nachteile wechselseitig bedingt sind. Denn indem die Formalisten sich auf den *skaz* bei Leskov konzentrieren, bagatellisieren sie grundlegende Züge Leskovschen Erzählens, die nun wieder Benjamin auf Grund seiner besonderen Sichtweite aufdeckt, sei es direkt, sei es indirekt durch das Aufzeigen charakteristischer Merkmale der Tradition mündlichen Erzählens. Dazu gehört z. B. die Bedeutung der Handwerker und fahrenden Leute als Träger mündlichen Erzählens[148] (nicht zufällig werden sie von Leskov mit Vorliebe als *skaz*-Erzähler gewählt), oder die Verwandtschaft zwischen mündlichem Erzählen und „Chronik"[149] (die „Chronik" ist neben der *skaz*-Erzählung das für Leskov charakteristische Genre[150]). Wie schon diese beiden Beispiele zeigen, handelt es sich nicht einfach um das Aufzeigen mehr ›inhaltlicher‹ Züge neben mehr ›formalen‹, sondern darum, soziale und gesamtgeschichtliche Voraussetzungen bestimmter Erzählstrukturen aufzudecken. Und eben darin liegt ein entschiedener ›Vorzug‹ der Betrachtungsweise Benjamins, mag man auch die Art, wie er einzelne, von ihm treffend charakterisierte kulturelle Erscheinungen auf bestimmte Wandlungen der „Produktionsverhältnisse" zurückführt, im einzelnen oder als Ganzes mit guten Gründen kritisieren.[151]

---

[147] W. BENJAMIN. Schriften, II, op. cit., S. 245.
[148] W. BENJAMIN, op. cit., besonders Kap. IX.
[149] Op. cit., Kap. XII.
[150] Das bekannteste Werk LESKOVS, das von ihm selbst im Untertitel als „Chronik" bezeichnet wird, ist „Die Klerisei" („Soborjane"). Das Werk ist seinerseits Teil (und Endprodukt) verschiedener teils projektierter, teils ausgeführter ›Chroniken‹.
[151] Vgl. als Beispiel schon die Antwortbriefe Th. W. Adornos an BENJAMIN, in: W. BENJAMIN. Briefe, op. cit., besonders den Brief vom 2. 8. 1935, II, S. 671—683.

Die formalistische Theorie der literarischen Evolution war nicht die Anwendung einer allgemeinen Geschichtsphilosophie oder eines vorgefaßten
Geschichtsverständnisses auf den Bereich der Literatur. Sie ergab sich als Konsequenz aus den grundlegenden Thesen der Formalisten und deren fortschrei-
tender Diskussion, wurde schrittweise, im Blick auf Einzelprobleme formuliert
und erst gegen Ende des Formalismus systematisiert. Tynjanovs Artikel
„Über die literarische Evolution"[152] von 1927 ist, als erste ausdrückliche
Thematisierung, eine Art ›Summe‹ der damals bereits ein Jahrzehnt währen-
den Diskussion. Man erfaßt daher die Bedeutung des Historischen für den
Formalismus und die Bedeutung der formalistischen Auffassung vom historischen Wandel der Literatur am ehesten, wenn man diesen Prozeß der allmählichen Ausweitung und Theoretisierung in verschiedenen Anwendungsbereichen nachvollzieht. Die Anfänge dieses Prozesses sind bereits aus dem
bisher Erörterten ersichtlich. Es muß darauf hingewiesen werden, daß sowohl
in Šklovskijs Ausgangsthese der Kunst als ›Verfremdung‹ als auch in seinem
grundlegenden Begriff der ›semantischen Verschiebung‹ mit dem Moment der
Abweichung und Veränderung bereits der evolutionäre Aspekt angelegt war,
zunächst auch noch im Blick auf außerliterarische Wandlungsprozesse (der
zu ›verfremdenden‹ Lebensgewohnheiten, der zu ›verschiebenden‹ Normen
der Umgangssprache), dann in zunehmendem Maße als rein innerliterarischer Vorgang. Und es wurde am Beispiel der Parodie gezeigt, wie bei
Tynjanov die Untersuchung eines Kunstwerks als ›System‹ die Angewiesen-
heit dieses Systems auf den Zusammenhang der literarischen Evolution sichtbar machte, wobei der ›konstruktive‹ Charakter des Evolutionsprozesses
selbst stärker zur Geltung kam als in seiner mehr ›destruktiven‹ Auslegung
durch Šklovskij.

Dieser schon im frühen Parodie-Artikel klar erkennbare Ansatz wurde
von Tynjanov, der neben und zusammen mit Jakobson die formalistische
Evolutionstheorie vor allem formuliert hat, in der Folgezeit systematisch ausgebaut. Wenn das Kunstwerk statt als ›Summe‹ von Verfahren als ›System‹
von Verfahren mit systemspezifischen Funktionen verstanden wird, ergibt
sich daraus die Notwendigkeit, jedes Einzelverfahren auf ein ›synchrones‹
und ein ›diachrones‹ System zu beziehen. Denn die spezifische Funktion jeden
Einzelfaktors läßt sich nur wahrnehmen und fixieren, wenn man sie einerseits
in Beziehung zu den anderen Faktoren desselben Systems sieht (die „Synfunktion" des Elements), andererseits diese systembedingte Anwendung als
Abweichung von den tradierten Anwendungen des gleichen Faktors begreift
(die „Autofunktion" des Elements).[153]

---

[152] Text in diesem Band, S. 433—461.
[153] In „Über die literarische Evolution", s. unten, S. 439.

In diesem Zusammenhang wird für Tynjanov und für den Formalismus überhaupt der Begriff *ustanovka* wichtig. Dieses russische Wort ist in der vorliegenden Anthologie meist mit ›Intention‹ übersetzt worden. Andere Übersetzer bevorzugen ›Orientierung‹. Beides hat Vor- und Nachteile. Daß der russische Terminus der Bedeutung von ›Intention‹ nahekommen kann, beweist schon Tynjanovs eigene Anmerkung, unter *ustanovka* verstünde man häufig die Absicht, die ein Autor mit seinem Werk verfolge. Doch fügt Tynjanov sogleich hinzu, e r wolle gerade diesen teleologischen Aspekt des Begriffs ausschließen.[154] Demgegenüber betont ›Orientierung‹ zu sehr die Blickrichtung auf ein Vorgegebenes, während die strukturbestimmende Rolle der *ustanovka* für das System selbst nicht genügend deutlich wird.

Beide Aspekte und damit die Absicht Tynjanovs berücksichtigt besser das deutsche ›Einstellung‹, das sowohl die Intention von Autor und Werk, als auch das Eingestelltsein aller Teile innerhalb des Systems meinen kann. Nur wirkt es im Kontext oft sehr viel ›gewollter‹ als russ. *ustanovka*, ohne deshalb präziser zu sein als ›Intention‹, sobald dieser Terminus mit den gemachten Vorbehalten verwendet wird. Erst dieser Begriff der *ustanovka*, durch den das systemprägende Prinzip zugleich als ein ›intentionaler‹ Bezug verstanden wird, und nicht etwa schon das bloße Ersetzen des Begriffs ›Summe‹ durch den des f u n k t i o n a l e n Systems charakterisiert Tynjanovs spezifische Auffassung des Kunstwerks und macht den historischen oder evolutionären Aspekt der Literatur zu einem Angelpunkt seiner ganzen Theorie. Dabei unterscheidet er drei Ebenen dieses intentionalen Bezugs: 1. Jeder Faktor eines literarischen Kunstwerks bezieht sich intentional auf das gesamte Kunstwerk als System. 2. Dieses System selbst bezieht sich intentional auf das System der Literatur und ihrer Evolution. 3. Die Literatur selbst und ihre Evolution sind durch die Sprache, die sowohl Medium des literarischen Gestaltens wie Medium der sozialen Kommunikation ist, intentional auf die gesamte menschliche Umwelt in ihrem historisch-sozialen Wandel bezogen.[155]

Auf allen drei Ebenen, besonders aber auf der zweiten, erfolgt die Bezugnahme vom Teil auf das Ganze oft indirekt, durch die Vermittlung von Stil und Genre. Der produzierende Autor wie der rezipierende Leser beziehen das einzelne Werk, seine Elemente und deren Organisation auf bestimmte, ihnen vertraute Stiltraditionen und Genrekonventionen, sei es, weil diese vom Werk bekräftigt, sei es, weil sie von ihm verletzt oder ›verfremdet‹ werden. Erst auf diesem Hintergrund, bzw. durch diese Vermittlung, wird die spezifische Konstruktion des Werks, die von ihr abhängige „Synfunktion" der Elemente und deren Auswirkung auf die „Autofunktion" angemessen wahrnehmbar. Durch eine solche Bekräftigung oder Durchbrechung bestehender Gattungsnormen aber verändert das einzelne Werk und seine Rezeption

---

[154] Ibd., S. 453.
[155] Vgl. dazu außer den Artikel über Evolution auch die von TYNJANOV zusammen mit JAKOBSON 1928 formulierten Thesen (s. unten, Kap. X dieser Einleitung).

den Kanon des Genres, wird es zum Faktor der Evolution des betreffenden Genres und seines Verhältnisses zu anderen. Das Phänomen Genre wird für den Formalismus ein unerläßlicher Aspekt sowohl der Analyse einzelner Werke wie der Analyse der literarischen Evolution. Es rückt damit in den Mittelpunkt der formalistischen Evolutionstheorie und der literaturhistorischen Untersuchungen der Formalisten, die beide zu einem guten Teil Fragen nach Funktion und Tradition der Genres, nach dem Verhältnis von Genrestruktur und Stilintention, nach der sich wandelnden ›Hierarchie der Genres‹ und ihrem Zusammenhang mit dem Wandel der Stiltraditionen gewidmet sind.

Die für den Formalismus charakteristische Auffassung des Genres war schon im Zusammenhang mit Šklovskijs Shandy-Aufsatz und im Hinblick auf das Genre Roman erläutert worden. Was Šklovskij skizzierte, wurde von Tynjanov ausdrücklich formuliert und in ein System eingebaut. Das Genre ist für ihn, ähnlich wie das einzelne Kunstwerk, ein System der funktionalen Zuordnung bestimmter Verfahren mit systemprägenden ›Dominanten‹ und einer bestimmten ›Intention‹ oder ›Einstellung‹. Im Unterschied zum einzelnen Kunstwerk, das immer schon die individuelle Konkretisation eines solchen Systems darstellt, ist aber das Genre nur existent und wirksam als ein Bezugssystem, sei es indem einfach durch Korrespondenz zwischen einigen repräsentativen Werken bestimmte Organisationsformen als genrespezifisch angesehen werden, sei es indem die Gesetze der Organisation bereits in einer deskriptiven oder normativen Poetik des Genres definiert worden sind.[156]

Welch enge, sich aber beständig wandelnde Wechselwirkung zwischen Genrestrukturen und Stilintentionen besteht, hatte Tynjanov bereits in seiner Untersuchung „Die Ode als oratorisches Genre" (1922) am Beispiel der Geschichte dieses Genres in Rußland demonstriert.[157] Für Lomonosov sei bei der Organisation dieses Genres dessen sprachliche Orientierung am feierlichen, emotional bewegten Vortrag, eben die „oratorische" Stilintention entscheidend gewesen. Diese Stilintention weise als Sprach-Intention einerseits über den rein literarischen Bereich hinaus (die Orientierung auf den Vortrag im großen Saal sei bei Lomonosov noch deutlich wirksam): Sie sei andererseits als Konstruktionsprinzip für die poetische Organisation des Genres und die

---

[156] TYNJANOV hat seine Auffassung von Funktion und Evolution literarischer Genres teils in literarhistorischen Untersuchungen über Einzelgenres dargelegt (vgl. seine Studie über die Ode, s. unten und Anm. 157), teils generell definiert (vgl. vor allem seinen Artikel „Das literarische Faktum" in diesem Band, S. 392—431). Eine generelle Kennzeichnung der formalistischen Genre-Auffassung bietet ferner B. TOMAŠEVSKIJ in seiner „Teorija literatury", L. 1925, im Abschnitt „Die literarischen Genres" (vgl. die französische Übersetzung dieses Abschnittes und des ganzen Teils „Thematik" in der französischen Formalisten-Anthologie von TODOROV, op. cit., S. 302—307).

[157] „Oda kak oratorskij žanr", später aufgenommen in: Archaisty i novatory, op. cit., S. 48—86. Text und bibliographische Anmerkungen s. im 2. Band dieser Anthologie.

systemspezifische Funktion der Einzelverfahren ausschlaggebend. Sei aber das Genre erst einmal auf diese Weise organisiert, träte schnell die Gefahr der Automatisierung ein, und es bedürfe der Umorganisation der Systemstruktur, der Umfunktionalisierung der Verfahren, um die gleiche Intention (emotionale Erhebung durch unmittelbare Ansprache) zu verwirklichen. Doch könne auch die sprachlich-stilistische Intention des Genres sich ändern. So gehe es dem ›jüngeren‹ Klassizisten Sumarokov statt um pathetische Emotionalisierung um rationale *clarté*, und im Dienste dieser neuen Intention setzte er der Lomonosovschen Oden-Konzeption seine eigene entgegen. Die Skala der Abwandlungen reiche in der Folgezeit von der weiteren Umgruppierung und Umfunktionalisierung bis zur satirischen Verfremdung und direkten Parodie. So könne das Genre Ode Funktionen übernehmen, die früher von anderen Genres ausgeübt wurden, und umgekehrt könne die „oratorische" Stilintention der Ode Lomonosovs später auf andere Genres übergehen. Ebenso könne ein Genre, das ganz in Vergessenheit geriet, von späteren Generationen wiederentdeckt und zur Geltung gebracht werden, sei es auf Grund seiner damals dominierenden Intention, die nun, in neuen historischen Zusammenhängen, aus neuen Gründen wichtig wird, sei es, weil ein Aspekt, der seinerzeit nur ein sekundäres Merkmal des Genres war, nun als eigentliche Dominante aktuell werde.

Daraus folgt, daß die ursprünglich für die Formierung eines Genres entscheidenden Intentionen und Kriterien im Laufe der Entwicklung zurücktreten oder ganz verschwinden können. Deshalb ist, wie Tomaševskij formuliert, eine „logische Klassifikation eines Genres nach einem Kriterium unangemessen und muß durch eine historisch deskriptive ersetzt werden".[158] Das schließt die Abstrahierung allgemeiner Kriterien nicht aus, nur bleiben diese notwendig so allgemein, daß sie, für sich genommen, das Einzelgenre weder in seiner immanenten Evolution noch im Verhältnis zu anderen Genres vollständig kennzeichnen können. Es genügt, auf das schwierigste, aber zugleich auch bezeichnendste und von den Formalisten am häufigsten erörterte Beispiel hinzuweisen: auf den Roman.

So trifft z. B. die Kennzeichnung des Romans als abenteuerliche Geschichte Liebender auf bestimmte Romantypen und einzelne Epochen zu, versagt aber gegenüber anderen. Wie schon die wenigen, früher besprochenen Beispiele zeigten, genügt sogar nicht die allgemeinere Festlegung auf die zentrale Stellung des Helden oder die Dominanz des Sujets, da bedeutende Repräsentanten des Genres und Wendepunkte seiner Evolution gerade durch den ›Abbau‹ des Helden oder des Sujets gekennzeichnet sind. Will man all diese verschiedenartigen Romankonzeptionen unbedingt ›auf einen Nenner‹ bringen, bleibt schließlich nur E. M. Forsters bekannte Festellung, ein Roman sei „any

---

[158] Im Abschnitt über die literarischen Genres in „Teorija literatury", vgl. Anm. 156.

fictitious prose work over 50.000 words".[159] Damit aber wird aus einer Genre-Kennzeichnung die „trivial anmutende, aber außerordentlich wichtige Unterscheidung in Kurz- und Langformen der Erzählkunst".[160] Demgegenüber bleibt in der formalistischen Auffassung des Genres als eines historischen Bezugssystems einerseits auch der ›Abbau‹ des Sujets oder des Helden als Abweichung von Genrekonventionen ein Genrekriterium. Andererseits kann das Verhältnis von Kurz- und Langform in der historischen Evolution des Genres als rivalisierendes Nebeneinander oder als periodischer Wechsel der Dominanzen erfaßt werden. So verfuhren, wie wir sahen, Ejchenbaum in seinen skaz-Beiträgen und Šklovskij in seinen Studien über das Verhältnis zwischen ›sujetgeprägter‹ und ›sujetloser‹ Erzählprosa, wenn sie zeigten, wie nach Phasen der Entfaltung und Vorherrschaft des sujetgeprägten Romans als Langform eine Abwendung von dieser inzwischen ›automatisierten‹ Form zu ›kurzen‹ und ›sujetlosen‹ Formen erfolgte, weil in ihnen das Erzählen als sprachlicher Vorgang wieder stärker zur Geltung gebracht werden konnte. Und ähnlich erklärte Skipina im formalistischen Sammelband „Russische Prosa" die auffallende Dominanz der Kurzform in der Produktion des russischen ›Sentimentalismus‹ (trotz seiner Begeisterung für den westeuropäischen empfindsamen R o m a n) aus den sprach- und stilreformerischen Erfordernissen und Intentionen der Karamzin-Schule, da an kürzeren, durchstilisierten Mustern das Neuartige des Stils besser erprobt und prägnanter vorgeführt werden konnte als in der Langform Roman mit ihrer komplizierten, stark sujetorientierten Konstruktion.[161]

Das Nacheinander des ›Dominierens‹ schließt das Nebeneinander des ›Existierens‹ im Sinne einer beständigen Wechselwirkung ein. Das gilt sowohl für das Nebeneinander von Kurz- und Langformen als für das Nebeneinander von Genres ganz allgemein. Wie die Formalisten bei der Analyse einzelner Werke neben dem synchronen Aspekt (der in rein ›werkimmanenten‹ Interpretationen als einziger beachtet wird) auch den diachronen Bezugszusammenhang berücksichtigen, so bringen sie in Theorie und Analyse der Genres neben dem diachronen Evolutionsprozeß (auf den sich ›genreimmanente‹ Gattungsgeschichten zu konzentrieren pflegen) auch die synchrone Hierarchie der Genres voll zur Geltung. Und wie das Einzelwerk bei Berücksichtigung der ›Diachronie‹ auf das übergreifende System des Genres und seine Evolution verweist, so das Genre bei Berücksichtigung der ›Synchronie‹ auf das übergreifende System der literarischen ›Epoche‹ oder ›Periode‹.

---

[159] E. M. FORSTER. Aspects of the Novel. London 1927. Zitiert nach Ed. Penguin Books, 1962, S. 13 f.

[160] F. LÄMMERT, op. cit., S. 15.

[161] K. SKIPINA. O čuvstvitel'noj povesti, in: Russkaja proza. Sbornik statej, L. 1926, S. 13—41. Eine kritische Auseinandersetzung mit SKIPINAS These vgl. bei P. BRANG. Studien zu Theorie und Praxis der russischen Erzählung 1770—1811. Wiesbaden 1960, S. 66—69. (Bibliotheca Slavica).

Auch die ›Epoche‹ ist für die Formalisten ein System mit einer systemspezifischen ›Einstellung‹ und ihr entsprechenden ›Dominanten‹. Auf Grund der generellen Einstellung oder Intention rücken Genres, die ihr in besonders hohem Maße Ausdruck zu verleihen vermögen, an die Spitze der Genre-Hierarchie und werden zu ›dominierenden‹ Genres der Epoche. Das können ganz neue Genres sein, aber auch traditionsreiche Genres, die im Hinblick auf die neue Grundintention umstrukturiert worden sind. So wird z. B. das alte Genre ›Poem‹ in der Version als „byronistisches Poem" in den 20er Jahren zum dominierenden Genre der russischen Romantik, so wird rund 20 Jahre später der *očerk*, als satirisch-sittenbeschreibende Skizze wie als Essay schon früher geläufig, in der Version als „physiologischer *očerk*" zum dominierenden Genre der sogenannten ›Natürlichen Schule‹ — um nur zwei Beispiele zu nennen, die im Umkreis des Formalismus in Monographien untersucht worden sind.[162] Wichtig ist, daß dabei schon durch den Begriff der ›Dominante‹ der „Koexistenz des Gleichzeitigen und des Ungleichzeitigen"[163] Rechnung getragen wird. Genres, die aus ihrer dominierenden Stellung in der Hierarchie verdrängt oder sogar in den neuen Kanon, der den der vorausgehenden Epoche ablöst, gar nicht mehr aufgenommen werden, können unbeschadet dessen weiter bestehen, ja produktiv bleiben — sei es als ›Nebenlinien‹, auf die sich die herrschende Richtung in polemischer oder anderer Weise immer wieder bezieht, sei es als ›Unterströmungen‹, die von den für die Epoche repräsentativen Autoren, Kritikern und Leserschichten nicht beachtet werden, auf die aber jederzeit zurückgegriffen werden kann, sobald die ›Hauptlinie‹ selbst sich zu erschöpfen, ihre Wirkung und Attraktion einzubüßen beginnt.

Das gilt sowohl für einzelne Genres und Stiltraditionen als auch für ganze literarische ›Schulen‹:

Jede neue Schule in der Literatur ist eine Art Revolution, so etwas wie das Auftreten einer neuen Klasse. Aber das ist selbstredend nur eine Analogie. Die besiegte ›Linie‹ wird nicht vernichtet, hört nicht zu bestehen auf. Sie wird nur vom Höhenkamm vertrieben, taucht unter und kann irgendwann wiederauferstehen, denn sie bleibt ein ständiger Kronprätendent. Außerdem wird die Situation noch dadurch kompliziert, daß der neue Hegemon gewöhnlich kein purer Wiederhersteller der früheren Formen ist, daß ihm vielmehr Züge anderer

---

[162] Als Beispiele sind hier zwei Nicht-Formalisten aus dem damaligen Wirkungsbereich des Formalismus gewählt: v. VINOGRADOVS Studien über die „natürliche Schule": „Gogol' i natural'naja škola" (1925) und „Évoljucija russkogo naturalizma" (1929); und v. ŽIRMUNSKIJS Buch über das byronistische Poem in Rußland: „Bajron i Puškin. Iz istorii romantičeskoj poèmy" (1923); deutsche Kurzfassung: „Puškin und Byron", in: Zeitschrift für slavische Philologie, III, 1925, S. 290—310; IV, 1927, S. 20—42.

[163] Die Formulierung nach S. KRACAUER. The General History and the Aesthetic Approach, in: Poetik und Hermeneutik, III, München 1968, S. 569. Vgl. dazu auch H. R. JAUSS. Literaturgeschichte als Provokation der Literaturwissenschaft, Konstanz 1967, S. 57 ff. (dazu s. auch im letzten Kapitel unserer Einleitung).

jüngerer Schulen innewohnen und sogar Züge, die er, freilich in dienstbarer Rolle, von seiner Vorgängerin auf dem Thron erbt.[164]

Mit dieser These Šklovskijs, die Ejchenbaum in seiner „Theorie der formalen Methode" zitiert, stimmen die Auffassungen aller Formalisten überein, auch wenn Tynjanov davon spricht, die gegen ihre „Väter" opponierenden „Söhne" würden sich mit Vorliebe auf die „Großväter" zurückbeziehen[165], während Šklovskij die Erbfolge Onkel-Neffe für charakteristisch ansieht (d. h. die Erneuerung durch Rückbesinnung auf ›Nebenlinien‹).[166] Auch derartige Verwandtschaftsschemata sind „selbstredend nur eine Analogie" und als solche mit Vorsicht zu verwenden, denn die Filiation ist immer schon Konstruktion und Selbstrechtfertigung der ›Nachfahren‹, die von ihnen aufgespürten und proklamierten ›Väter‹ oder ›Adoptivväter‹ sind oft nicht einmal als uneheliche Väter haftbar zu machen. Entscheidend bleibt, daß in allen Fällen die Veränderungen ebensosehr als Bruch wie als Wiederanknüpfen verstanden werden, daß — um Tynjanovs Formulierung noch einmal zu verwenden — die „literarische Tradition oder Nachfolge" statt als „gerade Linie" als „Zerstörung eines alten Ganzen" und „neuer Aufbau aus alten Elementen" aufgefaßt wird, worin sich der Evolutionsbegriff der Formalisten von jedem ›organischen Wachstum‹ ebenso klar unterscheidet wie von einer ›Revolution‹ im eigentlichen Sinne.

Wenn Tynjanov vom „neuen Aufbau aus a l t e n Elementen" spricht, bedeutet dies allerdings nicht, daß für ihn die Evolution bloß in der ständigen Neuorganisation eines festen Bestandes an Verfahren, Formen und Genres besteht. Die „Ablösung der Systeme und Schulen" ist für ihn immer außer einer Abgrenzung innerhalb der Literatur auch eine neue Grenzziehung zwischen literarischer und außerliterarischer Sprachverwendung. Bestimmte Sprachformen und ganze ›Genres‹, die vorher (und oft auch bald nachher) als nicht-literarisch angesehen wurden, können in bestimmten Perioden auf Grund der besonderen ›Einstellung‹ der herrschenden Schule in deren Genre-System aufgenommen und in ihm sogar dominant werden. Tynjanov erläutert am Brief, als an einem besonders anschaulichen und wichtigen Beispiel, wie auf diese Weise ein außerliterarisches Genre zum „literarischen Faktum"

---

[164] Zitiert nach B. ÉJCHENBAUM. Die Theorie der formalen Methode, op. cit., S. 47 (aus V. ŠKLOVSKIJ. Rozanov. Pg. 1921).

[165] Die Kennzeichnung literarischer ›Nachfolge‹ nicht im Sinne kontinuierlicher ›Entwicklung‹, sondern im Sinne eines ›Kampfes‹ und ›Bruches‹ mit den unmittelbaren Vorgängern bei gleichzeitigem Rückgriff auf Älteres bildet den Ausgangspunkt sowohl der Parodie-Studie als auch des Artikels über „Das literarische Faktum" und wird auch im dritten von uns aufgenommenen Beitrag TYNJANOVS „Über die literarische Evolution" thematisiert.

[166] Ähnlich schon im „Rozanov" von 1921 und dann im Rozanov-Essay „Literatura vne ›sjužeta‹", in: O teorii prozy, op. cit., S. 227: „... die Nachfolge bei der Ablösung literarischer Schulen führt nicht vom Vater auf den Sohn, sondern vom Onkel auf den Neffen".

wird.[167] Damit aber ist das Urteil darüber, was ›schon‹, was ›noch nicht‹ als Literatur anzusehen sei, abhängig von der jeweiligen Organisation des literarischen Systems in seiner jeweiligen evolutionären Phase. Die Fragen: „Was ist Literatur? Was ist Genre?", die Tynjanov an den Anfang seines Artikels „Das literarische Faktum"[168] stellt, werden daher von ihm mit dem Verweis auf den evolutionären Charakter dieser Phänomene und die Unangemessenheit jeder ahistorischen Wesensbestimmung beantwortet. Wie jedes Verfahren, jedes Werk, jedes Genre und jede ›Schule‹ der Literatur nur als Faktor eines evolutionären Prozesses wirksam und faßbar ist, so auch ›die‹ Literatur als Ganzes.

Noch vor Tynjanov und systematischer als Šklovskij hat Roman Jakobson die Rolle der ›Schulen‹ für die literarische Evolution und die Problematik ihrer Selbstdeutung und Deutung am Beispiel des „Realismus" expliziert.[169] Bekanntlich wird gerade die russische (aber nicht nur die russische) Realismus-Diskussion dadurch erschwert, daß häufig der Realismus als historische ›Schule‹ mit einem typologischen Realismus-Begriff vermengt und das Resultat zur Norm jeder wahren Kunst proklamiert wird.[170] Demgegenüber unterscheidet Jakobson scharf zwischen der literarischen Schule des 19. Jahrhunderts (Jakobsons Realismus-Bedeutung „C") und dem von den meisten Autoren oder Schulen erhobenen Anspruch, das eigentlich „Wirkliche" darzustellen (Jakobsons Realismus-Bedeutung „A"). Diese Intention ziele immer in zwei Richtungen. Als Anspruch, wirklichkeitstreu oder wahrhaftig zu sein, richte sie sich immer auch auf außerliterarische Wirklichkeit. Doch könne dieser Anspruch nur durch bestimmte literarische Verfahren realisiert werden. Dazu reichen, nach Auffassung der ›Jungen‹ die Verfahren und Konstruktionsprinzipien der ›Alten‹ nicht aus, obwohl sie seinerzeit selbst mit diesem Anspruch auftraten, der inzwischen aber seine Überzeugungskraft verlor. Es bedürfe daher eines neuen künstlerischen Systems, um den immer neu erhobenen Anspruch auf Wirklichkeitsdarstellung effektiv zu verwirklichen. Die Intention auf außerliterarische Wirklichkeit setze sich notwendig um in Neuorientierung innerhalb der literarischen Tradition und werde damit erst zum Faktor innerliterarischer Evolution.

Tomaševskij hat einige Jahre später indirekt an diese Gedankengänge Jakobsons und zugleich an die Thesen Šklovskijs angeknüpft, indem er inner-

---

[167] „Das literarische Faktum", S. 419—423 dieses Bandes.

[168] S. unten, S. 393.

[169] R. JAKOBSON. Über den künstlerischen Realismus, S. 372—391.

[170] Über Begriffsgeschichte und Stand der Realismus-Diskussion informiert R. WELLEK. The Concept of Realism in Literary Scholarship, in: Neophilologus, XLV, Groningen 1961, S. 1—20; ferner das von H. LEVIN initiierte und herausgegebene Realismus-Symposion: A Symposium on Realism, in: Comparative Literature, III, 1951, 3, S. 193—285. Zur deutschen Realismus-Diskussion vgl. W. PREISENDANZ. Humor als dichterische Einbildungskraft. Studien zur Erzählkunst des poetischen Realismus. München 1963 (Theorie und Geschichte der Literatur und der Schönen Künste, I) besonders die Einleitung S. 7—18 und die Exkurse zu ihr S. 275 ff.

halb der literarischen Evolution zwei unterschiedliche Grundeinstellungen zur „Spürbarkeit" der literarischen Formen und Verfahren unterschied.[171] Die eine strebe danach, die Verfahren zu entblößen, um damit ihre Eigenbedeutung hervorzuheben. Die andere strebe umgekehrt danach, das Eigengewicht der Verfahren durch bestimmte Arten ihrer ›Motivierung‹ möglichst zu vermindern oder zu verdecken, um dadurch die Intention auf die außerliterarische Wirklichkeit stärker zur Geltung zu bringen. Diese zweite Art ist gemeint, wenn die Formalisten von ›motivierter‹ Kunst sprechen.

Der Begriff ›Motivierung‹, uns schon von Šklovskij her bekannt, erhielt damit eine neue Bedeutung und wurde differenziert. Tomaševskij unterschied drei Arten (oder Intentionen) von ›Motivierung‹. Die erste ist die „kompositionelle Motivierung", zu der er z. B. auch die absichtlichen Irreführungen im Kriminalroman rechnet. Die zweite nannte er die „realistische Motivierung". Sie diene dazu, das in ein Werk eingebrachte Material „wahrscheinlich" erscheinen zu lassen. Dabei betonte Tomaševskij, daß die Vorstellung von dem, was als ›wahrscheinlich‹ und ›realistisch‹ akzeptiert wird, einerseits von der Konstruktion selbst, andererseits von der jeweiligen literarischen (und außerliterarischen) Konvention abhänge. Eben darum sei die eigentlich entscheidende Motivierung die dritte, die „ästhetische Motivierung", denn erst die jeweilige ästhetische Position der Autoren, Schulen und Epochen bestimme, welche Themen und Formen einerseits als „real", andererseits als „kunstgemäß" gelten. Und der Streit zwischen alten und neuen Schulen, der eigentliche Bewegungsfaktor literarischer Evolution, setze gewöhnlich gerade an diesem letzten Punkt an. Während die ›Jungen‹ den Kanon der ›Alten‹ als weder ›real‹ noch ›kunstgemäß‹ verwerfen, verneinen die ›Alten‹ den ästhetischen Charakter des Neuen.

Wie in dieser Hinsicht Tomaševskij wohl mit Jakobsons Auffassung der literarischen Evolution und des Realismus übereinstimmt, so hat Jakobson seinerseits später die unterschiedliche Haltung zur ›Spürbarkeit‹ der Verfahren weiter untersucht und mit dem Unterschied zwischen „metaphorischer" und „metonymischer" Aussageweise verknüpft.[172] Wo eine möglichst spürbare semantische Verschiebung, Bloßlegung der Verfahren oder dauerndes Hinüberspielen von einer Realitätsebene auf die andere beabsichtigt sei, dominiere die Metapher; würden unauffällige oder fließende Übergänge angestrebt, dominiere die Metonymie. Es sei zu überlegen, ob nicht insofern die Metapher mehr der Lyrik, die Metonymie mehr der Prosa entspräche. Darum aber wird einsichtig, warum der Realismus als eine in besonders hohem Maße ›motivierte‹ Kunst weitgehend eine Schule der Prosa, und zwar der betont metonymischen Prosa gewesen ist.

---

[171] B. TOMAŠEVSKIJ. Teorija literatury. Poètika. L. 1925. Kapitel „Thematik" (vgl. Anm. 156).

[172] R. JAKOBSON. Randbemerkungen zur Prosa des Dichters Pasternak, in: Slavische Rundschau, VII, 1935, S. 357—374.

Auch wenn solche Überlegungen der Formalisten größtenteils Hypothesen blieben und die meisten Vertreter der Schule sich für ›motivierte‹ Kunst weit weniger interessierten als für ›verfremdende‹ und ihre Verfahren absichtlich ›bloßlegende‹, hat der Formalismus doch durch seinen Hinweis auf die unterschiedliche Haltung zur ›Spürbarkeit‹ und seinen Blick für den inneren Zusammenhang zwischen Wirklichkeits-Intention und ›Motivierung‹ der stilistischen Verfahren literarischer Schulen gerade auch im Hinblick auf den Realismus neue Wege des Verständnisses gewiesen. Da in der Sovetunion selbst der ›Realismus‹ kurz danach zur sakrosankten Kunstnorm erhoben, im Westen aber der Beitrag des Formalismus nur vereinzelt oder erst spät zur Kenntnis genommen wurde, finden diese Ansätze zum Teil erst in jüngster Zeit wieder Beachtung und weiteren Ausbau. Das 1964 erschienene Buch der Zagreber Literaturwissenschaftler A. Flaker und Z. Škreb, „Stile und Perioden", das einen bemerkenswerten Versuch darstellt, Perioden als Stilkomplexe mit jeweils unterschiedlicher ›Motivierung‹ zu kennzeichnen und auf diese Weise Romantik, Realismus und ›Modernismus‹ voneinander abzuheben, fußt unmittelbar auf diesbezüglichen Theorien und Erkenntnissen des russischen Formalismus und behandelt eingangs in einem speziellen Kapitel „Die ›formale Methode‹ und ihr Schicksal".[173] Und in der jüngsten deutschen Monographie über den russischen Realismus arbeitet D. Tschižewskij bei der Kennzeichnung des Realismus ebenfalls mit dem Begriff ›Motivierung‹, betont — mit direktem Verweis auf Jakobson — die „Hinwendung zu metonymischen Stilmitteln" und vertritt die Auffassung: „Der Realismus ist in der Literaturgeschichte Europas eigentlich der erste ausgesprochen antimetaphorische Stil!"[174]

Doch ist ein wichtiger Aspekt des Jakobsonschen Realismus-Artikels, durch den der Evolutions-Begriff wesentlich weiter gefaßt wird als bei Šklovskij und Tynjanov, bisher nicht erwähnt worden. Jakobson betont, daß die wechselnde Auffassung von dem, was als ›real‹ oder ›realistisch‹ angesehen wird, sowohl von der polemischen Intention der Autoren und Schulen gegenüber ihren Vorgängern abhänge als auch von den Vorstellungen und Erwartungen, die spätere Leser an die Produktion unterschiedlicher Schulen und Systeme herantrügen. Neben dem produktionsästhetischen Aspekt (Jakobsons „A") tritt somit der rezeptionsästhetische (Jakobsons „B"). Was aber für den späteren Leser gilt, muß auch für jeden späteren Kritiker oder Forscher gelten — mit allen sich daraus ergebenden historisch-hermeneutischen Problemen. Wenn gesagt werden konnte, Tynjanov gelange von der Untersuchung literarischer Evolution zur Evolution des Begriffs Literatur selbst, so führt der von Jakobson hier angedeutete Weg letztlich zu einer ›evolutionären‹, historisch-relativierenden Auffassung der Literaturwissenschaft. Das haben die Formalisten

---

[173] A. FLAKER, Z. ŠKREB. Stilovi i razdoblja. Zagreb 1964; darin „›Formalna metoda‹ i njezina sudbina" (A. FLAKER), S. 75—93.

[174] D. TSCHIŽEWSKIJ. Russische Literaturgeschichte des 19. Jahrhunderts, II. Der Realismus. München 1967, S. 11 und 13 (Forum Slavicum, I, 2).

auch nicht bestritten. Sie waren sich durchaus darüber im klaren und haben immer wieder darauf hingewiesen, wie sehr die Kategorien und vor allem die Fragestellungen, mit denen sie an Werke früherer Epochen herangingen, weder mit denen der jeweiligen Epoche identisch, noch ›zeitlos‹ gültig waren, sondern der eigenen, historisch bedingten, andersartigen Situation entsprachen.[175] Und eben diese Einsicht war für die Formalisten eine Grundvoraussetzung der Verbindung von Literaturhistorie, Literaturtheorie und praktischer, die zeitgenössische russische Dichtung unmittelbar anregender Kritik, die für Konzeption und Wirkung der Schule so charakteristisch gewesen ist.

Aber was sich in der Praxis als anregend auswirken konnte, gab in der Theorie grundsätzliche methodologische Probleme auf, die vom Formalismus selbst nicht systematisch weiter verfolgt worden sind. Während Jakobson im frühen Artikel noch die Frage nach der historischen Bedingtheit der eigenen Position bei Beurteilung fremder Produktion einbezog, konzentrierten sich die späteren Beiträge der Formalisten zum Problem der Evolution immer eindeutiger auf die „Ablösung der Systeme und Schulen" und ihre Prinzipien, ohne den prinzipiell historischen Charakter der eigenen ›Schule‹ und ihres ›Systems‹ mit zu reflektieren bzw. ihn als Teil (und Basis) der Theorie und Analyse selbst evident zu machen.

So blieb die generelle Einstellung des Formalismus zu ›Geschichte‹ und ›Geschichtlichkeit‹ eigentümlich unbestimmt und widersprüchlich, obwohl doch das ›Historische‹ (im Sinne innerliterarischer Evolution) ein Zentralthema der ganzen Schule gewesen ist. Darum ist es nicht verwunderlich, daß gerade an diesem Punkt auch solche Beurteiler der Formalisten Kritik anmelden, die sonst ihren Beitrag als bahnbrechende Leistung würdigen. Und es ist bezeichnend, daß die einen dem Formalismus vorwerfen, er sei ›zu historisch‹, die anderen aber, er sei ›nicht historisch genug‹.

X

Der Vorwurf einer zu weitgehenden historischen Relativierung wird hauptsächlich dort geltend gemacht, wo eine Art Vermittlung zwischen slavischem Formalismus oder Strukturalismus und angelsächsischem New Criticism versucht wird. So hat z. B. René Wellek, der ja schon biographisch eine Verknüpfung beider Richtungen darstellt, bereits in seinen Schriften der dreißiger Jahre und dann erst recht in seiner gemeinsam mit A. Warren verfaßten Literaturtheorie die Auffassung vertreten, unbeschadet aller Rücksicht auf den historischen Wandel sei es unerläßlich, an der Zeitlosigkeit oder Überzeitlichkeit bestimmter Kategorien und Wertmaßstäbe festzuhalten.[176]

---

[175] Vgl. schon die Thesen ÉJCHENBAUMS über die „Annäherung von Kritik und Wissenschaft" in seiner „Theorie der formalen Methode", op. cit., S. 49.

[176] R. WELLEK. The Theory of Literary History, in: Études dédiées au quatrième Congrès de linguistes. Travaux du Cercle Linguistique de Prague, IV, Prague 1936, S. 173—191. Und R. WELLEK, A. WARREN. Theory of Literature, op. cit.

Eine ähnliche Position scheint — zum Teil in direkter Anlehnung an Wellek — auch Erlich im zweiten, systematisch-kritischen Teil seines Formalismus-Buches zu vertreten. Allerdings stellt er zunächst das Geschichtsbewußtsein des Formalismus als Vorzug gegenüber dem New Criticism heraus:

> „Die ‚Kanonisierung‘ der Veränderung machte die russischen Formalisten viel geschichtsbewußter als dies bei den meisten ihrer westlichen ‚Kollegen‘ der Fall war. Nicht alle angloamerikanischen ‚New Critics‘ mögen T. S. Eliots Auffassung der Literatur als einer gleichzeitigen Ordnung teilen. Aber die meisten von ihnen sind offenbar weit weniger an literarischer Veränderung interessiert als an dem, was unverändert bleibt." Doch fügt er sofort hinzu: „Die slavischen Formalisten hatten dagegen vielleicht zuviel historisches Bewußtsein."[177]

Worin dieses „zuviel" bestanden haben soll, wird allerdings nicht überzeugend begründet. Wenn Erlich anschließend ausführt, die formalistische Theorie der Evolution als Verfremdung und Abweichung könne nur das Faktum der Veränderung, nicht aber deren Richtung erklären, ist das zwar zutreffend und überdies vom späten Formalismus selbst formuliert worden, bezeugt aber kein ›zuviel‹ an historischem Bewußtsein, sondern eher ein ›zuwenig‹. Entscheidend für die kritische Distanzierung des New Criticism von den Formalisten ist wohl eher der Umstand, daß für den New Criticism die „ästhetische Norm", für den Formalismus die „Abweichung von der Norm" entscheidend ist und daß die Formalisten auf Grund ihres „kritischen Relativismus" auch die eigenen ›Normen‹ von vornherein historisch relativieren, während die betreffenden Vertreter des New Criticism die Notwendigkeit und Möglichkeit „absoluter Maßstäbe postulieren".[178] Aber gerade dieses Postulat des New Criticism ist strittig und wenig geeignet, von ihm aus das Geschichtsbewußtsein der Formalisten zu kritisieren. Denn so verständlich das Bestreben ist, die Kriterien der eigenen Kunstbeurteilung vor der Gefahr völliger Relativierung zu sichern, so wenig läßt sich dieses Ziel durch einen Schnitt zwischen einer historisch bedingten Literatur und einer diesen Bedingungen vermeintlich entziehbaren Position ihres Kritikers oder Erforschers erreichen. Der hermeneutische Zirkel wird nicht schon dadurch gelöst, daß man ihn als gordischen Knoten behandelt.

Eine Kritik dieser Position von der historisch-hermeneutischen Problematik her hat jüngst H. R. Jauss formuliert.[179] Er setzt sich dabei eingehend mit dem Formalismus auseinander, dessen Leistungen (auch für ein Verständnis der Literatur in ihrem immanenten historischen Wandel) er würdigt, dessen Evolutionstheorie er aber — anders als Erlich — als zu wenig historisch kritisiert. Sein Vorwurf zielt in zwei Richtungen. Die erste betrifft die hermeneutische Distanz historischer Vermittlung zwischen dem Werk und seinen späteren Lesern, zu denen auch der Literaturwissenschaftler zählt. Statt diese Distanz auszuklammern, müsse man sie zum Ausgangspunkt einer neuen

---

[177] v. ERLICH, op. cit., S. 282. Zum Anknüpfen an WELLEK vgl. S. 316 passim.
[178] v. ERLICH, op. cit., S. 310.
[179] Vgl. Anm. 163.

Konzeption der Literaturwissenschaft als einer rezeptionsästhetisch orientierten Literaturgeschichte machen. Sie habe davon auszugehen, daß jedes literarische Werk auf bestimmte, historisch bedingte Erwartungen hin konzipiert sei und von immer neuen, historisch veränderten Erwartungen und Fragestellungen aus rezipiert werde, so daß Konzeption, Wirkung und Erforschung des literarischen Werks sich nur in Form eines beständigen Dialogs von „Frage und Antwort" und als Annäherung oder (im Sinne der Hermeneutik H.-G. Gadamers) als „Verschmelzung" der „Erwartungshorizonte" vollziehen könne, wobei „für jedes Werk im historischen Augenblick seines Erscheinens aus dem Vorverständnis der Gattung, aus der Form und Thematik bekannter Werke und aus dem Gegensatz von poetischer und praktischer Sprache" ein objektivierbares „Bezugssystem der Erwartungen" erschließbar sei.[180] Wie schon die Formulierungen erkennen lassen, will Jauss in dieser Beziehung nicht eine direkte Gegenposition zum Formalismus aufbauen, sondern dort kritisch anknüpfen und systematisch weiterführen, wo sich der Formalismus mit dem bloßen Eingeständnis der eigenen Historizität begnügt hatte, statt daraus die methodologischen Konsequenzen zu ziehen, zu denen auch die von Habermas generell konstatierte, von Jauss am Beispiel der Literaturwissenschaft praktizierte Einsicht gehört, daß sich die ›empirische‹ oder ›nomologische‹ Theoriekonzeption und Methodik auf Sozial- und Geisteswissenschaften nicht einfach übertragen läßt, weil diese mit der historisch bedingten Deutung historischer Phänomene zu tun haben und daher einer eigenen, historisch-hermeneutischen Methodologie bedürfen.

Der zweite Aspekt der Kritik von Jauss — sozusagen der spezieller ›historische‹ in Ergänzung zum spezieller ›hermeneutischen‹ — betrifft die Konzentration der Formalisten auf die rein innerliterarische Evolution unter Vernachlässigung ihres Zusammenhangs mit der a l l g e m e i n e n Geschichte.[181] Auch hierbei geht es Jauss vor allem um das rezeptionsästhetische Moment und seine allgemeinhistorischen Voraussetzungen im Blick auf das Verhältnis von Literatur und Lebenspraxis, von ästhetischer Wahrnehmung und moralischer W i r k u n g. Demgegenüber zielen fast alle marxistischen Kritiker des Formalismus auf die allgemeinhistorischen Voraussetzungen literarischer P r o d u k t i o n im Sinne der gesellschaftspolitischen Position und Intention einzelner Autoren, Werke, Schulen usw. Gemeinsam ist der Vorwurf einer unstatthaften Isolierung der Literatur und der immanenten Evolution ihrer Formen von der Lebenspraxis und deren historischen Wandlungsprozessen. Gerade weil dieser Vorwurf begründet und schwerwiegend ist, könnten auch hier zunächst Argumente f ü r den Formalismus geltend gemacht werden, wie sie bereits von den Formalisten selbst vorgebracht wurden. Erstens hat der Formalismus von früh an betont, daß er als spezielle

---

[180] H. R. JAUSS, op. cit., S. 32. Vgl. auch H. G. GADAMER. Wahrheit und Methode. Grundzüge einer philosophischen Hermeneutik. Tübingen 1965².

[181] H. R. JAUSS, op. cit., S. 25 ff.

Wissenschaft von der Literatur nur das ›Literarische‹ an ihr, die ›literaturnost'‹, nicht aber Literatur in all ihren historischen Verflechtungen untersuchen wolle. Zweitens forderten die Formalisten immer wieder eine Unterscheidung zwischen der literarischen ›Evolution‹ und der ›Genese‹ einzelner
Werke. Sie gaben bereitwillig zu, daß außerliterarische ›Ursachen‹
für Entstehung und Intention einzelner Werke von großer Bedeutung
sein können (man erinnere sich nur an Šklovskijs Ausführungen
über Belyj und die Anthroposophie). Nur sei es nicht Aufgabe
der Literaturwissenschaft, die Literatur aus solchen Ursachen zu
›erklären‹, sondern darzulegen, welche Stellung ein so ›entstandenes‹ oder
›verursachtes‹ Werk im System der Literatur und ihrer Evolution einnehme,
und welche Funktion es darin erfülle.[182] Drittens unterschieden sie grundsätzlich verschiedene, sich zum Teil überschneidende Wirkungsebenen oder
„Reihen"[183] und verstanden Literatur und ihre Evolution als eine solche
„Reihe" neben vielen anderen. Das Medium der Verbindung war für sie die
„sprachliche Reihe", da diese sowohl dem literarischen wie dem außerliterarischen Bereich zugehört. Indem die Formalisten die Sprache in ihrer
Differenzierung als ›poetische‹ und ›praktische‹ Sprache zum Ausgangspunkt
ihrer Theorie und analytischen Praxis machten, war für sie eine sprachlich
vermittelte Beziehung zwischen Literatur und außerliterarischem ›Leben‹
vorausgesetzt.

Aber das Argument, Literaturwissenschaft habe es nur mit dem spezifisch
›Literarischen‹ zu tun, entkräftet nicht die Tatsache, daß dieses ›Literarische‹
selbst nicht nur ›genetisch‹, sondern auch intentional und in seiner Wirkungsweise auf Außerliterarisches hin angelegt und daß dieser Wirkungszusammenhang eines seiner substantiellen Merkmale ist, so daß bei dessen Ausklammern oder Bagatellisieren auch die Literatur als Literatur nur partiell
erfaßt wird. Das hatten die Formalisten zwar gesehen (z. B. Jakobson in
seiner Realismus-Definition), aber in ihrer Theorie und Erforschung der
Literatur nur selten berücksichtigt, während z. B. die formalistische Sprachwissenschaft in ihrer Weiterbildung zur strukturalen Linguistik gerade die
Verbindung und Unterschiedlichkeit spezifisch literarischer und außerliterarischer Phänomene systematisch untersucht hat.

Hinzu kommt, daß zwar alle Beziehungen der Literatur auf Wirklichkeit
durch das Medium der Sprache vermittelt sind, daß aber die Beachtung der
sprachlichen ›Reihe‹ allein nicht ausreicht, die Wechselwirkung zwischen der
Literatur und der außerliterarischen Realität, in der sie entsteht, die sie

---

[182] Vgl. als eines unter vielen Beispielen die Differenzierung zwischen „Evolution"
und „Genesis" bei TYNJANOV, „Über die literarische Evolution", S. 435 f. unseres
Bandes.

[183] Der von den Formalisten gewählte Terminus *rjad* bedeutet sowohl ‚Reihe' als
auch ‚Ordnung'. Im Deutschen hat sich die Übersetzung ›Reihe‹ eingebürgert, die
allerdings weit genug, im Sinne von ›Nexus‹ und nicht nur im Sinne einer (kausalen)
Verkettung verstanden werden muß.

intendiert und suggeriert, in der sie aufgenommen, verstanden und wirksam wird, ausreichend zu kennzeichnen. Nun haben auch die Formalisten wiederholt versichert, das Einbeziehen der sprachlichen Reihe als der ›nächstliegenden‹ könne und solle nur Übergang zu den ›weiter abliegenden‹ sein; aber im Rahmen des Formalismus selbst ist das eine uneingelöste Versicherung geblieben. Viele, oft grundlegende ›Verschiebungen‹ in der literarischen Tradition sind jedoch nur als Antworten auf bestimmte außerliterarische Situationen und Veränderungen und nicht als bloße Reaktion auf die ›Automatisierung‹ vorausgehender literarischer Formen zu erklären. Der Einwand, es sei nicht Aufgabe der Literaturwissenschaft, Prozesse dieser Art zu ›erklären‹, sondern lediglich, sie zu ›beschreiben‹, weicht dem Problem nur aus. Denn auch die Beschreibung des Neben- und Nacheinander unterschiedlicher literarischer Systeme als eines evolutionären Zusammenhangs und als Resultat von Verfremdung enthält ›Erklärungen‹, die weiterer Begründung bedürfen. So überzeugend die formalistische These ist, daß literarische Evolution keine organische Entwicklung ist, keine gerade Linie von den ›Vätern‹ zu den ›Söhnen‹, so problematisch bleibt, ob der Zeitpunkt der Schwenkung sich immer nur aus dem Alter der Väter, d. h. dem Zustand der ›Automatisierung‹ eines Systems begründen läßt. Und ungeklärt bleibt, warum gerade d i e s e r ›Onkel‹ oder ›Großvater‹ und nicht ein anderer gerade unter d i e s e m und nicht unter einem anderen Vorzeichen zum Orientierungspunkt wird, warum gerade d i e s e s und nicht jenes bis dahin außerliterarische Phänomen plötzlich zu einem ›literarischen Faktum‹ erhoben und die Grenze zwischen Literatur und außerliterarischem ›Leben‹ in eine bestimmte Richtung verschoben wird.

Nehmen wir Tynjanovs Artikel „Das literarische Faktum" als Beispiel. Der Verfasser polemisiert gegen die in Rußland verbreitete Kennzeichnung des ›Sentimentalismus‹ als Schule der Rührung und Weinerlichkeit. Er deutet ihn ganz als sprachlich-literarische Reaktion gegen das inzwischen automatisierte poetische System des Klassizismus. In diesem Zusammenhang habe die Kanonisierung der außerliterarischen Form des Briefes zu einem dominant werdenden ›literarischen Faktum‹ eine wichtige Rolle gespielt. Das alles ist einleuchtend, gibt aber noch keine Antwort auf die berechtigte Frage, warum die von Tynjanov betonte Wendung gegen den hohen, rhetorischen Stil des Klassizismus sich gerade dem Brief zuwandte (schließlich war ja auch die ›Epistel‹ Teil des klassizistischen Genre-Kanons, ein Rückgriff auf andere ›außerliterarische‹ Formen, während die Kanonisierung anderer für den Klassizismus eindeutig ›außerliterarischer‹ Formen eine viel schärfere ›Verfremdung‹ und Opposition ermöglicht hätte). Die ›Negation‹ allein reicht nicht aus, es bedarf der Kennzeichnung der Gegenposition als ›Position‹, in diesem Falle als Streben nach einer ›persönlichen‹, individuellen Sichtweise und Schreibart, der Form und Stil des ›privaten‹ Briefes in besonders hohem Maße entgegenkamen. Damit geht die bloße ›Beschreibung‹ des Phänomens in eine historische ›Erklärung‹ über. Zur ›Erklärung‹ der Wahl gerade dieser

Richtung aber gehört, daß während der außerordentlich langen ›Dominanz‹ des Klassizismus im rein poetischen Bereich sich eine allgemeine, grundlegende Wandlung politischer, sozialer und kultureller Art vollzogen hatte und weiterhin vollzog, die das Individuum und seinen Anspruch auf individuelle Entfaltung in den Mittelpunkt des Interesses rückte. Erst unter diesen allgemeinhistorischen Voraussetzungen wurde die ›Überholtheit‹ des klassizistischen Kanons so allgemein evident, daß die neue Konzeption des ›Sentimentalismus‹ (einschließlich ihrer Kultivierung des ›intimen‹ Briefstils) zum neuen, dominierenden System werden konnte. Dem entspricht, daß sowohl bei den westeuropäischen Urbildern des russischen Sentimentalismus (z. B. bei Rousseau) als auch in Rußland selbst (z. B. bei Radiščev) die neue Richtung sich in ihren Schriften sowohl als empfindsame Darstellung individuellen Gefühls wie als Protest gegen die gesellschaftspolitische Behinderung individueller Ansprüche artikuliert.

Dabei gilt es allerdings auch in diesem Falle, nicht einfach Ursache und Wirkung einander entgegenzusetzen, sondern das Verhältnis allgemeingesellschaftlicher Wandlungen und spezifisch literarischer ›Verschiebungen‹ als Wechselwirkung zu verstehen. Die Literatur des ›Sentimentalismus‹ spiegelte nicht einfach die gesellschaftspolitischen Prozesse und war auch nicht nur ›Reaktion‹ auf diese; sie war selbst ein wesentlicher Faktor dieser allgemeinen Veränderungen des gesellschaftlichen Bewußtseins und seiner Auswirkungen im Sinne einer evolutionären oder revolutionären Veränderung der politisch-gesellschaftlichen Verhältnisse. Darum reagierten die gesellschaftspolitischen Institutionen sehr entschieden auf die Herausforderung durch diese Entwicklungsrichtung ›sentimentalistischer‹ Literatur — z. B. durch das Todesurteil gegen Radiščev und seine anschließende Verbannung. Dieses Ereignis war nur das markanteste Symptom der generellen Unterbindung des gesellschaftspolitischen Zweiges der sentimentalistischen ›Schule‹, so daß sich nur noch der andere, empfindsam-›tränenreiche‹ Zweig unmittelbar weiter zu entfalten vermochte, was die „Automatisierung" und „Entthronung" der ganzen Schule beschleunigte. So zeigt schon dieses eine Beispiel des russischen ›Sentimentalismus‹, wie unlösbar speziell literarische und allgemeingeschichtliche Entwicklung miteinander verbunden sind und in dieser Verbindung gesehen werden müssen, was aber nicht in der Weise geschehen kann, daß man das Extrem einer rein formimmanenten Evolutionskonzeption durch das entgegengesetzte Extrem der direkten Deduktion literarischer Formen und Formwandlungen aus den gesellschaftspolitischen Voraussetzungen und ihren historischen Veränderungen ersetzt.

Dieses Problem, realisiert als Konfrontation von Formalismus und Marxismus, hat das Schicksal der ›formalen Schule‹ entschieden, spielte in der rückschauenden Beurteilung des Formalismus seit jeher eine wichtige Rolle und ist in jüngster Zeit unter neuen Voraussetzungen wieder besonders aktuell geworden. Die historische Auseinandersetzung zwischen den russischen Formalisten und dem zur Macht gelangten Marxismus braucht in ihren

Fakten, Zusammenhängen und Resultaten hier nicht erörtert zu werden, da sie Erlich beschrieben und in einer Weise dargelegt hat, die dem Pro und Contra auf beiden Seiten gerecht zu werden versucht.[184]

Es mag den weniger mit der Situation Vertrauten überraschen, daß ausgerechnet in einem Lande und zu einer Zeit, da der Marxismus zur herrschenden Doktrin wurde, eine Konzeption der Literaturwissenschaft sich entfalten und für kurze Zeit sogar tonangebend werden konnte, die Fragen der Verbindung zwischen Literatur und Gesellschaft bagatellisierte, ja ihre Relevanz für die Literaturwissenschaft bestritt. Dieser Widerspruch kann leicht dazu verleiten, Konzeption und Wirkung des russischen Formalismus selbst als bloßen Widerspruch zum herrschenden Marxismus, als Reaktion auf diesen zu deuten. Aber wie gezeigt wurde, war die Beschränkung auf rein ›formale‹ Gesichtspunkte gerade in den Anfängen der formalen Schule (also noch vor der installierten Sovetherrschaft) am ausgeprägtesten und richtete sich gegen a l l e Tendenzen, die Literatur statt als Wortkunst als Medium außerliterarischer Faktoren zu behandeln und zu deuten, gleichviel ob marxistischer oder nicht-marxistischer Provenienz, ob aus gesellschaftspolitischer oder z. B. aus religiöser Sicht. Und die allmähliche Öffnung gegenüber Fragen, die das Verhältnis von ›Literatur und Leben‹ betrafen, vollzog sich zunächst weder gegen den Druck des zur Macht gelangten Marxismus noch in Anpassung an ihn, sondern als Konsequenz aus der eigenen Methode und ihrer Diskussion innerhalb der ›Schule‹.

Das änderte sich allerdings, als die politisch gestützte marxistische Kritik etwa seit der Mitte der zwanziger Jahre immer radikaler ein Bekenntnis der Formalisten zur gesellschaftspolitischen Bedingtheit der Literatur forderte. Schon Erlich hat festgestellt, daß nicht zuletzt als Reaktion und Ausweichmanöver auf diesen Druck die Formalisten in der zweiten Hälfte der zwanziger Jahre sich in zunehmendem Maße einem Bereich zuwandten, der eine Art Verbindung zwischen der Literatur und den allgemeinen ökonomischen, politischen und gesellschaftlichen Bedingungen darstellt, nämlich den sozialgeschichtlichen Voraussetzungen und gesellschaftlichen Funktionen des Schriftstellerberufes, bestimmter Publikationsformen und Publikationsorgane (wie Zeitschriften oder Presse), dem Aufkommen neuer Leserschichten und Leserbedürfnisse und einer speziell auf deren Befriedigung eingestellten ›Massenliteratur‹. Besonders in den Seminaren und Forschungsgruppen der Formalisten, aber auch in zahlreichen Publikationen spielten solche Probleme in den letzten Jahren des Bestehens eine wichtige Rolle.[185] Darum ist wenigstens ein Beitrag der Art in die Anthologie aufgenommen worden, und zwar derjenige, der das Problem thematisiert und das Stichwort, unter dem der

---

[184] v. ERLICH, op. cit., besonders das Kapitel VI, „Marxismus contra Formalismus", S. 109—130.

[185] Vgl. Anm. 126 und 127.

Formalismus Probleme dieser Art zusammenzufassen pflegte, zum Titel
wählt: Ejchenbaums „Das literarische Leben".[186]

Doch so interessant und aufschlußreich dieser Problemkreis für den
Literaturwissenschaftler, den Historiker und den Soziologen ist, und so
Beachtenswertes die Formalisten auch auf diesem Gebiet an Material erarbeitet und an Einsichten gewonnen haben, so wenig ist das Aufzeigen und
Beschreiben eines so verstandenen „literarischen Lebens" eine zureichende
Antwort auf die grundlegende Frage nach dem Verhältnis von „Literatur
und ›Leben‹".[187] Zur Lösung dieser Frage hätte die Auseinandersetzung zwischen Formalismus und Marxismus in denkbar hohem Maße beitragen können, denn die Frage nach dem Zusammenhang von Literatur und Gesellschaft
und damit auch dem Zusammenhang von literarischer Evolution und allge-
meinem Geschichtsprozeß, der die Formalisten weitgehend ausgewichen waren, stand im Zentrum der marxistischen Literaturtheorie. Aber Voraussetzung einer Annäherung oder auch nur einer wechselseitig anregenden und
weiterführenden Konfrontation wäre die Bereitschaft zur kritischen Diskussion der beiderseitigen methodologischen Grundlagen gewesen. Bis zur
Mitte der zwanziger Jahre, als einzelne marxistische Kritiker einschließlich
höchster Parteifunktionäre noch zu sachlicher Begründung ihrer Kritik
am Formalismus und zu kritischer Erörterung einzelner eigener
Positionen bereit und in der Lage waren, schienen wenigstens Ansätze in
dieser Richtung gegeben. In der rein polemischen Anti-Formalismus-Kam-
pagne Ende der zwanziger Jahre war auch das vorbei.[188] Und gerade in
bezug auf soziale und historische Fragestellungen waren die damaligen russischen Marxisten in ihrer Auslegung der Basis-Überbau-Lehre dogmatisch so
starr und gebunden, daß eine ernsthafte Erörterung dieser Probleme ausgeschlossen wurde. Ohne diese Grundlagendiskussion aber mußte jede Kombination formalistischer und marxistischer Methoden ein schiefer Kompromiß bleiben. Tatsächlich haben einzelne marxistische Literaturwissenschaftler
damals und später einzelne Elemente der formalistischen Theorie oder zumindest der analytischen Technik des Formalismus übernommen, und die
stärker werdende Beachtung künstlerisch-formaler ›Meisterschaft‹ in der
sovetisch-marxistischen Literaturgeschichtsschreibung der Folgezeit war unter
anderem Reaktion auf Einsichten oder Herausforderungen des offiziell ver-
femten Formalismus.[189] Aber mit dem eigentlichen Formalismus und seinen
entscheidenden Einsichten haben solche ›Ergänzungen‹ im Grunde nicht mehr
zu tun, als die formalistischen Beiträge zum „literarischen Leben" mit Marxismus.

---

[186] Text siehe S. 462—481 dieses Bandes.
[187] So der Titel des Kapitels XI bei V. Erlich, op. cit., S. 212.
[188] Vgl. dazu v. ERLICH, op. cit., S. 109 ff.
[189] Zu Versuchen einer Synthese oder Kombination, wie sie damals von A. CEJTLIN
und anderen unternommen wurden, s. v. ERLICH, op. cit., Kap. VI, Abschnitt 2
(S. 121 ff.).

In jüngster Zeit ist der Marxismus selbst dabei, diese kritische Diskussion seiner kunsttheoretischen Vorentscheidungen nachzuholen, die er damals in der polemischen Auseinandersetzung mit dem Formalismus verweigerte. Ein erster, in seinen ideologischen Auswirkungen bedeutsamer Schritt war im Grunde bereits Stalins Schrift „Der Marxismus und die Fragen der Sprachwissenschaft"[190], die das Eigengewicht des Überbaus gegenüber der ökonomisch-sozialen Basis stärker hervorhob und damit auch über den speziell sprachwissenschaftlichen Bereich hinaus eine kritische Neubesinnung auf das Verhältnis von gesellschaftlichem Sein und Bewußtsein innerhalb des Marxismus freisetzte. Im Hinblick auf eine Annäherung zwischen Marxismus und Formalismus bzw. eine Reflexion der methodologischen Voraussetzungen beider Kunsttheorien verdienen besonders jene marxistischen Beiträge Beachtung, die statt direkt im Streit um die Kunst als ›Widerspiegelung der gesellschaftlichen Verhältnisse‹ fortzufahren, hinter ihn zurückfragen auf das Wirklichkeitsverhältnis des Marxismus. So betont z. B. der Prager Philosoph K. Kosík[191], „grundlegende gesellschaftliche Wirklichkeit" (einschließlich der ökonomischen Verhältnisse) sei die „menschliche Praxis" selbst, in der „das menschliche Bewußtsein ... sowohl registrierend als auch projektierend" (und damit die ›Verhältnisse‹ verändernd) wirksam sei. Eben das aber gelte auch für die Kunst als spezifische Weise solcher Praxis, als wirkende „Wirklichkeit in der Wirklichkeit" gesellschaftlicher Verhältnisse und nicht bloß als deren „Widerspiegelung". Nur darum bleibe ein Kunstwerk auch (ästhetisch und gesellschaftlich) wirksam, wenn sich die historische Lage der Verhältnisse, die für seine „Genesis" mitbestimmend war, längst geändert habe; die „Wahrheit des Werkes" liege „nicht in der Zeitsituation, in der sozialen Bedingtheit und in der Historizität der Verhältnisse", sondern beruhe auf der „Wiederholbarkeit" seiner Rezeption als ständig neue „Realisierung der Beziehung von Subjekt und Objekt" unter historisch jeweils anderen gesellschaftlichen Verhältnissen.[192]

Eine solche Konzeption marxistischer Ästhetik bedeutet ein klares Abrücken von allen an der ›Widerspiegelungs‹-These orientierten marxistischen Literaturtheorien einschließlich der von Lukács. Sie ermöglicht sehr viel eher als solche Literaturtheorien ein Eingehen auf formalistische Thesen und Kategorien einschließlich der formalistischen Auffassung der Literatur als eines auf „Wirken" hin angelegten „Machens".[193] Aber als marxistische Theorie

---

[190] I. STALIN. Marksizm i voprosy jazykoznanija. M. 1950. (dt. Der Marxismus und die Fragen der Sprachwissenschaft. Berlin 1955⁶).

[191] K. KOSÍK. Die Dialektik des Konkreten. Eine Studie zur Problematik des Menschen und der Welt. Frankfurt/M. 1967. (Theorie 2). Vorabdruck des Kapitels „Die Metaphysik der Kultur", in: Alternative. Zeitschrift für Literatur und Diskussion. Berlin, April 1966, S. 56—73.

[192] Zitiert nach „Alternative" (vgl. Anm. 191), S. 69.

[193] Als Beispiel einer solchen der Argumentation KOSÍKS nahestehenden, auf die Formalisten zurückgreifenden und gegen die Ästhetik von Lukács polemisierenden Auffassung s. den im gleichen Band der „Alternative" abgedruckten Artikel der

und im Unterschied zur Evolutionstheorie des Formalismus verbindet sie die
Kunst nach wie vor wegen ihres Charakters als gesellschaftlich wirksame
›Praxis‹ unlösbar mit der gesellschaftlichen „Wirklichkeit" in ihrer „Geschichtlichkeit".[194] Und sie betont — über den Formalismus ebenso wie über die
traditionellen marxistischen Kunsttheorien hinausgehend —, daß diese „Geschichtlichkeit" der Kunst auch und gerade als Weiterwirken des Kunstwerks
unter sich beständig wandelnden historischen ›Verhältnissen‹ verstanden
werden müsse.

In diesem letzten Punkt trifft sich die Auffassung Kosíks mit der von
Jauss, der sowohl an der formalistischen wie an der marxistischen Literaturtheorie die mangelnde Berücksichtigung der wirkungsästhetischen Dimension
in ihrer besonderen Art von Gesellschaftsbezogenheit und Geschichtlichkeit
kritisiert und gerade von dieser Dimension her seine eigene Konzeption
einer Literaturwissenschaft als Literaturgeschichte entwickelt.

Während Jauss Marxismus und russischen Formalismus direkt konfrontiert, vollzieht sich die Konfrontation und Diskussion heute meist indirekt,
indem an die Stelle des Formalismus die spätere Form des Strukturalismus
in seinen unterschiedlichen Versionen tritt. Schon die älteren Prager Strukturalisten wie Mukařovský hatten sich für die gesellschaftlichen Voraussetzungen und Intentionen der Literatur mehr interessiert als die russischen
Formalisten.[195] Heute ist gerade in der ČSSR die Tradition des Strukturalismus wieder sehr lebendig und produktiv.[196] Ähnliches gilt für andere
slavische Länder, inzwischen einschließlich der Sovetunion selbst, in der sich,
wie schon eingangs gesagt, in jüngster Zeit eine zunehmende Rückbesinnung
auf den Formalismus vollzieht. Fast noch wichtiger aber ist die Tatsache, daß
nach der Absage an die Sprachtheorie Marx' (d. h. ebenfalls indirekt eingeleitet durch Stalins Schrift über Sprachwissenschaft), sich die strukturale Linguistik sehr schnell durchzusetzen vermochte, und von daher die Diskussion
struktureller Methoden auch auf dem ideologisch heikleren Gebiet der Litera-

---

Prager Literaturwissenschaftlerin R. GREBENIČKOVÁ. Moderner Roman und russische
formale Schule. Ein Beitrag zur Poetik, in: op. cit., S. 45—55.

[194] K. KOSÍK, op. cit., S. 66 ff.

[195] Vgl. J. MUKAŘOVSKÝs Würdigung und Kritik der Literaturtheorie ŠKLOVSKIJS
in seiner Stellungnahme zur čechischen Übersetzung von dessen Buch „Über die
Theorie der Prosa": K českému prekladu Šklovského ›Teory prozy‹, in: Čin, VI,
1934, S. 123—130. Zu MUKAŘOVSKÝs eigener Position und seiner Bedeutung für den
heutigen Strukturalismus in der ČSSR vgl. die Besprechung von W. UND H. SCHMID
der beiden 1966 erschienenen Festschriften zu MUKAŘOVSKÝs 75. Geburtstag, in:
Poetica. Zeitschrift für Sprach- und Literaturwissenschaft, II, 1, München 1968, S.
134—139. Ferner die Auswahl aus „Kapitoly z české poetiky". Praha 1948, 3 Bde.,
in: JAN MUKAŘOVSKÝ. Kapitel aus der Poetik. Frankfurt/M. 1967. (edition suhrkamp 230).

[196] Der Prager Strukturalismus und die späteren strukturalistischen Arbeiten
čechischer oder slovakischer Literatur- und Sprachwissenschaftler bleiben hier absichtlich unberücksichtigt, weil ein speziell diesem Bereich gewidmeter Band in der
vorliegenden Reihe geplant ist.

tur in Gang gekommen ist, teils in direktem Anknüpfen an den einheimischen
Formalismus, teils als Entwurf einer eigenen „strukturalen Poetik" oder
Literaturwissenschaft.[197] Da sich diese Rezeptionen oder Neubelebungen des
Strukturalismus im Geltungsbereich des Marxismus vollziehen, ist hier der
Zusammenhang zwischen strukturalistischen und marxistischen Fragestellungen
und Methoden von vornherein gegeben. Die Chancen für eine Diskussion,
die nicht polemisch vergröbert und diffamiert, sondern die methodologischen
Gemeinsamkeiten wie die methodologischen Unterschiede sachlich erörtert
und nach ihren Gründen fragt, scheinen heute wesentlich günstiger zu sein
als bei der einstigen Konfrontation zwischen russischem Formalismus und
Marxismus und während der ganzen Stalin-Ära.

Daß die Diskussion zwischen Strukturalismus und Marxismus nicht einfach nur durch die Herrschaft des Marxismus in den betreffenden Ländern
aufgenötigt wird, sondern von der Sache selbst her naheliegt, beweist schon
die lebhafte Erörterung der gleichen Problematik durch westliche Repräsentanten des Strukturalismus. Je entschiedener der Strukturalismus über die
spezifischen Strukturen und Strukturtypen einzelner Systeme oder Lebens-
bereiche hinausfragte nach den zwischen ihnen bestehenden strukturalen
Entsprechungen und deren Voraussetzungen, desto wichtiger wurde für ihn
das Problem der gesellschaftlichen Funktion und Bedingtheit solcher Systeme,
z. B. auch des Zusammenhangs zwischen literarischen und gesellschaftlichen
Strukturtypen und Strukturwandlungen. Das aber waren seit langem wichtige Fragen der Literatur- oder Kunsttheorie des Marxismus, der damit für
den Strukturalismus ebenso interessant werden konnte, wie umgekehrt ein
so orientierter Strukturalismus für den Marxismus. Der französische Strukturalismus ist dafür — gerade wegen der Unterschiedlichkeit der Provenien-
zen, Tendenzen und Methoden — ein besonders anschauliches Beispiel. Einerseits sind nicht-marxistische Strukturalisten (wie C. Lévi-Strauss) bestrebt,
die gesellschaftlichen Entsprechungen künstlerischer Strukturen aufzuzeigen.[198]
Andererseits versuchen Marxisten (wie L. Goldmann) die ›Widerspiegelungs‹-

---

[197] Von polnischer Seite informiert über die Auseinandersetzung Marxismus-
Strukturalismus M. JANION. Marksizm wobec genetyzmu i strukturalizmu w bada-
niach literackich, in: Problemy teorii literatury. Wrocław-Warszawa-Kraków 1967,
S. 393—426. In der Sovetunion verdienen besondere Beachtung die Arbeiten von
JU. LOTMAN und seinem Kreis an der Universität Tartu (vgl. besonders JU. LOTMAN.
Lekcii po struktural'noj poėtike, I (Vvedenie, teorija sticha). Tartu 1964. Erschienen
in der Reihe: Učenye zapiski Tartuskogo gos. universiteta, 160. Trudy po znakovym
sistemam, I).

[198] Vgl. C. LÉVI-STRAUSS. Anthropologie structurale. Paris 1958. Als Beispiel direkter Anwendung seiner Methode auf literarische Texte und seiner Zusammenarbeit
mit ehemaligen Formalisten) vgl. seine gemeinsam mit JAKOBSON durchgeführte Bau-
delaire-Interpretation: R. JAKOBSON, C. LÉVI-STRAUSS. ›Les Chats‹ de Charles Baude-
laire, in: L'Homme, 2, 1962, S. 5—21, und ihre Beurteilung durch M. RIFFATERRE, in:
Structuralism. Yale French Studies. 36—37, New Haven 1966, S. 200—242. Der
Band gibt einen guten Überblick über die momentane Situation des Strukturalismus
verschiedenster Richtungen und Anwendungsbereiche.

Theorie dadurch zu retten, daß sie die Kunst statt als Widerspiegelung sozialgeschichtlicher ›Gehalte‹ als Widerspiegelung sozialgeschichtlicher Strukturen (in der Struktur des Kunstwerks) interpretieren.[199] Und wieder andere fragen generell nach der Vereinbarkeit beider Konzeptionen, sei es im Rahmen allgemeiner methodologischer Bestimmungen des Strukturalismus (wie bei R. Barthes[200]), sei es als Spezialthema, wie in L. Sebags Buch „Marxismus und Strukturalismus".[201]

Im Rahmen dieser einleitenden Bemerkungen kann es nicht darum gehen, Antwort auf die spezielle Frage zu suchen, ob und in welcher Weise Marxismus und Strukturalismus oder Marxismus und Formalismus vereinbar seien, sondern lediglich darum, zu zeigen, daß seit dem Formalismus und in direktem oder indirektem Anknüpfen an die ›formale Methode‹ von unterschiedlichen Positionen aus versucht wird, die Erkenntnisse der russischen Formalisten im speziellen Bereich der Literatur und ihrer Evolution kritisch zu ergänzen in Richtung auf den vom Formalismus zu wenig berücksichtigten Zusammenhang zwischen der Literatur als Produktion und Rezeption und der Gesellschaft in ihrem historischen Wandel. Wie wir sahen, wies die Entfaltung der ›formalen Methode‹ selbst schon konsequent in diese Richtung. Und unmittelbar vor dem erzwungenen Ende der Schule haben Jakobson und Tynjanov in ihren gemeinsam verfaßten Thesen von 1928 sehr klar diesen Weg rückblickend nach- und vorausschauend als Programm weitergezeichnet.[202]

Man könnte sich darüber streiten, ob diese Thesen noch als späte ›Summe‹ des russischen Formalismus oder schon als frühes Programm des europäischen Strukturalismus anzusehen seien, sowohl ihrem Programm nach als auch wegen der historisch-biographischen Tatsache, daß Jakobson damals bereits seit Jahren in Prag lebte und dort kurz zuvor den Prager Strukturalisten-Kreis mitbegründet hatte. Aber aus den schon eingangs dargelegten Gründen scheint es weder möglich noch sinnvoll, hier einen scharfen Grenzstrich zu ziehen. Die Neigung und Fähigkeit, das bisher Erarbeitete rückschauend zusammenzufassen, kritisch zu revidieren und als neues Programm zu formulieren, ist für Methode und Geschichte des russischen Formalismus von den frühen Schriften Šklovskijs über Ejchenbaums › Rück- und Ausblick‹ von 1925

---

[199] So schon in seinem Buch über den Jansenismus „Le Dieu caché. Étude sur la vision tragique dans les „Pensées" de Pascal et dans le théâtre de Racine" (1955) und erneut in „Pour une sociologie du roman" (1964).

[200] Vgl. R. BARTHES. Essais critiques. Paris 1964; daraus „Die strukturalistische Tätigkeit" in deutscher Übersetzung in: Kursbuch, 5, Mai 1966, Frankfurt/M. S. 190—196. Dieser Band, speziell dem Strukturalismus gewidmet, enthält eine instruktive Auswahl einschlägiger Texte, einschließlich des Programms von JAKOBSON/TYNJANOV von 1928 (s. unten).

[201] L. SEBAG. Marxisme et Structuralisme. Paris 1964; dt. Marxismus und Strukturalismus. Frankfurt/M. 1967 (Theorie 2).

[202] Problemy izučenija literatury i jazyka, in: Novyj Lef, 1928, 12, S. 36—37. Zitiert wird nach Kursbuch, 5, S. 74—76 (vgl. Anm. 200).

bis zum Programm Jakobson/Tynjanovs von 1928 bezeichnend gewesen. Nur zeigt dieses Programm als letzte kritische Selbst- und Neubesinnung am klarsten, wie weit sich der russische ›Formalismus‹ in den knapp anderthalb Jahrzehnten seines Bestehens bereits auf einen ›Strukturalismus‹ hin entwickelt hatte.

„Im Bereich der synchronen Forschung" sehen Jakobson/Tynjanov den entscheidenden Fortschritt innerhalb formalistischer Sprach- und Literaturwissenschaft in der Ablösung eines mehr summierenden Form-Verständnisses (und einem diesem Verständnis entsprechenden bloßen „Benennen und Katalogisieren der Phänomene") durch den „Begriff des Systems, der Struktur".[203] Im Bereich der diachronen Erforschung der „Evolution der Literatur" ist es die stärkere Beachtung der „jeweiligen Funktion" der verwendeten literarischen Verfahren und des „literarische[n] wie auch außerliterarische[n] Material[s]".[204] Wichtigste Erfahrung und Forderung aber ist die unerläßliche Verbindung von Synchronie und Diachronie:

> Der Gegensatz von Synchronie und Diachronie war der von Systembegriff und Evolutionsbegriff; er verliert grundsätzlich seinen Sinn, sofern wir anerkennen, daß jedes System notwendigerweise als Evolution auftritt und andererseits die Evolution zwangsläufig Systemcharakter trägt.[205]

Damit aber gelangen sie zu dem schon besprochenen Dilemma eines sich strikt auf innerliterarische oder innersprachliche Phänomene oder Veränderungen beschränkenden ‚scholastischen‘ ›Formalismus‹"[206], der zwar die „immanenten Gesetzmäßigkeiten in der Literatur- bzw. Sprachgeschichte" und „jede konkrete Veränderung der literarischen bzw. sprachlichen Systeme zu charakterisieren", aber „nicht das Tempo der Evolution oder die Wahl der Richtung" zu begründen vermag.

> Die Frage nach der konkreten Wahl der Richtungen oder zumindest der Dominante kann nur mittels einer Analyse der Korrelation der Literatur und der übrigen historischen Disziplinen gelöst werden. Diese Wechselbeziehung (ein System von Systemen) hat ihre eigenen zu erforschenden Strukturgesetze.[207]

Um ein „System von Systemen", das in die „Reihe real gegebener Strukturtypen bzw. Strukturentwicklungstypen"[208] übergreift, geht es aber auch in unterschiedlicher Weise sowohl dem Strukturalismus wie dem avantgardistischen Marxismus — und der Diskussion zwischen beiden. Um die „Analyse der Korrelation der Literatur und der übrigen historischen Disziplinen" (einschließlich ihrer hermeneutischen Problematik) geht es der rezeptionsästhetisch orientierten ›historischen‹ Literaturwissenschaft neuerer Prägung. Auf sie alle weist dieses Programm voraus, ohne sie deswegen ›vorwegzu-

---

[203] Kursbuch, 5, Thesen 1 und 4.
[204] Op. cit., These 3.
[205] Op. cit., These 4.
[206] Op. cit., These 1.
[207] Op. cit., These 8.
[208] Op. cit., Thesen 7 und 8 .

nehmen‹. Und es kann auf sie nur vorausweisen aus der ›selbstkritischen‹ Einsicht, daß die für den russischen Formalismus auf Grund seiner historischen Bedingungen zunächst fast unerläßliche Beschränkung auf die „immanenten Gesetze" des „Systems" Literatur in Richtung auf die „Korrelation der Literatur mit den übrigen historischen Disziplinen" und ein „System der Systeme" ausgeweitet werden müsse. Es hat ihnen aber auch schon die formalistische Einsicht ›voraus‹, die es in seinem Schlußsatz als Warnung formuliert:

> Methodologisch verhängnisvoll ist es, die Korrelation der Systeme ohne Rücksicht auf die jedem einzelnen System immanenten Gesetze zu betrachten. [208]

Beide Ansichten sind heute, vierzig Jahre nach diesen Thesen und nach dem gewaltsamen Ende des russischen Formalismus als ›Schule‹ unverändert aktuell, treffen ins Zentrum der derzeitigen literaturwissenschaftlichen Diskussion und rechtfertigen, ja fordern, daß diese Diskussion das vom russischen Formalismus Geleistete, Versuchte oder als Programm Entworfene in sich aufnimmt. Es gehört zur Eigenart und Bedeutung dieser Leistung, daß sich eine solche Aufnahme weder als bloße Rückerinnerung noch als bloße Übernahme vollziehen kann, sondern die Bereitschaft voraussetzt, Erkenntnisse, Thesen und Fragen der ›formalen Methode‹ an unseren eigenen Methoden und Fragestellungen, und diese selbst an jenen der russischen Formalisten kritisch zu prüfen.

Konstanz

Im Mai 1968

JURIJ STRIEDTER

---

[209] Op. cit., These 8, Schlußsatz.

TEXTE

Viktor Šklovskij

DIE KUNST ALS VERFAHREN

„Kunst ist Denken in Bildern." Diesen Satz kann man von einem Primaner hören, aber auch der gelehrte Philologe geht von ihm aus, wenn er auf dem Felde der Literaturtheorie ein Lehrgebäude errichten will. Dieser Gedanke ist vielen ins Bewußtsein eingegangen; für einen seiner Urheber muß man Potebnja halten: „Ohne Bild gibt es keine Kunst, insbesondere keine Dichtung", sagt er (in: „Iz zapisok po teorji slovesnosti" [Aus den Aufzeichnungen zur Literaturtheorie]. Char'kov 1905, S. 83). „Dichtung ist, wie auch Prosa, vornehmlich und hauptsächlich eine bestimmte Art des Denkens und des Erkennens", sagt er an anderer Stelle (op. cit., S. 97).

Dichtung ist eine besondere Art des Denkens, und zwar eine Art des Denkens in Bildern; dieses Denken ermöglicht eine bestimmte Ökonomie der Geisteskräfte, „das Empfinden relativer Leichtigkeit des Prozesses", und Reflex dieser Ökonomie ist das ästhetische Gefühl. So hat es — aller Wahrscheinlichkeit nach richtig — das Akademiemitglied Ovsjaniko-Kulikovskij, der zweifellos die Bücher seines Lehrers aufmerksam gelesen hat, verstanden und zusammengefaßt. Potebnja und seine zahlreichen Schüler halten die Dichtung für eine besondere Form des Denkens — eines Denkens mit Hilfe von Bildern, und die Aufgabe der Bilder sehen sie darin, daß mit ihrer Hilfe verschiedenartige Gegenstände und Vorgänge in Gruppen zusammengefaßt werden und das Unbekannte durch das Bekannte erklärt wird. Oder, mit Potebnjas Worten: „So sieht das Verhältnis des Bildes zu dem, was dadurch erklärt werden soll, aus: a) Das Bild ist das konstante Prädikat zu variablen Subjekten — der konstante Anziehungspunkt für veränderliche Apperzeptionsvorgänge. b) Das Bild ist etwas weit Einfacheres und Klareres als das zu Erklärende" (S. 314), d. h. „weil es Aufgabe der Bildlichkeit ist, die Bedeutung des Bildes unserem Verständnis nahezubringen, und weil sonst Bildlichkeit sinnlos wäre, muß das Bild uns bekannter sein als das durch das Bild zu Erklärende" (S. 291).

Es wäre interessant, dieses Gesetz auf Tjutčevs Vergleich des Wetterleuchtens mit taubstummen Dämonen anzuwenden oder auf Gogol's Vergleich des Himmels mit den Gewändern des Herrn.

„Ohne Bild gibt es keine Kunst." „Kunst ist Denken in Bildern." Diese Definitionen sind ungeheuerlich strapaziert worden; man wollte auch die Musik, die Architektur und die Lyrik als ein Denken in Bildern verstehen. Nach Bemühungen, die ein Vierteljahrhundert währten, sah sich schließlich das Akademiemitglied Ovsjaniko-Kulikovskij genötigt, die Lyrik, die Architektur und die Musik der speziellen Form einer bildlosen Kunst zuzuordnen — sie als lyrische Künste zu definieren, die sich unmittelbar an die Emotionen wenden. So stellte sich nun heraus, daß es einen ausgedehnten Bereich der Kunst gibt, der keine Art des Denkens ist; eine der Kunstgattungen, die in diesen Bereich gehören — die Lyrik (im engsten Sinne dieses Wortes), ist nichtsdestoweniger der „bildlichen" Kunst völlig gleich: sie arbeitet gleichermaßen mit Worten, und, was am wichtigsten ist, — die bildliche Kunst geht völlig unmerklich in die nicht-bildliche Kunst über, und auch unsere Art, beide wahrzunehmen, ist gleich.

Aber die Definition: „Kunst ist Denken in Bildern", und das heißt (ich lasse die Zwischenglieder allseits bekannter Gleichungen aus), die Kunst schafft vor allem Symbole, — diese Definition ist geblieben, und sie hat den Zusammenbruch der Theorie, auf der sie begründet war, überlebt. Vor allem im Symbolismus ist sie lebendig. Besonders bei seinen Theoretikern.

Viele meinen also immer noch, das Denken in Bildern, „Wege und Schatten", „Furchen und Raine"*, sei das Hauptmerkmal der Dichtung. Folglich müßten diese Leute erwarten, die Geschichte dieser, wie sie sagen, „bildlichen" Kunst werde aus der Geschichte der Abwandlung des Bildes bestehen. Es erweist sich aber, daß die Bilder fast unbeweglich sind; unverändert wandern sie von Jahrhundert zu Jahrhundert, von Land zu Land, von Dichter zu Dichter. Bilder gehören „keinem", sind „Gottes". Je tiefer man in eine Epoche eindringt, desto klarer wird einem, daß ein Dichter Bilder, die man für sein geistiges Eigentum gehalten hatte, von anderen übernommen hat und sie fast unverändert verwendet. Die ganze Arbeit dichterischer Schulen läuft hinaus auf das Anhäufen und Kundtun neuer Verfahren der Anordnung und Bearbeitung von Wortmaterialien, und zwar bei weitem mehr auf die Neuanordnung als auf die Erfindung von Bildern. Die Bilder sind vorgegeben, und in der Dichtung gibt es weit mehr Erinnerung an Bilder als ein Denken in ihnen.

Es ist jedenfalls nicht das bildliche Denken, das alle Formen der Kunst verbindet, oder auch nur alle Formen der Wortkunst, es sind

---

* Anspielung auf den Essayband „Borozdy i meži", M. 1916, des Symbolisten V. Ivanov.

nicht die Bilder, deren Veränderung das Wesen der Bewegung der Dichtung ausmacht.

———————

Wir wissen, daß jene Fälle der Wahrnehmung häufig sind, in denen Ausdrücke als etwas Poetisches, zum künstlerischen Ergötzen Geschaffenes wahrgenommen werden, die nicht im Hinblick auf eine solche Wahrnehmung geschaffen wurden; man vergleiche etwa die Meinung Annenskijs, die slavische Sprache sei besonders poetisch, oder die Begeisterung von Andrej Belyj über das Verfahren russischer Dichter des 18. Jahrhunderts, die Adjektive hinter die Substantive zu stellen. Belyj begeistert sich daran als an etwas Künstlerischem, oder genauer — da er das für Kunst hält — als an etwas Beabsichtigtem — in Wirklichkeit ist das die allgemeine Eigenheit der gegebenen Sprache (Einfluß des Kirchenslavischen). Somit kann eine Sache 1) geschaffen sein als prosaische und wahrgenommen werden als dichterische, 2) geschaffen sein als dichterische und wahrgenommen werden als prosaische. Das zeigt, daß das Künstlerische, das, was sich auf die Poesie einer gegebenen Sache beziehen läßt, Resultat der Art unseres Wahrnehmens ist; künstlerisch nun, im engen Sinne, wollen wir Dinge nennen, die in besonderen Verfahren hergestellt wurden, deren Zweck darin bestand, daß diese Werke mit größtmöglicher Sicherheit als künstlerisch wahrgenommen würden.

Die Schlußfolgerung Potebnjas, die man formulieren kann: Dichtung = Bildlichkeit, hat die ganze Theorie begründet, nach der Bildlichkeit = Symbolisches ist, die Fähigkeit des Bildes, konstantes Prädikat bei verschiedenen Subjekten zu werden. (Eine Schlußfolgerung, in die sich die Symbolisten wegen ihrer Ideenverwandtschaft verliebt hatten — so Andrej Belyj und Merežkovskij mit seinen „Ewigen Gefährten" —, und die der Theorie des Symbolismus zugrunde liegt.) Diese Schlußfolgerung ergibt sich zum Teil aus dem Umstand, daß Potebnja keinen Unterschied zwischen der Sprache der Dichtung und der Sprache der Prosa gemacht hat. Deshalb hat er nicht beachtet, daß es zwei Arten des Bildes gibt: das Bild als praktisches Mittel des Denkens, als Mittel, Gegenstände zu Gruppen zusammenzufassen, und das dichterische Bild — als Mittel zur Verstärkung des Eindrucks. Ich will das anhand eines Beispiels erklären. Ich gehe auf der Straße und sehe, daß ein vor mir gehender Mann mit Schlapphut ein Päckchen fallen gelassen hat. Ich rufe ihn an: „He, Schlapphut, du hast dein Päckchen verloren!" Dies ist das Beispiel eines Bildes, das eine rein prosaische Trope darstellt. Ein anderes Beispiel. Eine Abteilung von Soldaten steht in Reih und Glied. Der Zugführer sieht, daß einer von ihnen schlecht, einfach unmöglich, dasteht, und sagt ihm: „He,

Schlapphut, wie stehst zu da!" Das ist ein Bild, das eine dichterische Trope darstellt. (In dem einen Fall war das Wort Schlapphut eine Metonymie, im anderen eine Metapher. Aber darum geht es mir jetzt nicht.) Das dichterische Bild ist eines der Mittel zur Herstellung des stärksten Eindrucks. Als Mittel ist es in seiner Funktion mit den anderen Verfahren der dichterischen Sprache gleichberechtigt, es ist gleichberechtigt mit dem einfachen und dem negativen Parallelismus, es ist gleichberechtigt mit dem Vergleich, der Wiederholung, der Symmetrie, der Hyperbel, es ist allgemein mit dem gleichberechtigt, was man gewöhnlich Figur nennt, es ist gleichberechtigt mit all diesen Mitteln zur Verstärkung des Empfindens einer Sache (auch Wörter können Sachen sein, sogar die Laute eines Werks), aber das dichterische Bild ist dem Fabel-Bild und dem Gedanken-Bild nur äußerlich ähnlich. Man vergleiche etwa den Fall (s. dazu Ovsjaniko-Kulikovskijs „Sprache und Kunst")*, wo ein Mädchen eine runde Kugel Melone nennt. Das dichterische Bild ist eines der Mittel dichterischer Sprache. Das prosaische Bild ist ein Mittel der Abstraktion: Melone statt runder Lampenschirm, oder Melone statt Kopf, bedeutet nur, daß vom Gegenstand eine seiner Eigenschaften abstrahiert wird, und unterscheidet sich in nichts von Kopf = Kugel, Melone = Kugel. Das ist ein Denkvorgang, hat aber nichts mit Dichtung zu tun.

Das Gesetz von der Ökonomie der schöpferischen Kräfte gehört ebenfalls zur Gruppe der allseits anerkannten Gesetze. Spencer schreibt: „Als Grundlage aller Regeln, die Auswahl und Verwendung von Worten bestimmen, finden wir die gleiche Hauptforderung: Erhaltung der Aufmerksamkeit ... Den Verstand auf dem leichtesten Weg zum gewünschten Begriff zu führen ist in vielen Fällen das einzige und in allen Fällen das Hauptziel..." (Philosophie des Stils). „Wenn die Seele über unerschöpfliche Kräfte verfügte, wäre es für sie natürlich gleichgültig, wieviel aus dieser unerschöpflichen Quelle verschwendet wird; wichtig wäre dann wohl nur noch die notwendigerweise aufgewendete Zeit. Aber da ihre Kräfte begrenzt sind, muß man erwarten, daß die Seele die Apperzeptionsprozesse möglichst zweckmäßig auszuführen bestrebt ist, d. h. mit dem relativ geringsten Verlust an Kräften, oder, was dasselbe ist, mit dem relativ größten Effekt" (R. Avenarius). Mit dem einfachen Hinweis auf das allgemeine Gesetz von der Ökonomie der psychischen Kräfte schiebt Petražickij die seinem Gedankengang im Wege stehende Theorie von James über die physische Grundlage des Affekts beiseite. Das Prinzip

---

* D. Ovsjaniko-Kulikovskij. Jazyk i iskusstvo. Odessa 1896.

der Ökonomie der schöpferischen Kräfte, das so verführerisch ist, besonders bei der Betrachtung des Rhythmus, hat auch Aleksandr Veselovskij akzeptiert und Spencers Gedanken ausgeführt: „Der Wert eines Stils besteht namentlich darin, eine möglichst große Anzahl von Gedanken in eine möglichst kleine Anzahl von Worten zu fassen." Andrej Belyj, der auf seinen gelungensten Seiten so viel Beispiele für einen erschwerten, gewissermaßen stolpernden Rhythmus gegeben hat, hält es, obwohl er (am Spezialfall an Beispielen aus Baratynskij) die Erschwerung dichterischer Epitheta nachgewiesen hat, auch für notwendig, in seinem Buch vom Gesetz der Ökonomie zu sprechen. Dieses Buch stellt einen heldenmütigen Versuch dar, aufgrund von ungeprüften Fakten aus veralteten Büchern, von großer Kenntnis der Verfahren dichterischen Schaffens, sowie auf der Grundlage des Physiklehrbuchs für Gymnasien von Kraevič eine Kunsttheorie aufzustellen.

Der Gedanke von der Ökonomie der Kräfte als Gesetz und Ziel des Schaffens ist möglicherweise richtig in einem Sonderfall der Sprache, nämlich bei der Anwendung auf die „praktische" Sprache. Weil man sich über den Unterschied zwischen den Gesetzen der praktischen und den Gesetzen der dichterischen Sprache nicht klar war, hat man diesen Gedanken auch auf letztere ausgedehnt. Der Hinweis darauf, daß es in der japanischen dichterischen Sprache Laute gibt, die in der japanischen praktischen Sprache nicht vorkommen, war fast der erste faktische Hinweis auf die Inkongruenz dieser beiden Sprachen. Der Artikel von L. P. Jakubinskij über die Tatsache, daß in der dichterischen Sprache das Gesetz von der Dissimilation der Liquiden nicht gilt, und in ihr eine schwer aussprechbare Abfolge ähnlicher Laute zulässig ist, ist einer der ersten wissenschaftlich-kritisch abgesicherten[1], faktischen Hinweise auf den Gegensatz (sagen wir einstweilen, nur in diesem Fall) zwischen Gesetzen der dichterischen und Gesetzen der praktischen Sprache[2].

Deshalb darf man bei der dichterischen Sprache von Gesetzen der Verschwendung und der Ökonomie nicht aufgrund einer Analogie zur prosaischen Sprache, sondern nur aufgrund ihrer eigenen Gesetze sprechen.

Wenn wir uns über die allgemeinen Gesetze der Wahrnehmung klar werden, dann sehen wir, daß Handlungen, wenn man sich an sie gewöhnt hat, automatisch werden. So geraten z. B. alle unsere Angewohnheiten in den Bereich des Unbewußt-Automatischen; wenn

---

[1] Sborniki po teorii poètičeskogo jazyka [Sammlungen zur Theorie der poetischen Sprache], Heft 1, S. 38 [Pg. 1916].

[2] Sborniki po teorii poètičeskogo jazyka, Heft 2, S. 13—21 [Pg. 1917].

jemand sich an die Empfindung erinnert, die er hatte, als er zum ersten Mal eine Feder in der Hand hielt oder zum ersten Mal in einer fremden Sprache redete, und wenn er diese Empfindung mit der vergleicht, die er beim zehntausendsten Mal hat, dann wird er uns zustimmen. Durch den Prozeß der Automatisierung erklären sich die Gesetze unserer prosaischen Sprache mit ihrem unvollständigen Satz und ihrem halbausgesprochenen Wort. Das ist ein Prozeß, dessen ideale Ausprägung die Algebra darstellt, wo die Dinge durch Symbole ersetzt sind. In der schnellen praktischen Rede werden die Worte nicht vollständig ausgesprochen, im Bewußtsein erscheinen kaum die ersten Laute des Namens. Pogodin („Jazyk, kak tvorčestvo" [Sprache als Schöpfung], S. 42) bringt als Beispiel einen Jungen, der den Satz: „Les montagnes de la Suisse sont belles" in Form der Buchstabenreihe: L, m, d, l, S, s, b dachte.

Diese Eigentümlichkeit des Denkens hat nicht nur den Weg der Algebra vorgezeichnet, sondern sogar die Auswahl der Symbole (Buchstaben und namentlich Anfangsbuchstaben). Bei dieser algebraischen Methode des Denkens faßt man die Dinge nach Zahl und Raum, wir sehen sie nicht, sondern erkennen sie an ihren ersten Merkmalen. Der Gegenstand geht gleichsam verpackt an uns vorbei. Nach dem Platz, den er einnimmt, wissen wir, daß er da ist, aber wir sehen nur seine Oberfläche. Unter dem Einfluß einer solchen Wahrnehmung trocknet der Gegenstand aus, zuerst als Wahrnehmung, dann aber wirkt sich das auch auf die Hervorbringung des Gegenstandes aus; durch eben diese Wahrnehmung des prosaischen Wortes erklärt sich der Umstand, daß es nicht zu Ende gehört wird (s. den Artikel von L. P. Jakubinskij), und weiterhin, daß es nicht zu Ende gesprochen wird (von daher kommen alle Versprecher). Mit dem Prozeß der Algebraisierung, der Verautomatisierung einer Sache wird die größte Ökonomie der Wahrnehmungskräfte erreicht; die Dinge bieten sich entweder nur mit einem ihrer Merkmale dar, zum Beispiel als Nummer, oder sie werden gleichsam nach einer Formel ausgeführt, ohne überhaupt im Bewußtsein zu erscheinen.

> „Ich war dabei, in meinem Zimmer aufzuräumen, und als ich bei meinem Rundgang zum Sofa kam, konnte ich mich nicht mehr erinnern, ob ich es saubergemacht hatte oder nicht. Weil diese Bewegungen gewohnt und unbewußt sind, kam ich nicht darauf und fühlte, daß es unmöglich war, sich noch daran zu erinnern. Also, wenn ich es schon saubergemacht hätte und hätte es vergessen, d. h. wenn ich unbewußt gehandelt hätte, dann wäre es ganz genau so, als wäre es nicht gewesen. Wenn jemand es bewußt gesehen hätte, könnte man es feststellen. Wenn aber niemand zugeschaut hätte, oder er hätte es gesehen, aber unbewußt, wenn das ganze komplizierte Leben bei vielen unbewußt verläuft, dann hat es dieses Leben gleichsam nicht gegeben." (Eintragung im Tagebuch Lev Tolstojs vom 29. Februar 1897, Nikol'skoe, in: „Letopis'" [Chronik], Dezember 1915, S. 354).

So kommt das Leben abhanden und verwandelt sich in nichts. Die Automatisierung frißt die Dinge, die Kleidung, die Möbel, die Frau und den Schrecken des Krieges.

„Wenn das ganze komplizierte Leben bei vielen unbewußt verläuft, dann hat es dieses Leben gleichsam nicht gegeben."

Und gerade, um das Empfinden des Lebens wiederherzustellen, um die Dinge zu fühlen, um den Stein steinern zu machen, existiert das, was man Kunst nennt. Ziel der Kunst ist es, ein Empfinden des Gegenstandes zu vermitteln, als Sehen, und nicht als Wiedererkennen; das Verfahren der Kunst ist das Verfahren der „Verfremdung" der Dinge und das Verfahren der erschwerten Form, ein Verfahren, das die Schwierigkeit und Länge der Wahrnehmung steigert, denn der Wahrnehmungsprozeß ist in der Kunst Selbstzweck und muß verlängert werden; die Kunst ist ein Mittel, das Machen einer Sache zu erleben; das Gemachte hingegen ist in der Kunst unwichtig.

Das Leben eines dichterischen (künstlerischen) Werks führt vom Sehen zum Wiedererkennen, von der Poesie zur Prosa, vom Konkreten zum Allgemeinen, von Don Quijote, dem Scholasten und armen Edelmann, der halb bewußt die Erniedrigung am Hof des Herzogs erträgt, zum breiten, aber leeren „Don Quijote" Turgenevs, von Karl dem Großen zur Bezeichnung „korol'"*; proportional zum Dahinsterben werden ein Werk und die Kunst breiter, die Fabel ist symbolischer als das Poem, das Sprichwort ist symbolischer als die Fabel. Deswegen ist auch die Theorie Potebnjas weniger widersprüchlich in sich selbst bei der Analyse der Fabel, bei deren Erforschung Potebnja denn auch seinen Ansatz konsequent durchgeführt hat. Zu den künstlerischen „substantiellen" Werken ist diese Theorie nicht vorgedrungen, und deshalb konnte das Buch auch nicht zu Ende geschrieben werden. Bekanntlich wurden die „Schriften zur Theorie der Literatur" 1905 herausgegeben, also 13 Jahre nach dem Tode des Autors.

Potebnja selbst hat in diesem Buch auch nur den Abschnitt über die Fabel voll ausgearbeitet[3].

Dinge, die man mehrere Male wahrnimmt, beginnt man durch Wiedererkennen wahrzunehmen; der Gegenstand befindet sich vor uns, wir wissen davon, aber wir sehen ihn nicht[4]. Deshalb können wir nichts über ihn sagen. — In der Kunst kann der Gegenstand durch verschiedene Mittel aus dem Automatismus der Wahrnehmung herausgelöst werden: hier will ich nur auf eines dieser Mittel verweisen, das fast ständig L. Tolstoj angewendet hat — jener Schriftsteller, der,

---

* russ. König, aus dem Namen des Kaisers Karl abgeleitet.

[3] *Iz lekcij po teorii slovesnosti. Basnja. Poslovica. Pogovorka* [Aus den Vorlesungen zur Literaturtheorie. Fabel. Sprichwort. Redensart]. Char'kov 1914.

[4] Viktor Šklovskij. *Voskrešenie slova* [Die Auferweckung des Wortes]. Pb. 1914.

wenigstens für Merežkovskij, scheinbar die Dinge so darstellt, wie er selbst sie sieht, bis ins letzte Detail sieht, ohne daß er sie verändert. Das Verfahren der Verfremdung bei L. Tolstoj besteht darin, daß er einen Gegenstand nicht mit seinem Namen nennt, sondern ihn so beschreibt, als werde er zum ersten Mal gesehen, und einen Vorfall, als ob er sich zum ersten Mal ereigne, wobei er in der Beschreibung des Gegenstandes nicht die gebräuchlichen Bezeichnungen für seine Teile verwendet, sondern sie so benennt, wie die entsprechenden Teile bei anderen Dingen. Ein Beispiel. In dem Artikel „Beschämend" verfremdet L. N. Tolstoj folgendermaßen den Begriff des Auspeitschens: „Menschen, die Gesetze übertreten haben, entblößen, auf den Boden werfen und mit Gerten auf das Gesäß schlagen", einige Zeilen später: „die entblößten Hinterbacken peitschen." Zu dieser Stelle gibt es eine Anmerkung: „Und warum gerade diese dumme, rohe Art, Schmerz zuzufügen, und nicht eine andere: mit Nadeln in die Schulter oder eine andere Stelle des Körpers stechen, Hände und Füße in den Schraubstock spannen, oder noch etwas in der Art." Ich bitte für das harte Beispiel um Entschuldigung, aber es ist typisch für Tolstoj als Mittel, bis ans Gewissen vorzudringen. Die gewohnte Auspeitschung wird verfremdet sowohl durch die Beschreibung als auch durch den Vorschlag, ihre Form zu ändern, ohne von ihrem Wesen abzugehen. Die Methode der Verfremdung hat Tolstoj ständig verwendet: in einem Fall (im „Leinwandmesser") spricht ein Pferd, und die Dinge werden verfremdet, nicht nicht unsere Wahrnehmungsart, sondern die eines Pferdes angewendet wird.

Folgendermaßen hat das Pferd die Einrichtung des Eigentums wahrgenommen (Band III der Ausgabe von 1886, S. 547):

> „Was sie über Auspeitschung und Christentum gesagt haben, habe ich gut verstanden, aber mir war damals vollkommen dunkel, was die Worte: m e i n , s e i n Fohlen bedeuten sollten, denen ich entnahm, daß die Menschen eine Verbindung zwischen mir und dem Stallmeister annahmen. Worin diese Verbindung bestand, konnte ich damals beim besten Willen nicht verstehen. Erst viel später, als man mich von den anderen Pferden absonderte, verstand ich, was das bedeutete. Damals aber konnte ich beim besten Willen nicht verstehen, was das bedeutete, daß man mich Eigentum eines Menschen nannte. Die Worte „ m e i n Pferd" bezogen sich auf mich, ein lebendiges Pferd, und erschienen mir so seltsam wie die Worte „meine Erde", „meine Luft", „mein Wasser".
>
> Aber diese Worte hatten auf mich einen ungeheuren Einfluß. Ich dachte unaufhörlich daran, und erst lange nach den allerverschiedensten Beziehungen zu Menschen verstand ich endlich die Bedeutung, die von den Menschen diesen seltsamen Worten zugeschrieben wird. Sie bedeuten folgendes: Die Menschen lassen sich im Leben nicht von Handlungen, sondern von Worten leiten. Sie lieben nicht so sehr die Möglichkeit, etwas zu tun oder nicht zu tun, wie die Möglichkeit, über verschiedene Gegenstände die zwischen ihnen ausgemachten Wörter zu reden. Zum Beispiel die Wörter: meiner, meine, meines, die sie von verschiedenen Dingen sagen, von Wesen und Gegenständen, sogar von Erde, von

Menschen und von Pferden. Für ein und dieselbe Sache vereinbaren sie, daß nur einer sagt: m e i n. Und wer von der größten Anzahl von Dingen nach diesem unter ihnen ausgemachten Spiel sagt: m e i n, der wird von ihnen für den Glücklichsten gehalten; weshalb es so ist, weiß ich nicht, aber es ist so. Ich habe mich lange bemüht, mir das mit irgendeinem unmittelbaren Nutzen, den sie davon haben, zu erklären, aber das erwies sich als ungerecht.

Viele von den Leuten, die mich zum Beispiel ihr Pferd nannten, sind nicht auf mir geritten, dafür ritten mich ganz andere. Gefüttert haben mich auch nicht sie, sondern ganz andere, Gutes getan haben mir wiederum nicht die, die mich ihr Pferd nannten, sondern die Kutscher, Roßärzte und überhaupt außenstehende Menschen. Später, als ich den Kreis meiner Beobachtungen erweitert hatte, kam ich zu der Überzeugung, daß nicht nur in Bezug auf uns Pferde der Begriff m e i n keine andere Grundlage hat, als den niedrigen und animalischen menschlichen Instinkt, den sie Gefühl für Besitz oder Recht auf Besitz nennen. Ein Mensch sagt: „Das Haus gehört mir" und wohnt niemals darin, sondern kümmert sich nur um den Bau und die Instandhaltung des Hauses. Ein Kaufmann sagt: „mein Geschäft", „mein Tuchgeschäft" zum Beispiel und hat dabei keinen Anzug aus gutem Tuch, das doch in seinem Laden liegt.

Es gibt Leute, die Land ihr eigen nennen, aber dieses Land nie gesehen haben und niemals darauf gegangen sind. Es gibt Menschen, die andere Menschen ihre Menschen nennen, aber diese Menschen nie gesehen haben; und ihre ganze Beziehung zu diesen Menschen besteht darin, daß sie ihnen Böses tun. Es gibt Menschen, die Frauen ihre Frauen nennen, oder Ehefrauen; aber diese Frauen leben mit anderen Männern zusammen. Und die Menschen streben in ihrem Leben nicht danach, das zu tun, was sie für gut halten, sondern danach, möglichst viele Dinge i h r e Dinge zu nennen.

Ich bin jetzt überzeugt, daß eben darin der wesentliche Unterschied zwischen den Menschen und uns besteht. Und darum — ganz zu schweigen von unseren anderen Vorzügen vor den Menschen — können wir schon allein deshalb ruhig sagen, daß wir auf der Stufenleiter der Lebewesen höher stehen als die Menschen; die Tätigkeit der Menschen, wenigstens derer, mit denen ich Beziehungen hatte, wird von W o r t e n bestimmt, unsere aber durch T u n."

Am Schluß der Erzählung ist das Pferd schon geschlachtet, aber die Art der Erzählung, ihr Verfahren, hat sich nicht geändert:

„Den durch die Welt gehenden, essenden und trinkenden Körper Serpuchovskijs haben sie erst viel später unter die Erde gebracht. Weder seine Haut noch sein Fleisch, noch seine Knochen taugten zu etwas.

Aber wie schon zwanzig Jahre lang sein durch die Welt gehender toter Körper allen schwer zur Last gefallen war, so war es auch für die Menschen eine überflüssige Erschwernis, diesen Körper in die Erde zu bringen. Schon lange war er niemandem mehr nötig gewesen, allen war er schon lange eine Bürde; und trotzdem hielten es die Toten, die die Toten begraben, für nötig, diesen sofort verfaulenden, aufgedunsenen Körper in eine gute Uniform zu kleiden, ihm gute Stiefel anzuziehen, ihn in einen neuen, guten Sarg zu legen, mit neuen Quasten an den vier Ecken, danach diesen neuen Sarg in einen anderen aus Blei zu legen und ihn nach Moskau zu transportieren, dort alte menschliche Knochen auszugraben, und gerade dorthin diesen faulenden, von Würmern wimmelnden Körper in der neuen Uniform und mit den gewichsten Stiefeln zu verbergen und alles mit Erde zuzuschütten."

Auf diese Weise sehen wir, daß am Schluß der Erzählung das Verfahren auch außerhalb seiner zufälligen Motivierung angewendet wird.

In diesem Verfahren hat Tolstoj alle Schlachten in „Krieg und Frieden" beschrieben. Alle werden sie vornehmlich als etwas Seltsames dargeboten. Ich will diese Beschreibungen hier nicht wiedergeben, sie sind sehr lang — man müßte einen sehr beträchtlichen Teil des vierbändigen Romans abschreiben. Ebenso hat er die Salons und das Theater beschrieben.

„Auf der Bühne waren in der Mitte glatte Bretter, an den Seiten standen gemalte Bilder, die Bäume darstellten, hinten war auf Bretter Tuch gespannt. In der Mitte der Bühne saßen junge Mädchen in roten Miedern und weißen Röcken. Eine, die sehr dick war und ein weißes Seidenkleid anhatte, saß für sich auf einem niedrigen Bänkchen, an das von hinten ein grüner Karton angeklebt war. Alle sangen etwas. Als sie mit ihrem Lied fertig waren, ging das junge Mädchen in Weiß zum Souffleurkasten, und zu ihr trat ein Mann in prallsitzenden Seidenhosen an den dicken Beinen, mit einer Feder, und fing an zu singen und die Arme auszubreiten. Der Mann in den enganliegenden Hosen sang eine Weile allein, dann sang sie eine Weile. Dann schwiegen beide, die Musik erdröhnte, und der Mann fing an, mit seinen Fingern an der Hand des jungen Mädchens im weißen Kleid herumzudrücken und wartete offenbar wieder darauf, seine Partie zusammen mit ihr anzufangen. Sie sangen eine Weile zu zweit, und alle im Theater fingen an zu klatschen und zu schreien, und die Männer und Frauen auf der Bühne, die Verliebte darstellten, fingen an sich lächelnd und mit ausgebreiteten Armen zu verbeugen.
Im zweiten Akt gab es Bilder, die Monumente darstellten, und im Tuch war ein Loch, das den Mond darstellte, und an der Rampe schob man Lichtschirme hoch, die Trompeten und Kontrabässe begannen im Baß zu spielen, und von rechts und links kamen viele Leute in schwarzen Umhängen herein. Die Leute fuchtelten mit den Armen, und in den Händen hatten sie so etwas wie Dolche; dann liefen noch irgendwelche Leute herbei und begannen, das junge Mädchen wegzuzerren, das vorher ein weißes und jetzt ein blaues Kleid anhatte. Sie zerrten es aber nicht gleich weg, sondern sangen lange mit ihm, und erst dann zogen sie es weg, und hinter den Kulissen schlugen sie dreimal an etwas Metallenes, und alle fielen auf die Knie und sangen ein Gebet. Einige Male wurden alle diese Handlungen von begeisterten Rufen der Zuschauer unterbrochen."

Ebenso ist der dritte Akt beschrieben:

„... Aber plötzlich gab es einen Sturm, im Orchester ertönten chromatische Tonleitern und verminderte Dominantseptakkorde, und alle rannten und zerrten wieder einen der Anwesenden hinter die Kulissen, und der Vorhang senkte sich."

Im vierten Akt:

„Da war so ein Teufel, der so lange sang und mit den Händen fuchtelte, bis unter ihm die Bretter auseinandergezogen wurden und er hinuntersank."

Ebenso hat Tolstoj die Stadt und das Gericht in „Auferstehung" beschrieben. Ebenso beschreibt er in der „Kreutzersonate" die Ehe. „Warum müssen Leute, wenn zwischen ihnen Seelenverwandtschaft besteht, miteinander schlafen?" Aber das Verfahren der Verfremdung wird von ihm nicht nur mit dem Ziel angewandt, eine Sache sichtbar zu machen, zu der er sich negativ verhielt.

„Pierre verließ seine neuen Gefährten und ging zwischen den Lagerfeuern auf die andere Seite des Weges, wo, wie er gehört hatte, Kriegsgefangene sich befinden sollten. Er wollte sich mit ihnen ein wenig unterhalten. Auf dem Wege hielt ihn ein französischer Posten an und befahl ihm umzukehren. Pierre kehrte auch um, aber nicht zum Lagerfeuer, zu den Gefährten, sondern zum ausgespannten Fuhrwerk, wo sonst niemand war. Er setzte sich mit angezogenen Beinen und gesenktem Kopf auf den kalten Boden an die Räder des Fuhrwerks und saß lange unbeweglich und in Gedanken versunken da. Es verging mehr als eine Stunde. Niemand störte Pierre. Auf einmal lachte er mit seinem dicken, gutmütigen Lachen so laut auf, daß sich von verschiedenen Seiten die Leute mit Verwunderung nach diesem offensichtlich seltsamen Lachen umschauten.

,Ha, ha, ha', lachte Pierre. Und er führte ein Selbstgespräch: ,Der Soldat hat mich nicht durchgelassen. Gefangen haben sie mich, eingesperrt haben sie mich. Mich, mich, meine unsterbliche Seele. Ha, ha, ha', lachte er, daß ihm die Tränen aus den Augen traten . . .

Pierre blickte zum Himmel empor, den in die Tiefe entschwindenden funkelnden Sternen nach. ,Und das alles gehört mir, und das alles ist in mir, und das alles bin ich', dachte Pierre. ,Und das alles haben sie ergriffen und in den Bretterverschlag einer Narrenbude gesetzt.' Er lächelte und ging zu seinen Gefährten, um sich schlafen zu legen."

Jeder, der Tolstoj gut kennt, kann bei ihm einige Hundert Beispiele des angeführten Typs finden. Diese Art, Dinge aus ihrem Kontext herausgelöst zu betrachten, hat dazu geführt, daß Tolstoj in seinen letzten Werken bei der Behandlung von Dogmen und Riten zu ihrer Beschreibung ebenfalls die Methode der Verfremdung anwandte, indem er die gewohnten Worte des religiösen Gebrauchs durch die normale Bedeutung ersetzte; es kam etwas Sonderbares, Ungeheuerliches heraus, das viele aufrichtig für Gotteslästerung hielten, und das viele schmerzlich verletzte. Aber es war immer das gleiche Verfahren, mit dessen Hilfe Tolstoj wahrnahm und erzählte, was ihn umgab. Die Wahrnehmungen Tolstojs haben den Glauben Tolstojs erschüttert, indem sie an Dinge rührten, die er lange nicht hatte antasten wollen.

Das Verfahren der Verfremdung ist kein speziell Tolstojsches Mittel. Ich habe es aus rein praktischen Erwägungen heraus anhand von Tolstojschem Material dargestellt, einfach deshalb, weil dieses Material allen bekannt ist.

Nachdem wir nun den Charakter dieses Verfahrens geklärt haben, wollen wir uns bemühen, die Grenzen seiner Anwendung ungefähr zu bestimmen. Ich persönlich bin der Meinung, daß es fast überall da Verfremdung gibt, wo es ein Bild gibt.

Man kann also den Unterschied unseres Standpunkts von dem Potebnjas folgendermaßen formulieren: das Bild ist kein konstantes

Subjekt bei variablen Prädikaten. Ziel des Bildes ist nicht die Annäherung seiner Bedeutung an unser Verständnis, sondern die Herstellung einer besonderen Wahrnehmung des Gegenstandes, so daß er „gesehen" wird, und nicht „wiedererkannt".

Am klarsten läßt sich jedoch das Ziel der Bildlichkeit in der erotischen Kunst verfolgen.

Hier ist die Darstellung des erotischen Objekts als etwas, was man zum ersten Mal sieht, normal. Siehe Gogol' in den „Abenden auf dem Vorwerk bei Dikan'ka", in der „Nacht vor Weihnachten":

> „Hier trat er näher an sie heran, hüstelte, lachte, berührte mit den Fingern ihren nackten, vollen Arm und sagte in einer Art, in der sich sowohl Verschmitztheit als auch Selbstzufriedenheit ausdrückten:
> ‚Und was haben Sie da, herrliche Solocha?' Und als er das gesagt hatte, sprang er ein wenig zurück.
> ‚Was ich da habe? Meinen Arm, Osip Nikiforovič!' antwortete Solocha.
> ‚Hm! Ihren Arm! He, he, he!' sagte der Schreiber herzlich zufrieden damit, wie er es angefangen hatte, und ging im Zimmer auf und ab.
> ‚Und was haben Sie da, teuerste Solocha?' sagte er in derselben Art, indem er wieder zu ihr trat und ihr leicht mit der Hand an den Hals faßte und genau so wieder zurücksprang.
> ‚Als ob Sie es nicht sehen, Osip Nikiforovič!' antwortete Solocha. ‚Meinen Hals, und am Hals eine Kette.'
> ‚Hm! Am Hals eine Kette! He, he, he!', und der Schreiber ging wieder im Zimmer auf und ab und rieb sich die Hände.
> ‚Und was haben Sie da, unvergleichliche Solocha?'... Wir wissen nicht, was der Schreiber jetzt mit seinen langen Fingern berührte..."

Bei Hamsun im „Hunger":

> „Zwei weiße Wunder schimmerten durch ihr Hemd."

Oder die erotischen Objekte werden figürlich dargestellt, wobei eindeutig nicht darauf abgezielt wird, „es dem Verständnis anzunähern".

Hierher gehört auch die Darstellung der Geschlechtsteile in der Gestalt von Schloß und Schlüssel (z. B. in den „Rätseln des russischen Volks" von D. Sadovnikov, SPb., Nr. 102—107)*, in Form von Webgeräten (ibid., 588—591), von Bogen und Pfeil, von Ring und Pflock, wie in der Byline vom Staver (Rybnikov 30)**.

Der Mann erkennt seine Frau nicht, weil sie als Recke verkleidet ist. Sie gibt ein Rätsel auf:

> „Weißt du noch, Staver, erinnerst du dich,
> Wie wir als Kinder auf die Straße gingen,

---

* D. Sadovnikov. Zagadki russkogo naroda. Sbornik zagadok, voprosov, pritč i zadač. SPb. 1901.
** P. N. Rybnikov. Narodnye pesni, stariny i pobyval'ščiny [Volkslieder, Überlieferungen und Volkserzählungen]. 4 Bände. Petrozavodsk 1861—1867. Die 2. Auflage trägt den Titel: Pesni sobrannye P. N. Rybnikovym [Die Liedersammlung P. N. Rybnikovs]. Pod. red. A. E. Gruzinskogo. 3 Bände. M. 1909—1910.

Du und ich, wir haben Pflöckchen gespielt,
Dein Pflöckchen war ein silbernes,
Und mein Ringlein war ein goldenes?
Ich traf wohl von Zeit zu Zeit,
Du aber trafst alle Zeit.'
Sagt Staver, der Sohn Godinovič,
— Daß ich mit dir nicht Pflöckchen gespielt habe!'
Sagt Vasilisa Mikulična, ,nun
Weißt du noch, Staver, erinnerst du dich,
Ich und du, wir haben miteinander schreiben gelernt!
Mein Tintenfaß, das war ein silbernes,
Und deine Feder, die war eine goldene?
Und ich, ich tunkte von Zeit zu Zeit.
Und du, du tunktest alle Zeit?'"

In einer anderen Variante der Byline ist auch die Auflösung gegeben:

„Da nahm der furchterweckende Bote Vasil'juška,
Hob seine Kleider bis zum Nabel hoch,
Und da hat der junge Staver, der Sohn Godinovič,
Das Ringlein erkannt, das vergoldete . . ."

(Rybnikov 171).

Aber die Verfremdung ist nicht nur ein Verfahren des erotischen
Rätsels, des erotischen Euphemismus, sie ist Grundlage und ausschließ-
licher Sinn aller Rätsel. Jedes Rätsel repräsentiert entweder eine Erzählung von einem Gegenstand mit Worten, die ihn bestimmen und
schildern, die man aber normalerweise bei einer Erzählung von diesem
Gegenstand nicht verwendet (der Typ „zwei Enden, zwei Ringe, in
der Mitte ein Nagel"), oder eine eigenartige lautliche Verfremdung,
gleichsam ein Nachäffen. „Ton da totonok?" (pol i potolok) [Boden
und Decke] (D. Sadovnikov, 51) oder „Slon da kondrik?" (Zaslon i
konnik) [Ofentür und Ofenbank], (ibid., 177).

Verfremdungen sind auch erotische Bilder, die keine Rätsel sind;
zum Beispiel, alle „Croquetschläger", „Aeroplane", „Püppchen",
„Brüderchen" u. ä. m. der Chansonetten.

Sie haben etwas mit dem Niedertreten des Grases und dem Pflücken
des Schneeballstrauchs in der Volksdichtung gemeinsam.

Vollkommen klar ist das Verfahren der Verfremdung in dem weit-
verbreiteten Bild-Motiv der erotischen Stellung, in der der Bär den
Menschen nicht erkennt. („Der furchtlose Herr", in: Velikorusskie
skazki. Zapiski Imp. Russ. Geogr. Obšč. [Großrussische Märchen.
Schriften der Kaiserl. Russ. Geogr. Gesellsch.], Bd. XLII, M. 1915,
Nr. 52).

Das „Nichterkennen" dieser Stellung, ihre Absonderlichkeit, wird
in einem weißrussischen Märchen folgendermaßen dargestellt (Belo-

rus. Sborn. Romanova (Weißruss. Sammelbd. Romanovs], Bd. I, 3, Märchen 84. „Der gerechte Soldat", S. 344):*

„Da führte er seine Frau zum Bade, und wie er sie ein paar Schritte vor das Badehaus geführt hatte, sagte er. — ‚Nun, meine Frau, zieh dich ganz aus, wie du von der Mutter kamst!‘ — ‚Wie werde ich mich ausziehen, wenn ich nicht in dem Badehaus bin?‘ — ‚Nein, du mußt dich ausziehen!‘ Sie schämte sich gewiß noch vor ihm: wie sollte sie sich ausziehen, wenn sie noch nicht im Badehaus war? Aber er befahl ihr: ‚Wenn du dich nicht ausziehst, wirst du Witwe, und ich muß verderben!‘ ... Die Frau zog sich aus, zerzauste ihre Haare, wurde ein Krebs, er setzte sich oben auf sie, und da ritt er auf ihrem Rücken. Er öffnete ihr die Tür. Da glotzten die Teufel — auf wem er reite? Er sagte zu ihnen: ‚Nun, Teufel, wenn ihr erkennt, auf wem ich reite, dann bin ich euer; wenn ihr es aber nicht erkennt, dann räumt alle Gefässe auf.‘ Und er klatschte auf das Hinterteil. Da gingen und gingen sie um sie herum, — erkannten sie aber nicht. Natürlich — hier ist ein Schwanz, aber hier ist, wer weiß was. ‚Nun, zu Diensten, Lieber, wir geben dir, was du willst, nur dahin wollen wir nicht!‘....“

Sehr typisch für das Nichterkennen in dem Märchen Nr. 70 aus „Velikorusskie skazki Permskoj gubernii" [Großrussische Märchen aus dem Gouvernement Perm'], ein Sammelband, herausgegeben v. D. K. Zelenin**.

„Ein Bauer pflügte den Acker auf einer scheckigen Stute. Kommt zu ihm ein Bär und fragt: ‚Gevatter, wer hat dir die Stute scheckig gemacht?‘ ‚Ich habe sie selbst gescheckt.‘ ‚Wie denn?‘ ‚Soll ich es bei dir auch machen?‘ Der Bär war's zufrieden. Da band ihm der Bauer die Beine mit einem Strick, nahm aus dem Pflug das Eisen, machte es am Feuer glühend und legte es dem Bären flugs an die Seiten: mit dem heißen Pflugeisen brannte er ihm das Fell bis aufs Fleisch und machte ihn scheckig. Er band ihn los, — der Bär trollte sich, ging ein wenig beiseite, legte sich unter einen Baum und da lag er. Da flog eine Elster zum Bauern, bei seinen Sachen Fleisch zu picken. Der Bauer fing sie und brach ihr ein Bein. Die Elster flog fort und setzte sich auf denselben Baum, unter dem der Bär lag. — Da flog nach der Elster auf das Feld zum Bauern eine Schnake und setzte sich auf die Stute und begann sie zu stechen. Der Bauer fing die Schnake, nahm sie, steckte ihr einen Stock in den Hintern und ließ sie frei. Die Schnake flog weg und setzte sich auf denselben Baum, wo schon die Elster und der Bär waren. Da saßen sie zu dritt. — Da kam zum Bauern seine Frau und brachte ihm das Essen aufs Feld. Der Bauer aß mit seiner Frau unter freiem Himmel und warf sie zu Boden, ihr den Schoß zu heizen. Das sah der Bär und sagte zur Elster und zur Schnake: ‚Seht nur! Der Bauer will schon wieder jemand schecken.‘ Die Elster sagte: ‚Nein, er will jemand das Bein brechen.‘ Die Schnake: ‚Nein, einen Stock will er jemand in den Hintern stecken.‘"

Die Übereinstimmung des Verfahrens im genannten Beispiel mit dem Verfahren im „Leinwandmesser" ist wohl, wie ich glaube, für jeden einleuchtend.

Die Verfremdung des Akts selbst begegnet in der Literatur sehr häufig; zum Beispiel im Decamerone: „Auskratzen der Tonne", „Nachtigallenfang", „Die fröhliche Wollschlägerarbeit", das letzte

---

* E. R. Romanov. Belorusskij sbornik, I, 3, Kiev 1887.
** Erschienen in der Reihe: „Zapiski Russkogo geografičeskogo obščestva po otdeleniju ètnografii, XLI. Pg. 1914.

Bild ist nicht zu einem Sujet erweitert. Ebenso häufig wird die Verfremdung bei der Darstellung der Geschlechtsorgane angewendet.

Eine ganze Reihe von Sujets beruht auf ihrem „Nichterkennen", zum Beispiel in Afanas'evs „Geheimen Märchen": bei der „Schamhaften Herrin" beruht das ganze Märchen darauf, daß ein Gegenstand nicht beim Namen genannt wird, also auf dem Spiel mit dem Nichterkennen. Ebenso bei Ončukov: „Das Weibermal", Märchen 252[*], desgleichen in den „Geheimen Märchen", in „Bär und Hase": Bär und Hase machen eine „Wunde".

Zum Verfahren der Verfremdung gehören auch Formen des Typs „Stössel und Mörser" oder „Teufel und Hölle" (Decamerone).

Über die Verfremdung im psychologischen Parallelismus habe ich in meinem Artikel über die Sujetfügung geschrieben.

Hier wiederhole ich, daß beim Parallelismus das Empfinden der Inkongruenz trotz Übereinstimmung wichtig ist.

Zweck des Parallelismus, wie überhaupt der Bildlichkeit, ist die Übertragung eines Gegenstandes aus seiner normalen Wahrnehmung in die Sphäre einer neuen Wahrnehmung, d. h. eine eigenartige semantische Veränderung.

Untersuchen wir die dichterische Sprache sowohl in ihrem Laut- und Wortbestand als auch in ihrem Charakter der Anordnung der Worte und der Sinnstrukturen, die aus ihren Worten gefügt sind, so treffen wir überall auf dasselbe Merkmal des Künstlerischen: daß es absichtlich für eine vom Automatismus befreite Wahrnehmung geschaffen ist und daß das Ziel des Schöpfers das Sehen dieses Künstlerischen ist, und es „künstlich" so gemacht ist, daß die Wahrnehmung bei ihm aufgehalten wird und ihre höchstmögliche Kraft und Dauer erreicht, wobei die Sache nicht in ihrer Dimension wahrgenommen wird, sondern gewissermaßen in ihrer Kontinuität. Diesen Bedingungen nun entspricht die „dichterische Sprache". Nach Aristoteles muß die dichterische Sprache den Charakter des Fremdländischen, Erstaunlichen haben; und tatsächlich ist sie auch häufig fremder Herkunft: Sumerisch bei den Assyrern, Lateinisch im Europa des Mittelalters, Arabismen bei den Persern, das Altbulgarische als Grundlage der russischen Literatursprache, oder sie ist eine gehobene Sprache wie die Sprache der Volkslieder, die der Literatursprache nahesteht. Hierher gehören auch die so weit verbreiteten Archaismen der dichterischen Sprache, die Erschwerungen der Sprache des dolce stil nuovo (XII. Jh.), die Sprache Arnaut Daniels mit ihrem dunklen Stil und

---

[*] N. E. Ončukov. Severnye skazki [Märchen des Nordens]. SPb. 1905 (Zapiski Imperatorskogo geografičeskogo obščestva po otdeleniju ėtnografii, XXXIII).

ihren harten [deutsch im russ. Original] Formen, die Schwierigkeiten bei der Aussprache machen (Friedrich Diez. Leben und Werk der Troubadours, S. 213)*. L. Jakubinskij hat in seinem Artikel das Gesetz der Erschwerung für die Phonetik der dichterischen Sprache in dem Sonderfall der Wiederholung gleicher Laute nachgewiesen. Somit ist die Sprache der Dichtung eine schwierige, erschwerte, gebremste Sprache. In einigen Sonderfällen nähert sich die Sprache der Dichtung der Sprache der Prosa, doch verstößt das nicht gegen das Schwierigkeitsgesetz.

> Ihre Schwester hieß Tat'jana.
> Erstmalig mit solchem Namen
> Wollen die zarten Seiten des Romans
> Wir eigenwillig beleuchten.

So schrieb Puškin. Für Puškins Zeitgenossen war die übliche dichterische Sprache der gehobene Stil Deržavins, Puškins Stil aber erschien ihnen in seiner (damaligen) Trivialität unerwartet schwierig. Erinnern wir uns an das Entsetzen von Puškins Zeitgenossen darüber, daß seine Ausdrücke so vulgär seien. Puškin verwendete die niedrige Umgangssprache als besonderes Verfahren, die Aufmerksamkeit festzuhalten, und zwar genau so wie seine Zeitgenossen im allgemeinen in ihrer sonst französischen Rede r u s s i s c h e Worte verwendeten (siehe die Beispiele in Tolstojs „Krieg und Frieden").

Zur Zeit geht noch etwas Bezeichnenderes vor sich. Die russische Literatursprache, für Rußland ihrer Herkunft nach fremd, ist so tief ins Volk eingedrungen, daß sich in den Mundarten vieles an sie angeglichen hat, dafür hat die Literatur angefangen, ihre Liebe zu Dialekten zu bekunden (Remizov, Kljuev, Esenin und andere, ihrem Talent nach so verschieden, ihrer absichtlich provinziellen Sprache nach aber so verwandt) und zu Barbarismen (wodurch das Aufkommen der Severjanin-Schule möglich wurde). Von der Literatursprache zur ebenfalls literarischen „Leskovschen" Dialektsprache geht gegenwärtig auch Maksim Gor'kij über. Somit haben Umgangs- und Literatursprache die Plätze gewechselt (Vjačeslav Ivanov und viele andere). Schließlich hat sich eine starke Tendenz zur Schaffung einer neuen, speziell dichterischen Sprache bemerkbar gemacht; an die Spitze dieser Schule trat bekanntlich Velemir Chlebnikov. Somit kommen wir zur Definition der Dichtung als einer gebremsten, verbogenen Sprache. Die dichterische Sprache ist Konstruktions-Sprache. Die Prosa hingegen ist gewöhnliche Sprache: ökonomisch, leicht, regelmäßig (dea prosae ist die Göttin der regelmäßigen, von Komplikationen freien

---

* Die erste Auflage erschien 1829, die zweite Auflage 1882.

Geburt, [der „normalen" Lage des Kindes])*. Auf Bremsung, Verzögerung als allgemeines Gesetz der Kunst komme ich eingehender in dem Artikel über Sujetfügung zu sprechen.

Nun scheint aber die Position der Leute, die den Begriff der Ökonomie der Kräfte als etwas in der dichterischen Sprache Vorhandenes, ja sogar sie Bestimmendes hervorgehoben haben, in der Frage des Rhythmus auf den ersten Blick stark zu sein. Die Deutung, die Spencer der Rolle des Rhythmus gegeben hat, scheint völlig unbestreitbar zu sein: „Schläge, die uns unregelmäßig versetzt werden, veranlassen uns, unsere Muskeln in übermäßiger, zeitweise unnötiger Anspannung zu halten, weil wir die Wiederholung des Schlages nicht vorhersehen können: bei Gleichmäßigkeit der Schläge ökonomisieren wir unsere Kraft." Diese überzeugend klingende Bemerkung hat den üblichen Fehler — sie vermischt die Gesetze der dichterischen und der prosaischen Sprache. Spencer hat beide in seiner „Philosophie des Stils" überhaupt nicht unterschieden, dabei ist es aber möglich, daß es zwei Formen von Rhythmus gibt. Der prosaische Rhythmus, der Rhythmus des Arbeitsliedes, des Wolgaschlepperliedes, ersetzt einerseits im richtigen Augenblick das Kommando: „Zuu-gleich!", andererseits erleichtert er die Arbeit, indem er sie automatisiert. Und es ist ja auch wirklich leichter, mit Musik zu marschieren als ohne, aber ebenso ist es leichter, zu gehen, wenn man sich angeregt unterhält, wobei der Akt des Gehens aus unserem Bewußtsein verschwindet. Somit ist der prosaische Rhythmus wichtig als automatisierender Faktor. Aber das trifft nicht für den Rhythmus der Dichtung zu. In der Kunst gibt es zwar „Ordre", aber nicht eine einzige Säule eines griechischen Tempels führt die Ordre genau aus, und der künstlerische Rhythmus besteht aus dem prosaischen — gestörten — Rhythmus. Versuche, diese Störungen zu systematisieren, sind schon unternommen worden. Sie gehören heute zu den Aufgaben der Rhythmustheorie. Man könnte meinen, daß eine solche Systematisierung nicht gelingen wird; in der Tat — geht es doch nicht um den komplizierten Rhythmus, sondern um die Störung des Rhythmus, und dazu um eine Störung, die man nicht vorausbestimmen kann; wenn diese Störung in den Kanon eingeht, dann verliert sie ihre Wirkung als erschwerendes Verfahren. Aber ich will nicht detaillierter Probleme des Rhythmus anschneiden; dem wird ein eigenes Buch gewidmet sein.

[1916]

---

* Zusatz der späteren Edition.

Viktor Šklovskij

DER ZUSAMMENHANG ZWISCHEN DEN VERFAHREN DER SUJETFÜGUNG UND DEN ALLGEMEINEN STILVERFAHREN

„Wozu auf einem Seil entlanglaufen und dazu noch alle vier Schritt in die Knie gehen?" — so äußerte sich Saltykov-Ščedrin über Verse. Jedem, der sich mit Kunst beschäftigt, ist diese Frage verständlich, außer Leuten, die von der undurchdachten Theorie vom Rhythmus als Organisationsfaktor der Arbeit vergiftet sind. Die verbogene, harte dichterische Sprache, die den Dichter stammeln läßt, der ungewöhnliche Wortschatz, die ungewöhnliche Anordnung der Wörter — woher kommt das alles? Wieso erkennt König Lear Kent nicht? Warum erkennen Kent und Lear Edgar nicht? — fragte Tolstoj voll Verwunderung über die Gesetze des Shakespeareschen Dramas — Tolstoj, der groß war in seiner Fähigkeit, Dinge zu sehen und sich über sie zu wundern. Weshalb findet das Wiedererkennen in den Stücken von Menander, Plautus und Terenz in den letzten Akten statt, obwohl die Zuschauer die Blutsverwandtschaft der Kämpfenden ahnen und der Autor manchmal sogar selbst im Prolog darauf hinweist? Warum sehen wir im Tanz eine Bitte, die nach dem Einverständnis erfolgt? Was hat Glahn und Edvarda in Hamsuns „Pan" auseinandergebracht und in die Welt getrieben, obwohl sie einander liebten? Warum hat Ovid, der aus Liebe die Liebeskunst schuf, geraten, sich beim Genuß Zeit zu lassen? Der verschlungene Weg, der Weg, auf dem der Fuß die Steine spürt, der zum Ausgangspunkt zurückführende Weg, — das ist der Weg der Kunst. Das Wort kommt zum Wort, das Wort fühlt das Wort wie die Wange die Wange. Die Worte werden auseinandergenommen, und statt eines einzigen Komplexes — statt des automatisch ausgesprochenen Wortes, das herausgeworfen wird wie eine Tafel Schokolade aus einem Automaten — entsteht das Wort als Klang, das Wort als Artikulationsbewegung. Auch der Tanz ist ein Gehen, das man empfindet; noch genauer, ein Gehen, das so angelegt ist, daß man es empfindet. Und so tanzen wir hinter dem Pflug; das geschieht, weil wir pflügen, aber den gepflügten Acker brauchen wir nicht.

In alten griechischen Büchern wird erzählt... „Ein Königssohn ließ sich auf seiner Hochzeit so sehr vom Tanz hinreißen, daß er sein Gewand abwarf und nackt auf den Händen tanzte. Der erzürnte König — der Vater der Braut — rief ihm zu: ‚Königssohn, du hast deine Hochzeit vertanzt!' — ‚Das ist mir gleich', antwortete der Königssohn und tanzte weiter mit den Beinen nach oben."

Über die Ethnographische Schule

Die ethnographische Schule, deren oberster Vertreter bei uns A. N. Veselovskij war, wollte eine Poetik der Sujets aufstellen und kam dabei zu folgendem Schluß: Zu allererst müsse man die Begriffe Sujet und Motiv gegeneinander abgrenzen.

„a) Unter Motiv verstehe ich die einfachste Erzähl e i n h e i t , die bildlich den verschiedenen Bedürfnissen des primitiven Verstandes oder der Beobachtung der Umwelt entspricht. Bei Ähnlichkeit oder Übereinstimmung von Bedingungen der U m w e l t und P s y c h o l o g i e während der ersten Stadien der menschlichen Entwicklung konnten solche Motive selbständig geschaffen werden und dennoch analoge Züge aufweisen. Als Beispiele können dienen: 1) Die sogenannten *légendes des origines*, die Vorstellung von der Sonne als Auge, von Sonne und Mond als Bruder und Schwester, Mann und Frau; die Mythen über Auf- und Untergang der Sonne, über die Mondflecken, über Sonnenfinsternisse usw. 2) Die Umweltssituationen: Entführung des Mädchens — der Frau (Episode der Volkshochzeit), die Trennung (in Märchen) usw.

b) Unter S u j e t verstehe ich ein Thema, in dem verschiedene Situationen — Motive angelegt sind; Beispiele:

1) Die Märchen von der Sonne (und ihrer Mutter, die griechische und malaiische Legende von der menschenfressenden Sonne).

2) Die Märchen von einer Entführung.

Je komplizierter die Kombination von Motiven (wie das Lied als Kombination stilistischer Motive), je unlogischer sie ist, und je mehr Motive an ihr teilhaben, um so schwerer fällt es, bei Analogie z. B. zweier ähnlicher Märchen verschiedener Volksstämme, anzunehmen, daß sie durch psychologische Selbstzeugung aufgrund von gleichartigen Vorstellungen und Umweltsbedingungen entstanden sind. In solchen Fällen kann sich die Frage stellen, ob hier nicht ein Sujet, das bei einem Volk ausgebildet wurde, zu h i s t o r i s c h e r Z e i t von einem anderen Volk e n t l e h n t worden ist." (Sobranie sočinenij Veselovskogo [Gesammelte Werke Veselovskijs], izd. Akademii Nauk, SPb. 1913, Bd. II, Heft 1, S. 11).

„... wenn wir in national verschiedenartiger Umwelt auf eine Formel mit ein und derselben zufälligen Reihenfolge b $(a + bb^1 b^2$ usf.)

treffen, darf man eine solche Übereinstimmung nicht unbedingt übereinstimmenden psychischen Prozessen zuschreiben; wenn es 12 solcher *b* gibt, dann ergibt sich nach der Berechnung von Jacobs (Folk-Lore, III, S. 76) eine Wahrscheinlichkeit für unabhängiges Zustandekommen im Verhältnis von 1 : 479 001 599, und wir können mit Recht von einer Entlehnung durch jemanden bei jemandem sprechen" (ibid., S. 4).

Doch besteht eine Kongruenz von Sujets auch dort, wo eine Entlehnung nicht angenommen werden kann, z. B. stimmt das Märchen nordamerikanischer Indianer von den Vögeln, die sich einen König wählten, wobei sich herausstellt, daß der durch seine List Gewählte der Kleinste ist, in hohem Grade mit einem europäischen Märchen des gleichen Themas überein (Klinger); ebenso stimmt ein Märchen aus Sansibar mit dem Grimmschen Märchen Nr. 15 überein (siehe Veselovskij, Bd. II, Heft 1, S. 19).

Besonders bemerkenswert ist die von Potanin gezogene Parallele zwischen der Geschichte von Bata und seiner Frau Anupa (eine ägyptische Geschichte von zwei Brüdern) und dem türkischen Märchen von Idig (Vostočnye motivy, S. 628).*

Ich weise darauf hin, daß zwischen der Aufzeichnung dieser beiden Märchen ungefähr viertausend Jahre liegen. Zwar nimmt man in solchen Fällen zu der Hypothese Zuflucht, das Märchen sei von Kolonisten herübergebracht worden, aber diese Erklärung erinnert allzusehr an die Annahme Voltaires, daß die versteinerten Meermuscheln auf den Alpen von Pilgern dorthin gebracht worden seien. Außerdem ist es vollkommen unverständlich, warum bei einer Entlehnung die z u - f ä l l i g e Reihenfolge der Motive erhalten geblieben sein soll. Bei Zeugenaussagen wird am stärksten gerade die Reihenfolge der Ereignisse entstellt. Außerdem zeichnet sich das Märchen, selbst wenn es in derselben sprachlichen Sphäre bleibt, ganz und gar nicht durch solch große Texttreue aus. — „Hören wir einem M ä r c h e n e r z ä h l e r zu. Bei einem guten werden die Worte aufgefädelt wie Glasperlen, man hört sogar einen Rhythmus und ganze Verse. Aber das trifft nur bei den Märchen zu, die er sich fest e i n g e p r ä g t , die er oft erzählt hat. Der Rhythmus ist zufällig, die Verse bestehen sichtlich aus den üblichen Wendungen der Byline. Läßt man ihn wiederholen, gibt er vieles mit anderen Worten wieder. Fragt man, ob dieses Märchen nicht noch jemand anders kennt, — verweist er auf N. N., einen M a n n a u s d e m s e l b e n D o r f . N. N. hat es zusammen mit ihm von dem und dem Alten oder Durchreisenden gehört. Bittet man N. N., dasselbe Märchen zu erzählen, dann wird es nicht nur in einer anderen

---

* G. N. Potanin. Vostočnye motivy v srednevekovom evropejskom épose [Orientalische Motive im mittelalterlichen europäischen Epos]. M. 1899.

Sprache, in einem anderen Redestil, sondern manchmal auch in anderer Art wiedergegeben. Der eine führt traurige Einzelheiten ein oder bewahrt sie, der zweite trägt oder behält eine spöttische Sicht auf bestimmte Episoden bei, der dritte wählt oder ergänzt aus einem anderen Märchen (oder aus dem B e s t a n d, der dem ganzen Volk der M ä r - c h e n e r z ä h l e r gemeinsam ist; dazu später mehr) eine andere Lösung, es erscheinen neue Gestalten, neue Abenteuer. Man fragt ihn weiter aus, wie er das Märchen kennengelernt hat: im Ladoga- oder Onega-See hat er Fische gefangen, am Hafen, in der F i s c h e r h ü t t e oder am Lagerfeuer hat er viele Märchen gehört. Die einen erzählte man sich bei den Povenčanen, die anderen bei den Zaolonežanen, wieder andere bei den Kareliern, weitere bei den Schweden (Finnen). Soviel er seiner Anlage nach auffassen und behalten konnte, hatte er aufgefaßt und behalten, und das waren bei ihm kaum z w e i — d r e i Märchen, die bekannten, dem ganzen Volk gehörigen Vorstellungen wurden in das bekannte Kleid gesteckt und erhielten den bekannten Redestil." Aus „D a s M ä r c h e n i s t e i n S p e i c h e r" (Rybnikov. Pesni. M. 1910. Pis'ma. Bd. III, S. 321).[*]

Das Märchen zerfällt und wird neu geschaffen. Ich ziehe das Fazit: Zufällige Übereinstimmungen sind unmöglich. Übereinstimmungen erklären sich nur aus dem Vorhandensein besonderer Gesetze der Sujetfügung. Selbst die Annahme von Entlehnungen erklärt nicht die Existenz gleichartiger Märchen bei einem Abstand von Tausenden von Jahren und Zehntausenden von Meilen. Deshalb stimmt die Rechnung von Jacobs nicht; er geht vom Nichtvorhandensein der Gesetze der Sujetfügung und von einer zufälligen Anordnung der Motive zu Reihen aus. In Wirklichkeit zerfallen die Märchen ständig und fügen sich erneut zusammen, und zwar auf der Grundlage von besonderen, noch unbekannten Gesetzen der Sujetfügung.

Über Motive

Auch in der Frage der Herkunft der Motive kann man viel gegen die ethnographische Theorie einwenden. Die Vertreter dieser Lehre erklärten die Übereinstimmung von Erzählmotiven mit der Identität von Lebensformen und religiösen Vorstellungen. Diese Lehre hat ihr ausschließliches Augenmerk auf die Motive gerichtet, die Frage nach der Bedeutung des wechselseitigen Einflusses der Märchenschemata nur nebenbei berührt und sich für die Gesetze der Sujetfügung überhaupt nicht interessiert. Aber auch ganz abgesehen davon ist die Grundlage der ethnographischen Theorie ungenau. Ihr zufolge sind Motive und

---

[*] Genauen Titel siehe S. 25, Anm. **.

Situationen in Märchen Erinnerungen an tatsächlich vorhanden gewesene Verhältnisse. So zeuge z. B. die Blutschande in den Märchen von primitivem Hetärismus, hilfreiche Tiere seien Spuren von Totemismus, der Brautraub in den Märchen sei die Erinnerung an Eheschließung mittels Entführung. Mit dergleichen Erklärungen sind alle Arbeiten regelrecht überladen, insbesondere die von A. N. Veselovskij. Um zu zeigen, wohin diese Erklärung der Herkunft von Motiven führt, will ich eine klassische Untersuchung über die Herkunft eines Märchens analysieren. Ich führe sie hier an. Es handelt von Dido, die mit Hilfe einer List Land erwirkt. Die Untersuchung stammt von V. F. Miller (in der „Russkaja Mysl'" [Russischer Gedanke], Nov. 1894, S. 207 bis 229: „Vsemirnaja skazka v kul'turno-istoričeskom osveščenii" [Das Märchen der Welt in kulturhistorischer Sicht]). Das Sujet, Landerwerb mit Hilfe einer Kuhhaut, die in Riemen zerschnitten wird, um damit ein möglichst großes Stück zu fassen, findet V. F. Miller in der klassischen griechischen Überlieferung von Dido, die von Vergil verwendet worden ist, in drei lokalen indischen Überlieferungen, in einer indochinesischen Überlieferung, einer byzantinischen aus dem 15. Jahrhundert und in einer türkischen, die sich beide auf den Bau einer Festung am Ufer des Bosporus beziehen, in einer serbischen Überlieferung, in einer isländischen Saga vom Sohn des Ragnar Lodbrok, Ivar, in der dänischen Geschichte des Saxo Grammaticus aus dem 12. Jahrhundert, in der Chronik Gottfrieds (ebenfalls 12. Jahrhundert), in einer schwedischen Chronik, in der Gründungssage von Riga, aufgezeichnet von Dionysius Fabricius, in der Überlieferung von der Gründung des Kirillo-Beloozero-Klosters (mit tragischer Lösung), in der Pskover Volkslegende über den Bau der Mauern des Pečerskij-Klosters zur Zeit Ivan des Schrecklichen, im Černigover kleinrussischen Märchen über Peter den Großen, in der Legende der Syrjänen von der Gründung Moskaus, in der kabardinischen Überlieferung von der Gründung des Kudenetov-Aul (der Held ist ein Jude) und schließlich in den Erzählungen nordamerikanischer Stämme über die betrügerische Landnahme durch die europäischen Kolonisten. Nachdem er auf diese Weise in erschöpfender Vollständigkeit alle Bearbeitungen dieses Sujets verfolgt hat, macht V. F. Miller auf die Besonderheit aufmerksam, daß die betrogene Seite nicht gegen die gewaltsame Landnahme durch die andere Seite protestiert, was natürlich an der Bedingtheit liegt, die für jedes Werk gilt, und die darin besteht, daß sich die Situationen von ihrer realen Wechselbeziehung befreien und einander nach den Gesetzen einer bestimmten künstlerischen Verflechtung beeinflussen. „In der

Erzählung" — behauptet V. F. Miller — „spürt man die Überzeugung, daß mit der Umgrenzung eines Landstücks durch einen Riemen ein juristischer Akt vollzogen wird, der Gesetzeskraft hat" (S. 227). Eine Vorstellung vom Sinn dieses Aktes gäbe eine vedische Legende, die in das älteste indische religiöse Werk, „Çatapatha Brâhmana", gelangt ist. Nach dieser Legende messen die den Göttern feindlichen Geister, die Asuren, Land mit einer Ochsenhaut aus und teilen es unter sich. In Übereinstimmung mit dieser Legende habe im Altindischen das Wort *go* die Bedeutung ‚Land', ‚Kuh' — das Wort *gocarman* (‚Kuhhaut') bezeichnete eine bestimmte Fläche Landes. „In Parallele zur altindischen Benennung eines Landmaßes *(gocarman)* kann man" — sagt V. F. Miller — „das angelsächsische *hyd,* engl. *hide,* setzen, das ursprünglich Haut bedeutete (vgl. das deutsche *Haut),* und dann ein bestimmtes Stück Land, das 46 Morgen entspricht. Von daher wird es sehr wahrscheinlich, daß das indische *gocarman* ursprünglich ein Stück Land bezeichnet hat, das man mit einer in Riemen geschnittenen Kuhhaut fassen kann. Und erst dann, als die alte Bedeutung vergessen war, bezeichnete das Wort eine Fläche, auf der man gedrängt hundert Kühe mit ihren Kälbern und einen Stier unterbringen kann" (S. 229).

Wie wir sehen, ist im zitierten Werk die Arbeit an der Erklärung der „brauchtümlichen Grundlagen" nicht nur bis zu Ende, sondern auch ad absurdum geführt worden. Es erweist sich, daß die betrogene Seite — und in allen Varianten des Märchens geht es um Betrug — deshalb nicht gegen die Landnahme protestiert, weil Land allgemein auf diese Weise gemessen wurde. Es ergibt sich Nonsens. Wenn zum Zeitpunkt der angenommenen Handlung des Märchens der Brauch, Land „soviel man mit einem Riemen umfassen konnte" zu messen, bestand, und sowohl den Verkäufern als auch den Käufern bekannt war, dann gäbe es nicht nur keinen Betrug, sondern auch kein Sujet, denn der Verkäufer hätte ja selbst gewußt, worauf er sich einließ.

Den Brautraub im Märchen, in dem man gewöhnlich die Darstellung eines früher wirklich vorhandenen Brauches sieht, kann man ebenfalls kaum als Wiedergabe eines brauchtümlichen Phänomens ansehen. Mit vollem Recht nimmt man an, daß die Hochzeitsriten, in denen man ein Überbleibsel jenes Brauches sieht, Zauber sind, gegen den bösen Geist, der der Neuvermählten Schaden bringen kann ... „Davon können wir uns teilweise aufgrund der Analogien mit anderen Einzel-

heiten des Hochzeitsrituals überzeugen, so etwa mit dem Hochzeits-
hahn, der gewöhnlich Gegenstand von Hochzeitsvergnügungen ist und
eine große Rolle auf der kleinrussischen und bulgarischen Hochzeit
spielt... Somit gehen wir nicht fehl, wenn wir als Résumé unserer
Argumentation sagen, daß bei denjenigen zeitgenössischen Völkerschaf-
ten, bei denen die r ä u b e r i s c h e E n t f ü h r u n g v o n F r a u e n
praktiziert wird, d i e s e e n t s t a n d e n i s t a u s e i n e r u r -
s p r ü n g l i c h e n r i t u e l l e n E n t f ü h r u n g , a l s i h r e D e g e -
n e r a t i o n. Was jedoch die Hochzeitsriten betrifft, die man gemeinhin als Rituale ansieht, die eine Entführung simulieren, so muß man
sie, weil sie, ebenso wie der Brauch der rituellen Entführung, in enger
Verbindung mit ursprünglichen religiösen Vorstellungen des Volkes
stehen, lediglich als Maßnahmen verstehen, welche die Hochzeitsfahrt
vor den Einwirkungen böser Geister schützen sollen" (N. S. Deržavin,
in: Sbornik statej, posvjaščennych V. 1. Lamanskomu [Festschrift V. I.
Lamanskij], Teil I, SPb. 1907, S. 208). Ich schlage einen Vergleich dieser
Ansicht mit der Meinung von Ernest Crawley („Mističeskaja roza",
1905)* vor, der ebenfalls die Existenz einer Heirat durch Entführung
verneint, S. 352—359). Ebenso verhält es sich mit dem Sujet „Der
Mann auf der Hochzeit der Frau". Crooke, und mit ihm auch Veselovskij, erklärt seine Entstehung mit dem Brauch des Levirats, d. h.
mit dem Brauch, den Verwandten des Mannes Rechte auf dessen Frau
zuzuerkennen. Wenn diese Erklärung richtig ist, dann ist der Zorn
des Odysseus unverständlich, der offensichtlich von diesem Brauch
nichts weiß.

Ohne die Möglichkeit zu bestreiten, daß Motive auf der Grundlage
des Brauchtums entstehen können, möchte ich darauf hinweisen, daß
für die Schaffung solcher Motive gewöhnlich eine Kollision von Bräu-
chen, ihre Widersprüchlichkeit, verwendet wird. Die Erinnerung an
einen nicht mehr gültigen Brauch kann für den Aufbau eines Konflikts
verwendet werden.

So beruht bei Maupassant eine ganze Reihe von Erzählungen („Der
Greis" und viele andere) auf der Darstellung eines schlichten, unpathe-
tischen Verhältnisses, das der französische Bauer dem Tod gegenüber
besitzt. Man sollte meinen, daß Grundlage des Aufbaus der Erzählung
die einfache Wiedergabe der Lebensumstände sei. In Wirklichkeit aber
ist die ganze Erzählung auf einen Leser aus anderem Milieu, mit einem
anderen Verhältnis zum Tod berechnet. Gleichen Charakter hat die
Erzählung „Die Rückkehr": Ein Mann kehrt nach einem Schiffbruch
heim, seine Frau ist mit einem anderen verheiratet; die beiden Männer
trinken friedlich Wein; auch der Schankwirt wundert sich nicht. Diese

---

* Übersetzung des engl. Originals: Alfred Ernest Crawley. The Mystic Rose.
A Study of primitive Marriage. London 1902.

Erzählung ist auf einen Leser berechnet, der sowohl das Sujet „Mann auf der Hochzeit der Frau" kennt als auch ein weniger schlichtes Verhältnis zu diesen Dingen hat. Auf diese Weise wirkt sich hier dasselbe Gesetz aus, das aus einem Brauch die Grundlage für die Schaffung eines Motivs macht, wenn dieser Brauch nicht mehr gebräuchlich ist.

Als allgemeine Regel möchte ich hinzufügen: Ein Kunstwerk wird wahrgenommen auf dem Hintergrund und auf dem Wege der Assoziierung mit anderen Kunstwerken. Die Form des Kunstwerks bestimmt sich nach ihrem Verhältnis zu anderen, bereits vorhandenen Formen. Das Material des Kunstwerks wird ständig mit Pedal gespielt, d. h. es wird herausgehoben, „zum Tönen gebracht". Nicht nur die Parodie, sondern überhaupt jedes Kunstwerk wird geschaffen als Parallele und Gegensatz zu einem vorhandenen Muster. Eine neue Form entsteht nicht, um einen neuen Inhalt auszudrücken, sondern um eine alte Form abzulösen, die ihren Charakter als künstlerische Form bereits verloren hat (siehe Anhang S. 121).

Anmerkung: Vgl. B. Christiansen. Filosofija iskusstva [Philosophie der Kunst]. SPb. 1911: „Ich hebe nur eine Gruppe von nicht sinnfälligen Formen heraus — die wichtigste meines Erachtens: die Differenzempfindungen oder die Empfindungen von Unterschieden. Wenn wir etwas als Abweichung vom Gewöhnlichen, Normalen, von einem geltenden Kanon erfahren, entsteht in uns ein emotionaler Eindruck besonderer Qualität, der seinem Typus nach nicht von den emotionalen Elementen der sinnfälligen Formen verschieden ist, nur daß sein Antecedens ein Empfinden von Inkongruenz ist, also etwas, was der sinnlichen Wahrnehmung unzugänglich ist. Es ist das ein Bereich von unerschöpflicher Vielfalt, weil die Differenzeindrücke sich qualitativ nach ihrem Ausgangsmoment, nach ihrer Stärke und ihrer Divergenzlinie unterscheiden . . .

Warum erschließt sich uns die Lyrik eines fremden Volkes niemals ganz, selbst wenn wir seine Sprache erlernt haben? Das Spiel der Gleichklänge hören wir, wir nehmen einen Reim als Reim wahr und spüren den Rhythmus, wir verstehen den Sinn der Worte und begreifen Bilder, Vergleiche und Inhalt: wir können alle sinnfälligen Formen, alle Gegenstände fassen. Was fehlt denn dann noch? Die Differenzeindrücke: die geringfügigen Abweichungen vom Gewöhnlichen in der Wahl der Ausdrücke, in der Kombination der Worte, in der Anordnung und Wendung der Sätze — das alles kann nur erfassen, wer im Element der Sprache lebt, wer dank dem lebendigen Bewußtsein des Normalen durch jede Abweichung davon, gleich einer Sinneserregung unmittelbar betroffen ist. Aber der Bereich des Normalen in der Sprache erstreckt sich noch weiter. Jede Sprache verfügt über einen charakteristischen Grad von Abstraktheit und Bildhaftigkeit; die Wiederholung bestimmter Lautverbindungen und einige Arten von Vergleichen gehören zum Bereich des Gewohnten: jede Abweichung vom Normalen empfindet in ihrer ganzen Wirksamkeit nur der, dem die Sprache vertraut ist wie die Muttersprache; aber dafür trifft ihn jede Änderung eines Ausdrucks, eines Bildes, einer Wortverbindung wie ein Sinneseindruck ...

Hierbei eröffnet sich die Möglichkeit von doppelten und rückläufigen Differenzen. Ein bestimmter Grad des Unterschieds vom Gewohnten kann seinerseits Ausgangspunkt und Maß für die Abweichungen werden, so daß hier jede Rückkehr zum Gewohnten als Unterschied wirkt ...

Diesen gleichen Gedanken spricht im Grunde auch Nietzsche in einem Aphorismus über „gute Prosa" aus: nur „im Angesicht der Poesie" kann man gute Prosa schreiben, sie stellt einen unaufhörlichen, höflichen Krieg mit der Poesie dar, und ihr ganzer Reiz besteht darin, daß sie die Poesie beständig vermeidet und ihr widerspricht. Wenn eine Poesie unmöglich ist, die sich nicht in einem bestimmten Abstand von normaler Prosa hält, dann wahrt ihrerseits die Prosa angemessene Distanz von der Poesie.

Alles, was Kanon sein kann, wird zum Ausgangspunkt für aktive Differenzempfindungen. In der Poesie ist es das geometrisch starre Rhythmussystem: die Worte ordnen sich ihm unter, jedoch nicht ohne einige Nuancen, nicht ohne Widersprüche, die die Strenge des Versmaßes mildern. Jedes Wort will seine eigene Silbenbetonung und Länge behalten und erweitert den ihm zugebilligten Raum im Vers oder engt ihn ein wenig ein: so entstehen die Eindrücke kleiner Abweichungen vom strengen System. Weiterhin gilt der Gegensatz von Sinn und Vers: der Vers erfordert die Hervorhebung einzelner Silben, auf die der Hauptton fallen muß, aber der Sinn verschiebt unmerklich den Akzent auf andere Silben. Sodann die Abgrenzung jeder Verszeile von den benachbarten: die Bindung, die der Sinn erfordert, springt über die Zwischenräume hinweg und gestattet es nicht immer, eine Pause zu machen, die am Ende einer Verszeile eintreten muß, und verschiebt sie vielleicht auf die Mitte der folgenden Verszeile. Dank den Betonungen und Pausen, die für den Sinn unerläßlich sind, wird das Grundschema ständig verletzt. Diese Unterschiede beleben den Bau der Verszeilen. Aber das Schema erfüllt über seine rhythmischen formalen Eindrücke hinaus noch eine Funktion: Maßstab für die Abweichungen und damit Grundlage der Differenzeindrücke zu sein. Das gilt auch für die Musik: man muß die mathematische Konzeption des Taktes als Hintergrund empfinden, damit sich der lebendige Fluß der Töne davon abheben kann. Auch das wird durch das Zusammenwirken der feinsten Nuancen von Unterschieden erreicht."

Stufenbau und Verlangsamung

Es gibt Leute, die meinen, Ziel der Kunst sei es, etwas zu erleichtern oder einzuprägen oder zu verallgemeinern. Ihnen reicht die Dampframme zum Einschlagen von Pfählen nicht, und sie ziehen für diese Arbeit den Rhythmus heran (siehe hauptsächlich: K. Bjucher. Rabota i ritm. SPb. 1899).* Dabei ist auch klar für jeden, der Augen hat zu

---

* Übersetzung des deutschen Originals: Karl Bücher. Arbeit und Rhythmus. Leipzig 1896.

sehen, wie fern Kunst der Verallgemeinerung steht, und wie nah der Aufsplitterung. Kunst, die natürlich kein Marsch zu klingendem Spiel ist, sondern Tanz, ein Gehen, das man empfindet, genauer, eine Bewegung, die nur darauf angelegt ist, daß man sie empfinde. Das praktische Denken geht auf Verallgemeinerung aus, auf die Schaffung von möglichst weiten, allumfassenden Formeln. Die Kunst dagegen „mit ihrem Durst nach Konkretem" (Carlyle) beruht auf Gestuftheit und Aufsplitterung sogar dessen, was als Verallgemeinerung und Einheit gegeben ist. Zum gestuften Bau gehört die Wiederholung mit ihrem Spezialfall, dem Reim (siehe den Aufsatz von O. Brik, „Zvukovye povtory" [Lautwiederholungen]), die Tautologie, der tautologische Parallelismus, der psychologische Parallelismus, die Verzögerung, die epischen Wiederholungen, die Märchenriten, Peripetien und viele andere Sujetverfahren. Die Abfolge von gleichartigen Wörtern des Typs „ich befehle", „ich ordne an" u. ä. begegnet sehr häufig im gehobenen englischen Geschäftsstil, wie Dickens („David Copperfield") bemerkt hat. Sie war normal in der antiken oratorischen Prosa (F. Zelinskij). Diese Erscheinung stellt in der Volksdichtung eine Art allgemeine Regel dar. Ich zitiere Beispiele aus dem Buch von Dovnar-Zapol'skij, „Pesni pinčukov" [Lieder der Pinčuken] (Kiev 1895, S. 200): „Barabany b'jut-vybivajut, bubnuški-barabany, veet-povevaet, višen'kačerešenka, velela-kazala, guljaet-pogulivaet, greet-pogrevaet, gydbryd, gorit-kuritsja, žurliva-svarliva, žur'ba-pečal', žit'e-byt'e, znaetvedaet, krynica-vodica, voda-ključica, ljubila-kochala, napisano-nanotovano, plačet-tužit, plačet-rydaet, posejano-posaženo, pit'-guljat', ne prišel-ne priechal, rugaet-branitsja, stuknut'-bruknut', travuškamuravuška, chleb-sol', častyj-gustoj, šumit-gudit, šila-vyšivala usw." Ich zitiere Beispiele aus dem Buch von Prof. Speranskij. „Russkaja ustnaja slovesnost'" [Russische mündliche Dichtung], [M. 1917] (S. 146): „Die russische Dichtung liebt offenbar dieses Verfahren besonders und erreicht in dieser Hinsicht eine große Vielfalt von Formen: diese oder die einfache Wiederholung ein und desselben Wortes oder gleichklingender Wörter, die den gleichen Sinn haben: čudnym čudno, divnym divno, prjamoezzaja dorožen'ka, prjamoezžaja . . .; zagoralisja, zagoralisja dubovye drova, u. ä. m., oder aber (besonders häufig) die Wiederholung der Präposition, wie: vo slavnom vo gorode vo Kieve; kto by nam skazal pro staroe, pro staroe, pro byvaloe, pro togo li Il'ju pro Muromca? Oder aber (ebensooft) die Wiederholung ein und

desselben Wortes oder derselben Wendung in zwei aufeinanderfolgenden Verszeilen, die Wiederholung des Schlußworts der voraufgehenden
Zeile am Anfang der folgenden:

> Diesen Zobel, den fremdländischen,
> Fremdländischen Zobel, den langohrigen,
> Langohrigen Zobel, den flaumigen.

Manchmal erscheint die Wiederholung als Verneinung des Gegenteils:
auf dem geraden Weg, nicht auf dem Umweg; (es zeigte sich) zum
großen Ärger, nicht zum kleinen; ein Junggeselle, unverheiratet. Hierzu
muß man auch das Nebeneinanderstellen von synonymen Ausdrücken
rechnen: ohne Kampf, ohne Schlacht und Blutvergießen; vor Kummer
und Herzeleid; Hab und Gut; Kummer und Harm; in diesen Zeiten
und Jahren, u. ä. m. Manchmal sind es zwei Wörter, das eine einhei-
misch, das andere entlehnt oder mundartlich: talant-učast', basa-krasa,
krasen-kupav, u. ä. m. Oder das eine Mal ein Art-, das andere Mal
ein Gattungsbegriff: Hecht-Fisch, Vogel-Meise, Pfriemengras-Gras.
Bei weiterer Entfaltung wird die einfache Wiederholung zur Wiederholung ganzer Episoden der Erzählung, besonders der effektvollen
und beifällig aufgenommenen, so zum Beispiel der Episoden in der
Byline vom Kampf Dobrynjas und Dunajs (Beschreibung von Dunajs
Zelt, Ankunft Dobrynjas, über Dobrynja und Aleša, der Auftrag
Dobrynjas an seine Frau und die daraus entstehenden Folgen). Als ein
besonders deutliches Beispiel für eine Wiederholung kann man auf die
Kampfepisode zwischen Potyk und der unterirdischen Schlange verweisen (Gil'ferding, Nr. 52).* Schließlich muß man hierzu natürlich
auch die Verbindung zweier Worte rechnen, die zu verschiedenen
grammatikalischen Kategorien gehören, aber durch ihre Wurzel verbunden sind: most mostit', zolotom zolotit', zimu zimovat', kolom
kolotit', klič' klikat', slychom ne slychat' i vidom ne vidat', dožd'
doždit', polon polonit' usw.

Die Verwendung von Synonymen war ein bevorzugtes stilistisches
Verfahren Gogol's. „Die Besonderheit, die den Stil Gogol's kennzeichnet, beruht auf der ungewöhnlich häufigen, nahezu beständigen Verwendung zweier synonymer Ausdrücke nebeneinander, ohne jede Notwendigkeit für größere Klarheit oder Bestimmtheit des Gedankens.
Fast immer erweist sich einer der Ausdrücke als vollständig überflüssig,
weil er eine bloße Wiederholung des anderen darstellt und nur selten
ein Merkmal deutlicher hervortreten läßt. Man kann sich davon überzeugen, wenn man diese Erscheinung sogar über eine verhältnismäßig
kurze Strecke verfolgt: ‚Wem ich von den Nächsten wirklich teuer war,

---

* Onežskie byliny, zapisannye Aleksandrom Fedorovičem Gil'ferdingom letom
1871 goda [Bylinen vom Onegasee, aufgezeichnet von A. F. Gil'ferding im Sommer
1871]. 3 Bde. SPb. 1894—1909 (Sbornik OR JaS, LIX—LXI).

der wird mir ein Denkmal errichten... in sich selbst... durch Festigkeit im Lauf des Lebens, durch E r m u t i g u n g und E r q u i c k u n g
aller, die um ihn sind.' Oder in der gleichen Art, aber in verbaler Form:
‚um einem Mitbruder mit klugem Rat helfen zu können... damit er
ihn e r m u t i g e und e r q u i c k e durch ein verständiges Geleitwort'.
Oder noch in der Form des Partizips: ‚Sie werden das gerade so erfüllen, wie es sich gehört und wie es die Regierung selbst fordert, das heißt
mit e r m u t i g e n d e r, e r q u i c k e n d e r K r a f t...'; ‚Man kann
mit Maßnahmen vorgehen, die nicht von Z w a n g und G e w a l t
begleitet sind, sondern...'; ‚Die direkten Stellen wurden k r a f t l o s
und s c h w a c h durch die Einführung indirekter...'; ‚H a s t e n
S i e, e i l e n S i e n i c h t, s i e z u u n t e r w e i s e n...' usw." Prof.
Mandel'štam führt in seinem Buch „O charaktere Gogolevskogo
stilja" [Über den Charakter des Gogol'schen Stils], Helsingfors 1902,
noch eine Reihe solcher Beispiele an (S. 145—148). Bei Puškin finden
sich: „grozoj grozit'sja" [durch Schrecken schrecken] und „zamkom
zamknutyj" [mit Schloß verschlossen] (siehe den Aufsatz Briks, „O
zvukovych povtorach").

In dieser Erscheinung wird die übliche Regel wirksam: D i e F o r m
s c h a f f t s i c h d e n I n h a l t. Wenn deshalb in der Sprache das
entsprechende paarige Wort fehlt, nimmt die Stelle eines Synonyms
ein willkürliches oder abgeleitetes Wort ein. Zum Beispiel: kudy-mudy,
pljuški-mljuški (Gouvernement Saratov), pikniki-mikniki (Teffi),
šalosti-malosti (Odessa) usw. Alle diese Fälle von verzögertem, gestuf-
tem Bau werden gewöhnlich nicht zusammengefaßt, und man versucht, jedem dieser Fälle eine besondere Erklärung zu geben. So will
man beispielsweise scharf trennen zwischen psychologischem und tau-
tologischem Parallelismus. Ein Parallelismus des Typs:

> Die Tanne ist winters [und] sommers froh [grün]
> Unsere Malaška ist alle Tage groß [froh]*

ist nach Ansicht von A. N. Veselovskij ein Nachklang des Totemismus
und jener Zeit, als die einzelnen Volksstämme Bäume für ihre Urväter
hielten (Veselovskij, Sočinenija, Bd. I, S. 133). Folglich meint Veselovskij, daß ein Sänger, wenn er Mensch und Baum vergleicht, beide
verwechselt oder seine Großmutter sie verwechselte. Dieser (psychologische) Parallelismus unterscheidet sich nach Ansicht Veselovskijs

---

* Das russische Zitat lautet bei Veselovskij: „Elinočka zimu i leto zelena / Naša
Malanka nešto dzen' vesela" (zitiert nach: A. N. Veselovskij. Istoričeskaja poėtika,
L. 1940, S. 403).

scharf vom rhythmischen Parallelismus, wie ihn die hebräische, finnische und chinesische Dichtung kennt.
Veselovskij bringt ein Beispiel:

> Die Sonne wußte nicht, wo ihre Ruhe war,
> Der Mond wußte nicht, wo seine Kraft war.

Von dieser musikalisch-rhythmischen Tautologie, die nach Ansicht Veselovskijs von der chorischen oder amöbäischen Art der Ausführung herrührt, wird der psychologische Parallelismus scharf unterschieden; aber auch die Formeln des psychologischen Parallelismus wandeln sich manchmal, oder mit Veselovskij gesprochen, sie „s i n k e n a b" (Veselovskij, Sočinenija, Bd. I, S. 142) zu einem Typ des tautologisch-musikalischen Parallelismus. Somit erkennt auch Veselovskij wo nicht die Verwandtschaft dieser beiden Konstruktionstypen, so doch ihre gegenseitige Anziehungskraft an. Hier wird das allgemeine eigenartige Vorgehen der Dichtung erkennbar. In beiden Fällen machte sich die Notwendigkeit einer Bremsung der Bildmasse und ihrer Umformung zu eigenartigen Stufen geltend. Im einen Fall wurde zur Bildung von Stufen die Inkongruenz der Bilder benützt, im anderen die verbal-formale Inkongruenz. Z. B.:

> Wie soll ich fluchen, dem Gott nicht flucht?
> Wie soll ich schelten, den der Herr nicht schilt?
> (Numeri 23,8)

oder mit einer größeren Verschiedenartigkeit der Stufen:

> Bringet her dem Herrn, ihr Gewaltigen,
> Bringet her dem Herrn Ehre und Stärke.
> (Psalm 29)

oder Bewegung nach vorn mit Wiederaufnahme von Zeile zu Zeile:

> Denn der Herr kennt den Weg der Ehrlosen,
> Und der Weg der Ehrlosen wird vergehen.

Hier können wir eine in der Kunst übliche Erscheinung beobachten: eine bestimmte Form sucht ihre Ausfüllung nach dem Typus von Lautflecken durch Worte in lyrischen Gedichten (siehe meinen Aufsatz „O zaumnom jazyke" [Über transmentale Sprache]), die Beobachtung Veselovskijs in „Tri glavy iz istoričeskoj poètiki" [Drei Kapitel aus der historischen Poetik], Sočinenija, Bd. I, S. 234—235 und die Worte von Jean Marie Guyau über die Ausfüllung des Abstandes zwischen den Reimen in der Poesie). Deshalb werden im finnischen Epos, wo der synonymische Parallelismus kanonisch ist und die Strophen nach dem Typus gebaut sind:

> Wenn du wiederholst den Fluch,
> Deinen bösen Bann erneuerst, —

wenn in einer Zeile Zahlen vorkommen, für die es bekanntlich keine Synonyme gibt, einfach die in der Reihenfolge nächsten verwendet, wobei man die Sinnentstellung mißachtet, z. B.:

> Sechs Körnchen findet er,
> Sieben Samen nimmt er auf

oder in der finnischen Kalevala:

> In der siebenten Nacht verschied sie,
> In der achten starb sie.

Das Triolett stellt meines Erachtens eine Erscheinung dar, die dem tautologischen Parallelismus sehr nahe steht. Hier, wie auch im Rondeau, ist das Verfahren schon kanonisiert, d. h. es liegt dem Geflecht zugrunde und erstreckt sich auf das ganze Werk. Der Effekt des Trioletts beruht teilweise darauf, daß ein und dieselbe Zeile in verschiedene Kontexte gerät, was dann den nötigen Differenzeindruck ergibt. Die gleiche Stufung weist auch der psychologische Parallelismus auf, und schon die Entwicklung des negativen Parallelismus weist darauf hin, daß hier nie eine Verwechslung des Menschen mit Baum und Fluß stattgefunden hat. Hier sind einfach zwei ungleiche, aber teilweise einander deckende Figuren gegeben, wobei der Effekt darauf beruht, daß bei Inkongruenz der zweite Teil der Parallele den analogen Teil der ersten aufgreift. Als Widerlegung einer Erklärung im Sinne des Totemismus kann auch der Umstand gelten, daß die Parallele manchmal nicht zwischen Gegenständen oder den Handlungen zweier Gegenstände gezogen wird, sondern zwischen den analogen Verhältnissen zweier paarig genommener Gegenstände. Ich zitiere ein Beispiel aus einer herrlichen Častuška:

> Nicht am Himmel ziehen Wölkchen —
> An dem Himmelszelt.
> Nicht nach Mädchen schmachten Burschen —
> Nach Mädchenschönheit.

Der synonymische (tautologische) Parallelismus, mit Übergang und Wiederholung von Strophe zu Strophe, geht in etwas über, was in der Poetik des russischen Liedes Verzögerung genannt wird. Als Beispiel zitiere ich einen Ausschnitt aus der Byline von Il'ja Muromec, die für P. V. Kireevskij im Gouvernement Simbirsk aufgezeichnet worden ist:

> Ritt Il'ja auf einen hohen Hügel,
> auf einen hohen Hügel, einen felsigen,

> stellte auf ein Zelt von weißem Tuch,
> aufgestellt das Zelt, begann er Feuer zu schlagen,
> geschlagen das Feuer, begann es anzufachen,
> angefacht das Feuer, begann er Grütze zu kochen,
> gekocht die Grütze, sie auszulöffeln,
> ausgelöffelt die Grütze, begann er Ruhe zu halten ...

Das gleiche Verfahren finden wir in einem Lied, das Kireevskij in Moskau aufgezeichnet hat:

> Ich gehe, ich schönes Mädchen,
> aufs freie Feld zu wandern,
> schlimme Wurzel zu sammeln.
> Ich, gesammelt die schlimme Wurzel,
> weiß, ganz weiß wasche ich sie aus.
> Ich, ausgewaschen die Wurzel,
> trocken, ganz trocken trockne ich sie aus.
> Ich, ausgetrocknet die schlimme Wurzel,
> fein, ganz fein mahle ich sie.
> Ich, fein gemahlen die schlimme Wurzel,
> süßes Gebräu braue ich.
> Gebraut süßes Gebräu,
> den Freund zu Gast lade ich ein.
> Ich, den Freund zu Gast geladen,
> auf das Bett setze ich ihn.
> Gesetzt auf das Bett usw.

Für solche Verzögerung gibt es eine Menge Beispiele. Aber dank der Unachtsamkeit der Leute, die in den Liedern Brauchtum, Seele und Philosophie suchten, sind viele Beispiele verschollen. In der Sammlung russischer Lieder des Akademiemitglieds A. I. Sobolevskij z. B. sind alle Wiederholungen eliminiert worden. Der ehrenwerte Akademiker teilte wohl auch die Auffassung, daß Literatur nur insoweit interessant ist, als sich in ihr Kulturgeschichte spiegelt.

Eigenartige Fälle von Verzögerung begegnen uns im altfranzösischen Poem über Renaus de Montauban. Dort stoßen wir auf folgende, sich endlos hinziehende Episode. — Karl will den gefangenen Richard aufhängen und fordert den Ritter Béranger zur Vollstreckung des Urteils auf. Béranger antwortet: „Verflucht sei, wem es einfällt, in schändlicher Weise einen Besitz einzubehalten." Da wendet sich Karl der Reihe nach an Ogier und weitere sechs Ritter und wiederholt mit unbedeutenden Änderungen seine Worte, und von jedem von ihnen erhält er die gleiche Antwort. Jedesmal ruft Karl aus: „Nichtsnutz, Gott wird dich strafen, aber, ich schwör's beim Barte Karls, er wird gehenkt." Schließlich übernimmt einer der Ritter den Auftrag...

Mit der Verzögerung geschieht das gleiche wie mit dem Parallelismus: eine bestimmte Form sucht ihre Ausfüllung, und wenn bei der Arbeit an der Herstellung von Stufen Zahlen vorkommen, dann geht man mit ihnen höchst eigenartig um, — entsprechend dem Gesetz des jeweiligen Geflechts:

> Junge Nachtigall,
> sing nicht früh im Frühling,
> sing nicht süß und sing nicht laut:
> dann ist dem Jüngling nicht so unerträglich.
> Nicht so unerträglich, nicht so bitter,
> ich weiß selbst nicht, warum, ich weiß nur,
> daß es von ihr kommt, von der Lieben, von der Seinen,
> daß meine Geliebte verschwunden ist,
> ist verschwunden, ist gegangen über glatt vierhundert,
> über vier, über fünfhundert, über zwölf Städte,
> über zwölf, über dreizehn,
> nach der ruhmreichen Stadt, nach Moskau.

Veselovskij hat (in seinem Aufsatz „Épičeskie povtorenija, kak chronologičeskij moment" [Epische Wiederholungen als chronologisches Moment], Sočinenija, Bd. I, S. 86 ff.) diese eigenartigen Wiederholungen, die von Zeile zu Zeile übergreifen, mit dem Mechanismus der Ausführung (Veselovskijs üblicher Erklärung) erklärt: er vermutete, daß diese Werke (oder die Prototypen dieser Werke — ein sehr wichtiger Umstand, der in seinem Aufsatz nicht genügend geklärt wird) ursprünglich amöbäisch ausgeführt worden seien und die Wiederholungen sich beim Aufgreifen des von Sänger zu Sänger weitergegebenen Liedes ergeben hätten. Zitieren wir Beispiele für Wiederholungen:

„Die Sarazenen haben die Nachhut Karls umzingelt; Olivier sagt zu seinem Gefährten Roland, daß der Feinde viele seien; möge er in sein Horn stoßen, daß Karl es höre und zu Hilfe komme. Doch Roland lehnt ab, und diese Situation wird auf folgende Weise dreifach entfaltet:

LXXXIV. Gefährte Roland, stoß in dein Horn! Karl wird es hören und mit seinem Heer zurückkehren. Antwortet Roland: Ich würde unverständig vorgehen, im lieben Frankreich meinen ruhmreichen Namen verlieren. Ich werde mit Durendal so mächtige Schläge austeilen, daß sich die Klinge bis zum Schwertknauf rötet. Zu einer schlimmen Zeit sind die ungläubigen Heiden zu den Schluchten gekommen; ich versichere dir, alle sind sie zum Tode verdammt.

LXXXV. Gefährte Roland, stoß in den Olifant, Karl wird ihn hören und dem Heer befehlen, zurückzukehren ... Antwortet Roland: Möge der Herr nicht zulassen, daß durch mich meine Sippe in Schande gerät und das geliebte Frankreich erniedrigt wird, wenn ich wegen der Ungläubigen in mein Horn stieße. Nein, ich werde kräftig mit Durendal roden ... Ihr werdet alle seine blutige Klinge sehen. Zu einer schlimmen Zeit haben sich hier die heidnischen Ungläubigen versammelt; ich versichere dir, alle sind sie zum Tode verurteilt.

LXXXVI. Gefährte Roland stoß in deinen Olifant! Karl wird ihn hören, er zieht jetzt durch die Schluchten. Ich versichere euch, die Franzosen [Franken] werden umkehren. — Möge der Herr nicht zulassen, daß ein Lebender sage, ich hätte wegen der Ungläubigen ins Horn gestoßen; daraus wird meiner Sippe kein Tadel erwachsen. Wenn ich in der heißen Schlacht bin, werde ich tausend und siebenhundert Schläge austeilen, ihr werdet die blutgerötete Klinge von Durendal sehen ..."

Schließlich entscheidet sich der verwundete Roland, ins Horn zu stoßen.

„LXXXV. Roland setzte den Olifant an den Mund, faßte ihn gut und stieß mächtig hinein. Hoch sind die Berge, weit trägt der Schall, auf gut dreißig Lieues hörte man, wie er ertönte ... Da hörte ihn Karl und seine Gefolgschaft. Sagt der Kaiser: Dort schlagen sich unsere Mannen! Ganelon aber gab ihm zur Antwort: Wenn das ein anderer gesagt hätte, würde das als große Lüge erscheinen.

LXXXVI. Graf Roland stößt in seinen Olifant mit Mühe und Anstrengung und großer Pein, rotes Blut stürzt ihm aus dem Mund, die Adern an den Schläfen bersten. Weithin hörbar ist der Klang seines Horns, da hört es Karl, als er durch die Schluchten zieht, da hört es der Herzog Nemon [Naimes], da hören es die Franzosen [Franken]. Sagt der Kaiser: ‚Ich höre Rolands Horn.' Da antwortete Ganelon: ‚Da ist keine Schlacht', — er beschuldigt den uralten Kaiser kindischer Leichtgläubigkeit: als ob er nicht wisse, wie hochmütig Roland sei? Siehe, er hält die Pairs zum besten. ‚Vorwärts, nach Frankreich ist es noch weit!'

LXXXVII. Dem Grafen Roland ist der Mund voll Blut, es sind die Adern an den Schläfen geborsten, er stößt in den Olifant mit Pein und Mühe. Da hört es Karl, hören es die Franzosen. Da sagt der Kaiser: ‚Stark ist der Schall dieses Horns.' Antwortet Herzog Nemon: ‚Barone, es müht sich dort ein guter Vasall, eine Schlacht, scheint mir, wird dort geschlagen.' Er wirft Verdacht auf Ganelon; man muß den Seinen Hilfe bringen ..."

Unterdessen versucht Roland sterbend 1) sein Schwert Durendal zu zerschmettern, damit es nicht in die Hände der Ungläubigen falle, 2) legt er ein Sündenbekenntnis ab. Jedes dieser Motive ist in drei aufeinanderfolgenden Laisses entwickelt.

„CLXXIII. Roland fühlt, daß der Tod nahe ist; vor ihm liegt ein dunkler Stein; zehnmal schlägt er darauf mit Kummer und Zorn; es knirscht der Stahl, aber bricht nicht und wird nicht schartig." — Es folgt eine Anrede an das Schwert, mit dem der Recke in so vielen Schlachten gesiegt hat.

„CLXXIV. Roland schlägt auf den harten Stein, es knirscht der Stahl, aber er bricht nicht und wird nicht schartig." Es folgen Klagen, episch entfaltet durch Erinnerungen ...

„CLXXV. Roland schlug auf den grauen Stein, hieb mehr ab als ich euch zu erzählen vermag. Das Schwert knirscht, brach aber nicht und zerschellte nicht ..." (Veselovskij, Sočinenija, Bd. I, S. 88—90 und 112—113).

Man kann sehr viele Parallelbeispiele zu den drei Schlägen des Roland anführen, wenn auch dieses Verfahren in anderen Epen nicht kanonisch ist.

Zum Beispiel: die drei Schläge des Il'ja auf den Sarg des Svjatogor, oder die drei Schläge, die Thor dem Riesen versetzt. Ich möchte darauf hinweisen, daß ich bei allen derartigen Vergleichen nicht die Analogie der Motive im Auge habe, die ich für unwichtig halte, sondern die Analogie der Schemata.

Bei der Wiederholung wird die Handlung nicht aufgehalten, sie läuft weiter, aber verzögert. Nach dem gleichen Typ ist das Fabriklied über Marusja gebaut. Zur Marusja, die Gift genommen hat, wollen zuerst die Freundinnen, dann die Mutter und schließlich der liebe Freund. Ihnen antworten: zuerst die Krankenwärterin, dann der Doktor und schließlich der Wächter: „Marusja phantasiert", „sie liegt bewußtlos" und schließlich „sie liegt in der Totenkammer". Dieses Verfahren des dreimaligen Kommens wird auch in der kleinrussischen Duma verwendet:

> Über den Schneeballstrauchbeskiden
> Steht da eine neue Schenke.
> Und in der Schenke trinkt ein Türk.
> Vor ihm beugt sich ein Mädel.
> „Türk, Türk, lieber Türk,
> Mach nicht zuschand mich junges Blut,
> Mein Vater bringt schon für mich das Lösegeld".

Aber der Vater erscheint nicht, und das Mädchen weint. Die folgende Strophe wiederholt das gleiche Bild: die Beskiden, die Schenke und die Bitte des Mädchens; dieses Mal soll die Mutter das Lösegeld bringen. Beim dritten Mal geschieht dasselbe, und schließlich erscheint mit dem Lösegeld der Geliebte. Gleichfalls in drei Stufen aufgeteilt ist der Heimruf der jungen Frau in den Frühlingsliedern des Typs *Malmariée*. Auf dem gleichen Verfahren beruhen viele russische Lieder (Veselovskij, Sočinenija, Bd. II, 1, S. 91 und 92).

In der gleichen Weise wartet in Perraults Märchen Blaubarts betrogene Frau auf Hilfe.

> „„Meine Schwester Anna (denn so hieß sie), geh hinauf, ich bitte dich, auf den Turm und schau, ob nicht meine Brüder kommen: sie haben versprochen, heute zu mir zu kommen; und wenn du sie siehst, gib ihnen ein Zeichen, daß sie eilen.' Ihre Schwester ging auf den Turm hinauf, und die Arme rief ihr zu: ‚Anna, Schwester Anna, siehst du etwas?' ‚Ich sehe nur den Staub, der in der Sonne flimmert, und das grünende Gras.' Derweil schrie Blaubart, ein großes Küchenmesser in der Hand, aus voller Kraft: ‚Komm sofort herunter, sonst komme ich hinauf!' ‚Noch einen Augenblick, ich bitte Euch', gab seine Frau zur Antwort. Und wieder rief sie leise ihrer Schwester zu: ‚Anna, Schwester Anna, siehst du etwas?' Und die Schwester gab ihr zur Antwort: ‚Ich sehe nur Staub, der in der Sonne flimmert, und das grünende Gras.' ‚Komm sofort herunter', schrie Blaubart, ‚sonst komme ich hinauf!' ‚Ich komme', gab wieder seine Frau zur Antwort, und dann rief sie wieder ihrer Schwester zu: ‚Anna, Schwester Anna, siehst du etwas?' ‚Ich sehe', gab die Schwester zur Antwort, ‚eine Staubwolke, die näherkommt.' ‚Sind das meine Brüder?' ‚O weh, nein, Schwester. Ich sehe eine Herde Hammel.' ‚Kommst du nun endlich herunter', schrie Blau-

bart. ‚Noch einen Augenblick', gab die Frau zur Antwort. Und dann rief sie ihrer Schwester zu: ‚Anna, Schwester Anna, siehst du etwas?' ‚Ich sehe', gab ihre Schwester zur Antwort, ‚eine Staubwolke, die kommt näher.' ‚Das sind meine Brüder.' ‚O weh, nein, Schwester: ich sehe eine Herde Hammel.' ‚Kommst du endlich herunter?' schrie Blaubart. ‚Noch einen Augenblick', gab seine Frau zur Antwort und rief dann der Schwester zu: ‚Anna, Schwester Anna, siehst du etwas?' ‚Ich sehe', antwortete sie, ‚zwei Reiter, die reiten auf uns zu, doch sind sie noch sehr weit.' ‚Gott sei Dank', rief sie nach einem Augenblick, ‚das sind unsere Brüder. Ich gebe ihnen aus allen Kräften Zeichen, daß sie eilen . . .'"

Dieses Schema ist unter anderem in England weit verbreitet, wo es in Parodien verwendet wird.

Ich möchte keine weiteren Beispiele anführen, um diesen Aufsatz nicht in eine Chrestomatie zu verwandeln.

Bauformen des Typs a + (a + a) + [a + (a + a)] + . . . usw., d. h. sie gehorchen der Formel einer arithmetischen Reihe ohne Durchführung analoger Glieder.

Es gibt Märchen, die auf einer eigenartigen Tautologie des Sujets vom Typ a + (a + a) + ([a + (a + a)] +a2) usw. aufgebaut sind. Zum Beispiel: E. R. Romanov. Belorusskij sbornik [Weißrussische Sammlung], Bd. I. Märchen I a, Teil 3, Ausg. 1887, S. 2:

Die Henne als Magd

Es war einmal ein alter Mann, es war einmal ein altes Weib. Sie hatten eine Henne zur Magd; einmal legte sie einen Korb voll Eier. Der alte Mann schlug, schlug — zerschlug's nicht; das Weib schlug, schlug — zerschlug's nicht. Da lief ein Mäuslein herbei, regte das Schwänzlein und zerschlug's . . . Der alte Mann weinte, das Weib weinte, die Henne gackerte, das Tor knarrte, die Späne flogen, die Hunde kläfften, die Gänse schnatterten, die Leute lärmten. Kam der Wolf: „Alter Mann, was weint Ihr?" „Soll ich nicht weinen: ich lebte mit meinem Weib, bei uns diente eine Henne, die legte uns einen Korb voll Eier. Ich schlug, schlug — zerschlug's nicht. Das Weib schlug, schlug — zerschlug's nicht; da lief ein Mäuslein herbei, regte das Schwänzlein und zerschlug's . . ." Der alte Mann weinte, die Henne gackerte, das Tor knarrte, die Späne flogen, die Hunde kläfften, die Gänse schnatterten, die Leute lärmten . . . Und der Wolf heulte auf. Da kam der Bär: „Warum heulst du, Wolf?" „Soll ich nicht heulen: es war einmal ein alter Mann, es war einmal ein altes Weib; sie hatten eine Henne zur Magd, die legte einen Korb voll Eier. Der alte Mann schlug, schlug — zerschlug's nicht, das alte Weib schlug, schlug — zerschlug's nicht, da lief ein Mäuslein herbei, regte das Schwänzlein und zerschlug's . . ." Der alte Mann weinte, die Henne gackerte, das Tor knarrte, die Späne flogen, die Hunde kläfften, die Gänse schnatterten, die Leute lärmten, und ich, der Wolf, heule . . ." Und der Bär brummte auf. Kam der Elch: „Was brummst du, Bär?" „Soll ich nicht brummen: es war einmal ein alter Mann, es war einmal ein altes Weib; sie hatten eine Henne zur Magd, die legte einen Korb voll Eier. Der alte Mann schlug, schlug — zerschlug's nicht, das alte Weib schlug, schlug — zerschlug's nicht, da lief ein Mäuslein herbei, regte das Schwänzlein und zerschlug's . . . Der alte Mann weinte, das Weib weinte, die Henne gackerte, das Tor knarrte, die Späne flogen, die Hunde kläfften, die Gänse gackerten, die Leute lärmten, der Wolf heulte — und ich, der Bär, brumme." Und der Elch, die Schaufeln niederwerfend ...

Weiter geht das Fragespiel mit einer Popenmagd, die aus Kummer Eimer zerschlägt, dann mit einem Schreiber, der Bücher zerreißt, und schließlich verbrennt der Pope aus Kummer die Kirche ...

Hahn und Henne

Es war einmal ein alter Mann und ein Weib. Sie hatten einen Hahn und eine Henne. Einmal scharrten diese auf dem Hof, auf dem Misthaufen. Die Henne scharrte eine Zwecke aus, und der Hahn eine Erbse. Da sagte die Henne zum Hahn: „Gib mir die Erbse, und ich gebe dir die Zwecke!" Der Hahn gab der Henne die Erbse, und die Henne gab ihm die Zwecke. Und die Henne begann die Erbse zu fressen und fraß sie auf, der Hahn begann die Zwecke zu fressen und erstickte. Lief die Henne nach Wasser zum Meer: „Meer, Meer, gib mir Wasser, der Hahn ist erstickt." „Nein, nein, ich gebe dir kein Wasser: geh erst zum Eber, der soll mir einen Hauer geben." Lief die Henne zum Eber: „Eber, Eber, gib dem Meer einen Hauer, das Meer gibt mir Wasser, der Hahn ist erstickt." „Nein, nein, ich gebe dir keinen Hauer: geh erst zur Eiche, die soll mir eine Eichel geben." Lief die Henne zur Eiche: „Eiche, Eiche, gib dem Eber eine Eichel." „Nein, nein, ich gebe keine Eichel: geh erst zur Kuh, die soll mir Milch geben." Lief die Henne zur Kuh: „Kuh, Kuh, gib der Eiche Milch!" „Nein, nein, ich gebe keine Milch: geh erst zum Schnitter, der soll mir Heu geben!" Lief die Henne zum Schnitter: „Schnitter, Schnitter, gib der Kuh Heu!" „Nein, nein, ich gebe kein Heu: geh erst zur Linde, die Linde soll mir Bast für meine Schuhe geben!" Lief die Henne zur Linde: „Linde, Linde, gib dem Schnitter Bast für die Schuhe!" „Nein, nein, gebe ich nicht, geh erst zum Schmied, der soll mir ein Messer geben!" Lief die Henne zum Schmied: „Schmied, Schmied, gib mir ein Messer!" — „Geh hin, wo man Groschen macht, bring mir welche, dann geb ich es dir." Die Henne lief dorthin, wo man Groschen macht ... Brachte die Henne Groschen, gab sie dem Schmied, der Schmied gab der Henne das Messer. Brachte die Henne das Messer der Linde, die Linde gab der Henne Bast, dem Schnitter für die Schuhe, brachte die Henne den Bast dem Schnitter für die Schuhe, der Schnitter gab der Henne Heu, brachte die Henne der Kuh das Heu. Die Kuh begann das Heu zu fressen und gab der Henne Milch; brachte die Henne die Milch der Eiche, die Eiche gab die Eichel für den Eber; brachte die Henne die Eichel dem Eber; der Eber gab der Henne den Hauer. Nahm die Henne den Hauer vom Eber und lief zum Meer; gab dem Meer den Hauer, und das Meer gab der Henne Wasser. Brachte die Henne das Wasser zum Hahn und goß es ihm in den Schnabel, der Hahn schrie: Kikeriki! (E. R. Romanov, Märchen 3, S. 6).

Es ist interessant, daß dem Märchen überhaupt nicht entnommen werden kann, wozu das Meer den Hauer des Ebers als Kaufpreis braucht.

Hier liegt natürlich eine künstlerische Motivierung vor: die Notwendigkeit, „Stufen" zu schaffen.

Auf eigenartige Weise wird das Märchen lebensnah gedeutet, wenn in einigen Varianten die Henne schon die Würmer gefressen haben, als der Hahn zurückkehrt (in den einen Varianten läuft der Hahn nach Hilfe, in den anderen die Henne). Nach dem gleichen Typ ist das

Märchen, Fedorowski II, 15,* aufgebaut: Ein Bürschchen, das auf wunderbare Weise aus Speichel auf einem Gräschen geboren wurde, wie auf einer Wiege, fordert, daß das Gräschen es wiege. Das Gräschen will nicht. Da schickt es ihm die Ziege, der Ziege die Wölfe, den Wölfen die Menschen, den Menschen das Feuer usw. Aber alle weigern sich. Schließlich picken die Hühner doch die Würmer, die Würmer nagen doch die Keule usw., die Ziege geht doch auf das Gräschen los. (Siehe Anhang auf S. 109.)

Auf solche Weise sehen wir, daß das, was man in der Alltagssprache mit „a" bezeichnen würde, in der Kunst durch $A^1 A$ (z. B. Tautologie) oder aber durch $A A^1$ (z. B. psychologischer Parallelismus) ausgedrückt wird. Das ist die Seele aller Verfahren. Analog dazu wird, wenn für die Verwirklichung einer Aufgabe die Kraft A^M erforderlich ist, diese in der Form $A^{M-2} A^{M-1} A^M$ dargestellt. So zieht in den Bylinen erst Aleša Popovič in den Kampf, dann Dobrynja Nikitič und schließlich Il'ja. Die gleiche Gradation gilt für den Auszug der Märchenhelden. Dieses Verfahren hat Tennyson in seinen Königlichen Idyllen beibehalten und verwendet. Gleichermaßen wird in drei Teile der Vorgang gespalten, in dem Koščej verrät, wo sein Tod ist, und ebenso geschieht es in der Bibel, als Samson das Geheimnis seiner Kraft preisgibt. In den weißrussischen Märchen von E. R. Romanov fesselt man Ivan „zur Kraftprobe" zuerst mit Hanf, dann mit Seide (oder mit Haar) und schließlich mit Draht. Ebenso aufgebaut ist die Erlangung des Ringes oder das Küssen der Prinzessin durch zwölf Gläser hindurch. Das erste Mal sprang er — aber nicht weit genug — drei Kränze, das zweite Mal sprang er — aber nicht weit genug — zwei Kränze, das dritte Mal sprang er weit genug. Als sich der Königssohn vor der Königin — Jungfrau rettet, da erwartet ihn auf jeder Station an der Hütte der Jaga ein gutes Pferd, und auf jeder Station kommt die Verfolgerschar immer näher. Zuerst 15 Verst, dann 10, schließlich 5, und der Königssohn rettet sich, indem er sich im Gras versteckt und eine irreführende Aufschrift hinterläßt.

Mein Kollege Osip Brik hat sehr geistreich angemerkt, daß das tote und lebendige Wasser nichts anderes als eine Aufteilung des einen Begriffs „heilendes Wasser" auf zwei Begriffe darstellt (bekanntlich läßt „totes Wasser" in Märchen einen zerstückelten Körper wieder zusammenwachsen), d. h. A wird dargestellt als $A^1 A^2$. In gleicher Weise ist ein „Typ" in Gogol's „Revisor" verdoppelt. Zweifellos sind Bobčinskij und Dobčinskij eine Verdoppelung, wie schon aus der Paarigkeit der Familiennamen ersichtlich. Auch hier wird A als $A^1 A^2$ dargeboten.

Die übliche Antwort ist „Märchenritus", aber dabei bemerkt man

---

* M. Fedorowski. Lud białoruski na Rusi litewskiej [Das weißrussische Volk in der litauischen Rus'], II, 1. Kraków 1902, S. 13—14.

nicht, daß dies nicht nur das Ritual des Märchens, sondern Ritual und Geheimnis der Kunst überhaupt ist. So ist das Rolandslied kein Märchen, und auch der Filmstreifen nicht, der die Verfolgungsjagd in den Leinwanddramen jetzt auch so konstruiert: immer näher und näher kommen die Feinde, und plötzlich rettet sich der Held im Automobil. Man vergleiche das doch einmal mit der Beschreibung von der Verfolgungsjagd auf Jean Valjean in Hugos „Die Elenden". Der Schlußeffekt ist das Überklettern einer Mauer und die Rettung im Kloster.

Die Motivierung der Verlangsamung

Überhaupt wird die „sich verspätende Hilfe" als willkommenes Thema für gestufte Ausarbeitung in Märchen wie im Abenteuerroman ausgiebig verwendet. Die Tiere der helfenden Meute nagen 12 Eisentüren durch, doch der Tod des Königssohns ist nahe, und er bittet um die Erlaubnis, sich im Bad zu reinigen.

> „Ivan der Königssohn ging und heizte das Bad an. Da flog ein Rabe herbei und schrie: ‚Kra, kra! Königssohn Ivan, heiz, heiz und lösch! Deine Windhunde überwinden den Damm: schon vier Türen haben sie durchbrochen.' Da heizte, heizte und löschte Ivan, der Königssohn. Kaum war der Rabe fort, schrie der unsterbliche Koščej: ‚Königssohn Ivan, ist das Bad fertig?' ‚Nein, ich habe den Stein noch nicht vorgesetzt.' ‚Na, heiz schneller!' Da flog ein zweiter Rabe herbei und schrie: ‚Kra, kra! Königssohn Ivan, heiz, heiz und lösch! Deine Windhunde haben schon vier Türen durchbrochen.' Kaum war der Rabe fort, da kam der unsterbliche Koščej herbei: ‚Königssohn Ivan, ist das Bad fertig?' ‚Ich habe doch eben erst den Stein vorgesetzt.' ‚Na, heiz schneller!' Königssohn Ivan heizte, heizte und löschte. Flog ein dritter Rabe herbei: ‚Kra, kra! Königssohn Ivan, heiz, heiz und heize ein! Deine Windhunde brechen die letzten Türen durch. Und er heizte ein. Als er heiß eingeheizt hatte, kam der unsterbliche Koščej herbei: ‚Nun, geh ins Bad, ich habe schon so lange auf dich gewartet.' Kaum gingen sie ins Bad, da liefen die Windhunde herbei . . ." (E. R. Romanov. Belorusskij sbornik, Bd. I, 3, ‚Die Windhunde', S. 45 ff.).

In einer anderen Variante erhält Ivan Zlatovus vor dem Tod die Erlaubnis, Flöte zu spielen . . . „Er stieg auf eine Birke; er spielte einmal — da flog ein Vogel herbei; er spielte ein andermal — da flogen alle Vögel herbei; er spielte ein drittes Mal — da kam das ganze Getier herbei" (E. R. Romanov, op. cit., Märchen 8, S. 67 f.).

Ebenso spielt Solomon unter dem Galgen, Stufe um Stufe steigend und Hilfe anrufend (siehe A. N. Veselovskij. „Solomon i Kitovras").[*]

Allgemein wird das Vorhandensein des Märchenritus von allen als etwas für das Märchen Kanonisches anerkannt. Ich greife aufs Gerate-

---

[*] A. N. Veselovskij. Iz istorii literaturnogo obščenija vostoka i zapada. Slavjanskie skazanija o Solomone i Kitovrase i zapadnye legendy o Morol'fe i Merline [Aus der Geschichte der literarischen Beziehung zwischen Ost und West. Slavische Erzählungen über Solomon und Kitovras und westeuropäische Legenden von Morolph und Merlin]. SPb. 1872.

wohl ein paar Beispiele aus tausenden heraus: drei unterirdische Reiche — das kupferne, das silberne und das goldene. Drei Kämpfe und Helden und, als charakteristischster Typ, die Gradation der Aufgaben, z. B.: den Feuervogel fangen, das Pferd fangen, Vasilisa die Herrliche fangen. Dem wird bereits eine Exposition vorangestellt, in der die Notwendigkeit der Aufgaben erklärt wird. Dieser Typ (die Aufreihung von Aufgaben) ist in den Abenteuer- und Ritterroman eingegangen.

Höchst interessant sind die Aufgaben selbst: sie sind Motivation für die Schaffung von Bedingungen, die eine Klärung einer scheinbar unlösbaren Situation erfordern. Hier wird das Aufgeben von Rätseln als einfachstes Mittel zur Schaffung einer ausweglosen Lage gewählt. Hierfür sind die „Jahrsiebt"-Märchen charakteristisch („Die weise Jungfrau" bei Afanas'ev, S. T. 188).**

Die Aufgabe lautet — nicht zu Fuß und nicht zu Pferd kommen, nicht nackt und nicht bekleidet usw. Das Mädchen kommt, in ein Netz gehüllt, auf einem Hasen geritten usw. Hier geht der Aufbau vom Schluß aus, die Erzählung wird geschaffen zur Motivierung der Unerläßlichkeit einer zutreffenden Lösung. Ebenso gebaut ist das Erkennen einer bestimmten Person unter 12 ihr ähnlichen Menschen mit Hilfe eines Bienchens usw. Komplizierter ist die „Weisheit", die Unterscheidung der Jungfrauen vom Mädchen, oder das Erkennen des unrechten Sohnes an seinen „unpassenden Gedanken". Beispielsweise sagt der Sohn des Schmiedes, mit dem Solomon vertauscht wurde, beim Anblick eines schönen Ortes: „Hier müßte man eine Schmiede errichten" (Ončukov, Severnye skazki 46).*** In 1001 Nacht erkennt der Dieb unter anderen Aufgaben, daß der Sultan Sohn eines Kochs ist, weil er mit Mahlzeiten belohnt. Ein Nachklang davon ist in Abenteuerromanen der Adel „vertauschter Kinder", z. B. Dastin in Scarrons „Roman comique" und die zahlreichen Helden von Kinderbüchern. (Interessant ist die Geschichte mit dem untergeschobenen „falschen Weißen" in Mark Twains Roman „Strohkopf Wilson".)

Der Teil, der den Aufgaben vorangeht, ist das, was man in der Poetik des Films Passage nennt, d. h. eine Szene, die keine selbständige Bedeutung hat und nur zur Vorbereitung dient.

Wie ich schon gesagt habe, beansprucht die Lösung der Aufgaben manchmal das ganze Märchen. Nicht dem Wesen, aber dem technischen Verfahren nach, kann man zwei Typen einer Lösung unterscheiden: die Lösung mit Hilfe des Erratens und die Lösung durch Verwendung eines

---

** A. N. Afanas'ev. Narodnye russkie skazki [Russische Volksmärchen]. 3 Bde. M. 1897³.
*** Ausführlichen Titel, siehe S. 31.

magischen oder nichtmagischen Hilfsmittels, z. B. hilfreiche Tiere: der klassische Typ sieht so aus, daß jedes Tier eine Aufgabe erfüllt, die nur von ihm gelöst werden kann. Die Ameise sortiert das Korn (ein Märchen von Apuleius). Manchmal wird die Aufgabe der Ameise noch spezifiziert, sie muß nämlich das Korn im geschlossenen Speicher sortieren, es hinein- oder herausbringen. Fisch oder Krebs bringen den Ring vom Meeresgrund herauf. Die Maus stiehlt den Ring aus den Zähnen der Räuberprinzessin. Adler oder Falke fangen die Ente. Bei Gleichförmigkeit der Aufgaben fällt entsprechend der Gradation der Kräfte jedem Tier seine Aufgabe zu (Märchen vom Königssohn Larokopej). Die hilfreichen Tiere können ersetzt werden durch hilfreiche Menschen oder hilfreiche Zaubergegenstände, entweder vom Typ eines „E i c h e n - w e r f e r s", „B e r g w ä l z e r s" usw. oder Kraftmenschen in steigender Gradation (man vergleiche etwa die Hundenamen in einer Variante des Märchens „Tiermilch": „B e r g e i n r e i ß e r", „M a u e r - b r e c h e r", „E i s e n b r e c h e r"). Oder aber die hilfreichen Zaubermenschen verfügen über spezifische Eigenschaften: das ist eine Parallele zu den spezifischen Aufgaben der Tiere. Es taucht der Typ „Iß-auf" und „Sauf-aus" auf, der Mensch, der im Feuer vor Kälte zittert, und der Schütze, der mit dem Stößel aus dem Mörser schießt. Ein Nachhall solcher hilfreichen Menschen sind in Romanen die hilfreichen Kraftmenschen, wie z. B. Urs in „Quo vadis" von Sienkiewicz, Matis im Film „Cabiria" von d'Annunzio. Rabelais hat im Pantagruel den bekannten Märchentyp des hilfreichen Akrobaten verwendet. Im modernen „wissenschaftlichen" Abenteuerroman gibt es die Rolle des „hilfreichen Gelehrten". Hierher gehört auch das Märchen vom Typ „Sem' Semionov" [Die 7 Semions] (Afanas'ev, 84): „Von sieben Brüdern, die jeder eine schwierige Kunst verstehen", z. B. zu stehlen oder ein Schiff zu bauen.

Dieses Reservoir von Märcheninstrumenten gestattet es, ein Märchen so anzulegen, daß das Schicksal des Helden, bei einer scheinbar unlösbaren Situation angelangt, unerwartet seinen Lauf ändert. Die Situation aber, die solche Verwicklungen schaffen kann, wird auch als Motiv verwendet, so z. B. das Motiv „zwei Schlüssel zu einer Tür" (ein spanisches Drama) oder „Geheimtür" (1001 Nacht) oder das ägyptische Märchen vom listigen Dieb (von Herodot überliefert). Einige Motive wurden deshalb besonders beliebt, z. B. das Motiv des Schiffbruchs oder der Entführung des Helden in Abenteuerromanen. Der Held wird nicht gleich erschlagen, weil er noch für das Wiedererkennen gebraucht wird. Wenn man ihn aus dem Wege haben will, dann verschleppt man ihn.

Sehr häufig werden diese Episoden, die voll von Stehlen und Fliehen und sonstigen eitlen Bemühungen sind, dadurch kompliziert, daß ihre Opfer ineinander verliebt sind und auf dem allerlängsten Weg zu ihrem Ziel streben. Episode folgt auf Episode, sie unterscheiden sich nur unbedeutend voneinander und spielen in Abenteuerromanen dieselbe Rolle der Verzögerung wie Aufgaben oder Märchenriten oder Parallelismus und Verlangsamung in Liedern. Schiffbruch, Entführung durch Piraten usw. wurden nicht aufgrund realer, sondern aufgrund künstlerisch-technischer Umstände für das Romansujet ausgewählt. Milieu ist darin nicht mehr enthalten als indisches Milieu im König des Schachspiels. Der Abenteuerroman schlägt sich bis heute, um in Veselovskijs Worten zu sprechen, mit den vom Märchen ererbten Schemata und Methoden durch. Veselovskij selbst hielt die „Abenteuer" für ein stilistisches Verfahren.[1]

Sein Typ ist der Typ des gewundenen Weges, er ist sehr ähnlich dem Spiel „Kämpf dich hoch" oder dem „Gänsespiel", das man folgendermaßen spielt: man würfelt, und entsprechend der Augenzahl wird ein Platz auf dem Spielfeld eingenommen, und wenn man eine bestimmte Zahl gewürfelt hat, kann man schnell nach oben oder nach unten rücken. Ein so gebautes Labyrinth stellt auch der Abenteuerroman selbst dar. Auf diese Analogie haben die Schöpfer des Abenteuerromans selbst hingewiesen, und bei Jules Verne in seinem „Testament eines Sonderlings" werden die verschiedenen Zwischenfälle und Abenteuer der Helden durch den Umstand motiviert, daß sie hinfahren müssen, wohin sie die von ihnen geworfenen Würfel weisen, wobei die Karte der nordamerikanischen Staaten in Quadrate eingeteilt ist und ein Spielfeld darstellt, auf dem die Helden nichts anderes sind als Figuren des „Gänsespiels".

Die Motivierung der Hindernisse, auf die der Held des Abenteuerromans stößt, ist hochinteressant. Ich nehme zwei Beispiele, wieder aus Jules Verne, der mir gerade greifbar ist. Der erste Roman trägt den Titel „Die Rückkehr in die Heimat". Akrobaten kehren aus Nordamerika nach Frankreich zurück, über Kanada, die Deznev-Bucht und Sibirien, weil sie ihr Geld verloren haben. Im zweiten Roman gelangt der Dickkopf „Keriban", ein Türke, von einem Ufer des Bosporus zum anderen auf dem Umweg rund um das Schwarze Meer. Der Grund: er will nicht die paar Groschen Fährzoll zahlen. Natürlich sind diese ge-

---

[1] A. N. Veselovskij. Belletristika u drevnich grekov [Belletristik bei den alten Griechen], in: Vestnik Evropy [Bote Europas], 1876, Dezember, S. 683.

wundenen Wege durch spezifische Bedingungen hervorgerufen — durch die Forderung des Sujets. Um den Unterschied zwischen der prosaischen und der dichterischen Lösung einer Frage zu zeigen, verweise ich auf Mark Twains „Die Abenteuer des Huckleberry Finn". Es geht um die Befreiung eines entlaufenen Negers. Huck-Finn selbst verkörpert die prosaische Methode, er schlägt vor (Kap. 12):

> „Meines Erachtens müssen wir erstmal sichergehen, daß Jim auch wirklich in der Hütte drin ist, das kann nicht schwer zu machen sein; dann geh ich morgen nacht hin und hole mein Boot vom Grund des Flusses, dann fahr ich damit nach dem Floß und bringe es irgendwo hier in die Nähe. Und dann klau ich dem Besitzer hier in der ersten dunklen Nacht den Schlüssel, bringe Jim aufs Floß und juppheida den Fluß runter, wie wir's früher gemacht haben, als wir noch tagsüber mit Jim allein waren. Tagsüber verstecken wir uns am Ufer, und nachts fahren wir. Den Plan kriegen wir doch hin, was meinst du, Tom?" — „Hinkriegen tun wir ihn schon, aber das ist doch viel zu einfach, ohne Ausschmückung, ohne Pfiff, aber ich mag solche Sachen nicht, die jeder Dummkopf fertigbringt. Hast du dir wirklich nichts Besseres einfallen lassen können, Huck, ich muß mich über dich wundern."

Und jetzt wird ein poetischer, erschwerter Plan aufgestellt. Der Fuß des Bettes, um den die Kette gewickelt ist, wird abgesägt, obwohl man auch einfach das Bett anheben könnte, ein Stollen wird angelegt, eine Strickleiter angefertigt und dem Gefangenen in einem Brotlaib übergeben, man weist die Nachbarn auf die bevorstehende Entführung hin, kurz — es spielt sich alles nach allen Regeln der Kunst ab. Zum Schluß stellt sich heraus, daß Jim überhaupt kein „entlaufener Neger" ist, man hat ihn schon lange freigelassen. Eine Parallele dazu ist das Wiedererkennen, wonach alle Hindernisse für die Heirat wegfallen, weil gerade diese Heirat die Eltern der interessierten Parteien wünschen. Deshalb kann man auf die Frage Tolstojs: „Warum erkennt Lear Kent und Kent Edgar nicht?" antworten: weil das nötig ist für die Schaffung eines Dramas. Die Nicht-Realität hat Shakespeare ebensowenig beunruhigt wie einen Schachspieler die Frage, warum der Springer nicht geradeaus springen kann.

Ich wende mich wieder dem Sujet der Entführung und des Wiedererkennens zu. Zelinskij vermutet in ihm eine reale Grundlage. „Wahrhaftig, an Durchdachtheit läßt die Fabel nichts zu wünschen übrig", schreibt er über ein dramatisches Werk des Apollodoros aus Karystos, „hier ist nichts überflüssig, alle Szenen fügen sich aneinander, ebenso gibt es nichts Unwahrscheinliches, wenn man nicht das launische Spiel des Schicksals rechnen will. Aber über das Schicksal dachte man in jenen unruhigen Zeiten anders als jetzt, in unserem Zeitalter der Pässe und

Telegraphen. Das Unerwartete herrschte im Leben der Menschen; deshalb war es für ihn zulässig, aus der Vielzahl von sinnlosen Zufälligkeiten, von denen er umgeben war, für seine Stücke jene auszuwählen, die den Anschein eines vernünftigen Plans und höheren Wohlwollens erweckten." Zunächst erklärt Zelinskijs Erklärung nicht, wie sich dieses Sujet noch nach der Zeit Alexandriens bis in die Epoche Molières und fast bis in unsere Tage am Leben halten konnte, und außerdem ist seine Erläuterung faktisch unrichtig. In der Epoche Menanders war das Sujet des Wiedererkennens von geraubten Kindern schon keine Erscheinung des Alltags mehr, sondern rein literarische Tradition. So findet zum Beispiel der Sklave in dem Stück „Επιτρέποντες", einen Knaben mit Dingen, die auf seine Herkunft hinweisen, und spricht von der Möglichkeit, daß dieses Kind von seinen Eltern wiedererkannt werden könne. Dabei bezieht er sich nicht auf die Lebenswirklichkeit, sondern direkt auf ein Stück, das er im Theater gesehen hat (Text siehe bei G. Cereteli, „Novootkrytye komedii Menandra" [Neuentdeckte Komödien Menanders], SPb. 1908). Ebenso besitzt Merežkovskij zuviel Mitleid, wenn er über den Sittenverfall in Alexandrien trauert:

> „Ein ebenso charakteristisches Merkmal der Sitten kann man in dem offenen und naiven Geständnis von Daphnis' Vater bemerken: er überließ seinen kleinen Sohn der Willkür des Schicksals nur deshalb, weil ihm die Zahl seiner Kinder schon groß genug erschien. Die Geburt von Daphnis war überflüssig, überzählig, und der Vater wirft ihn aus dem Haus wie einen jungen Hund. Ebenso verfährt der Vater mit Chloë, der sich übrigens mit seiner Armut und der fehlenden Möglichkeit, seine Tochter standesgemäß zu erziehen und zu verheiraten, entschuldigt. Das sind Merkmale des Verfalls der Familie und spätbyzantinischer Barbarei, die sich launisch verbindet mit der krankhaften Verfeinerung der Sitten, wie in allen Epochen des Niedergangs. Das ist keine heidnische, patriarchalische Härte, wie sie uns bei Homer und den Tragikern begegnet, sondern eher eine Verwilderung und Vergröberung der Sitten in einer entartenden Kultur. Natürlich wäre es absurd, den Autor dafür anzuklagen: er entnahm nur dem Leben, was er fand, und das Leben zu verschönen, hinderte ihn seine große künstlerische Objektivität." (Merežkovskij in: „Večnye sputniki" [Ewige Gefährten], Ausgabe von Pirožkov, S. 34).

Wie ich schon sagte, war in dieser Epoche das Sujet der Entführung rein literarisch. Zu Merežkovskijs Beruhigung möchte ich folgendes mitteilen: Zur Zeit des „Sturm und Drang" wurde in Deutschland im Verlauf von fünf Jahren eine überwältigende Anzahl von Dramen über das Sujet des Brudermordes verfaßt. So enthalten z. B. alle drei Stücke[2],

---

[2] „Julius von Tarent" von Leisewitz, „Die Zwillinge" von Klinger und „Die unglücklichen Brüder" von einem unbekannten Autor.

die beim Wettbewerb im Hamburger Theater 1776 vorgelegt wurden, eine Darstellung dieses Verbrechens. Auch Schillers „Räuber" sind bekanntlich mit diesem Sujet eng verbunden. Aber das ist trotzdem kein Beweis dafür, daß zu diesem Zeitpunkt in Deutschland Brudermorde in Massen vorkamen. Es ist interessant, daß A. N. Veselovskij die Abenteuer des griechischen Romans für ein rein stilistisches Verfahren hält (siehe S. 29, Anm. 1).

Der Kunstgriff der Entführung hat sich lange gehalten. Interessant ist sein Schicksal. Zuerst degenerierte er und wurde in den zweitrangigen Teilen der Sujetkomposition, sozusagen unter ferner liefen, verwendet. Jetzt aber ist er in die Kinderliteratur abgesunken. Ein schwaches Aufflackern war seine Erneuerung in den sogenannten Kriegserzählungen der Jahre 1914 bis 1916. Aber noch davor geschah etwas sehr Bemerkenswertes. Man muß dazu sagen, daß ein abgenutztes Verfahren noch einmal als seine Parodie verwendet werden kann; so hat Puškin den banalen Reim „morozy-rozy" verwendet und zugleich in den Verszeilen dessen Banalität betont. Schon Boccaccio hat in seiner siebten Novelle des 2. Tages das Sujet der Entführung parodiert, worin erzählt wird, wie „der Sultan von Babylonien eine von seinen Töchtern als Braut dem König von Algarvien schickt. Infolge von allen möglichen Zwischenfällen geht sie im Verlauf von 4 Jahren an verschiedenen Orten durch die Hände von 9 Männern; nach der Rückkehr zum Vater macht sie sich schließlich als Jungfrau auf den Weg zum König von Algarvien, um nach dem ursprünglichen Plan mit ihm die Ehe einzugehen." Es geht hier darum, daß der Effekt der klassischen Abenteuererzählung mit dem Mädchen als Heldin eben auf der Wahrung ihrer Unschuld sogar in den Händen der Entführer beruht. Über diese im Verlauf von 80 Jahren unberührt gebliebene Unschuld lachte schon Cervantes.

Auf A. N. Veselovskij wirkt der Schluß der Novelle mit den Beteuerungen der Jungfräulichkeit und der leichtfertigen Anspielung auf die Lippen, deren Wert durch einen Kuß nicht gemindert werde, wie eine Dissonanz, die unerwartet die Melodie des Fatalismus zerstört (Veselovskij, Bd. V, S. 498).

Doch die Richtigkeit unserer Auslegung, diese Novelle sei eine Parodie, wird dadurch untermauert, daß es bei Boccaccio noch einige Novellen gibt, die literarische Parodien sind. Zwei von ihnen möchte ich anführen: Die 8. Novelle des 5. Tages — „Nastagio degli Onesti liebt eine Traversari und vergeudet für sie alle seine Reichtümer, findet jedoch keine Gegenliebe. Auf Veranlassung der Verwandten begibt er sich nach Chiassi und sieht dort einen Reiter, der ein Mädchen verfolgt, sie tötet und den Hunden zum Fraß vorwirft. Danach lädt er seine Verwandten und die von ihm geliebte Frau zum Essen ein. Sie sieht, wie die Hunde des Unholds das Mädchen zerfleischen, und aus Furcht vor einem ähnlichen Ausgang heiratet sie Nastagio." „Dieser furchtbare Anblick erzeugte nicht nur diese gute Folge, nein, alle Frauen von Ravenna gerieten so sehr in Angst, daß sie seit der Zeit nachgiebiger gegenüber den Wünschen der Männer wurden als zuvor." Hier beruht der Effekt darauf, daß bei Boccaccio die Dame so schrecklich für ihre Unnachgiebigkeit bestraft wird. In der Legende aber, die Prototyp der Novelle ist, wurde eine solche Strafe für Ehebruch verhängt. A. N. Veselovskij äußert im 5. Band, S. 484 und 489 mit Vorsicht die Ansicht, daß Boccaccio als Prototyp nicht diese, sondern eine andere, weniger orthodoxe Legende verwendet habe. Hier haben wir die typische Ansicht Veselovskijs, der nie jene selbständigen willkürlichen Änderungen und Umkehrungen voll würdigt, die der Schriftsteller selbständig vornimmt und auf denen sein Schaffen beruht. Wir dagegen können mit um so größerem Recht annehmen, daß Boccaccio hier die Schaffung eines Werks im Auge hatte, das auf dem Widerspruch zwischen der neuen und alten Auffassung von Moral und Strafe beruht, als es bei ihm noch eine weitere Novelle mit beruhigenden Versicherungen hinsichtlich der Strafen im Jenseits gibt. Ich meine die 10. Novelle des 7. Tages.

Aber das Wiedererkennen selbst stellt nur einen Sonderfall der Peripetie dar, Grundgesetz der Peripetie jedoch ist das Gesetz der Verlangsamung, der Bremsung des Wiedererkennens. Was sich sofort enthüllen müßte und was dem Zuschauer schon klar ist, enthüllt sich dem Helden nur langsam. Beispiel: Ödipus erfährt von seinem Unglück. Hier ist das Drama zögernd und läßt sich Zeit in der Qual des verlangsamten Genusses (siehe die Analyse der Peripetie in Sophokles' „Ödipus" von F. Zelinskij, in: Sofokl. Dramy, Bd. II, M. 1914, S. 35—56, in der Ausgabe Sabašnikovs). Aber diese Frage kann man leichter als am Kunstdrama an der brauchtümlichen ritualen Handlung studieren. Als Beispiel diene das Gespräch des Brautführers auf der großrussischen Hochzeit (nach Veselovskij, Bd. I, S. 501).

Der Brautführer sagt, er käme „nicht mit Zwang, nicht mit Gewalt usw.", sondern vom Bräutigam geschickt. „Unser Bräutigam jung, der Neuvermählte, kam aus hohem Gemach auf die breite Straße, ich reisiger Brautführer mit jungem Freund ging aus hohem Gemach auf die breite Straße. Ich spannte mein gutes Roß an und sattelte es und zügelte es, mit einer Seidenpeitsche peitschte ich es. Mein gutes Pferd erzürnte sich, von der kühlen Erde erhob es sich, es sprang mein gutes Roß von Berg zu Berg, von Hügel zu Hügel, Berge, Täler überwand es mit dem Schweif, kleine Flüsse übersprang es. Es sprang mein gutes Roß bis an das blaue Meer, auf dem blauen Meer, auf dem weißen See schwammen Gänse grau, Schwäne weiß, Falken hell. Frage ich die Gänse, die Schwäne: wo ist dies Haus, wo dies Gemach unsrer jungen Braut, unsrer Neuvermählten. Da antworten mir die Gänse: ‚Reit zum blauen Meer gen Morgen, dort steht eine Eiche mit zwölf Wurzeln.' Ich ritt gen Morgen, ritt zu der Eiche, sprang ein Marder heraus, nicht der Marder, der im Walde wohnt, sondern der Marder, der sitzt im hohen Gemach, sitzt auf dem Gitterstuhl, näht unsrem Bräutigam ein Tuch, dem jungen Neuvermählten. Ich reisiger Brautführer mit jungem Freund ritt auf der Marderspur, ritt zum hohen Gemach, zum hohen Gemach auf die breite Straße, zur jungen Braut, zur Neuvermählten, zum hohen Gemach. Die Marderspur führt unter'm Tor hinein, aber hinter'm Hof führt sie nicht mehr hinaus. ‚Führ die Marderspur weg oder öffne das Tor.' (Rätsel am Tor.) ‚Wer da, Mücke oder Fliege?' ‚Ich bin nicht Mücke und nicht Fliege, ich bin ein Mensch wie du vom heiligen Geist. Führ die Marderspur weg oder öffne das Tor.'" (Es folgt eine besonders wichtige Stelle, die ich nachdrücklich betonen möchte.) Es folgt ein Streitgespräch. Von innen schlägt man dem Brautführer vor: a) komm an's Eckfenster, b) kriech unter'm Tor hindurch, c) das Tor ist versperrt, die Schlüssel sind ins Meer geworfen, d) du bist nicht die richtige Treppe hinaufgegangen, e) das Tor ist mit Wald und Dickicht zugewachsen. Der Brautführer antwortet auf alle Vorschläge immer mit der Schlußformel: „Führ die Marderspur weg oder öffne das Tor", bis sie ihn hineinlassen. Bei (c) wird folgende Antwort gegeben: „Unser Bräutigam jung, der Neuvermählte, ritt zum blauen Meer, warb Fischer an, Waghalse, prächtige Burschen; sie warfen ein seidenes Fischernetz, fingen einen weißen Fisch, in dem weißen Fisch fanden sie die güldenen Schlüssel zum hohen Gemach." Bei (e): „Ritt unser Bräutigam jung, der Neuvermählte, zu den Schmieden, Burschen, sie schmiedeten Äxte, stählerne, er warb Arbeiter an, Waghalse, sie rodeten das Dickicht, den Wald aus, machten das Tor auf."

Noch deutlicher ist das Verfahren der Verlangsamung in einem außerordentlich interessanten Brauch sichtbar, den Roman Jakobson im Dorf Kostjušino, Kreis Rogačev, Bezirk Demidov, Gouvernement Moskau, aufgezeichnet hat. Wenn die Eltern eines Mädchens für die ganze Nacht in die Stadt zum Übernachten fahren, lädt sie sich einige, gewöhnlich zwei bis drei Freundinnen ein, dann sagt sie es entweder vorher eingeweihten Burschen oder streut unter die Burschen das Gerücht aus (z. B. durch die Soldatenfrau) „die und die haben Einhüte". Wenn sich alle im Dorf schlafen legen, gehen die Burschen (im ersten Fall die Geladenen, im zweiten einfach wer will) zur Hütte, wo das Mädchen wohnt. Alle verbergen sich, einer aber klopft ans Fenster.

Zuerst rührt sich niemand. Auf wiederholtes Pochen hin meldet sich die Tochter. „Wer ist da?" „Ich" (sagt den Namen). „Was willst du?" — „Laß mich ein." „Wie denn. Laß ich euch ein: ihr seid viele, ich bin allein." „Ich bin auch allein." Sie zeiht ihn der Lüge, er rechtfertigt sich; dann: „Du bist ja auch nicht allein, bei dir sind Njuška, Manjuška usw." Daraufhin leugnet sie, sagt dann: „Nun, läßt man euch ein, kriegt man euch nicht wieder heraus. Nach einer Stunde kommt der Vater." Die Burschen sagen, nur für ein halbes Stündchen. Schließlich läßt sie die Burschen durchs Fenster ein. Sie setzen sich, dann fordern sie: „Zünde die Lampe an". „Das Petroleum ist ausgegangen." „Der Docht taugt nichts." „Die Mutter hat das Glas versteckt." Alle diese Einwände werden von den Burschen nacheinander verworfen. Die Lampe wird angezündet. „Stell den Samovar auf." „Es sind keine Kohlen da", „kein Wasser", „der Samovar ist undicht", „die Mutter hat den Tee versteckt" — alle Einwände werden verworfen. Der Samovar wird aufgestellt, sie trinken Tee, die Burschen schlagen vor: „Na, gehen wir schlafen." Die Mädchen lehnen unter allen möglichen Vorwänden ab. Die Burschen machen ihre Motivierung zunichte, schließlich legt man sich paarweise hin. Jeder Versuch einer Entkleidung, jede unzüchtige Berührung ruft motivierte Repliken hervor, aber die Burschen geben nicht nach. Übrigens kommt es auf der Einhüte gewöhnlich nicht zum Äußersten. Gegen Morgen geht man auseinander. Wenn die Eltern nach Hause kommen, tun sie, als bemerkten sie nichts. Einen analogen Brauch gab es in Deutschland unter dem Namen Probenächte.

Über die Verwandtschaft zwischen den abendlichen Zusammenkünften und den Probenächten hat bereits Sumcov geschrieben.

Im künstlerischen Werk gibt es außer den Elementen, die aus Entlehnungen bestehen, noch das Element des Schöpferischen, einen bestimmten Willen des Schöpfers, der das Werk baut, indem er ein Stück nimmt und es mit anderen Stücken zusammenstellt.

Die Gesetze dieses künstlerischen Willens, der auf die Herstellung wahrnehmbarer Werke abzielt, müssen erhellt werden. Ich zitiere einen Brief L. N. Tolstojs:

„An die Fürstin V.":

„Ich freue mich sehr über den Anlaß, liebe Fürstin, der mich Ihnen in Erinnerung gerufen hat. Und als Beweis dafür beeile ich mich, für Sie das Unmögliche zu tun, nämlich Ihre Frage zu beantworten. Andrej Bolkonskij ist niemand bestimmtes, wie jede Figur eines Romanciers, nicht eines Biographen oder Memoirenschreibers. Ich würde mich schämen, etwas drucken zu lassen, wenn meine ganze Arbeit darin bestände, ein Porträt zu zeichnen, nachzuforschen, mich zu erinnern. Ich will mich bemühen zu sagen, wer mein Andrej ist. In der Schlacht bei Austerlitz, die beschrieben werden wird, aber mit der ich den Roman begann, brauchte ich den Tod eines glänzenden jungen Mannes; im weiteren Verlauf des Romans brauchte ich nur den alten Bolkonskij und seine Tochter. Aber weil es unbequem ist, eine Gestalt zu schildern, die mit dem Roman überhaupt nicht verbunden ist, beschloß ich, den glänzenden jungen Mann zum Sohn des alten Bolkonskij zu machen. Dann begann er mich zu interessieren, es fand sich für ihn eine Rolle im weiteren Gang des Romans, und ich begnadigte ihn, indem ich ihn statt sterben nur schwer verwunden ließ. Das, Fürstin, ist meine vollkommen wahre, wenn damit wohl auch unklare Erklärung, wer denn Bolkonskij sei. Ihr . . ." (3. Mai 1865).

Man beachte die Tolstojsche Motivierung für die Verwandtschaft zwischen den Helden. Wendet man sie auf die Romane von Hugo an, z. B. auf die „Elenden", dann wird klar, wie bedingt die Motivierung der Verwandtschaft und des gemeinsamen Wohnorts der Helden ist, der die einzelnen Stücke der Komposition verbindet. In dieser Beziehung begegnete man früher weit größerer Kühnheit. Wenn der Autor aus kompositorischen Gründen die Verbindung zweier Stücke brauchte, dann bemühte er sich nicht, diese Verbindung kausal zu begründen. So sehen z. B. die Motivierungen der Verbindung von Erzählungen in orientalischen Erzählwerken aus. In einem orientalischen Werk erzählt der Held ein Märchen, während sich auf seinem Kopf ein Rad dreht (Éstrup). Diese unwahrscheinliche Situation hat den Verfasser nicht im geringsten gestört, weil die Teile eines Werks nicht notwendig nach außerkompositorischen Gesetzen sich beeinflussen oder voneinander abhängen müssen.

Die Umrahmung als Verfahren der Verlangsamung

Anmerkung: Die Methode, eine Reihe von Erzählungen zu bringen, in der die handelnden Personen uns die nächste Geschichte erzählen usw. ad infinitum, bis man schließlich die erste Erzählung ganz vergessen hat, kann man speziell indisch nennen.

Diese Methode der Umrahmung begegnet überall, im Pañcatantra, Hitopadeça, Vetalapañcavimçati und in allen ähnlichen Werken. Auf die wenig wahrscheinliche Lage, in die dank dieser Methode nicht selten die handelnden Personen gebracht werden, achten die Inder überhaupt nicht; so erzählen oder hören z. B. die handelnden Personen unter schrecklichsten Qualen, auf der Grenze zwischen Leben und Tod in aller Ruhe verschiedene Fabeln, z. B. im Pañcatantra die Geschichte vom Menschen, der von seiner Vergangenheit erzählt (während sich auf seinem Kopf ein Rad dreht).

Ganz ähnlich wie wir es oben in der Erzählung von den „Sieben Wesiren" — einem Werk zweifellos indischer Herkunft — mit der uns bekannten Art der Wiedergabe von Erzählungen zu tun hatten, so begegnet uns auch hier, in 1001 Nacht, das gleiche Merkmal einer langsamen und langwierigen Wiedergabe verschiedener Geschichten, um durch diese Langsamkeit die Ausführung des Todesurteils zu verzögern.

Auf indischem Boden haben wir einen vollkommen analogen Fall, wo eine ganze Serie von Fabeln vorgetragen wird, mit der Absicht, die Zeit in die Länge zu ziehen und eine übereilte Entscheidung abzuwenden. Im Çukasaptati (d. h. in den siebzig Erzählungen eines Papageis) geht es um eine Dame, die in Abwesenheit ihres Mannes den Geliebten besuchen wollte; doch der Mann hinterließ bei der Abreise einen Papagei, der der Frau täglich verschiedene Märchen erzählte, wobei er am Schluß jedesmal hinzufügte: „und das Übrige erfährst du morgen, wenn du diese Nacht zu Hause bleibst."

(Trudy po vostokovedeniju, izdavaemye Lazarevskim Institutom Vostočnych jazykov [Arbeiten zur Orientalistik, hrsg. v. Lazarevskij-Institut für orientalische Sprachen], Heft 8b, Untersuchung zu 1001 Nacht von I. Éstrup.)

Man vergleiche das Alvissa-Lied in der „Edda" (hrsg. v. Sabašnikov in Moskau, 275 S.).

Thor zieht mit Fragen nach den Namen verschiedener Gegenstände bei Göttern, Alben, Thursen und Zwergen die Zeit bis zum Aufgehen der Sonne hin, bei deren Erscheinen Alvissa in einen Stein verwandelt wird.

Es ist interessant, daß dieses Verfahren hier bewußt als Verlangsamung erkannt wird. Ich nenne als Beispiel: der Wesir hat die Frau des Sultans versteckt, die dieser zu töten befohlen hatte. Der Sultan weiß das nicht und klagt, der Wesir antwortet ihm und spielt mit der Ungeduld des Sultans im Sinne einer „Umrahmung".

Ein Beispiel: „Der Sultan sagte: ‚Du hast mein Gemüt zerrüttet und meinen Kummer vergrößert, indem du „ûpâxn" getötet hast.' Ulâgh versetzte: ‚Zwei müssen trauern: wer jeden Tag Sünden begeht und wer niemals Gutes tut, denn ihre Freude in der Welt und ihre Seligkeit sind gering, und ihre Reue, wenn sie die lange Sühne erblicken, kann nicht ermessen werden.' Der Sultan sagte: ‚Es ist wahr, wenn ich ûpâxn lebend sähe, würde ich nie über etwas trauern.' Ulâgh versetzte: ‚Zwei müssen nicht trauern, die sich in guten Taten üben'" usw.

In einer Variante nehmen die Antworten des Wesirs zusammen mit den Parabeln die Seiten 250—259 ein (Kniga Kalilah i Dimnah [Das Buch Kalilah und Dimnah]. Übersetzt von M. O. Attaja, hrsg. v. Lazarevskij-Institut. M. 1899).

Dieses Verfahren der indischen Poetik spielt die gleiche Rolle wie der Märchenritus und die „retardierenden Momente" in den Abenteuerromanen.

Aber zurück zur Frage nach der künstlerischen Absicht. Als Vergleich mit dem Brief Tolstojs zitiere ich einen Abschnitt aus dem XVII. Kapitel der „Ars poetica" von Aristoteles:

> „Wie dieses muß auch das Werkmaterial ihm selbst (dem Dichter) während des Schaffens in allgemeinen Zügen vorschweben und dann erst muß er auf diese Weise die Episoden bilden und (das Ganze) erweitern. Ich möchte sagen, daß man das Allgemeine so betrachten könnte wie ich das am Sujet der Iphigenie zeigen werde: Als man ein Mädchen zum Opfer brachte, verschwand sie von den Opfernden unbemerkt und wurde in ein anderes Land versetzt, wo es Brauch war, Fremde der Göttin zu opfern; sie erhielt dieses Priesteramt. Einige Zeit später kam zufällig der Bruder dieser Priesterin (dorthin). (Der Umstand aber, daß der Gott ihn aus irgendeinem Grund dorthin kommen ließ, und der Zweck seines Kommens liegen außerhalb des allgemeinen Plans.) Bei seiner Ankunft wurde er ergriffen, und als er schon geopfert werden sollte, wurde er erkannt, entweder so wie es Euripides darstellte oder so wie bei Polyeidos, wo er ganz natürlich sagt, daß also nicht nur seine Schwester, sondern auch er geopfert werden müßte — und eben daraus erwächst seine Rettung. Erst danach müssen die Namen eingesetzt und die Episoden verfaßt werden, wobei darauf zu achten ist, daß sie sich wirklich auf die Sache beziehen, so z. B. im Fall des Orest — der Wahnsinn, durch den er in Gefangenschaft geriet und die Rettung mittels Reinigung."

Deshalb: aus der künstlerischen Absicht bei der Auswahl und nicht aufgrund der Erinnerungen an das Matriarchat entsteht der Kampf zwischen Vater und Sohn (Il'ja und der Falkner, Rustem und Sochrab usw.). Siehe Veselovskij, Bd. I, S. 77—114.

Man beachte, daß in allen Varianten vom „W i e d e r e r k e n n e n" des Sohnes durch den Vater gesprochen wird, d. h. der Sujetfüger ist davon überzeugt, daß der Vater seinen Sohn kennen muß. Interessant sind die verschiedenen Expositionskonstruktionen, um die Möglichkeit des Vatermords und der Blutschande zu schaffen. Z. B. ermordet Julianus Hospitator Vater und Mutter, die bei ihm zu Gast sind, als sie schlafen, weil er sie für seine Frau und ihren Liebhaber hält. Man vergleiche die Märchenparallele „Pro Gol'-Nnžual'-Nnžal'-Nuždu" [Über die nackte Not] im großrussischen Märchen aus dem Gouvernement Vjatka, Zelenin, No. 5:* „Nach seiner Abwesenheit zurückgekehrt, erblickte der Kaufmann im Bett seiner Frau zwei Jünglinge und wollte sie erschlagen. Das waren seine Söhne." Vergleiche: Afanas'ev, Nr. 92, „Dobroe Slovo" [Ein gutes Wort], Ončukov Nr. 12 und 82; Erlenvejn Nr. 16;** vergleiche auch V. N. Peretc „Istočnik skazki" A. N. Majkova [Die Quelle eines Märchens von A. N. Majkov], in: Sbornik statej, posvjaščennyj V. I. Lamanskomu [Festschrift V. I. Lamanskij], Bd. II, 1908, S. 827 bis 829.

Hier wird der Wille des Künstlers deutlich, der nach einer Motivierung für das Verbrechen strebt, das er braucht. Ich zitiere einen Abschnitt aus dem XIV. Kapitel von Aristoteles:

> „Deshalb untersuchen wir, welche Ereignisse Furcht und welche Mitleid erwecken. Dergleichen Handlungen müssen sich notwendig zwischen Freunden oder Feinden oder Menschen, die sich gleichgültig sind, abspielen (eigentlich: weder solchen noch solchen). Wenn der Feind den Feind leiden läßt, erregt er kein Mitleid, weder bei der Ausführung noch bei der Vorbereitung zu seiner Tat, es sei denn kraft des Wesens des Leidens. Genau so verhält es sich, wenn Personen so vorgehen, die sich gleichgültig sind. Aber wenn diese Leiden unter Freunden entstehen, z. B. wenn der Bruder den Bruder erschlägt oder der Sohn den Vater oder die Mutter den Sohn oder der Sohn die Mutter, oder aber wenn sie den Mord beabsichtigen, oder wenn sie etwas anderes in der Art tun — das ist es (das Sujet), was der Dichter suchen muß."

Die in der Überlieferung überkommenen Mythen dürfen nicht zerstört werden (höchst bezeichnend ist, w i e man die Mythen veränderte, sobald man sie veränderte). Im Mythos und bei Aischylos in den Choephoren war Orestes allein für Klytemnästra der Bote vom Tod ihres Sohnes. Sophokles aber verdoppelt diese Rolle, indem er Talphybios die Nachricht und Orest die angebliche Asche des Toten überbringen läßt, d. h. es handelt sich hier um das übliche Verfahren: „A" wird ausgedrückt durch „A¹A".

> „Ich sehe z. B. (die Veränderung darin), daß Orest Klytemnästra erschlagen hat und Alkmaion die Eriphyle, aber der Dichter muß selbst Erfinder sein und die Überlieferung verwenden, wie es sich ziemt. Sprechen wir deutlicher aus, was wir unter ,wie es sich ziemt' verstehen. — Die Tat kann sich so vollziehen, wie es die Alten dargestellt haben, wobei die handelnden Personen bewußt zu Werke .gehen; so hat denn auch Euripides Medea als Mörderin ihrer Kinder dargestellt. Doch kann man eine Tat begehen, ohne im Augenblick der Tat ihren ganzen Schrecken zu kennen, und erst danach von den freundschaftlichen Beziehungen erfahren (zwischen dem Opfer und sich selbst), wie der Oedipus von Sophokles.

---

* Ausführlicher Titel siehe S. 29.
** A. Erlenvejn. Narodnye skazki, sobrannye sel'skimi učiteljami [Volksmärchen, von Dorflehrern gesammelt]. M. 1863.

Bei letzterem geschieht das Schreckliche übrigens außerhalb des Dramas, doch vollzieht es auch in der Tragödie selbst, z. B. der Alkmaion des Astydamas oder der Telegonos im ‚Verwundeten Odysseus'.

Nun ist daneben noch ein dritter Fall möglich, daß nämlich derjenige, welcher im Begriff ist, irgendeine solche schwere Tat aus Unwissenheit zu begehen, zur Erkenntnis kommt, bevor er sie ausführt. — Darüberhinaus gibt es keine andere Möglichkeit: denn unvermeidlich tut man etwas oder tut es nicht, und das geschieht entweder bewußt oder unbewußt. Von diesen Fällen ist der allerschlechteste, wenn jemand bewußt den Vorsatz faßte (ein Verbrechen zu begehen) und (es) nicht beging, denn dies ist etwas Abscheuliches, aber nicht Tragisches, weil hier das Leiden fehlt. Darum schreibt auch kein Dichter so, wenige seltene Fälle ausgenommen, wie z. B. in der ‚Antigone', wo Haimon den Kreon töten will, aber nicht tötet. Als nächster Fall folgt der, bei dem die Freveltat (unter solchen Voraussetzungen) ausgeführt wird. Besser ist es jedoch, in Unkenntnis zu handeln und erst nach der Tat zu erkennen, denn daran ist nichts Abscheuliches, und das Erkennen erschüttert.

Der wirksamste Fall ist der letzte (oben genannte): ich meine z. B. den ‚Kresphontes', wo Merope ihren Sohn zu erschlagen beabsichtigt, ihn aber nicht erschlägt, sondern vorher erkennt; ebenso in der ‚Iphigenie', wo die Schwester den Bruder erkennt, und in der ‚Helle', wo der Sohn seine Mutter ausliefern will, sie aber noch erkennt. Deshalb bewegen sich, wie gesagt, die Tragödien im Kreis weniger Geschlechter. Denn nicht durch die Kunst, sondern durch Zufall haben die Dichter diese Art der Bearbeitung ihrer Fabeln entdeckt; deshalb stoßen sie unwillkürlich auf immer die gleichen Familien, in denen derartige Unglücksfälle vorgekommen sind."

Vergleiche damit die Beschreibungen von Blutschande bei Maupassant: Vater und Tochter im „Eremiten" (Erkennen durch eine Photographie); Bruder und Schwester in „Françoise" (Erkennen durch ein Gespräch).

Ich möchte einen Vergleich anführen. Die Handlung eines literarischen Kunstwerks vollzieht sich auf einem bestimmten Felde; den Schachfiguren sollen Typen, Masken, das Emploi des modernen Theaters entsprechen. Die Sujets entsprechen den Gambits, d. h. den klassischen Eröffnungszügen dieses Spiels, die die Spieler in Varianten anwenden. Die Aufgaben und Peripetien entsprechen den Funktionen der gegnerischen Schachzüge.

Die Methoden und Verfahren der Sujetfügung sind analog und im Prinzip identisch mit den Verfahren etwa der Lautinstrumentierung. Wortkunstwerke stellen ein G e f l e c h t von Lauten, von Artikulationsbewegungen und Gedanken dar.

Der Gedanke im literarischen Werk ist entweder genau so ein Material wie der artikulatorische und phonetische Aspekt des Morphems, oder aber ein Fremdkörper. Ich zitiere einen Abschnitt aus einem Brief von Lev Nikolaevič Tolstoj an N. N. Strachov (Jasnaja Poljana, 26. April):

„Wenn ich mit Worten alles das sagen wollte, was ich mit dem Roman auszudrücken beabsichtigte, dann müßte ich denselben Roman noch einmal schreiben,
und wenn die Kritiker jetzt schon begreifen und im Feuilleton ausdrücken können, was ich sagen will, dann beglückwünsche ich sie und kann unumwunden
versichern *qu'ils en savent plus long que moi.* Und wenn die kurzsichtigen Kritiker denken, daß ich nur beschreiben wollte, was mir gefällt, wie Oblonskij zu
Mittag ißt und was für Schultern die Karenina hat, dann irren sie sich.

In allem, fast in allem, was ich schrieb, hat mich das Bedürfnis geleitet, Gedanken zu sammeln, die, um Ausdruck zu finden, sich miteinander verketten,
aber jeder Gedanke, den man einzeln mit Worten ausdrückt, verliert seinen Sinn
und wird schrecklich banal, wenn man ihn allein nimmt und aus der Verkettung
löst, in der er sich befindet. Diese Verkettung selbst aber wird nicht durch den
Gedanken hergestellt (glaube ich), sondern durch etwas anderes, und die Grundlage dieser Verkettung kann man nicht unmittelbar mit Worten ausdrücken,
sondern nur mittelbar, indem man Figuren, Handlungen und Situationen beschreibt ... Jetzt aber freilich, wo neun Zehntel alles Gedruckten Kunstkritik
ist, sind Leute nötig, die den Unsinn aufzeigen, der in der Suche nach einzelnen
Gedanken im Kunstwerk liegt, und die die Leser durch das endlose Labyrinth
der Verkettungen, in dem das Wesen der Kunst besteht, führen und in jenen
Gesetzen unterweisen, welche diesen Verkettungen als Grundlage dienen."

Märchen, Novelle, Roman sind eine Kombination von Motiven;
das Lied ist eine Kombination von stilistischen Motiven, deshalb ist
das Sujet und das Sujethafte eine ebensolche Form wie der Reim. Für
den Begriff „Inhalt" findet sich bei der sujetbezogenen Analyse eines
Kunstwerks kein Bedarf. [Die Form muß man hierbei als Konstruk-
tionsgesetz des Themas begreifen.]*

Anhang zu Seite 77.

1a Šejn 16 (Gouv. Mogilev).** Der Sperling fordert, daß das Gräslein sein Junges
wiege, das Gräslein will nicht usw. Fedorowski II, 14. Rudčenko I, 27 (Gouv.
Poltava). Moszyńska 37, nebylica 2-ja (Gouv. Kiev). Weryho 5. Der Sperling
fordert, das Gräslein solle wiegen, keine Erwähnung des Jungen. 47. „Es gibt keine
Ziege mit Nüssen." 2. (Fortsetzung No. 46) Afanas'ev 27a. Die Ziege ging Nüsse
holen. Der Bock ruft der Ziege die Wölfe auf den Hals. Die Wölfe bleiben aus, da
ruft er den Wölfen die Bären auf den Hals usw. Ėrlenvejn 11 star. (Gouv. Tula).
Bessonov 139. Afanas'ev 27b, Romanov 3,8 (Gouv. Mogilev), Romanov 3,8, Ergän-
zungsvariante (Gouv. Mogilev). 2a. Šejn 15 (Gouv. Mogilev), dasselbe, nur nicht in
Form eines Liedes, sondern eines dramatischen Dialogs: „Ich schicke dir den Wolf
auf den Hals: Wolf, geh die Ziege fressen. Ich gehe nicht usw." (Šejn 16 ebenso).
Bessonov 136 steht folg. Wendg.: „Wo war die Ziege? Sie hütete Rösser. Wo sind
die Rösser? In den Wald gegangen. Und wo ist die Seele? In den Himmel gegangen." 2b. Romanov 3,9 (Gouv. Mogilev). Der alte Mann schickt die Maus Linsen
fressen. Die Mäuse gehen nicht die Linsen fressen usw. 4b. Voskr. dosug, 1871,
Nr. 19. Die Henne hat goldene Eier gelegt. Die Maus hat sie gestohlen. Die Alte hat

---

* Der letzte Satz fehlt in der Ausgabe von 1916. Übersetzt nach: Viktor Šklovskij.
O teorii prozy. M. 1929², S. 60.
** Šklovskij zitiert die Märchenvarianten weitgehend nach der Arbeit von A. M.
Smirnov. Sistematičeskij ukazatel' tem i variantov russkich narodnych skazok [Syste-
matisches Verzeichnis der Themen und Varianten russischer Volksmärchen]. (Siehe
Hinweis Šklovskijs auf S. 111.) Dort finden sich nähere bibliographische Angaben
zu russischen Märchensammlungen (in: IOR JaS, XVI, 1911, 4, S. 98—100).

die Maus erschlagen. Auf der Straße erhebt sich Lärm. Die Wolga ist in Aufruhr geraten. Die Henne ist in der Wolga ertrunken. (Diese Variante kam A. Smirnov sonderbar vor.) Sonderbar ist natürlich nicht nur die Variante mit der Wolga, die wegen des Todes der Maus über die Ufer tritt. Sonderbar verbunden sind die Stufen in dem von mir angeführten Märchen. Wozu braucht das Meer den Hauer? Es ist einfach nicht gelungen, die Stufen zu verbinden. Man hat sie einfach nebeneinandergestellt. Nach der Regel der Ausfüllung der Form hat man sie nebeneinandergestellt. 48. Der Hahn (oder die Henne) ist an einem Korn erstickt.

Fedorowski II, 16: Die Henne ist an einer Bohne erstickt. Der Hahn läuft zum Meer und bittet um Wasser. Afan. 34 (Gouv. Archangel'sk): Tod des Hahns. Ončukov 277 (Gouv. Archangel'sk). Manžura 5 (Gouv. Ekaterinoslav.) Romanov 3,3 (Gouv. Mogilev). Der Hahn ist wieder lebendig geworden. Sadovnikov 49 (Gouv. Samara). Ončukov 215 (Gouv. Oloneck). Živaja starina, 1895, Bd. III—IV, S. 459 f. (Kleinruss. Märchen) mit detaillierten Zählungen. Ivanickij 30 (Gouv. Vologda). J. Weryho 16 (Weißruss.).

Hahn und Henne (Abwälzen auf den andern). 3a Afanas'ev 33 (Gouv. Tambov). Hahn und Henne suchen Nüsse. Der Hahn schlägt ihr mit einer Nuß das Auge aus: „Hahn, warum hast du das Auge ausgeschlagen ... Mir hat die Nuß die Hosen zerrissen" usw. Sborn. Mater. dlja opisanija Kavkaza XV v. 19. Učitel', 1862, Nr. 23 (Gouv. Char'kov). Die Henne hat ein Ei gelegt, die Maus hat es zerschlagen, es entsteht eine Panik. 4. Afanas'ev 35. Die Henne hat ein Ei gelegt, die Maus hat es zerschlagen. Der Alte weint, die Alte heult. Sie erzählt es der Hostienbäckerin. Die hat alle Hostien zerbrochen. Weiterhin hat der Kirchendiener alle Glocken zerschlagen, der Pope alle Bücher zerrissen. Rom. 3,1a (Gouv. Mogilev), 3,1b. — Čubinskij II, 24 (Gouv. Poltava). Versfassung — Grinčenko I, 156 (Gouv. Char'kov). Sadovnikov 50 (Gouv. Samara). Moszyńska 36, nebylica 1-ja (Gouv. Kiev). Učitel', 1862, Nr. 23, ziemlich schwache Versfassung (Gouv. Char'kov). Ončukov 216 (Gouv. Oloneck). Die Henne wird aufgescheucht durch zusammenstürzende Holzstapel, sie schreit: „Der Himmel ist eingefallen." Sie sagt es dem Hahn weiter usw. Schluß nach dem Märchen „Die Tiere in der Höhle". Nach demselben Typus des „Anwachsens um eins" ist das Märchen „Brotlaib" gebaut, wo die Wiederholung der vorangegangenen Stufen durchgehalten ist. Rudčenko II, 2 (Gouv. Poltava). Ončukov 133 (Gouv. Oloneck). Gouv. Perm'. 63, Avdeeva 2. Bessonov, star. 129. Zufälliger Einschub über den Brotlaib. Šejn 6 (Gouv. Vitebsk). Romanov 3,21 (Gouv. Mogilev). Die Varianten werden hauptsächlich nach dem systematischen Verzeichnis der Themen aus den Varianten russischer Volksmärchen gegeben, das von A. Smirnov aufgestellt wurde in: Izvestija Akad. Nauk. Otdel russkogo jazyka i slovesnosti [Berichte der Akademie der Wissenschaften, Abteilung für russische Sprache und Literatur]. Bd. XVI, 1911, Buch 4, S. 95—124.

Diesem Typ stehen die Märchen mit Tausch nahe. Zum Beispiel: Afanas'ev, Märchen 1, Variante a: Der Fuchs tauscht eine Teigrolle für eine Gans, die Gans für eine Truthenne, die Truthenne für eine junge Frau. Dasselbe Verfahren finden wir im westeuropäischen Märchen, bearbeitet von Andersen unter dem Titel: „Was der Mann tut, das ist wohlgetan". Der Tausch wird dadurch humoristisch belebt, daß Dinge von immer g e r i n g e r e m Wert eingetauscht werden.

Zum Vergleich zitiere ich einen Abschnitt aus der Arbeit von S. Ch. Bejlin. Stranstvujuščie ili vsemirnye povesti i skazanija v drevne-ravvinskoj pis'mennosti [Wander- bzw. Universalerzählungen und -legenden in der alten Talmudliteratur]. Irkutsk 1907. Hier liegt der Typ a < b < c < d vor, d. h. eine Art geometrischer Reihe.

Im 12. Märchen des 3. Buchs des „Pañcatantra" — „Die Maus, die in ein Mädchen verwandelt wurde und sich einen Freier suchte", — ebenso wie im 8. Kap. des

7. Märchens aus dem Buch „Kalilah und Dimnah" (vom Einsiedler und der Maus) lesen wir folgendes:

„Von einem mitleidigen und frommen Einsiedler wurde eine Maus großgezogen, die er heimlich kraft seiner Gebete in ein hübsches Mädchen verwandelt hatte, damit seine Familienangehörigen sich nicht vor ihr ekelten. Als sie herangereift war, suchte der gute Einsiedler für sie einen würdigen Freier.

Weil nach ihrem Wunsch ihr Mann der Stärkste unter allen Wesen sein sollte, wandte sich unser besorgter Ziehvater an die Sonne als allermächtigstes Geschöpf mit der Bitte, Mann seiner Tochter zu werden, wobei er begründete, warum er sich gerade an sie und an kein anderes Wesen wende.

Doch darauf versetzte die Sonne: ‚Ich werde dir den zeigen, der stärker ist als ich. (Das ist) — die Wolke, die die Scheibe meiner Strahlen bedeckt und aufhält und die Garben meines Lichts verdunkelt.' Da ging der Einsiedler zur Wolke und sagte zu ihr, was er der Sonne gesagt hatte. Die Wolke antwortete: ‚Ich werde dir auch den zeigen, der stärker ist als ich. Geh zum Wind, der mich hin und her bewegt und mich gen Morgen und Abend treibt.' Der Einsiedler machte sich zum Wind auf und sagte ihm, was er der Wolke gesagt hatte. Der versetzte: ‚Auch ich zeige dir den, der stärker ist als ich, das ist der Berg, den ich nicht bewegen kann.' (Der Einsiedler) ging zum Berg und sagte ihm sein Sprüchlein. Der Berg gab ihm zur Antwort: ‚Ich zeige dir den, der stärker ist als ich, das ist die Ratte, vor der ich mich zu verteidigen nicht die Kraft habe, wenn sie mich durchlöchert und zu ihrer Behausung wählt.' Der Einsiedler begab sich zur Ratte und fragte sie: ‚Willst du dieses Mädchen heiraten?' Sie antwortete: ‚Wie kann ich sie heiraten, wenn meine Höhle zu eng ist. Nein, im Gegenteil, die Ratte heiratet eine Maus.' Da flehte der Einsiedler seinen Gott an, das Mädchen in eine Maus zurückzuverwandeln, die sie früher war — und auch das Mädchen war damit einverstanden. Gott gab ihr die ursprüngliche Gestalt zurück, und sie zog davon mit der Ratte."

Ich habe das exzerpiert aus dem Buch „Kalilah i Dimnah" — Fabelsammlung unter dem Titel Bidnaja — A. d. Arab. übers. v. M. O. Attaja und M. V. Rjabinin. M. 1889, S. 145.

Moral: Natur und angeborene Eigenschaften ändern sich nicht.

Im rumänischen Märchen — „Das Mäuschen kehrt immer wieder in seine Höhle zurück" — versichert der Wind, daß die Eiche stärker sei als er, weil letztere den mächtigen Winden und wilden Wirbelstürmen trotze. Aber gleichzeitig teilt er mit, daß, soweit er wisse, die Eiche dennoch bald zur Erde stürzen werde, weil sich an ihren Wurzeln Mäuse eingenistet hätten. Deshalb rät der Wind dem jungen Mäuschen, in seine eigene Höhle zurückzukehren und sich (dort) den Stärksten auf der Welt auszusuchen. (Skaz. Sokr. zab. ugolka. Sobr. rum. sk. i legend [Sammlung rumänischer Märchen und Legenden]. Übersetzt v. A. I. Jacimirskij. M. 1902, Ausg. von Sytin).

Folgendes lesen wir im Midrasch Bereschit Rabba, Buch I, Kap. 38 (Redaktion vermutlich des 3.—5. Jahrhunderts).

Als Tharah (Terach) von den häretischen Gedanken und dreisten Taten seines Sohnes Abraham erfuhr (daß er absichtlich und in herausfordernder Weise, sozusagen demonstrativ, die Götzen seines Volkes zerschlagen habe, böse und scharf den alten Glauben verspotte und eine neue Lehre des „Monotheismus" predige), übergab er ihn schließlich dem Nimrod.

„Verneige dich vor dem Feuer", befiehlt Nimrod dem Abraham. „Wäre es nicht richtiger, sich vor dem Wasser zu verneigen, welches das Feuer löscht?" entgegnete Abraham.

„Nun denn, verneige dich vor dem Wasser." „Wäre es dann nicht besser, sich vor den Wolken zu verneigen, die in sich Wasser enthalten?" „Nun denn, wenn es so ist, verneige dich vor den Wolken." „Wäre es nicht besser, sich vor dem Wind zu verneigen, der die Wolken zerstreut?" entgegnete Abraham. „Nun, so verneige dich vor dem Wind." „Wenn es so ist, wäre es nicht verständiger, sich vor dem Menschen zu verneigen, der den Wind in sich aufnimmt (Luft atmet)", und der erzürnte König schrie: „Dumme Gedanken sprichst du aus. Siehe, ich verneige mich vor dem Feuer, ins Feuer werde ich dich werfen; mag dein Gott, an den du glaubst, kommen und dich retten" (Midrasch Bereschit Rabba, 38, Schluß).

Im babylonischen Talmud (Baba-Batra, Bl. 10) lesen wir folgende erbauliche Predigt über die mächtige und segensreiche Kraft der Tugend (Gerechtigkeit, Güte u. ä. m.), in dem ein ähnlicher, aber detaillierterer Parallelismus (sozusagen eine Rangfolge) der gegenseitigen Überlegenheit von physischen und geistigen Kräften der Natur figuriert.

Der Rabbi (Juda) sagt: „Unendlich groß ist die Gerechtigkeit (Recht, Barmherzigkeit), weil sie die Erlösung nahebringt (das menschliche Glück auf Erden sichert), wie geschrieben steht (Jes. 56,1): So spricht der Herr: Haltet das Recht und tut Gerechtigkeit; denn mein Heil ist nahe, daß es komme, und meine Gerechtigkeit, daß sie offenbart werde." Er sagte auch: „Zehn mächtige Gegenstände — einer stärker als die andere — sind in der Welt geschaffen. Der harte (steinerne) Berg — ihn zerschlägt das Eisen; das harte Eisen — es wird vom Feuer geschmolzen; das starke Feuer — es wird vom Wasser gelöscht; die mächtigen Wasser — sie werden von den Wolken fortgetragen; die furchteinflößenden Wolken — sie werden vom Winde zerstreut; der heftige Wind — ihn überwältigt der Leib; der (mächtige) Leib — er wird hingemäht von Gram; der starke Gram — er wird besiegt (gestillt) vom Wein; der kräftige Wein — er verliert seine Wirkung unter dem Einfluß des Schlafs. Der Tod besiegt sie alle. Doch die Tugend errettet sogar vom Tod" (Baba-Batra, Bl. 10a).

Ein ähnlicher Parallelismus der Steigerung oder gegenseitigen Überwindung von Gegenständen oder Kräften der Natur begegnet uns auch im Midrasch Kohelet (Kap. VII, § 46), aber in anderem Licht oder mit anderer Schlußfolgerung: dort wird er durchgeführt als Satire auf die „bösen Weiber".

Der Gedanke der Satire ist folgender: die eine Kraft besiegt die andere, die eine ist mächtiger (grimmiger) als die andere, aber es gibt nichts Schlimmeres als ein böses (garstiges) Weib, das schrecklicher ist als alles auf der Welt, sogar als der Tod.

Diese Stelle aus dem Midrasch lautet folgendermaßen:

Rabbi Jehuda pflegte zu sagen: Es gibt vierzehn Gegenstände, von denen einer mächtiger ist als der andere (der eine den anderen bezwingt). Die Tiefe ist mächtig, aber sie wird von der Erde übertroffen, weil diese sie umfaßt. Die Erde ist mächtig, doch die Berge sind noch mächtiger, weil sie sich über die Ebene erheben. Der Berg ist stark, aber das Eisen bezwingt ihn — höhlt ihn aus. Das Eisen, so hart es ist, wird vom Feuer zerschmolzen. Das Feuer ist allverschlingend, aber das Wasser bezwingt es, löscht es. Die Wasser sind mächtig, aber sie werden von den Wolken hinweggetragen. Die Wolken sind mächtig, aber der Wind zerstreut sie. Die Winde sind mächtig, aber die Mauer bezwingt sie und widersetzt sich ihnen. Die Mauer ist stark; der Mensch überwältigt sie: er zerstört sie. Stark ist der Mensch, aber der Gram mäht ihn dahin. Stark ist der Gram, aber der Wein betäubt ihn, und er wird vergessen. Stark ist die Kraft (der Rausch) des Weins, aber ihn vertreibt der Schlaf. Stark (wohltätig) ist der Schlaf, aber die Krankheit vertreibt ihn. Groß ist die Kraft der Krankheit, aber der Engel des Todes gewinnt die Oberhand und trägt die Seele fort. Aber schlimmer als alles — ist das böse Weib (Midrasch Kohelet, Kap. VII, § 46).

In dieser Art ist auch eine äthiopische Parabel gehalten, die sagt, daß „Eisen stark ist, aber Feuer stärker als Eisen; Wasser stärker als Feuer, die Sonne stärker als Wasser, die Wolke stärker als die Sonne, die Erde stärker als die Wolke, der Mensch stärker als die Erde, der Gram stärker als der Mensch, der Wein stärker als der Gram, der Schlaf stärker als der Wein, doch am allerstärksten ist das Weib" (Buslaev).

Das höhnische oder scherzhafte Urteil über die „bösen Weiber" begegnet uns in gleicher Form wie im Midrasch auch in den Denkmälern altrussischen Schrifttums und ist sogar in Gestalt von Volksrätseln und -scherzen in die mündliche Volksdichtung übergegangen (siehe I. A. Chudjakov. Velikorusskie zagadki [Großrussische Rätsel]. Étnografič. Sbornik izdav. Russk. Geograf. Obšč., 1864, S. 24) und findet in folgender Form seinen Ausdruck:

„Wenn ein Haus brennt — womit soll man es löschen. — Mit Wasser. Was ist mehr als Wasser. — Der Wind. Was ist mehr als der Wind. — Der Berg (dieweil ihn der Wind nicht vom Fleck rühren kann). Was ist stärker als der Berg. — Der Mensch (höhlt er doch den Berg aus). Was kann mehr als der Mensch. — Der Rausch (nimmt Hand und Fuß weg). Was ist grimmer als der Rausch. — Der Schlaf. Was ist grimmer als der Schlaf. — Ein bös Weib." (Chudjakov, ebenso A. N. Pypin. Istorija russkoj literatury [Geschichte der russischen Literatur], Bd. II, Kap. XII, S. 528, SPb. 1902²).

Unter den Kindern litauischer Juden wird ein bei ihnen sehr beliebtes Geschichtchen-Lied gesungen: „Barelach villin nicht falln" (Die Birnen wollen nicht vom Baum fallen).

Noch populärer — bis auf den heutigen Tag — ist unter den mittel- und osteuropäischen Juden, den sogenannten „Aschkenasim" (oder Juden deutscher Rede) ein gewisses Geschichtchen „Chad gadio" (die einzige Ziege), das sogar in die Passah-Haggada eingegangen ist (Passah-Legenden, die an den ersten beiden Abenden des Passah-Festes gelesen werden zum Gedächtnis an den Auszug der Juden aus Ägypten).

In diesen Volksgeschichtchen geht es um beseelte und unbeseelte Gegenstände, die untereinander einen Kampf führen und einander bezwingen.

Der Inhalt der ersten Fabel ist mit einigen, unbedeutenden Änderungen derselbe wie im deutschen Volksmärchen:

„Gott schuf den Birnbaum, daß er Birnen hervorbringe, aber der Baum will keine Birnen tragen, und die Birnen wollen nicht (vom Baum) fallen.

Da schickt Gott einen Knaben (Jankele), vom Baum die reifen Birnen zu sammeln (abzureißen), aber Jankele seinerseits möchte nicht (gehen) sie abreißen, wie diese ja auch nicht fallen (sich in seine Hände geben) wollen. — Gott schickt dann einen Hund, Jankele für seinen Ungehorsam zu beißen, der geht nicht. Um den Hund zu zwingen, schickt ihm Gott einen Knüttel (Steckele) nach, aber auch der Knüttel gehorcht nicht. Da schickt Gott letzterem das Feuer nach, dem Feuer das Wasser, dem Wasser den Ochsen (Echsele), um es auszutrinken, dem Ochsen den Schochet (einen öffentlichen Schächter oder Metzger), dem Schochet den Engel des Todes. Doch alles das hilft nichts: sie gehorchen nicht. Aber als sich gegen den Engel des Todes Gott selbst rüstet oder zieht, nimmt die Sache schon eine andere Wendung: alle werden folgsam. Der Engel des Todes erklärt sich einverstanden, den Schochet für seinen Ungehorsam zu töten, der Schochet den Ochsen, der Ochse ist bereit, das Wasser auszusaufen usw. usw. Und alles endet damit, daß der Knabe die Birnen pflücken geht, die Birnen sich in seine Hände geben und einverstanden sind, vom Baum zu fallen.

Ein ähnliches Lied begegnet bei den dem russischen Volk verwandten Slovenen und besteht in Folgendem: „Nach Jurka wurde ein Hund geschickt, daß er nach Hause komme, aber der Hund will den Jurka nicht beißen; dem Hund schickt man einen Knüttel nach, der Knüttel will den Hund nicht schlagen; dem Knüttel schickt man das Feuer nach, dem Feuer das Wasser, dem Wasser die Ochsen, den Ochsen die Metzger, den Metzgern die Hexe, aber alles vergebens. Schließlich, als man der Hexe den Teufel selbst nachschickt, ging der Teufel die Hexe packen, die Hexe ging die Metzger verhexen, die Metzger gingen die Ochsen schlachten, die Ochsen gingen das Wasser saufen, das Wasser ging das Feuer begießen (löschen), das Feuer ging den Knüttel brennen, der Knüttel ging den Hund schlagen, der Hund ging den Jurka beißen, und Jurka kehrte nach Haus zurück" (F. I. Buslaev. Stranstvujuščie povesti i rasskazy [Wandergeschichten und -erzählungen], in: Russkij Vestnik [Russischer Bote], Mai 1874).

„An einem ähnlichen Geschichtchen-Lied freuen sich die kleinen Kinder in ganz Rußland" (Buslaev). Sein Inhalt ist folgender: Die Ziege ist nach Nüssen gegangen, aber nicht nach Haus gekommen; zunächst jagt man ihr die Wölfe nach, aber die Wölfe gehen nicht die Ziege fressen; den Wölfen schickt man die Menschen nach usw., aber alles vergebens: niemand gehorcht und keiner geht. Schließlich werden den Würmern die Gänse nachgeschickt.

> Die Gänse gingen die Würmer picken,
> Die Würmer gingen die Keule nagen,
> Die Keule ging die Ochsen schlagen,
> Die Ochsen gingen das Wasser saufen,
> Das Wasser ging das Feuer löschen,
> Das Feuer ging den Stein zu brennen,
> Der Stein der ging die Axt zu schärfen,
> Die Axt die ging den Knüttel spalten,
> Der Knüttel ging den Bären schlagen,
> Der Bär der ging die Menschen reißen,
> Die Menschen gingen die Wölfe jagen,
> Die Wölfe gingen die Ziege fressen,
> Da ist die Ziege mit den Nüssen,
> Da ist die Ziege mit den geschälten.

(Aus: F. I. Buslaev, op. cit.)

In dem vorher erwähnten jüdischen Passah-Lied „Chad gadio" sowie in den angeführten Geschichtchen (dem jiddischen, dem russischen, dem deutschen u. a.) wird eine ganze Reihe von Gegenständen und Geschöpfen (Personnagen) aneinandergereiht, die einander im Kampf bezwingen.

Der Sieg bleibt dem letzten, bleibt Gott.

Der Unterschied zwischen diesem religiösen Lied und den anderen, ihm ähnlichen Kindergeschichtchen liegt nur in dem Verhältnis der handelnden Personen zu ihren Taten: im Passah-Lied handeln sie selbständig, freiwillig, die einen aus bösem Willen, die anderen umgekehrt aus dem Gefühl und der Pflicht, gerecht sein zu müssen, und nicht auf Befehl, wie die anderen.

Der Inhalt des Liedchens „von der einzigen Ziege" (Chad gadio) ist folgender:

Die einzige geliebte Ziege, vom Vater für zwei Zuz (Zeus — eine Münze) gekauft, ist von einer (wilden, tollen) Katze gerissen worden. Zur Strafe biß der Hund die Katze, der Knüttel schlug den Hund, das Feuer verbrannte den Knüttel, aber das Wasser löschte das Feuer, der Ochse soff das Wasser aus, den Ochsen aber schlachtete der Schochet (der Schächter, der Metzger), den Schochet tötete der Engel des Todes.

In der Arbeit, die ich eben zitiert habe, ist die Haltung des Autors zum Gegenstand seiner Untersuchung falsch, weil er auf das Unwesentliche aufmerksam macht, nämlich auf die Art der Anwendung verschiedenen Sinninhalts auf ein bestimmtes Verfahren. Man kann annehmen, daß diese dem Schluß aufgeleimte Moral zum Werk ebensowenig Beziehung hat, wie die Tränen, die manchmal Hörer von Musik vergießen. Bekanntlich haben die Komponisten manchmal die Musik ihrer Choräle für humoristische Couplets verwendet, und das Publikum hat sich am Witz und an der Heiterkeit derselben Musik begeistert, die ihnen in der Kirche ihrem Wesen nach religiös erschien (Hanslick).

Die Hauptsache aber ist hier das Verfahren, das auf der Verlangsamung aufgebaut ist. Das Ziel dieses Verfahrens ist es, ein fühlbares, wahrnehmbares Werk zu konstruieren. Bei einer prosaischen Wahrnehmung dieses Verfahrens kommt es zur Ungeduld der Hörer und zum Wunsch nach Unterbrechung. Eine solche Einstellung ist bei den Herren Märchensammlern üblich, und dann übergehen sie gern Verlangsamungen und Wiederholungen. Die Märchenverfasser wußten von der Möglichkeit einer solchen Wahrnehmung und spielten sogar mit ihr. Darauf beruhen die sogenannten „Neckmärchen". Ein entsprechendes Märchen „mit dem Übersetzen der Ziegen über den Fluß" erzählt Sancho Pansa seinem Ritter im XX. Kapitel des ersten Teils des „Don Quijote".

Anhang zu Seite 51.

„Ich habe die anderen Einflüsse nicht gering geschätzt, — die, welche man gewöhnlich in den Vordergrund schiebt, die Einflüsse der Rasse oder des Milieus; aber im Hinblick darauf, daß von allen Einflüssen, die in der Literaturgeschichte eine Rolle spielen, der wichtigste der Einfluß von Werk auf Werk ist, bin ich hauptsächlich diesem nachgegangen. Wir wollen es anders machen als unsere Vorgänger: hier haben wir Herkunft und wirkendes Prinzip sowohl der Geschmacksveränderungen als auch der literarischen Revolutionen; hier gibt es keinerlei Metaphysik. Die Plejade des XVI. Jahrhunderts wollte etwas „anderes" machen als die Schule Clément Marots. Racine wollte in seiner „Andromaque" etwas „anderes" machen als Corneille in seiner „Pertharite", und Diderot in seinem „Familienvater" wollte etwas „anderes" machen als Molière in seinem „Tartuffe". Die Romantiker unserer Zeit wollten etwas „anderes" machen als die Klassiker . . .[3] Man sollte nicht unnütz die Gründe vermehren oder, unter dem Vorwand, die Literatur sei ein Ausdruck der Gesellschaft, die Geschichte der Literatur mit der Geschichte der Sitten verwechseln. Das sind zwei ganz verschiedene Dinge." F. Brunetière: Vorwort zum „Manuel de l'histoire de la littérature française" (1898), S. III.

[1916]

---

[3] Es gibt auch solche, die „dasselbe" machen wollen wir ihre Vorgänger — die kenne ich sehr gut! Aber gerade in der Geschichte der Literatur und der Kunst lohnt es nicht, sie zu berücksichtigen.

Boris Ejchenbaum

WIE GOGOL'S „MANTEL" GEMACHT IST

1

Die Komposition einer Novelle hängt in hohem Maße davon ab, welche Rolle der p e r s ö n l i c h e T o n des Autors in ihrem Bau spielt, d. h. davon, ob dieser Ton Organisationsprinzip ist und damit mehr oder weniger die Illusion eines *skaz* erzeugt oder ob er mehr als formales Bindemittel zwischen den Ereignissen dient und daher eine Hilfsfunktion übernimmt. Die primitive Novelle, wie auch der Abenteuerroman, kennt keinen *skaz* und bedarf seiner nicht, weil ihr ganzes Interesse und all ihre Bewegtheit von dem schnellen und verschiedenartigen Wechsel der Ereignisse und Situationen bestimmt werden. Verflechtung von Motiven und deren Motivationen sind das Organisationsprinzip der primitiven Novelle. Das gilt auch für die komische Novelle, der eine Anekdote zugrunde gelegt wird, die in sich selbst unabhängig vom *skaz* an komischen Situationen überaus reich ist.

Völlig anders wird die Komposition, wenn das Sujet an sich, verstanden als Verflechtung von Motiven mit Hilfe ihrer Motivation, aufhört, eine organisierende Rolle zu spielen, d. h. wenn der Erzähler sich auf irgendeine Weise in den Vordergrund schiebt, wobei er das Sujet eigentlich nur zur Verflechtung einzelner stilistischer Verfahren verwendet. Der Schwerpunkt wird vom Sujet (das sich in diesem Falle auf ein Minimum reduziert) auf die Verfahren des *skaz* übertragen, die komische Hauptrolle fällt dem Sprachwitzen, den ‚calembours' zu, die sich bald auf ein bloßes Wortspiel beschränken, bald zu kleinen Anekdoten entwickeln. Die komischen Effekte werden durch die M a n i e r des *skaz* erreicht. Aus diesem Grunde erweisen sich gerade diese „K l e i n i g k e i t e n", mit denen die Darstellung überschüttet ist, als für die Erforschung einer so gearteten Komposition wichtig — entfernt man sie, so bricht der Bau der Novelle in sich zusammen. Dabei kann man zwei Arten von komischem *skaz* unterscheiden: 1. den narrativen und 2. den reproduzierenden *skaz*. Der erste beschränkt sich auf Witze, auf vom Sinn her bestimmte calembours u. ä.; der zweite führt die Verfahren der Wortmimik und -gestik ein, erfindet besondere, komische Artikulationen, vom Lautlichen bestimmte calembours, kapriziöse syntaktische Konstruktionen usw. Der erste ruft den Eindruck einer sich auf einem Niveau haltenden Rede hervor; hinter dem zweiten verbirgt sich oft so etwas wie ein Schauspieler, so daß der *skaz* den Charakter eines Spiels annimmt und die Komposition nicht durch eine einfache Verkettung von Witzen bestimmt wird, sondern durch ein gewisses System verschiedenartiger mimisch-artikulatorischer Gesten.

Viele Novellen Gogol's oder einzelne ihrer Teile stellen ein interessantes Material für die Analyse eines solchen *skaz* dar. Die Komposition wird bei Gogol' nicht vom Sujet her bestimmt — das Sujet ist bei ihm immer armselig, bisweilen gibt es überhaupt kein Sujet, sondern es wird nur irgendeine einzige komische (und manchmal sogar a n s i c h überhaupt nicht komische) Situation genommen, die gleichsam nur als Anstoß oder Anlaß zur Hervorbringung komischer Verfahren dient. So entwickelt sich beispielsweise „Die Nase" aus einem einzigen anekdotenhaften Ereignis; „Die Heirat", „Der Revisor" erwachsen ebenfalls aus einer bestimmten starren Situation; „Die toten Seelen" sind aus einer einfachen Häufung einzelner Szenen gefügt, die lediglich durch die Reisen Čičikovs verbunden werden. Es ist bekannt, daß die Notwendigkeit, immer so etwas wie ein Sujet haben zu müssen, Gogol' lästig war. P. V. Annenkov berichtet über ihn:

> Er sagte, daß es für den Erfolg einer Erzählung oder überhaupt des Erzählens genüge, wenn der Autor, ein ihm bekanntes Zimmer oder eine ihm bekannte Straße beschreibt.

In einem Brief an Puškin von 1835 schreibt Gogol':

> Tun Sie mir den Gefallen, geben Sie mir irgendein Sujet, g l e i c h g ü l t i g ob es irgendein lustiges ist oder nicht, aber eine echt russische Anekdote muß es sein ... Tun Sie mir den Gefallen, geben Sie mir ein Sujet; im Nu wird daraus eine Komödie in fünf Akten, und — ich schwöre es — sie wird weit lustiger werden als der Teufel!

Um Anekdoten bittet er häufig; so beispielsweise in einem Brief an Prokopovič (1837):

> Bitte Jules (d. i. Annenkov) inständig, daß er mir schreibe. Er hat etwas, worüber man schreiben kann. Sicherlich hat sich in der Kanzlei irgendeine Anekdote zugetragen.

Andererseits zeichnete sich Gogol' durch ein besonderes Talent aus, seine Werke vorzulesen, wie viele Zeitgenossen bezeugen. Dabei kann man zwei Hauptverfahren seiner Vortragsweise unterscheiden: entweder eine pathetische, dem Gesang ähnliche Deklamation oder eine besondere Art des Ausspielens, des mimischen *skaz,* das indessen — darauf weist I. S. Turgenev hin — nicht in einen einfachen theatra-

lischen Rollenvortrag übergeht. Bekannt ist der Bericht I. I. Panaevs,
wie Gogol' alle Anwesenden in Erstaunen versetzte, als er unvermittelt
vom Gespräch zum Spiel überging, so daß seine Unartikuliertheit und
entsprechende Äußerungen zunächst einmal für ernst gehalten wurden.
Fürst D. A. Obolenskij erinnert sich:

> Gogol' las meisterhaft vor: nicht nur jedes einzelne Wort artikulierte er klar,
> sondern, indem er oft die Intonation der Rede wechselte, differenzierte er sie und
> zwang den Zuhörer, sich die kleinsten gedanklichen Nuancen anzueignen. Ich
> erinnere mich, wie er mit dumpfer und grabesähnlicher Stimme begann: „Warum
> soll man denn die Armut und immerfort die Armut darstellen ... Und wieder
> sind wir in eine abgelegene Welt geraten, wieder auf ein gottverlassenes Nest
> gestoßen." Nach diesen Worten hob Gogol' ein wenig den Kopf, warf das Haar
> zurück, und schon fuhr er mit lauter und feierlicher Stimme fort: „Aber dafür
> was für eine abgelegene Welt und was für ein gottverlassenes Nest!" Hiernach
> begann er mit der großartigen Beschreibung des Dorfes von Tentetnikov, die in
> Gogol's Vortrag so erschien, a l s   s e i   s i e   i n   e i n e m   b e s t i m m t e n
> V e r s m a ß   g e s c h r i e b e n ... Mich beeindruckte die außergewöhnliche Har-
> monie der Rede in höchstem Maße. Hier erkannte ich, wie herrlich sich Gogol' der
> lokalen Gräser- und Blumennamen bediente, die er so sorgfältig sammelte. E r
> s e t z t e   m a n c h m a l   o f f e n s i c h t l i c h   i r g e n d e i n   k l a n g v o l l e s
> W o r t   e i n z i g   w e g e n   d e s   h a r m o n i s c h e n   E f f e k t e s   e i n.

I. I. Panaev charakterisiert Gogol's Vortrag folgendermaßen:

> Gogol' las unnachahmlich. Unter den zeitgenössischen Schriftstellern gelten
> Ostrovskij und Pisemskij als die besten Vortragenden ihrer Werke: Ostrovskij
> liest ohne jeglichen dramatischen Effekt, mit äußerster Einfachheit, zugleich aber
> jeder Person die nötige Nuance verleihend; Pisemskij liest wie ein Schauspieler,
> er spielt sozusagen sein Stück beim Vorlesen aus ... Der Vortrag Gogol's lag so
> etwa in der Mitte zwischen diesen beiden Vortragsarten. Er las dramatischer als
> Ostrovskij und mit weitaus größerer Einfachheit als Pisemskij.

Sogar ein Diktat verwandelte sich bei Gogol' in eine Deklamation
besonderer Art. Hiervon berichtet P. V. Annenkov:

> Nikolaj Vasil'evič versenkte sich, nachdem er vor sich sein Heft ausgebreitet
> hatte ..., völlig darin und begann in gemessenem Tempo feierlich zu diktieren,
> mit einem solchen Gefühl und mit einer derartigen Vollkommenheit im Ausdruck,
> daß das Kapitel des ersten Bandes der „Toten Seelen" in meinem Gedächtnis ein
> besonderes Kolorit annahmen. Das war einer ruhigen, harmonisch strömenden
> Begeisterung ähnlich, die gewöhnlich bei intensiver Betrachtung eines Gegen-
> standes entsteht. N. V. wartete geduldig auf mein letztes Wort und ließ mit
> gleicher Stimme eine neue Periode folgen, die von konzentriertem Fühlen und
> Denken durchdrungen war ... Noch nie erreichte bei Gogol', so erinnere ich mich,
> das Pathos des Diktats eine solche Höhe wie bei dieser Stelle (Beschreibung von
> Pljuškins Garten), wobei gleichzeitig die künstlerische Natürlichkeit gewahrt
> blieb. Gogol' stand sogar von seinem Sessel auf ... u n d b e g l e i t e t e d a s
> D i k t a t m i t e i n e r s t o l z e n, i r g e n d w i e b e f e h l e n d e n G e s t e.

All das zusammen deutet darauf hin, daß die Grundlage des Gogol'-Textes der *skaz* ist, daß sich sein Text aus lebendigen Redevorstellungen und Sprechemotionen fügt. Mehr noch: ein solcher *skaz* will nicht bloß erzählen, nicht nur sprechen, sondern mimisch und artikulatorisch Worte reproduzieren, und Sätze werden nicht nur nach dem Prinzip logischer Rede ausgewählt und aneinandergekettet, sondern mehr nach dem Prinzip ausdrucksvoller Rede, in der der Artikulation, der Mimik, den lautlichen Gesten usw. eine besondere Rolle zufällt. Von hier stammt die Erscheinung der Lautsemantik in seiner Sprache: die lautliche Hülle eines Wortes, sein akustischer Charakter, wird in Gogol's Rede b e d e u t s a m unabhängig von der logischen oder sachlichen Bedeutung. Die Artikulation und ihre akustische Wirkung werden als ausdrucksstarkes Verfahren in den Vordergrund gerückt. Aus diesem Grunde liebt er Familiennamen, Eigennamen u. ä.: hier öffnet sich ein weites Feld für ein so geartetes Spiel mit der Artikulation. Außerdem wird seine Rede häufig von Gesten begleitet (siehe oben) und geht in reproduzierende Darstellung über, was auch in ihrer schriftlichen Gestalt erkennbar ist. Zeugnisse von Zeitgenossen weisen auch auf diese Besonderheiten hin. D. A. Obolenskij erinnert sich:

> Auf einer Station fand ich ein Beschwerdebuch und las daraus die recht komische Beschwerde irgendeines Herrn vor. Nachdem Gogol' sich das angehört hatte, fragte er mich: „Und wer, glauben Sie, ist dieser Herr? Welche Eigenschaften und welchen Charakter hat dieser Mensch?" — „Das weiß ich wirklich nicht", antwortete ich. „Dann werde ich es Ihnen erzählen." Und sofort begann er in höchst komischer und origineller Weise mir zuerst das Äußere dieses Herrn zu beschreiben, dann erzählte er mir seine ganze Dienstkarriere, wobei er sogar bei einigen Episoden seines Lebens Personen a u f t r e t e n ließ. Ich erinnere mich, daß ich wie verrückt lachte, er aber das alles völlig ernsthaft darstellte. Dann erzählte er mir, daß er einmal eine Zeitlang mit N. M. Jazykov (dem Dichter) zusammen gewohnt hätte und daß sie sich abends beim Schlafengehen damit vergnügt hätten, verschiedene Charaktere zu beschreiben und anschließend für jeden den passenden Familiennamen auszudenken.

Über die Familiennamen bei Gogol' berichtet außerdem O. N. Smirnova:

> Er schenkte den Namen seiner handelnden Personen ungewöhnlich viel Aufmerksamkeit; überall war er auf der Suche nach ihnen; sie sind typisch geworden; er fand sie in Bekanntmachungen (der Familienname des Helden Čičikov aus dem ersten Band wurde an einem Haus gefunden — früher versah man die Häuser nicht mit Hausnummern, sondern nur mit dem Familiennamen des Besitzers), auf Schildern; als er an den zweiten Band der „Toten Seelen" ging, fand er den Familiennamen des Generals Betriščev in einem Buch auf einer Poststation, und einem seiner Freunde sagte er, daß ihm beim Anblick dieses Familiennamens die Gestalt und der graue Schnurrbart des Generals erschienen seien.

Auf Gogol's besondere Beziehung zu Eigen- und Familiennamen und seine Erfindungsgabe auf diesem Gebiet wurde bereits in der Literatur hingewiesen, z. B. im Buch von Prof. I. Mandel'štam[1]:

> In jene Zeit, als Gogol' noch Freude am Scherz hatte, gehören in erster Linie Namenkombinationen, die offensichtlich ohne Rücksicht auf sein Prinzip „Lachen unter Tränen" erfunden wurden . . . Nabelwanst, Nacktwanst, Langnieser, Nacktnäbelchen, Juckpopo, Mistpolker, Überpfefferin, Scharfknatterer, Champignon, Drehlippe u. ä. m. Diese Manier, belustigende Namen zu erfinden, erhält sich übrigens bei Gogol' auch später, vgl. beispielsweise Eierkuchen („Die Heirat"), Verehrnichttrog, Weißbäuchin, Halbschuhmann („Der Mantel"), wobei der letzte Name die Möglichkeit zum Wortspiel bietet. Bisweilen wählt er absichtlich tatsächlich existierende Namen: Akakij Akakievič, Trifilij, Dula, Varachasij, Pavsikachij, Vachtisij usw. . . . Bei anderer Gelegenheit verwendet er Namen zur Erzeugung von calembours (dieses Verfahren wird seit alters von allen humoristischen Autoren verwendet). Molière belustigt seine Zuhörer mit Namen wie Pourceaugnac, Diafoirus, Purgon, Macroton, Desfonandrès, Vilebrequin; Rabelais verwendet in noch unvergleichlich stärkerem Maße ungewöhnliche Lautverbindungen, die allein schon deshalb genug Stoff zum Lachen enthalten, weil sie nur eine entfernte Ähnlichkeit mit Wörtern haben, wie etwa Solmigondinoys, Trinquamelie, Trouillogan u. ä.).

Das Sujet hat bei Gogol' also nur eine äußerliche Bedeutung und ist daher an sich statisch — nicht umsonst endet „Der Revisor" mit einer stummen Szene, von der her gesehen alles Vorangegangene gleichsam nur Vorbereitung war. Die eigentliche Dynamik, und damit auch die Komposition seiner Werke, besteht im Bau des *skaz*, im Sprachspiel. Seine handelnden Personen sind zu Stein gewordene Posen. Über sie herrscht als Regisseur und eigentlicher Held der belustigende und spielerische Geist des Künstlers selbst.

Ausgehend von diesen allgemeinen Behauptungen über Komposition und gestützt auf das über Gogol' beigebrachte Material wollen wir nun die kompositionelle Grundschicht des „Mantel" zu erläutern versuchen. Diese Erzählung ist besonders interessant für eine derartige Analyse, weil sich in ihr der reine komische *skaz* mit allen Gogol' eigentümlichen Verfahren des Sprachspiels verbindet mit einer pathetischen Deklamation, die gleichsam die zweite Schicht bildet. Diese zweite Schicht wurde von unseren Kritikern für die Grundlage gehalten, und das ganze komplizierte „Labyrinth von Verkettungen" (ein Ausdruck L. Tolstojs) wurde auf eine bestimmte Idee zurückgeführt, die traditionsgemäß bis auf den heutigen Tag sogar in den „Untersuchungen" über Gogol' wiederholt wird. Diesen Kritikern und Gelehrten könnte Gogol' ebenso antworten wie L. Tolstoj den Kritikern seiner „Anna Karenina" ge-

---

[1] „O charaktere Gogolevskogo stilja. Glava iz istorii russkogo literaturnogo jazyka" [Über den Charakter des Gogol'schen Stils. Ein Kapitel aus der Geschichte der russischen Literatursprache]. Helsingfors 1902, S. 252–253. Ein den Beobachtungen nach interessantes, jedoch in methodologischer Hinsicht unsystematisches Buch.

antwortet hat: „Ich beglückwünsche sie und kann unumwunden versichern, qu'ils en savent plus long que moi".

2

Zunächst wollen wir die Hauptverfahren des *skaz* im „Mantel" einzeln betrachten, um anschließend das System ihrer Verkettung zu untersuchen.

Eine bedeutende Rolle, vor allem zu Beginn, spielen calembours verschiedener Kategorien. Sie basieren entweder auf einer lautlichen Ähnlichkeit oder auf dem Spiel mit der Etymologie von Wörtern oder aber auf versteckter Absurdität. Der erste Satz der Erzählung war im Entwurf mit einem Laut-calembour versehen:

> Im Departement der E i n n a h m e n u n d G e b ü h r e n , — das übrigens bisweilen Departement des I n f a m e n u n d d e r A l l ü r e n genannt wird.

Im zweiten Konzept erhielt dieser calembour einen Zusatz, in dem das Spiel mit ihm fortgesetzt wird:

> Die Leser mögen übrigens nicht etwa denken, daß sich diese Bezeichnung tatsächlich auf irgendeine Wahrheit gründet — keineswegs. Die ganze Angelegenheit beruht hier lediglich auf der etymologischen Ähnlichkeit der Wörter. So nennt man auch das Departement für Bergbau und Salinenwesen [gornych i soljanych] Departement für bittere und gesalzene [gor'kich i solenych] Angelegenheiten. Beamten fällt in der Zeit zwischen Dienst und Whistspiel bisweilen vieles ein.

In die Endfassung wurde dieser calembour nicht aufgenommen. Besonderes Gefallen hat Gogol' am etymologischen calembour: hierfür erfindet er häufig spezielle Familiennamen. So hieß Akakij Akakievič ursprünglich Tiškevič, was keine Möglichkeit zum calembour bot; dann schwankt Gogol' zwischen zwei Formen: Bašmakevič (vgl. Sobakevič) und Bašmačkov, schließlich bleibt die Form Bašmačkin. Der Übergang von Tiškevič zu Bašmakevič ist natürlich von dem Wunsch bestimmt, einen calembour zu ermöglichen. Die Wahl der Form Bašmačkin kann aus dem Hang zu Diminutivsuffixen erklärt werden, der für Gogol's Stil charakteristisch ist, und auch aus der größeren artikulatorischen Ausdruckskraft (mimischen Sprechkraft) dieser Form, die eine Art Lautgeste schafft. Der mit Hilfe dieses Familiennamens gebaute calembour wird durch komische Verfahren kompliziert, die ihm den Anschein völliger Ernsthaftigkeit verleihen:

> Allein schon am Namen sieht man, daß er irgendwann einmal von Halbschuh abgeleitet worden ist; aber wann, zu welcher Zeit und auf welche Weise man ihn

von Halbschuh abgeleitet hat, darüber ist nichts bekannt. Sowohl Vater als auch Großvater und s o g a r d e r S c h w a g e r (der calembour wird unmerklich ad absurdum geführt: ein häufiges Verfahren Gogol's), sowie ausnahmslos alle Bašmačkins gingen in Stiefeln, die sie nur ungefähr dreimal jährlich besohlen ließen.

Der calembour wird durch einen derartigen Kommentar gleichsam vernichtet, um so mehr, als beiläufig Details erwähnt werden, die mit ihm absolut nichts zu tun haben (die Sohlen); tatsächlich ergibt das einen komplizierten, gleichsam doppelten calembour. Das Verfahren, etwas ad absurdum zu führen oder das contralogische Zusammenfügen von Wörtern, trifft man häufig bei Gogol', wobei es jedoch gewöhnlich durch eine streng-logische Syntax verhüllt ist und daher den Eindruck des Unbeabsichtigten hervorruft; so beispielsweise in den Worten über Petrovič, der sich „ungeachtet seines schielenden Auges und der P o k - k e n n a r b e n a u f s e i n e m g a n z e n G e s i c h t ziemlich erfolgreich mit dem Flicken von Beamtenhosen und allerlei anderen Hosen und Fräcken beschäftigte". Die logische Absurdität ist hier außerdem durch eine Fülle von Einzelheiten verhüllt, die die Aufmerksamkeit ablenken. Der calembour wird nicht sichtbar gemacht, sondern auf jegliche Weise verdeckt, wodurch seine komische Wirkung erhöht wird. Der rein etymologische calembour kommt noch häufiger vor:

„Katastrophen, die auf dem Lebensweg nicht nur Titularräten begegnen, sondern sogar Geheimräten, wirklichen, Hof- und allen möglichen Räten, sogar auch denjenigen, die n i e m a n d e m R a t g e b e n u n d i h r e r s e i t s v o n n i e - m a n d e m R a t a n n e h m e n."

Das sind die Hauptarten Gogol'scher calembours im „Mantel". Fügen wir noch ein anderes Verfahren hinzu, das auf klanglicher Wirkung beruht. Von Gogol's Vorliebe für Bezeichnungen und Namen, die keinen „Sinn" haben, war oben die Rede: derartige „transmentale" Wörter öffnen ein weites Feld für eine originelle Lautsemantik[2]. Der Name A k a k i j A k a k i e v i č ist eine ganz bewußte Lautzusammenstellung; nicht ohne Grund wird die Namengebung von einer ganzen Anekdote begleitet, und in der Urfassung merkt Gogol' dazu eigens an:

Natürlich hätte man auf irgendeine Weise das häufige Vorkommen des Buchstabens *k* vermeiden können, jedoch waren die Umstände derart, daß man dies auf keinen Fall tun konnte.

Die Lautsemantik dieses Namens wird außerdem durch eine ganze Reihe von anderen Namen vorbereitet, die ebenfalls eine besondere

---

[2] Vgl. Pul'pul'tik und Mon'munja in der „Kutsche".

lautliche Ausdruckskraft besitzen und offensichtlich hierfür gesammelt,
„herausgesucht" wurden; in der Urfassung sah diese Namensammlung
etwas anders aus:

1) Evvul, Mokkij, Evlogij;
2) Varachasij, Dula, Trefilij;
(Varadat, Farmufij)[3].
3) Pavsikachij, Frumentij.

In der Endfassung lauten sie:

1) Mokij, Sossij, Chozdazat;
2) Trifilij, Dula, Varachasij;
(Varadat, Varuch)
3) Pavsikachij, Vachtisij und Akakij.

Beim Vergleich dieser beiden Gruppen macht die zweite in höherem
Maße den Eindruck, nach artikulatorischen Gesichtspunkten, nach
einem originellen Lautsystem, zusammengestellt zu sein. Die Laut-
komik dieser Namen liegt nicht in der einfachen Ungewöhnlichkeit
(Ungewöhnlichkeit an sich kann nicht komisch sein), sondern in der
bewußten Zusammenstellung, die den durch seine krasse Eintönigkeit
komischen Namen Akakijs vorbereitet, dazu noch + Akakievič, was
in dieser Kombination bereits wie ein S p i t z n a m e klingt, der die
Lautsemantik in sich birgt. Die Komik wird noch dadurch gesteigert,
daß die Namen, die die Wöchnerin bevorzugt, in keiner Weise aus dem
Rahmen fallen. Dies alles zusammen ergibt eine eigentümliche Artiku-
lationsmimik, eine Lautgeste[4]. In diesem Zusammenhang ist noch eine
Stelle im „Mantel" von Interesse, an der das Äußere Akakij Akakievičs
beschrieben wird:

> Es diente also i n e i n e m D e p a r t e m e n t e i n B e a m t e r , ein Beamter,
> von dem man nicht gerade sagen kann, daß er sehr bemerkenswert war, klein
> von Wuchs, ein wenig pockennarbig, ein wenig rothaarig, dem Anschein nach
> sogar ein wenig schwachsichtig, mit einer kleinen Stirnglatze, Runzeln auf beiden
> Wangen und einer Gesichtsfarbe, die bezeichnet man als hämorrhoidal.

Das letzte Wort ist so gestellt, daß seine Lautgestalt eine besondere
emotional-expressive Kraft erhält und als komische Lautgeste unabhängig vom Sinn wahrgenommen wird. Es wird einerseits durch das

---

[3] Namen, denen die Wöchnerin den Vorzug gibt.
[4] Dieses Gogol'sche Verfahren wird von seinen Nachahmern wiederholt, so beispielsweise von P. I. Mel'nikov-Pečerskij in seiner frühen Erzählung: „Etwas darüber,
wer eigentlich E l p i f i d o r P e r f i l ' e v i č war" (1840). Siehe den Artikel A.
Zmorovič, in: Russkij filologičeskij vestnik [Russischer philologischer Bote], Nr. 1
bis 2, 1916, S. 178 ff.

Verfahren rhythmischer Steigerung, andrerseits mit Hilfe von klang-
gleichen Endungen einiger Wörter vorbereitet, die das Gehör auf die
Aufnahme von Lauteindrücken einstimmen (rjabovat — ryževat —
podslepovat), weshalb es auch grandios und fantastisch klingt ohne
jegliche Beziehung zum Sinn. Es ist interessant, daß in der Urfassung
gerade dieser Satz bei weitem einfacher gebaut war:

> Es diente also in diesem Departement ein Beamter, nicht gerade sehr ansehnlich,
> klein, glatzköpfig, pockennarbig, rötlich, dem Anschein nach sogar etwas schwach-
> sichtig.

In der endgültigen Form ist dieser Satz weniger die B e s c h r e i -
b u n g des Äußeren als vielmehr ihre mimisch-artikulatorische R e -
p r o d u k t i o n : die Wörter sind ausgewählt und in eine bestimmte
Ordnung gebracht nicht nach dem Prinzip der Bezeichnung charakteristischer Züge, sondern nach dem Prinzip der Lautsemantik. Die
bildliche Vorstellungskraft bleibt unberührt (nichts ist schwieriger,
glaube ich, als Gogol's Helden zu malen). Von dem ganzen Satz
behält man am ehesten den Eindruck irgendeiner Lautreihe im Gedächtnis, die mit dem nachhallenden und vom Standpunkt der Logik
fast sinnlosen, dafür aber von seiner artikulatorischen Ausdruckskraft
her ungewöhnlich starken Wort „hämorrhoidal" endet. Hierzu paßt
sehr gut die Beobachtung D. A. Obolenskijs, daß Gogol' bisweilen
„einzig wegen des harmonischen Effektes irgendein klangvolles Wort
einsetzte". Der ganze Satz macht den Eindruck eines geschlossenen
Ganzen, eines Systems von Klanggesten, zu dessen Realisierung die
Wörter ausgewählt wurden. Aus diesem Grunde sind solche Wörter
fast nicht mehr als logische Einheiten, als Begriffszeichen erkennbar:
sie sind nach dem Prinzip der Klangrede zerlegt und neu zusammengestellt. Das ist einer der bemerkenswertesten Effekte der Gogol'schen
Sprache. Andere seiner Sätze wirken wie Lautaufschriften — so sehr
treten Artikulation und Akustik in den Vordergrund. Das banalste
Wort wird von ihm gelegentlich so dargeboten, daß seine logische oder
sachliche Bedeutung verblaßt, dafür aber die Lautsemantik hervortritt und die einfache Bezeichnung den Charakter eines Beinamens
erhält: „er stieß auf einen Wachtposten, der seine H e l l e b a r d e
neben sich gestellt hatte und aus einem kleinen Horn langsam Tabak
auf seine schwielige Faust schüttete." Oder: „Nach dem Gang der
Mode kann es sogar soweit kommen, daß man Kragen mit silbernen,
p l a t t i e r t e n P f ö t c h e n [lapki pod aplike] zugeknöpft." [Das
letzte Beispiel stellt ein offensichtliches Spiel mit der Artikulation dar
(die Wiederholung *lpk — plk*).]*

---

* Zusatz der späteren Textausgaben.

Gogol' kennt keine mittlere Rede, d. h. keine einfachen psychologischen oder sachlichen Begriffe, die unter dem Gesichtspunkt der Logik zu gewöhnlichen Sätzen vereinigt werden. Die artikulatorisch-mimische Klangrede wechselt mit einer angespannten Intonation, die die Perioden modelliert. Oft sind seine Werke auf diesem Wechsel aufgebaut. Im „Mantel" gibt es ein sehr ausgeprägtes Beispiel für eine solche intonationsmäßige Einwirkung, eine deklamatorisch-pathetische Periode:

> Sogar in den Stunden, wenn der graue Petersburger Himmel völlig erlischt und das ganze Beamtenvolk, jeder so gut er konnte, je nach Gehalt und eigener Laune, sattgegessen vom Tische aufgestanden ist, wenn sich alles bereits erholt hat vom Federkratzen im Departement, von der Lauferei, von den eigenen und fremden dringenden Geschäften und überhaupt von dem, was der ruhelose Mensch freiwillig, mehr sogar als nötig, auf sich lädt . . . usw.

Die gewaltige Periode, die die Intonation gegen Ende zu einer gewaltigen Anspannung führt, wird unerwartet einfach aufgelöst:

> Mit einem Wort, sogar dann, wenn alles sich zu zerstreuen strebt, gab sich Akakij Akakievič keinerlei Zerstreuung hin.

Es entsteht der Eindruck einer komischen Diskrepanz zwischen der Gespanntheit der dumpf und geheimnisvoll beginnenden syntaktischen Intonation und ihrer bedeutungsmäßigen Auflösung. Dieser Eindruck wird noch durch den Wortschatz verstärkt, der gleichsam absichtlich dem syntaktischen Charakter der Periode widerspricht: die Hütchen, das schmucke Mädchen, gemächlich aus Gläsern Tee trinken und Kopeken-Zwieback dazu essen; schließlich: die beiläufig eingefügte Anekdote über Falconets Denkmal. Dieser Widerspruch oder diese Diskrepanz wirkt so auf die Wörter selbst ein, daß sie s o n d e r b a r , rätselhaft werden, ungewöhnlich klingen und das Gehör überraschen, als wären sie in Stücke zerlegt oder von Gogol' erstmals ausgedacht worden. Es gibt im „Mantel" außerdem noch eine andere Art von Deklamation, die unerwartet in den allgemeinen calembour-Stil eingeführt wird, nämlich die sentimental-melodramatische; es handelt sich um die berühmte „humane" Stelle, die der russischen Kritik so gefiel, daß sie von einem untergeordneten künstlerischen Verfahren zur „Idee" der ganzen Erzählung wurde:

> „Lassen Sie mich in Ruhe! Warum kränken Sie mich?" Und irgend etwas Sonderbares lag in den Worten und in der Stimme, mit der sie ausgesprochen wurden. In ihr lag etwas Mitleiderweckendes, so daß ein junger Mann . . . U n d   l a n g e   d a n a c h , in den fröhlichsten Minuten, erschien ihm der kleingewachsene Beamte mit der Stirnglatze . . . Und in diesen durchdringenden Worten klangen andere Worte an . . . U n d   e r   b e d e c k t e   s i c h   m i t   d e r   H a n d . . . usw.

In der ursprünglich skizzierten Fassung fehlt diese Stelle; sie ist jünger und gehört zweifellos zur zweiten Schicht, die den rein anekdotischen Stil der ursprünglich skizzierten Fassung durch Elemente der pathetischen Deklamation kompliziert.[5]

Seine handelnden Personen läßt Gogol' im „Mantel" wenig reden. Wie immer bei ihm ist ihre Rede auf besondere Weise gestaltet, so daß sie, ungeachtet ihrer individuellen Unterschiedlichkeit, niemals den Eindruck von m i l i e u ü b l i c h e r Sprache hervorruft, wie das beispielsweise bei Ostrovskij der Fall ist (nicht umsonst las Gogol' auch anders vor) — sie ist immer stilisiert. Die Sprache von Akakij Akakievič paßt zum allgemeinen System der Gogol'schen Klangrede und der mimischen Artikulation: sie ist auf spezifische Weise gebaut und mit einem Kommentar versehen:

> Man muß wissen, daß sich Akakij Akakievič überwiegend mittels Präpositionen, Adverbien und schließlich s o l c h e r P a r t i k e l n a u s d r ü c k t e, d i e a u c h n i c h t d i e a l l e r g e r i n g s t e B e d e u t u n g b e s a ß e n.

Die Sprache Petrovičs ist im Unterschied zur abrupten Artikulationsweise Akakij Akakievičs dicht gedrängt, streng, fest und wirkt wie ein Kontrast; milieuhafte Nuancen fehlen in ihr — die alltägliche Intonation paßt nicht zu ihr, sie ist ebenso „ausgesucht" und ebenso „erfunden" wie die Sprache Ak.Ak-čs. Wie stets bei Gogol' (vgl. „Altväterische Gutsbesitzer", „Geschichte, wie [Ivan Ivanovič mit Ivan Nikiforovič in Streit geriet]", „Die toten Seelen" und die Theaterstücke) stehen solche Sätze außerhalb der Zeit, außerhalb des Augenblicks — unbeweglich und ein für allemal: es ist eine Sprache, die Marionetten sprechen könnten. Ebenso ausgesucht ist auch Gogol's eigene Sprache, sein *skaz*. Im „Mantel" ist dieser *skaz* zu einer besonderen Art von sorgloser, naiver Plauderei stilisiert. Geradezu ungewollt ergeben sich plötzlich „unnötige" Details:

> Zur Rechten stand der Gevatter Ivan Ivanovič Eroškin, ein überaus hervorragender Mensch, der als Abteilungsvorsteher im Senat arbeitete, sowie die Ge-

---

[5] Zu dieser Stelle äußert sich auch V. Rozanov. Er erklärt sie als „Leiden des Künstlers unter dem Gesetz seines Schaffens, als seine Wehklage um das betörende Bild, das anders zu malen, er sich außerstande sieht . . . und das er, wenn er es so gemalt hat, verachtet und haßt, obwohl er sich an ihm auch erfreut." (Artikel „Kak proizošel tip Akakija Akakieviča" [Wie der Typ Akakij Akakievičs entstanden ist] im Buch „Legenda o velikom inkvizitore" [Die Legende vom Großinquisitor]. SPb. 1906, S. 278—279.) Und an einer anderen Stelle: „Und dann folgt, gleichsam diesen Strom der Verhöhnungen unterbrechend und die sie unaufhaltsam aufzeichnende Hand schlagend, auf einem später an den Rand geklebten Zusatz: . . . aber Akakij Akakievič antwortete kein einziges Wort . . ." usw. Wir übergehen den philosophischen und psychologischen Sinn dieser Stelle, betrachten sie im vorliegenden Falle nur als literarisches Verfahren und bewerten sie vom Standpunkt der Komposition als das Eindringen des deklamatorischen Stils in das System des komischen *skaz*.

vatterin, die Frau des Revier-Offiziers, eine Frau von seltenen Tugenden, Arina Semenovna Belobrjuškova.

Oder sein *skaz* nimmt den Charakter familiärer Redseligkeit an:

> Über diesen Schneider sollte man, natürlich, nicht viel reden, aber da es nun einmal üblich ist, daß in einer Erzählung der Charakter einer jeden Person genau umrissen wird, bleibt nichts übrig: gebt uns endlich auch den Petrovič her.

Das komische Kunstmittel besteht in diesem Falle darin, daß sich die derartig angekündigte „Charakteristik" Petrovičs im Hinweis erschöpft, daß er ohne Unterschied an allen Feiertagen trinkt. Das gleiche wiederholt sich auch bei seiner Frau:

> Da wir nun schon die Frau erwähnt haben, wird es nötig, auch über sie zwei Worte zu sagen; doch l e i d e r war über sie wenig bekannt, eigentlich nur, daß Petrovič eine Frau hat, daß sie sogar eine Haube, nicht etwa ein Tuch, trägt; aber mit Schönheit, wie es scheint, konnte sie nicht prahlen; wenn es hoch kam, blickten ihr, wenn sie sie trafen, nur Gardesoldaten unter die Haube, zuckten mit dem Schnurrbart und gaben irgendeinen ungewöhnlichen Laut von sich.

Besonders kraß ist dieser *skaz*-Stil in einem Satz festgehalten:

> Wo jedoch der einladende Beamte wohnte, können wir leider nicht sagen: das Gedächtnis beginnt, uns heillos im Stich zu lassen, und alles, was es in Petersburg gibt, alle Straßen und Häuser sind im Kopf dermaßen verschwommen und vermengt, daß man nur mit äußerster Schwierigkeit v o n d o r t h e r irgend etwas in ordentlichem Zustand e r h a l t e n k a n n.

Fügt man diesem Satz die zahlreichen „irgendein", „leider ist wenig bekannt", „nichts ist bekannt", „ich erinnere mich nicht" usw. hinzu, dann ergibt sich eine Vorstellung vom Verfahren des *skaz*, das der ganzen Erzählung die Illusion einer echten, als Faktum wiedergegebenen, dem Erzähler jedoch nicht in allen Einzelheiten genau bekannten Geschichte verleiht. Er weicht gern von der Hauptanekdote ab und fügt Zwischenbemerkungen ein von der Art: „man sagt, daß"; so beispielsweise zu Anfang zur Bitte eines Kreispolizeichefs („ich erinnere mich nicht, welcher Stadt"), so über Bašmačkins Vorfahren, über den Schwanz am Pferd des Denkmals von Falconet, über den Titularrat, den man zum Administrator gemacht hat, woraufhin er sich ein separates Zimmer abgrenzte, das er „Amtsraum" nannte, usw. Es ist bekannt, daß auch die Erzählung selbst hervorgegangen ist aus einer „Kanzlei-Anekdote" über einen armen Beamten, der sein Gewehr, für das er lange Zeit Geld gespart hatte, verlor: „Die Anekdote war der erste Gedanke zu seiner wundervollen Erzählung ‚Der Mantel'", berichtet P. V. Annenkov. Ihr ursprünglicher Titel lautete: „Erzählung

von einem Beamten, der Mäntel stiehlt", und der allgemeine Charakter des *skaz* in den Skizzen der Frühfassung zeichnet sich durch eine noch
stärkere Stilisierung zu sorglosem Geplauder und zur Familiarität aus:
„An seinen Familiennamen erinnere ich mich wirklich nicht mehr", „im
Grunde genommen war das ein sehr gutes Geschöpf" usw. In der endgültigen Fassung hat Gogol' derartige Verfahren etwas geglättet und
die Erzählung mit calembours und Anekdoten ausgeschmückt; hinzu-
gekommen ist dafür aber die Deklamation, wodurch sich die ursprüngliche Kompositionsschicht kompliziert hat. Das Resultat war eine Groteske, in der die Mimik des Lachens mit der Mimik der Trauer ab-
wechselt — beide sehen wie ein Spiel mit einem festgelegten Wechsel
von Gesten und Intonationen aus.

3

Eben diesem Wechsel wollen wir nun mit dem Ziel nachgehen, den
eigentlichen Typus der Verkettung der einzelnen Verfahren heraus-
zufinden. Der Verkettung oder Komposition liegt der *skaz* zu Grunde,
dessen Züge oben definiert wurden. Es ergab sich, daß dieser *skaz* kein
narrativer, sondern ein mimisch-deklamatorischer war: nicht ein volks-
tümlicher Erzähler, sondern ein Darsteller, fast ein Komödiant, verbirgt sich hinter dem gedruckten Text des „Mantel". Wie sieht nun das
„Szenarium" dieser Rolle aus, wie ist ihr Schema beschaffen?

Der eigentliche Anfang stellt einen Zusammenprall, eine Unterbrechung, einen scharfen Wechsel des Tons dar. Der sachliche Beginn
(„Im Departement") bricht unvermittelt ab, und die zu erwartende
epische Intonation eines mündlichen Erzählers wird durch einen anderen Ton, durch eine übersteigerte Gereiztheit und durch Sarkasmus
ersetzt. Das Ergebnis ist der Eindruck einer Improvisation; die ursprüngliche Komposition wird sogleich zugunsten irgendwelcher Abschweifungen aufgegeben. Noch ist nichts gesagt, aber schon gibt es eine
Anekdote, die nachlässig und flott erzählt wird („ich erinnere mich
nicht mehr, welcher Stadt", „irgendeines romantischen Werks"). Daraufhin kehrt jedoch, so scheint es, der eingangs gewählte Ton wieder:
„Es diente also in einem Departement ein Beamter."
Jedoch dieser neue Ansatz zum epischen *skaz* wird sogleich wieder von
dem Satz abgelöst, von dem oben die Rede war, einem dermaßen „gesuchten", seiner Natur nach dermaßen akustisch bestimmten Satz, daß
vom sachlichen *skaz* nichts mehr übrig bleibt. Gogol' übernimmt seine
Rolle, und, nachdem er diese kapriziöse, beeindruckende Wortzusam-
menstellung mit dem grandios klingenden und fast sinnlosen Wort

(„hämorrhoidal") beendet hat, schließt er diese Folge mit einer mimischen Geste ab: „Was soll man machen, schuld ist das Petersburger Klima." Der persönliche Ton, versehen mit allen Verfahren des Gogol'-schen *skaz*, dringt dezidiert in die Erzählung ein und nimmt den Charakter einer grotesken Gebärde oder einer Grimasse an. Hiermit ist bereits der Übergang zum calembour mit dem Familiennamen und zur Anekdote über Geburt und Taufe des Akakij Akakievič vorbereitet. Die sachlichen Sätze, die diese Anekdote beenden („Auf diese Weise e n t s t a n d Akakij Akakievič... Und so, auf diese Weise e n t s t a n d dies alles"), rufen den Eindruck eines Spiels mit der Erzählform hervor: nicht umsonst verbirgt sich in ihnen auch ein leichter calembour, der ihnen den Anschein einer plumpen Wiederholung gibt. Es ergießt sich ein Schwall von „Verhöhnungen" — in der Art setzt sich der *skaz* fort bis hin zu dem Satz: „aber er antwortete kein einziges Wort...", wo der komische *skaz* plötzlich von einer sentimental-melodramatischen Abschweifung unterbrochen wird, die durch charakteristische Verfahren des empfindsamen Stils bestimmt ist. Mit Hilfe dieses Verfahrens wird die Erhebung des „Mantel" von einer einfachen Anekdote in eine Groteske erreicht. Der sentimentale und absichtlich primitive (hierin stimmt die Groteske mit dem Melodrama überein) Inhalt dieses Abschnitts ist mittels einer zunehmend angespannten Intonation wiedergegeben, die einen feierlichen, pathetischen Charakter besitzt (die mit „Und" beginnenden Sätze und die besondere Wortfolge: „Und irgend etwas Seltsames lag darin... Und lange danach... sah er... Und in diesen durchdringenden Worten... Und er bedeckte sich mit der Hand... und viele Male fuhr er zusammen..."). Es geschieht etwas, das dem Verfahren der „szenischen Illusion" ähnlich ist, wenn der Schauspieler plötzlich gleichsam aus seiner Rolle heraustritt und wie ein Mensch zu sprechen beginnt (vgl. im „Revisor": „Über wen lacht Ihr? Über Euch selbst lacht Ihr!" oder das bekannte: „Langweilig ist's auf dieser Welt, meine Herren!" in der „Geschichte, wie [Ivan Ivanovič mit Ivan Nikiforovič in Streit geriet]"). Bei uns ist es üblich, diese Stelle wörtlich aufzufassen; das literarische Verfahren, das die komische Novelle in eine Groteske verwandelt und den „phantastischen" Schluß vorbereitet, hält man für eine echte Einmischung „der Seele". Wenn eine derartige Täuschung — in der Terminologie Karamzins — den „Triumph der Kunst" ausmacht, wenn die Naivität des Zuschauers liebenswert sein mag, so ist eine solche Naivität für die Wissenschaft durchaus kein Triumph, offenbart sie doch hiermit ihre Hilflosigkeit. Bei einer solchen Deutung wird die gesamte Struktur des „Mantel", ihre ganze künstlerische Konzeption, zerstört. Ausgehend von dem

Grundsatz, daß jeder einzelne Satz eines literarischen Werks an sich
n i e bloß eine einfache „Widerspiegelung" von persönlichen Gefühlen
des Autors s e i n k a n n , sondern immer Konstruktion und Spiel ist,
k a n n u n d d a r f m a n in einem solchen Abschnitt nichts anderes
als ein bestimmtes literarisches Verfahren sehen. Das übliche Vorgehen,
irgendeine Einzelmeinung mit dem psychologischen Inhalt der Seele
des Autors zu identifizieren, ist ein Irrweg der Wissenschaft. In diesem
Sinne bleibt die Seele des Künstlers als eines Menschen, der diese oder
jene Stimmungen d u r c h l e b t , immer außerhalb seines Werks und
muß das auch. Ein künstlerisches Werk ist immer etwas Gemachtes,
Geformtes, Erdachtes, also nicht nur etwas Kunstvolles, sondern auch
etwas Künstliches im besten Sinne dieses Wortes; und aus diesem
Grunde g i b t e s u n d k a n n e s i n i h m keinen Raum für die
Widerspiegelung seelischer Empirie geben. Das Kunstvolle und Künst-
liche des Gogol'schen Verfahrens offenbart sich in diesem Abschnitt des
„Mantel" besonders in der Anlage der ausgeprägt melodramatischen
Kadenz, in Gestalt einer primitiv-sentimentalen Sentenz, die von
Gogol' in der Absicht verwendet wird, die Groteske zu verstärken:

> Und der arme junge Mann bedeckte sich mit der Hand, und im Laufe seines
> Lebens fuhr er später noch viele Male zusammen, wenn ihm bewußt wurde, wie
> viel Unmenschliches im Menschen ist, wie viel grausame Grobheit sich hinter
> verfeinerter, gebildeter Weltläufigkeit verbirgt und — o Gott! — sogar in jenem
> Menschen, den die Welt für edel und rechtschaffen hält ...

Die melodramatische Episode wird als Kontrast zum komischen *skaz*
verwendet. Je kunstvoller die calembours sind, desto pathetischer und
stilisierter in Richtung auf einen sentimentalen Primitivismus muß
natürlich das Verfahren sein, das das komische Spiel zerstört. Die Form
einer ernsthaften Betrachtung hätte keinen Kontrast ergeben und wäre
nicht geeignet gewesen, sofort der gesamten Komposition einen grotesken Charakter zu verleihen. Es ist daher nicht verwunderlich, daß
Gogol' unmittelbar nach dieser Episode zum alten Ton zurückkehrt,
sowohl zum gewollt sachlichen, als auch zum spielerischen und nach-
lässig-plaudernden mit calembours der Art: „dann erst merkte er, daß
er sich nicht in der Mitte der Zeile, sondern e h e r in der Mitte der
Straße befand." Im Anschluß an die Erzählung, wie Akakij Akakievič
ißt und wie er das Essen zu beenden pflegt, sobald sich der Magen „zu
blähen" beginnt, geht Gogol' wieder zur Deklamation, jedoch zu einer
etwas andersartigen, über: „Sogar in jenen Stunden, wenn ..." usw.
Hier wird zum Zweck der gleichen Groteske eine „dumpfe", rätselhaft-
ernste Intonation angeschlagen, die langsam zur Gestalt einer riesigen
Periode anschwillt und die sich unerwartet einfach wieder auflöst: das

nach dem syntaktischen Typus der Periode erwartete Gleichgewicht der gedanklichen E n e r g i e zwischen dem lang ausgedehnten Ansteigen („wenn... wenn... wenn") und der Kadenz wird nicht realisiert, worauf bereits die ganze Wahl der Wörter und Ausdrücke hindeutet. Das Auseinanderklaffen von feierlich-ernster Intonation als solcher und dem gedanklichen Gehalt wird wiederum als groteskes Verfahren verwendet. Als Abwechslung zu dieser erneuten „Täuschung" durch den Komödianten folgt natürlich ein neuer calembour über die Räte, mit dem zugleich der erste Akt des „Mantel" schließt: „So verlief das friedliche Leben eines Menschen..." usw.

Dieses im ersten Teil angedeutete Bild, in dem der rein anekdotische *skaz* mit melodramatischer und feierlicher Deklamation verflochten wird, ist auch für die gesamte Komposition des „Mantel" als einer Groteske bestimmend. Der Stil der Groteske verlangt erstens, daß die beschriebene Situation oder das beschriebene Ereignis in eine bis ins Phantastische kleine Welt künstlicher Erlebnisse eingeschlossen wird (so auch in den „Altväterischen Gutsbesitzern" und in der „Geschichte, wie [Ivan Ivanovič mit Ivan Nikiforovič in Streit geriet]"), daß sie völlig von der großen Realität, von der wirklichen Fülle des seelischen Lebens, isoliert ist[6], und zweitens, daß das nicht mit einem didaktischen und nicht mit einem satirischen Ziel geschieht, sondern mit dem Ziel, ein weites Feld zum S p i e l m i t d e r R e a l i t ä t zu öffnen, zur Zerlegung und freien Verlagerung ihrer Elemente, so daß die üblichen Wechselbeziehungen und Verbindungen (psychologische und logische) in dieser v o n n e u e m konstruierten Welt sich als unwirklich erweisen und jegliches Detail gewaltige Ausmaße annehmen kann. Erst vor dem Hintergrund eines derartigen Stils erhält der geringste Schimmer eines echten Gefühls den Anschein von etwas Erschütterndem. An der Anekdote vom Beamten schätzte Gogol' gerade diesen phantastischbegrenzten, in sich geschlossenen Bestand an Gedanken, Gefühlen und Wünschen, in dessen engen Grenzen der Künstler freimütig Details übertreiben und gewohnte Proportionen der Welt zerstören kann. Auf dieser Grundlage ist auch der „Mantel" entworfen. Hier geht es durch-

---

[6] „Bisweilen liebe ich es, mich für einen Moment i n d i e S p h ä r e d i e s e s u n g e w ö h n l i c h v e r e i n s a m t e n L e b e n s z u b e g e b e n, w o k e i n e i n z i g e r W u n s c h d e n H o l z z a u n ü b e r f l i e g t, der den kleinen Hof umgibt..." usw. („Altväterische Gutsbesitzer"). Bereits im „Špon'ka" deutet Gogol' die Verfahren seiner Groteske an. Mirgorod ist eine phantastische, groteske Stadt, die von der ganzen Welt völlig abgeschlossen ist.

aus nicht um die „Nichtigkeit" Akakij Akakievičs und nicht um die
Predigt von „Humanität" für den kleinen Bruder, sondern darum, daß
Gogol', indem er die gesamte Sphäre der Erzählung von der großen
Realität isoliert, das Unvereinbare vereinen, das Kleine über die Massen vergrößern und das Ganze verkürzen kann[7], mit einem Wort, er
kann mit allen Normen und Gesetzen des realen seelischen Lebens spielen. So verfährt er denn auch. Die seelische Welt von Akakij Akakievič
(wenn überhaupt ein solcher Ausdruck erlaubt ist), ist keineswegs
n i c h t i g (das haben unsere naiven und sentimentalen, von Belinskij
hypnotisierten Literarhistoriker hineininterpretiert), sondern, bis ins
Phantastische abgekapselt, e i g e n :

> Dort, beim Abschreiben, eröffnete sich ihm i r g e n d e i n e e i g e n e , v i e l -
> g e s t a l t i g e (!) u n d a n g e n e h m e W e l t ... Außerhalb dieses Abschrei-
> bens, so schien es, existierte für ihn nichts.[8]

In dieser Welt herrschen eigene Gesetze, eigene Proportionen. Nach
den Gesetzen dieser Welt erweist sich ein neuer Mantel als ein grandioses
Ereignis, und Gogol' formuliert grotesk:

> Er ernährte sich geistig, indem er in seinen Gedanken d i e e w i g e I d e e d e s
> z u k ü n f t i g e n M a n t e l s t r u g .[9]

Und weiter:

> So als wäre er nicht allein, sondern als hätte sich irgendeine angenehme Lebens-
> gefährtin einverstanden erklärt, mit ihm den Lebensweg gemeinsam zu gehen,
> und diese Gefährtin war niemand anderes als jener dick mit Watte gefütterte
> Mantel mit festem Futter.

Kleine Details schieben sich in den Vordergrund, so Petrovičs Zehnagel, „dick und hart wie der Panzer einer Schildkröte", oder seine
Tabaksdose: „mit dem Porträt irgendeines Generals, wessen genau,
war unbekannt, weil die Stelle, wo sich das Gesicht befand, mit dem
Finger durchbohrt und dann mit einem viereckigen Papierfetzchen
verklebt worden war."[10] Diese groteske Hyperbolisierung entfaltet sich

---

[7] „Aber die Dinge waren so seltsam geordnet, daß immer nichtige Ursachen große
Ereignisse hervorbrachten und umgekehrt große Unternehmungen mit nichtigen
Folgen zu enden pflegten" („Altväterische Gutsbesitzer").

[8] „Das Leben ihrer bescheidenen Besitzer ist so ruhig, so ruhig, daß man sich für
einen Augenblick selbst vergißt und denkt, daß jene Leidenschaften, Wünsche und
unruhigen Ausgeburten des bösen Geistes, die die Welt in Erregung versetzen, überhaupt nicht existieren und man sie nur in einer glänzenden, funkelnden Traumvision
erblickt hat" (ibid.).

[9] In der ursprünglichen, noch nicht bis zur Groteske ausgearbeiteten Redaktion
hieß es anders: „indem er in Gedanken unablässig den zukünftigen Mantel trug."

[10] Naive Leute werden sagen, dies sei „Realismus", „Alltag" u. ä. Es ist unfrucht-
bar, mit ihnen zu streiten; sie sollten jedoch darüber nachdenken, daß über den
Zehnagel und die Tabaksdose viel mitgeteilt wird, über Petrovič selbst aber nur, daß
er an allen Feiertagen trank, und über seine Frau, daß sie e x i s t i e r t e und daß sie

wie früher vor dem Hintergrund des komischen *skaz* mit calembours, komischen Worten und Ausdrücken, Anekdoten usw.:

> Marder kauften sie nicht, weil er tatsächlich teuer war, sondern stattdessen wählten sie die beste Katze, die es gerade im Laden gab, eine Katze, die man von fern immer für Marder halten konnte.

Oder:

> Um welches Amt es sich bei der b e d e u t e n d e n P e r s ö n l i c h k e i t genau handelte und worin es bestand, blieb bisher unbekannt. Man muß wissen, daß d i e b e d e u t e n d e P e r s ö n l i c h k e i t unlängst zu einer bedeutenden Persönlichkeit wurde, während sie bis dahin eine unbedeutende Persönlichkeit war.

Oder weiter:

> Man sagt sogar, daß sich irgendein Titularrat, als man ihn zum Administrator einer einzelnen kleinen Kanzlei machte, sogleich ein separates Zimmer abgegrenzt habe, das er „Amtsraum" nannte, und daß er an dessen Türen irgendwelche Amtsdiener mit roten Kragen und Tressen aufgestellt hätte, die zur Türklinke griffen und jedem Ankömmling die Tür öffneten, obwohl man im „Amtszimmer" mit Ach und Krach einen gewöhnlichen Schreibtisch stellen konnte.

Daneben finden sich Sätze „vom Autor" in dem eingangs angeschlagenen nachlässigen Ton, hinter denen sich offensichtlich eine Gebärde verbirgt:

> Aber es mag auch sein, daß er nicht einmal das dachte, denn man kann ja nicht in d i e S e e l e e i n e s M e n s c h e n kriechen (hier liegt der Art nach ebenfalls ein calembour vor, wenn man die allgemeine Behandlung der Figur Akakij Akakievičs berücksichtigt) und alles in Erfahrung bringen, was er so denkt (ein Spiel mit der Anekdote, als ginge es tatsächlich um die Wirklichkeit).

Der Tod von Akakij Akakievič ist ebenso grotesk erzählt wie seine Geburt: in einer Abfolge komischer und tragischer Einzelheiten mit einem plötzlichen „schließlich gab der arme Akakij Akakievič seinen Geist auf",[11] mit einem unvermittelten Übergang zu allen möglichen Kleinigkeiten (Aufzählung des Nachlasses: „ein Bund Gänsekiele, ein Buch weißes Behördenpapier, drei Paar Socken, zwei, drei Knöpfe, die von der Hose abgerissen waren") und der dem Leser bereits bekannte Überwurf und, schließlich, einem im üblichen Stil gehaltenen Abschluß:

> Wer das alles bekam, weiß Gott allein; dafür hat sich sogar der Erzähler dieser Geschichte nicht interessiert.

---

sogar eine Haube trug. Es ist ein markantes Verfahren der grotesken Komposition, Details in übertriebenen Einzelheiten herauszustellen, und dasjenige, was doch vermutlich größere Aufmerksamkeit verdient, in den Hintergrund treten zu lassen.

[11] Im allgemeinen Kontext klingt sogar dieser gewöhnliche Ausdruck ungewöhnlich, seltsam, und besitzt fast den Charakter eines calembour: eine ständige Erscheinung in der Sprache Gogol's.

Und nach all dem folgt — wie es sich nach der Darstellung einer so traurigen Szene gehört — eine neue melodramatische Deklamation, die uns zur „humanen" Stelle zurückführt:

> Und Petersburg blieb ohne Akakij Akakievič zurück, als hätte es ihn hier nie gegeben. Es verschwand und entfloh ein Wesen, das von niemandem beschützt worden war, das niemandem teuer, das für niemanden von Interesse war, das sogar nicht einmal die Aufmerksamkeit eines Naturforschers auf sich lenkte, der sich sonst keine Gelegenheit entgehen läßt, eine gewöhnliche Fliege auf eine Nadel zu spießen, um sie durchs Mikroskop zu betrachten ... (usw.).

Der Schluß des „Mantel" ist die effektvolle Apotheose einer Groteske, etwas in der Art der stummen Szene des „Revisor". Die naiven Gelehrten, die in der „humanen" Stelle das ganze Salz der Erzählung sahen, stehen verständnislos vor diesem unerwarteten und unbegreiflichen Einbruch der „Romantik" in den „Realismus". Gogol' selbst flüsterte es ihnen ein:

> Aber wer hätte gedacht, daß hier noch nicht alles über Akakij Akakievič gesagt ist, daß ihm bestimmt war, nach seinem Tode noch einige Tage mit viel Aufsehen zu leben, gleichsam als Belohnung für das von niemandem beachtete Leben. S o a b e r h a t e s s i c h z u g e t r a g e n, und unsere arme Geschichte nimmt u n e r w a r t e t ein phantastisches Ende.

Tatsächlich ist dieser Schluß keineswegs phantastischer und „romantischer" als die gesamte Erzählung. Im Gegenteil: dort handelte es sich um eine wirkliche groteske Phantastik, die als Spiel mit der Realität wiedergegeben wurde; hier geht die Erzählung in eine Welt gewohnterer Vorstellungen und Fakten über, alles ist aber im Stile eines Spiels mit der Phantastik gehalten. Das ist eine erneute „Täuschung", ein Verfahren der umgekehrten Groteske:

> Das Gespenst blickte sich plötzlich um, blieb stehen und fragte: ‚was willst du?' und ließ dabei eine solche Faust sehen, wie man sie nicht einmal bei L e b e n d e n findet. Der Wachsoldat sagte: ‚nichts', und machte im gleichen Moment kehrt. Das Gespenst jedoch war inzwischen erheblich größer geworden, trug einen übermäßig großen Schnurrbart, lenkte, so schien es, seine Schritte in Richtung auf die Obuchov-Brücke und verschwand völlig in der Dunkelheit.

Die im Finale entfaltete Anekdote führt von der „armen Geschichte" mit ihren melodramatischen Episoden weg. Der rein komische *skaz* des Anfangs kehrt mit all seinen Verfahren wieder. Zusammen mit dem schnurrbärtigen Gespenst verschwindet in der Dunkelheit auch die ganze Groteske, indem sie sich in Lachen auflöst. So verschwindet im „Revisor" Chlestakov, und die stumme Szene versetzt den Zuschauer an den Anfang des Stückes.

[1918]

Boris Ejchenbaum

DIE ILLUSION DES *SKAZ*

Wir sprechen immer von Literatur, vom Buch und vom Schriftsteller. Eine von Schrifttum und Druck bestimmte Kultur hat uns an den Buchstaben gewöhnt. Wir Schriftgelehrte s e h e n das Wort nur; es ist für uns immer etwas unlösbar mit dem Buchstaben Verbundenes. Oft vergessen wir völlig, daß das Wort an sich mit dem Buchstaben nichts gemeinsam hat — daß es eine lebendige, bewegliche Tätigkeit ist, die von der Stimme, der Artikulation und Intonation gebildet wird, zu denen dann noch Gesten und Mimik hinzutreten. Wir denken, daß der Schriftsteller s c h r e i b t. Das trifft aber nicht immer zu, und für den Bereich des künstlerischen Wortes gilt es meistens nicht. Deutsche Philologen (Sievers, Saran u. a.) begannen vor einigen Jahren von der Notwendigkeit der „Ohrenphilologie" an Stelle der „Augenphilologie" zu sprechen. Dies ist ein äußerst fruchtbarer Gedanke. Auf dem Gebiet des Verses hat eine solche Analyse schon zu interessanten Ergebnissen geführt. Der Vers ist seiner Natur nach eine besondere Art des K l i n g e n s — er wird als gesprochen gedacht und daher ist sein Text nur Aufzeichnung, Zeichen. Aber eine solche „klangliche" Analyse ist auch auf dem Gebiet der künstlerischen Prosa nicht fruchtlos. Dieser Prosa liegt auch das Prinzip des mündlichen *skaz* zugrunde, dessen Einfluß oft in syntaktischen Wendungen, in der Wortwahl und Wortstellung, sogar in der Komposition selbst offenbar wird.

Wir haben uns an die schulmäßige Teilung in eine mündliche und schriftliche Wortkunst gewöhnt. Aber einerseits ist die Byline oder das Märchen „an sich", vom Erzähler losgelöst, etwas Abstraktes. Andererseits (und das gerade ist besonders interessant) verbergen sich Elemente des Erzählers und der lebendigen mündlichen Improvisation auch im Schrifttum. Der Schriftsteller denkt sich oft als Erzähler und bemüht sich, durch verschiedene Verfahren seiner geschriebenen Rede die Illusion des *skaz* zu verleihen. Es gibt natürlich speziell schriftliche Formen, aber darin erschöpft sich die Literatur (exakter formuliert: die Wortkunst im wörtlichen Sinne) nicht, ja, auch in ihnen lassen sich Spuren des lebendigen Wortes finden.

Nicht umsonst sind wir an echten Romanen arm geworden und

können sie nicht mehr so schreiben, wie es Spielhagen, Zola oder die alten Engländer taten. Wir haben gleichsam das Gefühl für diese Form verloren und die Technik verlernt. Der Roman ist eine gemischte und gerade von der schriftlichen Kultur erzeugte Form. Der Roman wird geschrieben und nicht aufgezeichnet, und er wird ausdrücklich zum Lesen geschrieben. Das lebendige Wort des Erzählers geht in dieser ungeheuren Masse unter, es gibt keine Stimme. Lange Dialoge, umfangreiche Beschreibung von Fakten, die Kompliziertheit der Fabel, alle diese Tatbestände machen den Roman eben zum B u c h. Unser russischer Roman hatte eine eigentümliche und verhältnismäßig kurze Entwicklung, nämlich erst in den sechziger und siebziger Jahren. Die Romane Dostoevskijs sind auf der Verbindung eines leidenschaftlichen persönlichen Tones mit dramatischen Verfahren (entwickelter Dialog und Gespräch) aufgebaut. Bei Tolstoj gründet sich der Bau auf der Verschiedenartigkeit der psychologischen „Verkettungen" und auf den Verfahren der biographischen Analyse — nicht umsonst hatte er mit „Kindheit und Knabenalter" begonnen. Die Romane Turgenevs gleichen seinen Novellen: nie gibt es einen festen Knoten für alle Personen, obwohl meistens nur wenige auftreten; es ist leicht, Liza und Lavreckij von den übrigen, die nur den Hintergrund bilden, zu trennen. Deshalb ist es so einfach, die Entwicklung der Fabel aufzuhalten und in acht Kapiteln ausführlich die Geschichte Lavreckijs zu erzählen. Das ist für Turgenev charakteristisch, er ist immer bestrebt zu erzählen, er wendet sich immer an den Zuhörer. Turgenev „besaß die Gabe des Wortes und sprach gern und flüssig. Wie es scheint, erzählte er lieber, als daß er sich unterhielt" — so wird in Erinnerungen an ihn berichtet. Der Dialog ist der schwache Punkt seiner Romane. In den „Aufzeichnungen eines Jägers" ist er mündlicher Erzähler, und das ist sein echter Ton. Seine Erzählungen werden nämlich e r z ä h l t. Oft sind sie sogar, äußerlich gesehen, auf der Illusion einer wirklichen, unmittelbar aufgenommenen mündlichen Erzählung aufgebaut, wie „Erste Liebe", „Vater Aleksejs Erzählung", „Ein Hamlet aus dem Kreise Ščigry", „Lebender Leichnam".

Das Märchen ist seinem Wesen nach immer eine Improvisation. Sein Sujet ist nur Schema, seine Aufzeichnung nur ein gesondertes Faktum. Diese Züge der primitiven Form bleiben auch in der schriftlichen Novelle erhalten. Gewöhnlich ist der Novellist bestrebt, mit Hilfe der verschiedenen Verfahren den Eindruck einer unmittelbaren Erzählung, einer Improvisation hervorzurufen. Der Künstler ist doch seinem Wesen nach stets ein Improvisator. Die schriftliche Kultur zwingt ihn auszuwählen, zu verfestigen, zu bearbeiten, aber um so eher ist er bestrebt, wenigstens die Illusion der freien Improvisation zu bewahren. Wenn sich dies mit der Strenge der Versform verbindet, so entsteht der erfreuende Eindruck der Macht des Künstlers, der Eindruck des Spiels. So wurde „Eugen Onegin" gemacht — die Ungezwungenheit des Tons im Verein mit der rhythmischen Gebundenheit der Rede wirkt wie die höchste Stufe einer freien Improvisation. Hat Puškin nicht auch Belkin eben deshalb geschaffen, weil er, und sei es nur in der Vorstellung, einen bestimmten Ton des Erzählers brauchte? Belinskij gefielen (von der Höhe seiner Theorie aus) die „Erzählungen Belkins" nicht, er würdigte aber „die K u n s t z u e r z ä h l e n (conter)" und gab zu, daß „sie mit Vergnügen und sogar Genuß eine Familie durchlesen wird, die sich an einem langweiligen und langen Winterabend am Kamin versammelt." Charakteristisch dabei ist, daß Puškin noch angab, von wem Belkin diese Erzählungen gehört hatte, als ob er wünschte, die Illusion des unmittelbaren *skaz* zu erhöhen und ihre Herkunft vom Schriftsteller auf den mündlichen Erzähler zurückzuführen: „Der Postmeister" wurde von einem Titularrat erzählt, „Der Schuß" von einem Unteroffizier, „Der Sargmacher" von einem Verwalter, „Der Schneesturm" und „Das Fräulein" von einem jungen Mädchen. Nicht umsonst wird auch davon berichtet, daß die alte Haushälterin das Vertrauen Belkins durch ihre „Kunst, Geschichten zu erzählen", gewonnen hatte. Eben diese Haushälterin hat später, wie es im Vorwort heißt, die Fenster des Seitengebäudes mit dem ersten Teil seines nicht beendeten Romans verklebt. Sie hatte recht, Belkin hätte ihn niemals beendet, und wenn er ihn beendet hätte, so wäre der Roman wahrscheinlich ein Mißerfolg geworden.

Gogol' ist ein mündlicher Erzähler besonderer Art: mit Mimik, Gesten und Grimassen. Er erzählt nicht einfach, sondern spielt und deklamiert. Es ist bezeichnend, daß er mit Märchen begann und sie Rudyj Pan'ko in den Mund legte. Später aber hat er selbst besondere Formen des *skaz* geschaffen, mit Ausrufen und Wortspielereien verschiedenster Art.

Ein geborener mündlicher Erzähler, den man bisher noch nicht genügend gewürdigt hat, war auch Leskov. Romane gelangen ihm nicht, solche Werke aber wie „Der versiegelte Engel" und „Am Rande der Welt" sind Musterbeispiele hoher Wortkunst. Und wieder ist es bezeichnend, daß das eine wie das andere Werk wiedergegeben wird als wirkliche mündliche Erzählung bestimmter Personen. In dieser Hinsicht ist Remizov sein unmittelbarer Schüler. Er ist immer Erzählender und zwingt zum Z u h ö r e n . Seine schriftliche Rede wird nach den Gesetzen der mündlichen gebaut und behält Stimme und Intonation bei: „Zur Bedeutung des Wortes m u r' ë sage ich mit den Worten der Nifont-Vita: ‚Er vertrieb gleichsam einige Mauern'*. Wenn aber ihrer

---

* mur — hier die Mauer der Kämpfenden (mur'ë ist eine Kollektivbildung dazu), dtsch. etwa ‚Gemäuer'.

ein großer Haufe brodelt, wenn aber Mauer auf Mauer und mit der Mauer stürmt, — so ist dies das *mur'ё* selbst, unsere kriegerische Zeit, die einem zuwider ist, eine Finsternis des Geistes, ein Pöbel der Seele, ein körperlicher Ekel" („Inmitten des *mur'ё*, 1917, Anmerkung). Oft teilt er die Entstehung der Erzählungen mit, manchmal mit charakteristischen Einzelheiten: es erzählte die alte Anna aus dem Dorf Podvor'e oder „eine Bäuerin aus Olonec erzählte dies bei der Ernte im Jahre 1914". Nicht umsonst lernt er die Kunst des Erzählens an Volksmärchen und altrussischen Erzählungen. Im altrussischen Schrifttum kann man den Kampf der Büchergelehrsamkeit mit dem lebendigen Wort beobachten. In dieser Hinsicht ist der Protopop Avvakum ungewöhnlich interessant, dessen Stil, glaube ich, stark auf Leskov eingewirkt hat.

Es lassen sich viele Beispiele anführen. Das Schrifttum ist für den Wortkünstler nicht immer ein Positivum. Ein richtiger Wortkünstler trägt die primitiven, aber organischen Kräfte des lebendigen Erzählens in sich. Aufgeschriebenes ist in seiner Art ein Museum. Für unsere verrückte, aber zugleich auch schöpferische Zeit ist diese Rückkehr zum lebendigen Wort charakteristisch. Einerseits Remizov, der uns zum Märchen zurückführt, andererseits Andrej Belyj, der die gewohnte schriftliche Syntax zerbricht und sogar zu rein äußeren Verfahren (besondere Interpunktion usw.) seine Zuflucht nimmt, um in der schriftlichen Rede alle Schattierungen des mündlichen *skaz* zu bewahren. Auch die Philologie muß darauf ihr Augenmerk lenken. Hier öffnen sich neue Wege sowohl für die Kritik als auch für die Erforschung der künstlerischen Prosa, eines Gebietes, das bislang arg im Dunkeln liegt.

[1918]

Viktor Vinogradov

DAS PROBLEM DES *SKAZ* IN DER STILISTIK[1]

Wie ein wild wachsendes Kraut schoß die Stilistik auf der Grenze zwischen Linguistik und Literaturgeschichte aus dem Boden. Zwar befaßten sich viele Forscher gelegentlich mit ihr, aber nur jene, die sich mit Sprachphilosophie, Wortästhetik und der Geschichte der Literatursprache beschäftigten, betrieben sie speziell als gesonderte Wissenschaft. Daher treten in der Stilistik immer deutlicher die methodologischen Prinzipien der linguistischen Forschung hervor. Diese aber stoßen auf eine Reihe verschiedener Betrachtungsweisen, die sich von der Theorie und der Geschichte der Literatur herleiten. Und fast jedes stilistische Problem balanciert auf dem Seil, das zwischen den literarischen Disziplinen und der Linguistik gespannt ist. Diese Schwankungen und Spaltungen erweisen sich selten als fruchtbar. Die methodologische Unsicherheit äußerte sich in einer unklaren Problemstellung, in der Vermengung der Forschungsverfahren und im Fehlen klarer Entscheidungen. Das Problem des *skaz* ist in dieser Beziehung ein lehrreiches Beispiel. Es kreiste um die Erzählerfunktionen in der Komposition von Novelle und Roman. Diese Genres stellen nicht immer die besondere Form eines künstlerischen schriftlichen Berichts des Autors über die Welt der Erscheinungen dar, die durch seine intellektuelle Intuition geschaffen wird und die sich durch ihn nach außen objektiviert, wie ein vom persönlichen Verhältnis des Erzählers unabhängiger Gegenstand der ästhetischen Betrachtung. Im Gegenteil, oft wird die Dynamik des Sujets als Ganzes oder in ihren einzelnen Teilen durch das Prisma des Bewußtseins und der stilistischen Formung des vermittelnden Erzählers (Medium) gebrochen. Dann erscheint die künstlerische Welt des Autors nicht als objektiv im Wort abgebildet, sondern als originell auf der Ebene der subjektiven Wahrnehmung des Erzählers reflektiert oder sogar als umgestaltet in einer Reihe ungewöhnlicher Spiegelreflexe. Eben diese Frage aber nach der Rolle des Erzählers für die Technik des künstle-

---

[1] Dieser Vortrag wurde bei der jährlichen öffentlichen Sitzung der Abteilung für Literatur am 29. November 1925 gehalten.

risch-literarischen Schaffens war Gegenstand der Spezialuntersuchungen von Oskar Walzel, Käte Friedemann, Bracher, Goldstein, Fr. Leib, Forstreuter und anderen westlichen Forschern[2]; bei uns waren es B. M. Éjchenbaum, I. A. Gruzdev, A. Veksler, M. A. Rybnikova, M. A. Petrovskij u. a.

In Verbindung mit dem Begriff des Erzählers fanden sich auch Hinweise auf die Redeformen. Es stellte sich heraus, daß der Schriftsteller nicht immer schreibt, sondern manchmal gleichsam nur das mündliche Gespräch aufzeichnet und damit die Illusion einer lebendigen Improvisation schafft. So entstand das Problem des „*skaz*". Es wurde fixiert als ein Teilaspekt der Frage nach dem Erzähler. Der Erzähler ist selbstverständlich verpflichtet, nicht die Formen der schriftlichen, sondern der mündlichen Rede zu benutzen. Seine Gestalt prägt das Wortgeflecht und ermöglicht, in diesem das Element des mündlichen *skaz* zu empfinden. Bei solcher literarhistorischer Behandlung verflochten sich die Fragen der Sujetkomposition und der Architektonik künstlerischer Bilder mit Problemen des rein sprachlichen Aufbaus zu einem Netz, in dem sich die Fäden einer stilistischen Analyse verloren und zu systemlosen Knäueln vager Hinweise verwirrten. Der Terminus „*skaz*" selbst erwies sich, da er als Synonym des nebelhaften Begriffes „mündliche Rede" auftrat, als bequemes Etikett, das den Forscher von weiteren Beobachtungen befreite.

Von der Linguistik jedoch kamen Impulse, die Frage nach dem *skaz* auf einer anderen, rein sprachlichen Ebene zu stellen. Eine natürliche Tochter der Dialektologie, die „Ohrenphilologie", brachte die Literarhistoriker in Verlegenheit. Es kam bei ihnen das Bedürfnis auf, die Hör-Analyse nicht nur beim Vers anzuwenden, an dem das Moment des „Klingens" — hier so offensichtlich ausgeprägt —, die Forscher zuallererst bewogen hatte, von der „Augenphilologie" zur akustischen überzugehen, sondern sie auch auf die künstlerische Prosa auszudehnen. In der Geschichte der russischen Forschung zur neueren Literatur war es

---

[2] H. B r a c h e r. Rahmenerzählung und Verwandtes bei G. Keller, C. F. Meyer und Th. Storm. Ein Beitrag zur Technik der Novelle. Leipzig 1924.

K. F r i e d e m a n n. Die Rolle des Erzählers in der Epik. Leipzig 1910 (Untersuchungen zur neueren Sprach- und Literaturgeschichte, N. F. 7).

M. G o l d s t e i n. Die Technik der zyklischen Rahmenerzählungen Deutschlands von Goethe bis Hoffmann. Diss. Berlin 1906.

Fr. L e i b. Erzählungseingänge in der deutschen Literatur. Diss. Gießen 1912.

K. F o r s t r e u t e r. Die deutsche Icherzählung. Eine Studie zu ihrer Geschichte und Technik. Berlin 1924. (Germanische Studien, H. 33). Das letzte Buch enthält noch weitere bibliographische Hinweise.

B. M. Èjchenbaum, der dazu aufrief. In seinem Aufsatz „Die Illusion
des *skaz*" verschwendet B. M. Èjchenbaum sein Pathos jedoch für die
Überzeugung, daß man den Schriftsteller nicht nur lesen, sondern auch
hören müsse, daß in der Novelle und sogar im Roman manchmal „die
schriftliche Rede nach den Gesetzen der mündlichen gebaut wird unter
Beibehaltung von Stimme und Intonation". Turgenev, Puškin, Gogol',
Leskov, Remizov, Protopop Avvakum und Andrej Belyj ziehen als
Vertreter „der organischen Kräfte des lebendigen Erzählens" am Leser
vorüber. Und der Terminus „*skaz*" tritt als Synonym für „lebendiges
Wort", als Symbol der mündlichen Rede, „der Illusion einer freien
Improvisation" in der sprachlichen Komposition des künstlerischen
Werkes auf. Der Nebel hat sich nicht gelichtet, sondern verdichtet. (Das
„lebendige Wort" erklang doch schon seit langem auch im Dialog.)

In seinem Aufsatz aber „Wie Gogol's ‚Mantel' gemacht ist" hält
sich B. M. Èjchenbaum, ohne eine klarere Erläuterung des allgemeinen
Begriffs *skaz* zu geben, bei der stilistischen Definition einer der Arten
des komischen *skaz* auf: des „reproduzierenden" *skaz*. Als seine
typische Form wird Gogol's „Mantel" herausgestellt. Der reproduzierende *skaz* hat im Unterschied zum „narrativen", der als flüssige Rede
empfunden wird, die mit Witzen und Sinnwortspielen vermischt ist,
„die Tendenz, nicht einfach zu sprechen, sondern mimisch und artikulatorisch Worte zu reproduzieren". Selbstverständlich tritt hier die
Ohrenphilologie in alle eigenen und in fremde Rechte ein. Daher wird
das Wortgeflecht des „Mantels" von B. M. Èjchenbaum nicht auf der
semantischen Ebene betrachtet, sondern nur vom Standpunkt seiner
„mimisch-artikulierenden Kraft" und seiner klanglichen Einwirkung.
Es wird nicht die Struktur des „*skaz*" im eigentlichen Sinne untersucht,
sondern nur seine „Phonetik". Das Intonationsschema des „Mantel"
wird skizziert. Und es bleibt der unbestreitbare Wert der Arbeit B. M.
Èjchenbaums, die mimisch-deklamatorische Seite an einer der Formen
des komischen *skaz* scharfsinnig beschrieben zu haben. Aber der Begriff
des *skaz* in seinem vollen Umfang wird dadurch nicht klarer. Um so
mehr als Skepsis aufkommen mag: ist bei der Wahrnehmung des *skaz*,
der in schriftlicher Form fixiert ist, das Moment der artikulatorischen
Reproduktion und akustischen Interpretation primär und allgemein?
Er ist doch eingebettet im Wort-Sinn-Gefüge des Kunstwerkes, das
nicht nur für das dramatische Spiel und die Bühnendeklamation bestimmt ist, sondern eine objektive Eigenart für jeden Leser hat. Die

„Ohrenphilologie" ist doch nur für ihre Anhänger verbindlich. Die Schriftsteller und Leser aber sind nicht alle Vertreter der Ohrenphilologie. Sie sind einfach Menschen, für die der Text einer Novelle, ihre sprachliche Gestalt, ein kompliziertes Konglomerat ästhetischer Wechselbeziehungen ist, die sich aus synkretistischen Wortapperzeptionen (gleichzeitig optischen, akustischen und motorischen) und gegenständlichen Vorstellungen zusammensetzen. Diese objektive Eigenart der künstlerischen Prosa ist in ihrem phänomenologischen Charakter allen gemeinsam. Wenn sie aber von den Repräsentanten des motorisch-akustischen Typs der inneren Rede auf der Ebene der „Ohrenphilologie" realisiert wird, so deformiert das Moment des Aussprechens, sozusagen der künstlerisch-vokalen Ausführung, originell und individuell die objektive Struktur des literarischen Werks. Und der Begriff des *„skaz"* darf nicht auf der Grundlage der „Ohrenphilologie" gebildet werden, sondern auf dem Boden einer „synkretistischen Philologie", unter Berücksichtigung all jener konstruktiv-sprachlichen Elemente, die in der sprachlichen Komposition der Novelle angelegt sind. Dennoch muß man dankbar daran erinnern, daß das Problem des *skaz* von den Vertretern der Ohrenphilologie auf die rein stilistische Ebene übertragen wurde. Aber auch hier wurde dieses Problem sogleich mit der allgemeinen Frage nach der Wiedergabe der lebendigen mündlichen Rede in der erzählenden Prosa und mit einer Reihe von literarhistorischen Fragen nach den kompositionellen Funktionen des Erzählers vermischt. Wenn man jedoch mit diesen beiden Ketten gleichzeitig auf das Problem des *skaz* einzuschlagen beginnt, zerstört man diese Frage in methodologisch zusammenhanglose Bruchstücke. Gleichzeitig aber steht fest, daß diese beiden Ketten an irgendeiner Stelle die stilistische Analyse des *skaz* tangieren.

Wann in der Stilistik das Problem der Rolle des Erzählers auftaucht, ist klar. Nämlich dann, wenn es um die Einbettung des Redeflusses in den Strom eines Sprachbewußtseins geht, wenn das Bedürfnis entsteht, die semantische Bindung der Erzählung an eine individuelle Figur mit einer bestimmten psychologischen und gesellschaftlichen Färbung zu knüpfen. Für die Stilistik ist die Frage nach den Funktionen des Erzählers ein Problem der Semantik. Es ist die Frage nach der potentiellen Wahrscheinlichkeit der lexikalischen Schwankungen, nach der Verbindung der Bedeutung von Symbolen mit der Person und dem Milieu, an das der *skaz* angepaßt ist. Die stilistische Interpretation der Funktionen des Erzählers stimmt mit der literarhistorischen weder in ihrer

Methode, noch in ihren Zielen überein. Aber wenn es für den *skaz* leicht ist, sich von literarischen Exkursen über die Erzähler der verschiedenen Genres zu befreien, so ist es noch leichter, in dem weiten, von keinerlei wissenschaftlichen Definitionen beherrschten Element der mündlichen lebendigen Rede zu versinken. In der Tat, geht man von dem Begriff der mündlichen Rede als Gegebenheit bei der Bildung des Begriffs *skaz* aus, so vollzieht sich eine unerwartete Metamorphose: die mündliche lebendige Rede kommt da vor, wo es keinen *skaz* gibt, wo aber der *skaz* offenkundig ist, lassen sich manchmal ungewöhnlich wenig spezifische Elemente der mündlichen Rede feststellen. Und über allen diesen Widersprüchen ertönt der linguistische Donner: fast jede schriftliche Rede schließt in sich die Elemente der mündlichen ein, fast jede mündliche aber, wenn sie nicht gerade auf kurze Repliken reduziert wird, enthält Formen der Schriftsprache.

Es wird nun klar, daß es nutzlos ist, den Begriff der mündlichen Rede als Material zu benutzen, ohne ihn vorsorglich erörtert zu haben. Ebenso reicht die Definition des *skaz* als Intention auf die mündliche Rede nicht aus. Denn das ist die Definition einer Unbekannten durch eine andere Unbekannte. Auch der Hinweis, daß das umgangssprachliche Element der Komposition des *skaz* zugrundeliegt, bedeutet keine Rettung. Elemente der Umgangssprache und der lebendigen „narrativen Intonationen" sind in der literarischen Form der Aufzeichnungen, Memoiren und Tagebücher leicht zu finden. Gogol's „Aufzeichnungen eines Wahnsinnigen", Turgenevs „Tagebuch eines überflüssigen Menschen", Gorbunovs „Tagebuch Dvoreckijs", Veresaevs „Ohne Weg", Šklovskijs „Sentimentale Reise", Ropšins (B. Savinkovs) „Das schwarze Pferd", Aleksej Tolstojs „Unter dem Bett gefundene .Handschrift" — sie alle wimmeln davon. Aber dadurch werden sie noch nicht zum *skaz*. Andererseits enthält eine Rede, die vom Künstler als eine durch Sprechen hervorgebrachte, d. h. als *skaz* deklariert wird, z. B. die Erzählung des Fürsten Myškin über Mary und die Kinder in Dostoevskijs „Idiot" oder Turgenevs Novelle „Der Jude", keineswegs die spezifischen Formen der mündlichen Rede. So erweist sich, daß der *skaz* auch ohne sprachliche Intention auf die lebendige Umgangssprache möglich ist.

Die Widersprüche in der Definition des *skaz* als Intention auf die narrative mündliche Rede vertiefen sich, wenn man andere Ausdrucksformen der mündlichen Rede in der künstlerischen Prosa heranzieht. Čechovs „Vortrag über die Schädlichkeit des Tabaks"*, den Prolog zu Andrej Belyjs „Petersburg", die Gerichtsreden in Dostoevskijs „Brüdern Karamazov" u.ä.m. wird schwerlich jemand zu den Formen des

---

* Gemeint ist Čechovs „Monolog-Szene" ‚Über die Schädlichkeit des Tabaks', die sich der Form eines Vortrags in einem Club bedient.

skaz rechnen. Selbstverständlich ist es besser, den Terminus *skaz*, wenn er als Synonym der mündlichen Rede verstanden wird, nicht zu benutzen. Je weniger Synonyme die wissenschaftliche Terminologie kennt, desto wertvoller und verständlicher ist sie. Und es ist zweckdienlicher, seine Aufmerksamkeit auf die Abgrenzung von Formen und Funktionen zu richten, die bei der künstlerischen Nutzung der „mündlichen Rede" auftreten. Aber gerade dann erweist sich die Notwendigkeit, den *skaz* als künstlerische Entsprechung zu einer der Formen von mündlicher monologischer Rede zu begreifen.

Die mündliche Rede wird nicht nur vorgetragen, sondern verfügt auch über organisierte Formen ihres Aufbaus. Die künstlerischen Konstruktionen verändern erheblich diese alltäglichen Formen der mündlichen Rede (die in die Schriftsprache eingehen und selbst deren Elemente aufnehmen). Oft aber gehen sie von diesen Formen aus. Einige sprachliche Konstruktionen der künstlerischen Sprache, die ihre spezifischen Unterscheidungsmerkmale besitzen, entstehen und werden wahrgenommen auf dem Hintergrund paralleler stilistischer Reihen der Alltagssprache.

Und der *skaz* — das ist eine Realität der individuell-künstlerischen Konstruktionen, die ihre Entsprechungen im Sprachsystem hat. Der *skaz* — das ist eine originelle kombinierte Form der künstlerischen Rede, deren Wahrnehmung sich auf dem Hintergrund verwandter konstruktiver monologischer Bildungen realisiert, die in der gesellschaftlichen Praxis der sprachlichen Wechselwirkungen alltäglich sind. Der *skaz* — das ist eine künstlerische Konstruktion zum Quadrat, da er einen ästhetischen Überbau der sprachlichen Konstruktionen (Monologe) bildet, die ihrerseits in sich die Prinzipien der kompositionell-künstlerischen Formung und der stilistischen Auswahl verkörpern.

In der Tat ist bekanntlich der Dialog die am häufigsten verwendete Form der sozial-sprachlichen Unterweisung. Darauf haben die Forscher der Volksdialekte des öfteren hingewiesen. Von den russischen Gelehrten schrieben darüber die Professoren E. F. Budde[3] und L. V. Ščerba[4]. Daher ist jene Struktur der dialogischen Rede jetzt auch Gegenstand von konzentrierten Untersuchungen der Linguisten. Man denke nur an die Arbeiten von Leo Spitzer und L. P. Jakubinskij. Der Monolog aber bildet eine kompliziertere Form, er ist nicht Gegebenheit der

---

[3] E. F. Budde. K istorii velikorusskich govorov [Zur Geschichte der großrussischen Dialekte]. Kazan' 1896. Anhang I: „Unsere Bauern führen keine langen Reden, Monologe findet man bei ihnen fast gar nicht."
[4] L. V. Ščerba. Vostočno-lužickoe narečie [Die ostsorbische Mundart]. Pb. 1915 (Zapiski Istor.-filologičeskogo fakuľteta, 128).

Sprache als Allgemeingut, sondern das Produkt individueller Schöpfung, obwohl es im stilistischen System eines Dialekts gewöhnlich auch einige allgemeine Normen der monologischen Rede gibt. L. V. Ščerba schrieb in seiner Dissertation über die ostsorbische Mundart folgendes über den Monolog: „Jeder Monolog stellt eigentlich eine rudimentäre Form der allgemeinen Sprache dar: einerseits enthält er immer Elemente der Tradition, andererseits realisiert sich in ihm, sofern er von anderen, und sei es nur teilweise, wiederholt wird, der Einfluß eines ausgeprägten, des Monologisierens fähigen Individuums auf die Gesellschaft." Und weiter wird der Monolog als konservative Form der Rede skizziert, die die Normen der Sprache widerspiegelt. Mir scheint jedoch, daß man die These vom konservativen Charakter des Monologs einschränken und von Widersprüchen befreien muß. Natürlich sind für die Dialektforschung die direkten Formen des Dialogs von größerer Bedeutung. An ihnen lassen sich leichter die Elemente des sozial-sprachlichen Systems in seiner unmittelbaren Äußerung zeigen. Die grammatikalische Struktur des Dialekts und sein lexikologisches Inventarium spiegeln sich hier in lebendiger Bewegung, in engster Beziehung zu Formen der alltäglichen Lebensweise. Aber die Normen der stilistischen Bewertung, das Moment der bewußten Auswahl von Ausdrücken und von Formen ihrer Verbindung, das Abwägen der semantischen Nuancen der Worte und ihrer emotionalen Färbung müssen im Monolog deutlicher zur Geltung kommen.[5]

Nebenbei wies darauf auch L. P. Jakubinskij in seinem Aufsatz „O dialogičeskoj reči" [Über die dialogische Rede] hin („Russkaja reč", I, 1923, S. 144): „Gerade das Moment einer gewissen komplizierten Anordnung des Sprachmaterials spielt eine gewaltige Rolle und führt die Sprachfakten in das helle Feld des Bewußtseins, wodurch die Aufmerksamkeit sich viel leichter auf sie konzentriert. Der Monolog erfordert nicht nur die Adäquatheit der Ausdrucksmittel zum gegebenen psychischen Zustand, sondern hebt gerade die Anordnung, die Komposition der sprachlichen Einheiten als etwas Selbständiges hervor... Hier werden die sprachlichen Beziehungen zu bestimmenden Faktoren, zu Quellen der aus ihrem Anlaß im Bewußtsein auftauchenden Erlebnisse." Der Monolog ist eine besondere Form der stilistischen Konstruktion in der Sprache. Deshalb ist in seinem Fall nicht nach den sprachlichen, sondern nach den stilistischen Neologismen zu fragen.

---

[5] Vgl. dazu meinen Aufsatz „O zadačach stilistiki" [Über die Aufgaben der Stilistik], in: Russkaja reč' [Die russische Rede], I, 1923.

Zwar erscheint dort, wo die Formen der kulturell-gesellschaftlichen sprachlichen Kommunikation verfeinert und kompliziert sind (wie z. B. im intellektuellen Milieu), die monologische Rede besonders oft als jenes Tor, durch das neue Worte — die Worte fremder Sprachen, Dialekte und Jargons — in die Sprache eindringen. Aber häufiger schafft der Monolog in den Grenzen der Lexik und des grammatikalischen Systems eines bestimmten Dialekts stilistische Parallelen, prägt die Phraseologie und bestimmt die stilistischen Funktionen der verschiedenen syntaktischen Schemata. Das freie Walten mit den Formen der monologischen Rede ist eine Kunst, allerdings eine, die, wie jede Kunst, sich bei einzelnen Subjekten in eine Schablone verwandeln kann. Natürlich muß man auch aus dem Dialog eine Kunst machen, aber dafür ist eine Auslese der Gesprächspartner erforderlich. Der Monolog dagegen bedarf nur der schöpferischen Kraft individueller Originalität.

Die Arten der monologischen Rede unterscheiden sich nach der beruflich-dienstlichen Schichtung und den Formen der gesellschaftlichen Wechselwirkungen. Aber die Linguistik hat mit der Erforschung der monologischen Rede noch nicht begonnen. Daher fehlt auch eine Klassifizierung der Formen des Monologs nach seinen genremäßigen Spielarten. Man wird all jene Formen der monologischen Rede beiseite lassen müssen, die in der Praxis des Alltags nicht an die allgemeinen Normen des familiär-häuslichen Umgangs geknüpft sind, wie z. B. Vorlesungen, Vorträge usw. Ebenso müssen die verschiedenen Formen der geschriebenen monologischen Rede unberücksichtigt bleiben, um so mehr als viele von ihnen die Elemente des Wortspiels, der freien Wortkonstruktion nahezu ausschließen, da sie zum Wirkungsbereich der „Administration" gehören.

Im Bereich des direkten alltäglichen Sprechens treten vier Typen der monologischen Rede auf: der Monolog mit überredendem Ton — die primitive Form der oratorischen Rede; der lyrische Monolog als sprachliche Form des Ausdrucks von Emotionen; der dramatische Monolog als komplizierte Form der Rede, in der die Sprache der Worte gleichsam nur als Begleitung zu anderen Systemen psychischer Äußerungen — durch die Sprache der Mimik, der Gesten, plastischer Bewegungen usw. — erscheint, und schließlich der Monolog des mitteilenden Typs.

Die Unterteilung dieser Formen monologischer Rede ist nicht so sehr durch die Thematik wie durch die Verschiedenheit der sprachlichen

Funktionen bedingt. In der Tat hat die Affektsprache, die Sprache als Ausdruck von Emotionen, ihre eigenen syntaktischen Formen und sogar ihre eigene Semantik, die nicht von den gnoseologischen Normen des Sprechens bestimmt wird, sondern von ihrer eigenartigen „Musik", ihren expressiven Attributen und der Tendenz des „Gefühlstons". Und dies bestimmt die Eigenart der monologischen Konstruktion dieses Genres.

Die Sprache in ihrer überredenden, imperativisch-fordernden Funktion erregte mehr als einmal dank ihrer besonderen Stellung das Interesse der Forscher (siehe bei Vendryès).

Der dramatische Monolog steht dem Dialog, der unmittelbaren Verbindung von Satzeinheiten mit mimisch-gestischen Mitteilungen und Körperbewegungen, am nächsten. Wenn die monologische Rede im allgemeinen durch die Intention auf die Wortkomposition, durch die Schwächung der mimischen und pantomimischen Begleitung, im Unterschied zum Dialog, charakterisiert wird, so ist der dramatische Monolog seinem Wesen nach die Form eines angespannten Dialogs mit ausgelassenen Repliken und wird nach den Prinzipien der dialogischen Rede gebaut, indem er gleichsam nur die Bindeglieder zwischen den einzelnen Repliken darstellt.

Der Monolog des mitteilenden Typs schließlich stützt sich in höherem Maße auf die logisch-gegenständliche Struktur der Sprache und neigt zur unmittelbaren Herstellung von Wechselbeziehungen zwischen der Dynamik der logisch-gegenständlichen und der sprachlichen Reihe. Allerdings sind, je nachdem, ob die Wörter als Kerne logischer Begriffe in ihrer abstrakten Erkenntnisfunktion auftreten und in ihrer Bewegung vorwiegend den Formen der logischen Beziehungen unterworfen sind — oder aber ob sie die unterhaltend-erzählerische Fabel entwikkeln und mit der Dynamik der gegenständlichen Reihe übereinstimmen, zwei unterschiedliche Arten des mitteilenden Monologs zu unterscheiden: der Monolog als Erörterung, als primitive Form der „wissenschaftlichen" Sprache, und der Monolog des narrativen Typs. Gerade auf die letztgenannte sprachliche Tätigkeit muß sich die Aufmerksamkeit bei der Klärung des Begriffes *„skaz"* richten.

Die monologische Rede mit narrativem Charakter tendiert sowohl in ihrem lexikalischen Bestand als auch in der Verbindung von Wörtern zu syntaktischen Reihen, zu den Formen der Buchsprache als ihrem idealen Ziel. Das ist verständlich: die dialogischen Formen fügen sich nur teilweise in die Struktur des Monologs ein, der weit über die Grenzen jeder erweiterten Replik hinausgeht. Intonationen, Lexik und syntaktischer Rahmen sind hier komplizierter als im Dialog, vor allem aber vielgestaltiger und „künstlicher". Man kann, glaube ich, behaupten, daß viele der Intonationsvariationen und der Formen der Wortstellung im narrativen Monolog (besonders im Milieu literarisch gebildeter Leute) aus Büchern stammen oder überhaupt sekundären Ursprungs sind, d. h. entstanden durch Anpassung von syntaktischen Gebilden der Schriftsprache oder überhaupt von komplizierten sprachlichen Bildungen, die in irgendwelchen mnemonischen Zeichen verankert sind, an das System des mündlichen Vortrags. Selbstverständlich bedarf es hier aller möglichen Vorbehalte. Je glatter der Monolog, je abgerundeter und ebenmäßiger die Bewegung seiner Sätze, je geringer in ihm die Reflexe des unmittelbaren Kampfes zwischen den sprachlichen und gegenständlichen Sphären der Rede, desto mehr enthält er Elemente einer „Buch"-Durchdachtheit, desto zahlreicher sind die Formen der literarischen Schriftsprache, die auf verschiedenen Wegen auch in weit entfernte dialektische Bereiche eindringen.

Aber die Tendenz zur Annäherung an Monologe der Schriftsprache wird nicht gänzlich im Vortrag realisiert (sogar im Bereich der literarischen Rede). Denn auch bei erfahrenen, „kunstvollen" Erzählern kommen Brüche in der Wortkette vor, Schwierigkeiten bei der Wahl von Sätzen, die der Vorstellung adäquat sind, Pausen, die von einer ganzen Skala undifferenzierter Laute oder leerer Worte ausgefüllt werden (wie: „sozusagen", „wissen Sie", „hm, ja" . . . „denn" . . . „so also" u. ä. m.), und verschiedene Abweichungen von der logisch-geradlinigen Bewegung der Wortreihen. Außerdem kann das Wortgeflecht der Erzählung durch den Strom der emotionalen Kommentare des Erzählers mit einer unmittelbaren Wendung an die Hörer und einer klangvollen Serie von Interjektionen zerrissen werden. Überhaupt, je stärker die Erregung des Erzählers, seine Affektbeziehung zum Gegenstand seiner Rede, desto weiter entfernt ist sein Monolog von der logischen Geschlossenheit der Schriftsyntax und der Lexik der Schriftsprache. Deshalb sind die Monologe von Betrunkenen, auch jener, die die Formen der Literatursprache ausgezeichnet beherrschen, weit von der Norm entfernt. Die Realisierung der schriftsprachlichen Normen kann auch behindert werden durch verschiedene individuelle Anomalien des Erzählers, durch Störungen der sprachlichen Funktionen (z. B. Stottern, Aphasie u.ä.m.), unter deren Einfluß die Ausführung nicht der Absicht entspricht. So sind also bereits im System der Literatursprache die Monologe des narrativen Typs von einem komplizierten Geflecht verschiedenartiger Ursachen umgeben, unter deren Einwirkung sich Abweichungen von den Normen der allgemeinen literarischen Buchsprache in Richtung auf unmittelbare Äußerungen individuellen Sprechens vollziehen. Diese Monologe stellen eine fließende Form der Rede dar, die zwischen zwei Polen schwankt: den komplizierten logisierten monologischen Gebilden der Buchsprache und der Vielfalt expressiver Äußerungen in der narrativen Replik des normalen Dialogs.

Der Monolog des narrativen Typs ist nicht nur auf dem Boden der Literatursprache, sondern auch im Rahmen eines beliebigen Dialekts denkbar. Und hier treten noch deutlicher die Grenzen zwischen den monologischen Formen der schriftlich-literarischen Sprache und den Variationen der mündlichen hervor. Es entsteht eine Stufenleiter des allmählichen Hinabsteigens von den Formen der allgemeinen Sprache zur volkssprachlich-dialektischen Lexik und sogar zu den konventionellen Bildungen der Jargons, sowohl umgangs- als auch schriftsprachlicher (z. B. des kirchlichen). Aber auch auf dem Boden anderer Dialekte behält der Monolog des narrativen Typs seinen Charakter der „künstlichen", „künstlerischen" Anlage. Selten findet er Platz in den Grenzen der lebendigen dialogischen Rede des Dialekts. Immer birgt er in sich die Elemente der Tradition und merkwürdiger Formen einer mehrsprachigen Vermischung. Prof. N. M. Karinskij lenkte die Aufmerksamkeit (in seiner Beschreibung der Dialekte des Kreises Bronnicy) auf die Rolle der „erfahrenen Leute" als professionelle Erzähler und Schwätzer, durch die Bruchstücke der Literatursprache in verunstalteter Form in den volkstümlichen Umgang gelangen. Ihre Rede ist etwas in der Art der Reden des Wanderers in L. Tolstojs Schauspiel „Er ist an allem schuld". Eigenwillige Interpretation von schriftsprachlichen und besonders ausländischen Ausdrücken, Mischformen der Syntax, Inkongruenz von syntaktischer Bewegung und lexikalischer Füllung, überhaupt ein kompliziertes Amalgam von Elementen verschiedener Dialekte, lebendiger und künstlich gebildeter, eingefügt in den vermeintlichen Rahmen einer literarisch-stilistischen Aufmachung à la gebildete Leute, — das alles charakterisiert die narrativen Monologe dieser erfahrenen Leute.

Es wäre überflüssig, alle Typen möglicher Kombinationen in den narrativen Monologen mit dialektischer Färbung aufzuzählen. Eine bewußt konstruktive Kreuzung verschiedener sprachlicher Bereiche ist ihr charakteristischer Zug. Elemente der Schriftsprache, künstliche Bildungen auf ihrer Grundlage, individuelle Äußerungen von etymologischer Gestimmtheit, ein buntes syntaktisches Muster komplizierter Verbindungen, eine Vielfalt von Schichten der ethnographischen Dialektologie, — alles das kann sich in der stilistischen Konstruktion irgendeines Erzählers kreuzen, der mit vielen Dialektbereichen der Sprache unmittelbar oder durch andere in Berührung gekommen ist.

Der narrative Monolog und seine Typen sind ein kompliziertes Problem der „dialektologischen Stilistik". Seine Lösung muß auch die Frage des *skaz* erhellen.

Der *skaz* ist die eigenwillige literarisch-künstlerische Orientierung am mündlichen Monolog des narrativen Typs, er ist die künstlerische Imitation der monologischen Rede, welche, die Erzählfabel gestaltend, sich scheinbar als unmittelbarer Sprechvorgang aufbaut. Es ist völlig klar, daß der „*skaz*" nicht notwendig ausnahmslos aus spezifischen Elementen der mündlichen lebendigen Rede bestehen muß, sondern auf sie sogar fast völlig verzichten kann (vor allem, wenn seine sprachliche Struktur sich vollkommen in das System der Literatursprache einfügt). Im übrigen aber setzt der *skaz* eine bestimmte dialektische Differenzierung voraus, d. h. eine bestimmte Gesellschaftsschicht, in der er scheinbar vorgetragen wird. Aber für manche Kreise ist ja gerade die Intention der mündlichen Rede auf die schriftliche charakteristisch. Dostoevskij sprach davon im „Tagebuch eines Schriftstellers": „Jemand versicherte uns, wenn jetzt irgendein Kritiker Durst verspüre, so werde er nicht sagen: ,Bring mir Wasser!', sondern etwas in dieser Art: ,Bringe mir jenes wesentliche Element der Anfeuchtung, das der Aufweichung der härteren Elemente, die sich in meinem Magen vermengt haben, dienen wird.' Dieser Scherz trifft in manchem die Wahrheit."[6]

Auf diese Weise bahnen die Formen des *skaz* den merkwürdigen Vermischungen verschiedener Dialektbereiche mit verschiedenen Genres der Schriftsprache einen breiten Weg. Darin liegt auch die stilistische Schärfe der Frage nach dem *skaz*. Wenn der *skaz* an sich, in seiner äußeren Struktur, nicht gänzlich in Formeln und syntaktischen Schemata der mündlichen Rede aufgeht, so werden Signale unerläßlich, mit deren Hilfe beim Leser die Vorstellung erweckt wird von einer nicht unter den Bedingungen der Schrift, sondern des Vortrags geschaffenenen Rede.

---

[6] Dnevnik pisatelja. Kritičeskie stat'i [Tagebuch eines Schriftstellers. Kritische Aufsätze], Bd. IX, Teil 1, Ausg. Marks, 1895, S. 59.

Denn diese Vorstellung bestimmt die Wahrnehmung der Wortbedeutungen. Jedem ist klar, daß die Semantik der vorgetragenen Rede in beträchtlichem Maße von Faktoren bedingt ist, die außerhalb der sprachlichen Reihe liegen. In jenen Fällen, in denen die Rede als schriftliche, d. h. ohne alle Imitationen der Sprechsituation, gebaut wird, ist das Bestreben charakteristisch, die ganze Skala der Bedeutungen in die objektive Natur des Wortes hineinzulegen. In der erklingenden Rede jedoch wirken Begleitvorstellungen, die nicht nur durch die Wahrnehmung der mimisch-darstellenden Verfahren des Erzählers, sondern auch durch bestimmte emotionale Reflexe seiner Gestalt, der Umgebung und anderer äußerer Umstände bedingt sind, wesentlich auf die allgemeine semantische Färbung der Rede. Und sie können als Faktoren der künstlerischen Umgestaltung der Wortsymbolik genutzt werden.[7]

In der Rede, die nicht erklingt, sondern die man sich nur — auf Verlangen des Schriftstellers — als gesprochen vorstellen soll, liegen noch mehr Möglichkeiten für das ästhetische Spiel mit diesen Begleitvorstellungen.

In der Tat muß der Leser, wenn er sich die Rede als klingend vorstellt, sich auch in die Sprechsituation hineindenken und ihre Details reproduzieren. Indem der Künstler die Erwartung des Lesers zerstört, indem er mit dessen ungeduldigem Streben spielt, auf jenem geraden Weg der Reproduktion voranzuschreiten, dessen Spuren er in einzelnen Sätzen findet, indem er unerwartet seine Vorstellungen in eine neue Richtung lenkt, kann er den Leser zwingen, gleichsam aus einer Sphäre der Rede in die andere hinüberzuwechseln und hinter seinen neuen Wahrnehmungen auch das ganze Wortgeflecht des Werks zielstrebig mitzuschleppen. Es entsteht die Illusion, als ob die Rede gleichsam von einer Ebene zur anderen springt, so lange zwischen ihnen hin- und hergleitend, bis sie sich auf irgendeinen Befehl hin endgültig auf eine bestimmte Ebene festlegt.[8]

Die Möglichkeiten des künstlerischen Spiels bei der Illusion des *skaz* erweitern sich, wenn die Rede in die sozusagen außerliterarische Sphäre verlegt wird, über die Grenzen der allgemeinen Sprache hinaus. Dann bestimmt nicht mehr allein die äußere Situation das Verständnis der sprachlichen Formen. Vielmehr kommt es gleichsam zum Zusammen-

---

[7] Siehe G. Špet. Èstetičeskie fragmenty [Ästhetische Fragmente], Teil III, M. 1923.

[8] Siehe mein Buch: Stilističeskie nabroski. Poèzija Anny Achmatovoj [Stilistische Skizzen. Die Poesie Anna Achmatovas], L. 1925.

stoß verschiedener Ebenen der sprachlichen Wahrnehmung selbst. Der *skaz* wird gebaut in subjektiver Berechnung auf die Apperzeption von Leuten eines bestimmten engen Kreises (wie z. B. die Reden des Rudyj Pan'ko bei Gogol' auf befreundete und bekannte Hinterwäldler des Kreises Mirgorod berechnet sind), aber mit dem objektiven Ziel, sich der Wahrnehmung eines neutralen Lesers anzupassen. Auf dieser Diskrepanz, dieser Inkongruenz zweier Wahrnehmungsebenen — der angegebenen und der gegebenen —, beruhen die starken komischen Effekte der sprachlichen Wirkung.

Es ist doch ein literarisches Werk vorstellbar, das zwar als schriftliche Rede geschaffen wird, aber aus Dialektmaterial besteht, d. h. eigentlich aus einem Material, das nicht über feste stilistische Formen der schriftlichen Konstruktion verfügt. Solcherart sind z. B. die Imitation einer Bauernzeitung bei Nikolaj Uspenskij, „Die Aufzeichnungen Kovjakins" von Leonid Leonov u. ä. m. In diesen Fällen wird die Rede wie ein künstlerischer T e x t wahrgenommen, der aus fremdartigem sprachlichen Material komponiert ist. Und es werden dann lediglich die objektiven Wechselbeziehungen der sprachlichen Kombinationen bewertet im Zusammenhang mit ihrer gegenständlichen Bedeutung, als Abdruck irgendeines abgelegenen künstlerischen Musters, weit entfernt vom literarisch-sprachlichen Gebrauch. Die Ungewöhnlichkeit der sprachlichen Konstruktionen fällt natürlich als ein originelles ästhetisches Spiel auf. Dennoch wird sie semantisch kommentiert, wie ein für meine Anschauung bestimmtes, aber ohne meine unmittelbare Teilnahme realisiertes Sprechen. Es ist etwas anderes, wenn der Schriftsteller „ganz einfach" mit seinem Leser umgeht wie mit „seinem Schwager oder Gevatter" und anfängt, vor ihm eine monologische Rede zu imitieren in irgendeinem „familiär-nachbarlichen", „hinterwäldlerischen" oder „beamtenhaften" Jargon (wie in den frühen Novellen von F. Dostoevskij, Grigorovič u. a. m.). Besonders deutlich wird diese Art *skaz* dann wahrgenommen, wenn er sich unmittelbar von der Person des Autors aus an den Leser richtet, als an einen Gesprächspartner, der damit in ihm völlig fremde Bedingungen des sprachlichen Alltags gestellt wird. So verfährt M. Zoščenko in der Erzählung „Eine furchtbare Nacht" (Kovš, 1), wo der Autor, der sich eine namenlose sprachliche Maske aufsetzt, dem Leser als Norm solche Formen der Rede vorschreibt, vor denen dieser ängstlich zurückschrecken muß.

All diese Überlegungen führen zu folgendem Ergebnis: die künstlerische Prosa, die als Rede deklariert und nach Art des Sprechens gebildet wird, unterscheidet sich im Charakter ihrer sprachlichen Interpretation von der objektiv gegebenen geschriebenen Rede. Daher sind für die vollständige Wahrnehmung der Semantik im *skaz* Hinweise des Autors auf die den *skaz* begleitenden Umstände unerläßlich. Wenn z. B. der Erzähler seine Rede „wie nach der Schrift" ausführt, d. h. im Bereich der schriftsprachlichen Normen verbleibend frei über ihre mündliche Verwendung verfügt, kann der *„skaz"* stilistisch nur mit Mühe erkannt werden, vor allem aus zeitlicher Distanz, wenn direkte Hinweise auf Situation, Erzähler und Hörer fehlen. Dies gilt für Turgenevs Novellen „Andrej Kolosov", „Drei Porträts" u. a. Aber es wäre ein Fehler, nun zu meinen, daß der *skaz* hier ausschließlich „außer-stilistischen" Zielen diente und, da er die Aufmerksamkeit des Lesers nicht durch die Formen seines sprachlichen Baues auf sich konzentriert, lediglich als Bildschirm benötigt werde, der die psychologische Gestalt des Erzählers wiedergibt, durch dessen Bewußtseinsprisma die Dynamik des Sujets gebrochen wird. Die Form des *skaz* gab dem Autor die Möglichkeit, die hohe Phraseologie des sentimental-romantischen Erzählstils zu verwerfen und nur einzelne ihrer Elemente dem Bereich der Umgangssprache der Intellektuellen sowie der naturalistischen von der „schmutzigen", „niedrigen" Strömung befreiten Darstellungsweise anzupassen. Was in der Epoche Turgenevs eine neue Form der künstlerischen Konstruktion des *skaz* war, wurde nun zur Norm der literarischen Schriftsprache.

Aber natürlich sind auch solche Formen des *skaz* denkbar, wo der Künstler nicht die Imitation der Eigentümlichkeiten der mündlich-monologischen Konstruktion braucht, sondern lediglich die ästhetische Nutzung der Vorstellungen, die das Sprechen begleiten. Mit anderen Worten, der Schriftsteller braucht in diesem Fall nicht die sprachliche Struktur des *skaz*, sondern nur seine Atmosphäre. Es entstehen besondere Formen von Fiktionen des *skaz*, die verschiedene stilistische Funktionen haben können, auch wenn diese Formen angewendet werden, um kompositionellen Faktoren der außerlinguistischen, d. h. rein literarischen Ordnung zu dienen. Dies bezeugt eindeutig F. Dostoevskij in der Autoranmerkung zur „Sanften", wo er unter Hinweis auf die literarische „Verbesserung" der „rauhen und unbearbeiteten" monologischen Rede des Mannes an der Bahre seiner Frau behauptet, daß der Autor lediglich die „psychologische" Ordnung der Rede benötigte. Aber der *skaz* kann auch außerstilistische, z. B. thematische Funktionen erfüllen. Solcherart ist der „hohe" *skaz* bei Gor'kij, z. B. in den

Erzählungen „Makar Čudra", „Die alte Izergil'" u. a., wo mit seiner
Hilfe Figuren der Landstreicher und anderer exotischer Subjekte mit
billigen Kosmetika ausgemalt werden.

Indem er sich aber am narrativen Monolog orientiert, unterscheidet
sich der *skaz* von ihm nicht nur durch die individuell-künstlerische
Komplizierung seiner Struktur, die die jahrhundertalte Erfahrung der
schriftsprachlichen Kultur in sich aufgenommen hat, sondern auch durch
seine umgekehrte Tendenz von der schriftlichen zur mündlichen Rede.
Der *skaz* strebt als Ziel die Illusion seiner Verschmelzung mit den
mündlichen narrativen Monologen an, während der mündliche Monolog sich in entgegengesetzter Richtung bewegt. Die „Signale", an denen
der *skaz* erkannt wird, können daher statt aus den „Anmerkungen"
des Schriftstellers zu bestehen, unmittelbar in seiner sprachlichen Struktur angelegt sein. Das Problem der „Signale" des *skaz* bedarf einer besonderen Untersuchung.

Der *skaz* kann auf der Verwendung jener Elemente der Rede beruhen, die als Anomalien angesehen werden. Die Abweichungen von
den Normen der monologischen Rede werden zur Quelle komischer
Effekte. Die Bewegung von Wortreihen, die nicht durch einen logischen
Leitfaden gelenkt wird, sondern Sprünge und Brüche zeigt, langweilige
Wiederholungen derselben Worte, ständige Versprecher, defekte Bildungen, die verschiedene Formen von Zerstörungen der Sprechfunk-
tionen imitieren, — all das wird als Material des ästhetischen Spiels
verwendet. Auf dem Hintergrund der normalen monologischen Rede
rufen Konstruktionen dieses Typus den Eindruck von „sprachlicher
Pathologie" hervor. Wenn allerdings die Situation und die psychologische Gestalt des Erzählers nicht von der Aureole tragischer Emotionen
umgeben sind, so mündet die sprachliche Pathologie in einem komischen
Spiel mit sprachlichen Mißbildungen. Eben diese stilistische Tendenz
müssen wir bei Gogol' in der Organisation des *skaz* „des närrischen
Alten" Rudyj Pan'ko und seiner hinterwäldlerischen Freunde erblicken.

Überhaupt kann sich alles, was im realen Leben als Befangenheit der
Rede, als Defekt des mündlichen Sprechens wahrgenommen wird, im
künstlerischen *skaz* als komisches Verfahren und zugleich als Signal der
„*skaz*-Konstruktion" äußern.

Aber die stilistischen Funktionen des *skaz* bestehen nicht nur in der
Verflechtung von schriftsprachlichen Formen mit den Reflexen des
lebendigen Sprechens, nicht nur in der Vermischung syntaktischer

Schemata der schrift- und der umgangssprachlichen Rede und in den lexikalischen Umgruppierungen verschiedener Schichten der Literatursprache. Der *skaz* erschließt dem Schriftsteller die Schätze der lebendigen und der toten Wörter. Er kann frei über das Inventar von Volksdialekten, Jargons und verschiedenen Genres der schriftlichen Rede verfügen, im *skaz* alle möglichen Verschiebungen vom Typ der Volksetymologien bilden und aus diesem bunten Material irreale kompositorische Konstruktionen schaffen, d. h. Monologe, die sich in den unbestimmten sprachlichen Rahmen der einen oder anderen allgemeinen Vorstellung von der sozialen und psychologischen Färbung des vom Künstler geschaffenen Erzählers fügen. Natürlich könnte diese Einführung von „nicht kanonisierten", außerliterarischen sprachlichen Formen in die konservativen Dogmen der Erzählprosa mit Hilfe des Dialogs realisiert werden. Aber der Dialog ist stärker durch die Fesseln der Lebens-Wahrscheinlichkeit gebunden. Und außerdem wird im Dialog nicht die ganze Welt neu geschaffen, sondern lediglich die Menschen, da die Reden hier meistens als sprachliche Charakteristik und Begleiterscheinung der Handlungen wahrgenommen werden. Wenn auch die Dynamik des Gegenstandes im Dialog aufgedeckt werden kann, so zerteilt sie sich doch auf mehrere, mindestens auf zwei psychologische Ebenen. Hier gibt es keine Geschlossenheit der künstlerischen Welt, nicht einmal ganzheitliche Reflexe ihres Segments, es gibt nur Bruchstücke. Das Moment des freien Spiels mit Worten, hinter dem sich neue Umrisse der dinghaft-künstlerischen Welt abzeichnen, konnte im *skaz* deutlicher hervortreten, da hier die Erzählfabel, die sich auf dem breiten Gleis des fiktiven Monologs bewegt, überwuchert ist von einem ganzen Schwarm sprachlich-gegenständlicher Vorstellungen, die der Literatursprache fremd sind. Und der *skaz* absorbiert gewöhnlich den Dialog oder kämpft zumindest mit ihm. Wenn „die toten Worte" der kanonisierten literarisch-künstlerischen Prosa „wie die Bienen im verlassenen Bienenkorb" „übel zu riechen" anfangen, dann beginnen die Schriftsteller, neue Welten aus fremdem Wortmaterial zu erschaffen. Nach den Worten gehen auch neue Gegenstände in die neuen Konstruktionstypen ein. Nicht nur neue Formen von Wortkombinationen, die deutlich spürbar werden auf dem Hintergrund des Bruchs gewohnter semantischer Wechselbeziehungen, sondern auch neue Methoden der künstlerischen Umgestaltung der Welt werden mit Hilfe der Formen des *skaz* geschaffen. In der Novelle schimmert doch immer durch das Wortgeflecht die sich dahinter bewegende gegenständliche Reihe. Und die Formen dieser Reihe sind mit der sprachlichen Komposition verbunden. Die Umrisse der Reihe sind um so merkwürdiger, je gemischter und verschiedenartiger die Formen der verschiedensprachigen Vermischungen im „*skaz*" sind. Die Welt, die zugleich vom Standpunkt verschiedener Dialekte vorgegeben ist, aus denen durch die schöpferische Kraft des Künstlers e i n stilistisches System konstruiert wird, ist eine Welt von komplizierten Reflexen verschiedener Ebenen, keine „Objekt"-Welt, die unmittelbar hinter dem Wort fühlbar wird, sondern eine Welt im Licht innerer poetischer Formen. Der Schriftsteller schleppt eine Kette fremder Sprachbewußtseine mit sich, eine Reihe von Erzählern, die neue Systeme des *skaz* aus schriftsprachlichen, archaischen Elementen kombinieren, wie im „Versiegelten Engel" von Leskov, oder aus umgangssprachlich-dialektischen, wie in den Novellen von L. Leonov, Babel', Ognev u. a. m.

Ich habe keine Möglichkeit, hier eine Klassifizierung der Formen des *skaz* vorzunehmen, obwohl sie im Detail den Begriff *skaz* selbst klären würde. Mein Ziel besteht darin, das Problem des *skaz*, da es sich durch Herumirren auf dunklen Pfaden zerschlissen hat, in das allgemeine Strombett der Stilistik zu leiten.

In den Epochen, in denen die Formen der schriftlichen literarisch-künstlerischen Rede eine Revolution durchmachen, werden sie mit Hilfe des *skaz* gebrochen. In der Tat ist der *skaz* psychologisch nur dann begrenzt, wenn er an die Gestalt einer Person oder an ihren nominativen Vertreter, d. h. an ein sprachliches Etikett, gebunden ist. Dann entsteht auch eine gewisse Illusion der Lebenssituation, sogar wenn ihre gegenständlichen Accessoires nicht angegeben sind. Die Amplitude der lexikalischen Schwankungen verkleinert sich. Die stilistische Bewegung ist eingeschlossen in dem engen Bereich eines Sprachbewußtseins, das von den Bedingungen des darzustellenden sozialen Alltags beherrscht wird. Der *skaz* indessen, der vom Autor-„Ich" geführt wird, ist frei. Das „Ich" des Schriftstellers ist kein Name, sondern ein Pronomen. Folglich kann man darunter verbergen, was man will. Es ist in der Lage, die Formen der Rede zu verdecken, die aus den Konstruktionen verschiedener Buchgenres und Dialektelementen des *skaz* kombiniert sind. Eine ganzheitliche Psychologie ist für den Schriftsteller ebenfalls eine überflüssige Belastung. Dem Künstler wurde immer das umfassende Recht zugestanden, die Gestalten zu wechseln. In der literarischen Maskerade kann der Schriftsteller innerhalb eines künstlerischen Werks frei die stilistischen Masken wechseln. Dafür braucht er lediglich einen großen und verschiedenartigen sprachlichen Haushalt. Ein solcher Künstler, der Reformator der literarischen Sprache ist, verwandelt sein Werk in ein buntes Gewand, das gewebt ist aus Variationen auf verschiedene Formen der schriftlichen, der „*skaz*"- und der „deklamatorisch-oratorischen" Rede bis hin zur Einführung von Versgebilden oder ihnen Verwandtem. Selbstverständlich bildet das Element des *skaz* das Hauptreservoir, aus dem neue Aspekte der literarischen Rede geschöpft werden. Der Konservativismus der literarischen Schriftsprache wird paralysiert durch das Einströmen lebendiger Elemente verschiedener Dialekte und ihrer individuellen, künstlichen Imitationen mit Hilfe des *skaz*, der Vermittlungsinstanz zwischen dem künstlerischen Element der mündlichen Produktion und der beharrlichen Tradition des literarisch-stilistischen Kanons. Wie die Genres der Schriftsprache in ihren verschiedenen sozial-praktischen Funktionen Erneuerung erfahren durch die Berührung mit Formen der mündlichen monologischen Rede, die sich aus verschiedenen Dialekten zusammensetzt, so erwarten auch die spezifisch künstlerisch-schriftlichen Formen den Zufluß neuer stilistischer Bildungen und einer neuen Phraseologie vom „*skaz*". Interessant ist in diesem Zusammenhang der Weg Gogol's, der sich allmählich von der hinterwäldlerischen Situation und von den Masken der Erzähler mit den Etiketts eines Rudyj Pan'ko löste und damit begann, komplizierte Kombinationen der schriftlichen, oratorischen und „*skaz*"-Formen des Monologs mit dem Dialog zu schaffen („Der Mantel", „Tote Seelen"). Hier hob der Autor gleichsam die *skaz*-Verfahren des Rudyj Pan'ko allmählich auf das Niveau der Normen literarisch-künstlerischer Prosa, wobei er sie eigenwillig deformierte und mit anderen stilistischen Elementen kombinierte. Einen parallelen, aber leichteren Weg ging Zoščenko, der seinen literarischen Teig mit der Hefe Gogol's aus dem Mehl von Averčenko zubereitet. Er ertränkte den Autor in der Sprache Sinebrjuchovs („Die furchtbare Hand").

Die stilistischen Bestrebungen von Andrej Belyj, Remizov, Pil'njak, Evgenij Zamjatin, K. Fedin u. a. skizzieren uns jetzt die verschiedenen Stadien und Formen dieses Erneuerungsprozesses der literarisch-künstlerischen Konstruktion durch die Beifügung des *skaz*. Bei ihnen finden wir oft keinen *skaz*, sondern eine *skaz*-„Färbung" der Erzählprosa, schroffe, unerwartete Sprünge von den vielfältigen, rein schriftlichen Konstruktionen auf die Ebene des narrativen mündlichen Monologs. Das ist ein Schmelztiegel, in dem die Synthese veralteter Formen des literarischen Erzählens und der verschiedenen Aspekte der mündlichen monologischen Rede gegossen wird, ein Schmelztiegel, in dem die Bildung neuer Formen der literarisch-schriftlichen, künstlerischen Rede spürbar wird. Das ist der letzte Weg des Aufstiegs des *skaz*, und von hier aus werden Perspektiven einer Befreiung der Prosa von jenen professionellen Färbungen sichtbar, die in den reinen Formen des *skaz* gegeben sind. Eine neue Struktur der objektiv gegebenen künstlerischen Rede, die das Leuchten der schöpferischen Individualität bewahrt und die Normen der allgemeinen Sprache verwirklicht, wird hieraus entstehen, wenn die jetzige Epoche des literarischen „Shandyismus" vorübergeht.

[1925]

Boris Éjchenbaum

LESKOV UND DIE MODERNE PROSA

I

Schon Otto Ludwig unterschied zwischen zwei Typen der Erzählform — und zwar im Hinblick auf die jeweilige Rolle des Erzählens:
„die *eigentliche* Erzählung" und „die *szenische* Erzählung". Im ersten
Fall wendet sich der Autor selbst oder ein spezieller Erzähler mit seiner
Rede an die Hörer — das Erzählerische ist dann eines der formbildenden Elemente, zuweilen das wichtigste; im zweiten Fall tritt der Dialog
der Personen in den Vordergrund, und der erzählerische Teil reduziert
sich auf einen Kommentar, der den Dialog umgibt und erklärt, d. h. im
Grunde die Rolle einer Regieanweisung spielt. So ergibt sich etwas,
was der dramatischen Form analog ist — nicht nur, weil der Dialog
hervortritt, sondern auch, weil das erzählerische vom darstellenden
Prinzip abgelöst wird: Alles wird nicht mehr als Erzähltes wahrgenommen (Epos), sondern als etwas, was sich vor unseren Augen auf
einer Bühne vollzieht.

Dieser Unterschied scheint unwesentlich zu sein, solange sich die
Theorie der Prosa auf Probleme der Konstruktion beschränkt. Doch
gewinnt er prinzipielle Bedeutung, wenn man elementarere, aber mit
der Theorie der Erzählprosa organisch verbundene Probleme berührt.
Die Theorie der Prosa befindet sich bis heute in einem Anfangsstadium,
eben weil die formbildenden Grundelemente der Prosa nicht untersucht
worden sind. Die Theorie der Versformen und -genres hat mit dem
Rhythmus als ihrem Ausgangspunkt eine solide prinzipielle Grundlage, wie sie der Theorie der Prosa fehlt. Das Sujet ist mit dem Wort
nicht so eng verbunden, daß es als Ausgangspunkt für die Analyse aller
Aspekte der Erzählprosa dienen könnte. Mir scheint daher, daß die
Frage nach der *Erzählform* die Bedeutung eines Ausgangspunktes für
den Aufbau einer Theorie der Prosa haben kann.

Wenn man von dem Problem der Erzählform ausgeht, erhält die

Frage, wie weit sich jeweils das Erzählerische dem mündlichen Erzählvorgang annähert, prinzipielles Gewicht. Es verhält sich doch so, daß gerade die Erzählprosa die Möglichkeiten der schriftlich-typographischen Kultur weitgehend genutzt und Formen entwickelt hat, die außerhalb dieser Kultur undenkbar wären. Die Versformen sind in höherem oder geringerem Maße immer auf das Aussprechen berechnet und leben eben dadurch außerhalb des Manuskripts, des Buches, während viele Formen und Genres der Erzählprosa von der mündlichen Rede vollkommen abgesondert sind und auf der Basis eines eigenen schriftsprachlichen Stils aufbauen. Das auktoriale Erzählen orientiert sich bald an der Form des Briefs, bald an der Form der Memoiren oder der Aufzeichnungen, bald an der Form der beschreibenden Skizze, des Feuilletons usw. All das sind typisch schriftsprachliche Formen, abgestellt auf den Leser, nicht auf den Hörer, auf den Buchstaben, nicht auf die mündliche Rede. Andererseits führen die Dialoge der Personen, wenn sie nach dem Prinzip der mündlichen Unterhaltung gebaut werden und die entsprechende syntaktische und lexikalische Färbung haben, in die Prosa Elemente der lebendigen Rede und des Erzählens ein, insofern als der Erzähler im allgemeinen nicht nur berichtet, sondern auch die Worte der handelnden Figuren wiedergibt.[1] Wird in einem solchen Dialog einem der Sprecher breiterer Raum gegeben, so gelangen wir in um so größere Nähe zum mündlichen Erzählen. Schließlich kann das Prinzip der Annäherung an die mündliche Rede grundlegend werden, und die ganze Novelle wird mit Hilfe eines besonderen Erzählers gebaut, der vom Autor speziell motiviert wird oder ohne jede Motivation auftritt.

Man erhält so eine allgemeine Vorstellung von den Spielarten der Erzählprosa. Besonders interessant stellt sich von diesem Standpunkt aus die Frage nach dem Roman. Die frühe italienische Novelle des 13. bis 14. Jahrhunderts hat sich unmittelbar aus dem Märchen und der Anekdote entwickelt und die Verbindung mit der primitiven Form des Erzählens nicht verloren. Ohne spezielle Stilisierung auf mündliche

---

[1] Vgl. in der Arbeit von R. Hirzel (Der Dialog. Ein literarhistorischer Versuch. Leipzig 1895) die Hinweise auf die bedeutende Rolle, die der Dialog als Genre in der Geschichte der Prosa spielt, insofern als in ihm die erstarrten Formen der Literatursprache durchbrochen wurden und Elemente der Volks- und Umgangssprache erschienen. Als Beispiel führt er die Dialoge Machiavellis an, den berühmten Dialog Castigliones, mit dem der Vorherrschaft des toskanischen Dialekts in der italienischen Literatur entgegengewirkt werden sollte, spanische Dialoge, die gegen das Latein gerichtet waren, usw. (Teil I, S. 87 ff.).

Rede entsprach sie dennoch ihrem Erzählcharakter nach vollkommen der Manier eines anspruchslosen Erzählers, der mit einfachen Worten eine Geschichte erzählen will. Sie enthielt weder eingehende Naturschilderungen noch detaillierte Charakteristiken, noch lyrische oder philosophische Abschweifungen. Es gab dort auch keinen Dialog in der Form, wie er uns von der modernen Novelle oder dem modernen Roman her vertraut ist. Aus der Novellensammlung im Stil des „Decamerone" hat sich durch die Entwicklung des Rahmens und der Motivation der alte Abenteuerroman entwickelt, der so gebaut war, daß einzelne Abenteuer, die sich zu einer schwach ausgeprägten Fabel verbanden, an der Figur eines durchgehenden Romanhelden aufgereiht wurden (V. Šklovskij). Auch hier war das Prinzip des Erzählens noch nicht außer Kraft gesetzt, die Verbindung mit dem Märchen und der Anekdote war nicht endgültig unterbrochen.

Seit der Mitte des 18. und besonders im 19. Jahrhundert nimmt der Roman einen anderen Charakter an. Die Kultur des Buches entwickelt die Formen der Skizze, des Aufsatzes, der Reisebeschreibung, der Memoiren usw. Die Briefform ermöglicht die Motivierung eingehender Beschreibungen des Seelenlebens, der Umwelt, der handelnden Personen usw. (ż. B. bei Richardson). Die Form der Tagebuchaufzeichnungen oder der Reisebriefe gibt Gelegenheit zu detaillierten Beschreibungen von Sitten, Natur, Gebräuchen usw. Zu Anfang des 19. Jahrhunderts entfalten sich üppig die sittenschildernden Skizzen und Feuilletons, die später den Charakter sog. „physiologischer" Skizzen annehmen, welche sich, frei von der früheren sittenbelehrenden Tendenz, auf die detaillierte Beschreibung vom Leben einer Stadt mit aller Vielfalt ihrer Schichten, Klassen, ihrer Jargons, Spezialitäten usf. konzentrieren. Aus diesem milieuschildernden und psychologischen Material entwickelt sich von neuem der Roman des 19. Jahrhunderts — der Roman Dickens', Balzacs, Tolstojs und Dostoevskijs. Quellen dieses Romans sind die englischen Skizzen vom Typ „Life in London" (P. Egan), die französischen Beschreibungen von Paris (Le diable à Paris, Les Français peints par eux-mêmes u. a.), die russischen „physiologischen" Skizzen. Allerdings lebt gleichzeitig ein Roman, der auf den alten Abenteuertyp zurückgeht und sich bald in die Form des „historischen" Romans kleidet (W. Scott), bald die Formen der oratorischen Rede verwendet oder ein besonderes lyrisches oder „poetisches" Erzählen entwickelt (V. Hugo). Hier ist die Verbindung mit dem Sprechen gewahrt, das sich jedoch an der Deklamation und nicht am mündlichen Erzählen orientiert: die

Romane des schildernden oder psychologischen Typs verlieren hingegen auch diese Verbindung und haben einen ausgesprochen buchsprachlichen Charakter.

Für diesen Roman ist die häufige Verwendung von Schilderungen und Charakteristiken einerseits und von Dialogen andererseits typisch. Diese Dialoge entfalten sich zuweilen wie ein einfaches Gespräch, das die Personen sprachlich charakterisiert (Tolstoj) oder eine verborgene Form des Erzählens ist und damit nichts „Szenisches" an sich hat. Doch zuweilen nehmen sie eine vollkommen dramatische Form an — dramatisch in dem Sinne, daß sie nicht so sehr die Funktion einer sprachlichen Charakterisierung haben als vielmehr eine Sujetfunktion, wodurch sie zum formbildenden Element werden. Damit bricht der Roman die Verbindung mit der Erzählform völlig ab und verwandelt sich in eine Verbindung von szenischem Dialog mit entwickelter Anmerkung, in der Dekoration, Gesten, Intonation usf. kommentiert werden. Ganze Seiten und Kapitel werden mit „Gesprächen" gefüllt, in welchen dem Erzähler nur erläuternde Anmerkungen, wie „sagte er — antwortete sie", zukommen. Bekanntlich pflegen die Leser, weil sie sich zu einem solchen Romantyp wie zu der Illusion einer szenischen Handlung verhalten, oft nur diese „Gespräche" zu lesen und alle Beschreibungen auszulassen oder sich zu zwingen, sie wie Anmerkungen zu überfliegen. Manche Schriftsteller, die sich dessen bewußt wurden, gingen selbst von den Beschreibungen zur dramatischen Form über. Zagoskin schreibt: „Aber nein, wenn viele reden, dann ist eine Erzählung entschieden fehl am Platze. Diese erläuternden Sätze: ‚der und der sagte, die und die unterbrach, jener wandte ein, jene griff auf‘ irritieren und verwirren den Leser doch nur; gestatten Sie mir daher, daß ich mich gleich der üblichen dramatischen Form bediene. Das wird sowohl klarer als auch einfacher" („Moskau und die Moskauer"). Oder an einer anderen Stelle: „Wenn man ein einzelnes Gespräch wiedererzählt, besonders wenn eine ganze Gesellschaft daran teil hat, müssen wir zwangsläufig die Redenden sehr häufig bei Namen nennen und dazu unablässig wiederholen — der und der sagte, die und die wandte ein...; um diese völlig überflüssigen Wiederholungen zu vermeiden, ist es besser, mit Ausnahme besonderer Erzählpassagen, alles übrige in dramatische Form zu kleiden."

Somit ist der europäische Roman des 19. Jahrhunderts im Grunde eine Art synkretistischer Form, die nur gewisse Elemente des Erzählens enthält und sich zuweilen sogar vollkommen davon entfernt.[2] Die Entwicklung dieses Romans erreichte ihren Höhepunkt in den 70er Jahren des 19. Jahrhunderts — seit jener Zeit leben wir eigentlich im Bann seines Beharrungsvermögens und meinen, daß keinerlei neue Formen oder Genres der Erzählprosa möglich sind. Dabei zerfällt der Roman dieses Typs vor unseren Augen gleichsam in seine Teile und differenziert sich: erneut entwickeln sich einerseits die kleinen Formen mit spezieller Neigung zum mündlichen Erzählen, andererseits Memoiren, Reiseberichte, Briefwechsel, milieu- und sittenschildernde Skizzen; die Sujetelemente des Romans aber übernehmen immer häufiger die Rolle von Drehbüchern — ein sehr charakteristisches Faktum, zeugt es doch von der Möglichkeit der Übertragung eines Wortkunstwerks dieser Art in „stumme" Sprache. Charakteristisch ist auch ein Faktum wie L. Tolstojs Wendung von der „Anna Karenina" zu Dramen einerseits und zu „Volkserzählungen" andererseits. Doch noch charakteristischer und bezeichnender sind in der russischen Prosa des 19. Jahrhunderts Erscheinungen wie Dal', Gogol', Leskov, wie die Belletristen und Ethnographen in der Art von A. Mel'nikov-Pečerskij, P. Jakuškin, S. Maksimov u. a. Diese Erscheinungen, durch Entwicklung und Beharrlichkeit des Romans an die Seite gedrängt, treten jetzt als eine neue Tradition ans Licht — eben weil das Problem der Erzählform für die moderne Prosa erneut prinzipielle Bedeutung erlangt hat — und mit ihm auch das Problem des Erzählvorgangs. Davon zeugen Fakten wie die Märchen und Erzählungen von Remizov und Zamjatin, die letzten Werke Gor'kijs, die Skizzen Prišvins, die Erzählungen von Zoščenko, Vs. Ivanov, Leonov, Fedin, Nikitin, Babel' u. a.

---

[2] Es ist interessant, daß die Auffassung vom Roman als einer neuen, synkretistischen Form in der alten Kritik wiederholt vertreten wurde. Als Beispiel führe ich die Worte von S. Ševyrev an: „Der Roman ist nach unserer Meinung die Frucht einer neuen zeitgenössischen Mischung aller poetischen Gattungen, die gleichermaßen das epische, dramatische und lyrische Element zuläßt. Das überwiegende Element gibt dem Roman seinen Charakter: so kann man auf epische Romane verweisen, z. B. den ‚Wilhelm Meister' von Goethe oder den ‚Don Quijote' von Cervantes; es gibt lyrische Romane — ich verweise auf die ‚Leiden Werthers' wieder von Goethe; die Romane von Walter Scott kann man dramatisch nennen, denn das Drama liefert ihnen die wichtigste Grundlage, ohne die übrigen Elemente auszuschließen" („Moskvitjanin" [Der Moskauer], 1843, T. I, S. 574).

II

Im Verlauf des 19. Jahrhunderts stehen in der russischen Prosa verschiedene Prinzipien der Erzählform im Streit miteinander und wechseln sich ab; unter ihnen ist für unsere Fragestellung das Prinzip des *skaz* von besonderem Interesse. Unter *skaz* verstehe ich jene Form der Erzählprosa, die in ihrer Lexik, ihrer Syntax und ihrer Wahl der Intonation deutlich auf die mündliche Rede eines Erzählers intendiert. Damit treten die auf anderen Prinzipien aufbauenden verschiedenartigen Formen des auktorialen Erzählens zurück, das keine Illusion einer mündlichen Rede schaffen will — mag sich auch der Autor an den Leser wenden, eine Unterhaltung mit ihm beginnen usw. Ebensowenig gehören hierher Erzählformen mit deklamatorischem Charakter oder mit dem Charakter der „poetischen Prosa", die sich dadurch nicht am Erzählen orientieren, sondern an der oratorischen Rede oder am lyrischen Monolog. Mir geht es in diesem Fall nur um denjenigen Typ der Erzählform, der sich prinzipiell von der Schriftsprache entfernt und den Erzähler als solchen zur realen Figur macht.

Für die allgemeine theoretische Frage, die mich hier interessiert, haben die in der Erzählprosa erscheinenden Formen des *skaz* nicht nur klassifikatorische, sondern auch prinzipielle Bedeutung. Ihr Auftreten bedeutet einerseits die Verlagerung des Schwerpunkts von der Fabel auf das Wort (und damit vom „Helden" auf das Erzählen dieses oder jenes Ereignisses, Vorfalls usw.), und andererseits die Befreiung von den Traditionen der schriftsprachlichen Kultur, die Rückkehr zur gesprochenen lebendigen Sprache, von der losgelöst die Erzählprosa nur zeitweise und bedingt zu bestehen und sich zu entwickeln vermag.

Ich habe schon darauf hingewiesen, daß man zum *skaz* in gewissem Maße auch die Dialoge rechnen kann, die nicht nach dem Prinzip der szenischen Handlung (Sujetfunktion), sondern nach dem Prinzip der sprachlichen Charakterisierung einer bestimmten Figur als einer Art Erzähler gebaut sind. Dafür sind beispielsweise die „Enquête"-Dialoge typisch, wie sie bei Leskov häufig begegnen. Eine Figur erzählt und läßt sich die ganze Zeit von den Fragen des Hörers leiten:

— Nun, haben Sie sogleich dieses Haus verlassen?
— Nein, anderthalb Monate später.

— Und haben in Eintracht gelebt?
— Nun, ich habe mit niemand geredet.
— Und bei Tisch?
— Ich habe mit dem Kontoristen gegessen.
— Wieso mit dem Kontoristen?
— Kurz gesagt, im Nebenraum. Mir macht das gar nichts aus. Mich kann man nicht beleidigen.
— Wieso denn nicht?

Es folgt ein großes Stück Erzählung ohne Fragen. Danach wieder:

— Und was tat Ihre Mutter?
— Ich habe sie danach nicht zu Gesicht bekommen. Aus der Gesindestube bin ich geradewegs nach Kursk gegangen.
— Wieviel Verst sind das denn?
— Hundertsiebzig; und wenn es tausendsiebenhundert wären, wäre es auch gleich.

("Der Schafochs")

Es ist interessant, daß Leskov selbst die Genauigkeit der sprachlichen Charakterisierung für den Hauptvorzug seiner Werke gehalten und auf diese Besonderheit seines Erzählstils hingewiesen hat: „Beim Schriftsteller besteht die Stimmregulierung in der Fähigkeit, Stimme und Sprache seines Helden zu beherrschen und nicht vom Alt in den Baß zu geraten. Ich habe mich bemüht, diese Fähigkeit an mir zu entwickeln und habe doch wohl erreicht, daß meine Priester geistlich, meine Bauern bäurisch, die Emporkömmlinge und die Gaukler geschraubt reden usw. Ich selbst verwende die Sprache der alten Märchenerzählungen, der Kirche und des Volks in der reinen schriftsprachlichen Rede. Deshalb erkennt man mich auch sofort in jedem Artikel, auch wenn er gar nicht signiert sein sollte. Mich freut das. Man sagt, es mache Spaß, mich zu lesen. Das kommt daher, weil wir alle, meine Helden ebenso wie ich selbst jeder unsere eigene Stimme haben. Bei jedem von uns ist sie richtig oder zumindest mit Sorgfalt reguliert. Wenn ich schreibe, fürchte ich, daneben zu geraten: deshalb reden meine Bürger bürgerlich und die lispelnd-schnarrenden Aristokraten auf ihre Weise… Es ist recht schwierig, die Sprache jedes Vertreters der zahlreichen sozialen und persönlichen Stellungen zu lernen. Diese vulgäre und geschraubte Volkssprache, in der viele Seiten meiner Arbeiten geschrieben sind, ist nicht mein Werk, ich habe sie vielmehr dem Bauern, dem Halbgebildeten, den Schönrednern, den Narren in Christo und den Frömmlern abgelauscht… Ich habe sie schließlich viele Jahre hindurch zusammengetragen aus Redensarten, Sprichwörtern und einzelnen Ausdrücken, die ich in der Masse aufgefangen habe, auf den Barken, in den Rekrutierungslokalen und in Klöstern… Viele Jahre lang habe ich mich aufmerksam in die Sprechweise und Aussprache von Russen auf den verschiedenen Stufen ihrer sozialen Stellung hineingehört. Sie alle sprechen bei mir auf ihre eigene Weise, keine Literatursprache. Einem Literaten fällt es schwerer, sich die Sprache der Umwohner anzueignen als die Buchsprache. Deshalb gibt es auch bei uns wenig Künstler des Stils, d. h. Meister der lebendigen, nicht der literarischen Rede."[3]

Diese Worte Leskovs zeigen, daß der Dialog für ihn keine szenische Form, sondern eine Erzählform war — ein Verfahren des Erzählens und der sprachlichen Charakterisierung. Nachdem er einmal versucht hatte, ein Drama zu schreiben („Der Verschwender", 1867), mit dem er in Konkurrenz zu Ostrovskij trat, ist Leskov nicht mehr zur Dramatik zurückgekehrt. In Zusammenhang mit der Entwicklung des Erzählens geht er konsequent auch vom Roman ab und ersetzt ihn durch die „Chronik". Im Vorwort zu den „Irrlichtern" (1875) spricht er selbst sehr klar davon: „Geschichten wie meine gibt es teilweise in vielen zeitgenössischen Romanen — und vielleicht werde ich im Sinne des Interesses an der Neuheit nichts so Neues erzählen, als daß es der Leser nicht kennte oder gar gesehen hätte, aber ich werde das alles nicht so erzählen wie in Romanen — und dies, scheint mir, kann ein besonderes Interesse beanspruchen und vielleicht sogar etwas Neues und Erbauliches bieten. Ich werde nicht die einen Ereignisse beschneiden und die Bedeutung der anderen aufblasen: mich nötigt dazu keine künstliche und unnatürliche Romanform, die eine Abrundung der Fabel und eine Konzentration um ein Hauptzentrum fordert. Das gibt es im Leben nicht. Das Leben des Menschen schreitet fort wie eine Urkunde, die abgerollt wird, und ebenso einfach werde ich es abrollen lassen in den Aufzeichnungen, die ich hier vorlege."

Außerordentlich weit verbreitet ist die Form der vom Autor motivierten Einführung eines speziellen Erzählers, dem auch das Erzählen anvertraut wird. Diese Form besitzt jedoch sehr häufig einen rein äußerlichen Charakter (wie bei Maupassant oder bei Turgenev) und zeugt nur von der Lebendigkeit der Tradition, des Erzählers als einer besonderen Novellenfigur. In diesen Fällen bleibt der Erzähler mit dem Autor identisch, und die einleitende Motivierung spielt die Rolle einer einfachen Introduktion. So wird Turgenevs „Andrej Kolosov" von einem „kleinen blassen Menschen" erzählt, der einer Gesellschaft junger Leute vorschlägt, jeder solle über seine Begegnung mit einem bemer-

---

[3] A. I. Faresov. Protiv tečenij [Gegen den Strom]. SPb. 1904, S. 273—275.

kenswerten Menschen erzählen. Danach beginnt er seine Erzählung: „Der kleine Mensch blickte uns alle an, sah an die Decke und begann folgendermaßen: ‚Vor zehn Jahren, meine verehrten Herren, war ich Student in Moskau'" usw. Die Realität des Erzählers wird im folgenden vermeintlich dadurch unterstrichen, daß die Zuhörer ihn mit verschiedenen Ausrufen und Bemerkungen unterbrechen („Zur Sache, zur Sache, — schrien wir — willst du uns etwa deine eigenen Abenteuer erzählen?"); in Wirklichkeit hat diese Beteiligung der Zuhörer ebenso wie die Motivation der Einführung eine rein äußerliche Bedeutung — über dem Erzähler steht der Autor. In der Erzählung des „kleinen Mannes" nun erscheinen Formen der Rede, die mit mündlichem Erzählen unvereinbar sind und die Äußerlichkeit der Motivierung bloßlegen: „Inzwischen brach die Nacht herein. Zur Rechten flimmerten Lichter im Nebel, und die unzähligen Kirchen der Riesenstadt ragten empor; zur Linken grasten auf einer Wiese am Waldrand zwei weiße Pferde; vor uns erstreckten sich Felder, bedeckt mit grauem Dunst." Das ist normale Literatursprache ohne spezielle Färbung von Intonation oder Syntax, wie sie der mündlichen Erzählung eigen ist, und ohne jede eigentümliche Lexik, wie sie die Sprache des mündlichen Erzählers charakterisiert. So auch im weiteren: „Der Tag war herbstlich, grau, doch sanft und warm. Gelbe dünne Hälmchen wiegten sich traurig über dem verbleichenden Gras; auf den dunkelbraunen, entblößten Zweigen des Haselstrauchs hüpften die behenden Meisen hin und her; verspätete Lerchen liefen eilig die Pfade entlang; irgendwo hoppelte vorsichtig ein Hase durch die Wintersaat; eine Herde zog träge übers Stoppelfeld." Das gleiche kann man in den „Drei Portraits" beobachten (wo die Motivierung des Erzählers ganze fünf Einleitungsseiten beansprucht), und im „Juden" usw.

Ich führe jetzt ein Beispiel an, in dem sich Stile überkreuzen, und zwar der Stil des mündlichen Erzählens mit typischer Buchsprache. Dieses Beispiel ist um so interessanter, als es einem frühen Werk von Leskov entnommen ist und aus einer Zeit stammt (1863), als er sich noch von der Romanform leiten ließ und sich zu einem Wettstreit mit Turgenev vorbereitete. Dieses Werk — „Die Vita eines Bauernweibes" setzt mit typischer *skaz*-Rede ein: „Ein kleines Bäuerlein ist halt der Kostik von Rjumin gewesen, und wütend hat er werden können, daß Gott behüte. In ihrer Familie sind seine Mutter Mavra Petrovna gewesen, er selbst, der Kostik, seine jüngeren Brüder Petr und Egor und

seine Schwester Nastja. Die Petrovna war schon alt, und das Luft-
kriegen ist ihr arg schwer gefallen, Pet'ka und Egorka aber waren
junge Bengel und gingen noch in die Lehre, der eine als Schuster, der
andere als Schreiner. Es sind alle zwei gescheite Bengel gewesen und
haben gelernt, wie sich's gehört... Ihr Leben war halt, wie es ist —
recht und schlecht; aber das Schlimmste für die Rjuminer Bauern war
die Enge. Natürlich ist so ein Bauer keine Kabinette gewöhnt, — alles
hockt in einer Stube — aber wenigstens ist es die eigene Familie. Hier
auf dem Rjuminer Hof aber gab's bloß zwei Hütten, und in der einen
haben zwei Familien gewohnt, in der anderen gar drei. Eng ist es gewesen, Streit gab's, einander schlecht gemacht haben sie, geflucht — ein
Durcheinander, daß Gott erbarm!" Hier ist alles, die Syntax, die Intonation und die Lexik, darauf gerichtet, die Illusion des mündlichen
Erzählens *(skaz)* und eines realen Erzählers (mit folkloristischer Sprach-
färbung) zu schaffen. Dennoch kommen im folgenden Stellen vor, die
mit diesem Erzählprinzip unvereinbar sind, wie z. B.: „Der blaßblaue
Himmel ist von zerrissenen weißen Wolken überzogen: die Luft durch-
tränkt von lebenspendender Wärme, und würzig riecht die tauende
Erde. Hoch über den freien Flächen schmettern die hellstimmigen
Lerchen, und auf den Erdaufschüttungen um die Hütten lärmen, von
Frühlingstrieben berauscht, unzählige Schwärme von liebestollen
Spatzen. Alles will leben, alles bricht auf zu leben, alles lädt zum Leben
ein. Überall ist die Zeit der Liebe zu spüren, die Zeit der dunklen und
quälenden Wünsche und der unendlichen Sehnsucht derer, die keinen
haben, um mit ihm Kummer oder Freude zu teilen." Mit dem Übergang zur Beschreibung ist Leskov plötzlich vom System des *skaz* ab-
gewichen und in den Ton der üblichen Buchsprache verfallen.

Bemerkenswerterweise ist Leskov bei einer späteren Überarbeitung
dieses Werkes von der Grundlage des *skaz* noch weiter abgegangen,
indem er neue Stellen ganz in Buchsprache eingefügt und hier und da
skaz-Wendungen durch schriftsprachliche ersetzt hat. In Kapitel VII
hat er folgenden Zusatz eingefügt: „Die Anstrengung des Weges ver-
ursachte Müdigkeit; der Atem ging aus, in der Brust stach alle Augenblicke etwas und ergoß sich als sengender, durchdringender Schmerz;
danach wurde es wieder warm und wohlig, wie nach einem ersehnten
Kuß. Am schönsten wäre es, hier niederzusinken in ununterbrochenen
Schlaf und zu hören, wie in der heiligen Stille des schläfrigen Feldes
langsam abtauend die Erdschollen seufzen. Der sanfte Glanz des von
einem zarten Trauerflor bedeckten Schnees rief schmerzliche Empfindungen wach" usw. Der zweite Teil beginnt in der Fassung von 1863

mit den Worten: „Ein schönes Häuschen ist es gewesen in O., das Häuschen von Sila Ivanyč Kryluškin. Aus Holz ist es gewesen, mit zwei Etagen." In der Bearbeitung lautet statt dessen die Stelle: *„Wie (weiter) oben gesagt,* lebte in der Stadt O. der vom Volke verehrte Arzt Sila Ivanyč Kryluškin. Er bewohnte ein eigenes Häuschen, das..." usw.[4]

Ein entsprechendes Beispiel finden wir in der Überarbeitung eines weiteren frühen Werkes von Leskov — „Der Mensch denkt und der Teufel lenkt" („Severnaja Pčela" [Die Nordische Melisse], 1863, Nr. 17). Der ursprüngliche Text ist nach dem gleichen Prinzip gebaut wie „Die Vita eines Bauernweibes": „Nicht bloß bei uns auf den Höfen von Gostomel'e, sondern im ganzen Landkreis, sogar bis hin nach Rybnica selbst, gab es keine solche Schönheit wie die Paša. Das war dir eine Pracht! Groß und gutgewachsen, das Gesicht ganz weiß, Augen, blau wie der Himmel, und Brauen von Pelz und reiches schwarzes Haar, und ihre Brust . . . Hast du mal unter Tag auf diese Brust geschaut, dann ist es dir im Kopf um und um gegangen, und an Schlafen war nicht mehr zu denken. Ein wirklich gutes Mittel soll ja sein, im Kopf Schäfchen zu zählen, wenn man nicht schlafen kann, aber hier kann dir auch das nicht helfen." Aus diesem ersten Abschnitt sind in der späteren Bearbeitung (wohl aus den 80er Jahren) solche charakteristischen Stellen wie „bei uns", „bis hin nach Rybnica selbst", „das war dir eine Pracht", und der ganze Schluß ab „an Schlafen war nicht mehr zu denken" entfernt. Aus dem Satz: „Wie sie den Sohn fortgejagt haben, ist die Alte zurückgekommen und fluchte der Paša, daß Gott erbarm" wurde: „Als sie den Sohn verjagt hatten, kehrte die Alte zurück und verfluchte Paša mit harten Worten." Aus: „Eine solche Maulschelle hat sie ihm verpaßt, daß er bald aus dem Schlitten geflogen wär'. — Schwatz du nur — sagt sie — mich stört das nicht, aber halt deine Schnauze zurück" wurde: „Sie gab ihm eine Ohrfeige."[5]

Ein beliebiges Element des Materials kann als formbildende Dominante und damit als Grundlage des Sujets oder der Konstruktion hervortreten. Die Fabel ist nur ein Sonderfall der Konstruktion. Beim *skaz* treten jene Elemente der Sprache in den Vordergrund, die natürlicherweise in den Genres mit einer Fabel oder mit beschreibendem und darstellendem Charakter untergeordnete Bedeutung haben — die Intonation, Semantik („Volksetymologie", Wortwitz), Lexik u. a. Aus

---

[4] Einzelausgabe: „Amur v lapotočkach". Krest'janskij roman. Novaja neizdannaja redakcija s poslesloviem P. V. Bykova. [Liebe in Bastschuhen. Ein Bauernroman. Neue, unveröffentlichte Redaktion mit einem Nachwort von P. V. Bykov]. L., Verlag „Vremja", 1924.

[5] Die Korrekturen führe ich nach dem Exemplar von P. V. Bykov an. Leskov hat sie eigenhändig auf dem gedruckten Text angebracht.

diesem Grund ist die Entwicklung von Formen des *skaz* besonders in
jenen Perioden zu beobachten, in denen die großen Formen des Romans
aus dem einen oder anderen Grund sich als nicht lebensfähig erweisen.
Das Auftreten Čechovs nach Tolstoj und Dostoevskij verdeutlichte die
Wendung der russischen Prosa zur kleinen Form (Anekdote); für die
nachfolgende Prosa erhielt das Problem der Erzählform grundlegende
Bedeutung.

III

Den oben angeführten Worten Leskovs ist u.a. zu entnehmen, daß für
die Formen des *skaz* der Gebrauch der mündlichen Rede mit spezifischen
sozialen oder professionellen Nuancen charakteristisch ist — die Rede
des Bauern, des Halbgebildeten, des Kleinbürgers, des Priesters usw.
Das Prinzip des *skaz* verlangt nämlich eine durch Nuancen gefärbte
Sprache des Erzählers nicht nur in Intonation und Syntax, sondern
auch in der Lexik: der Erzähler muß seine Beherrschung dieser oder
jener Phraseologie, dieses oder jenes Wortschatzes demonstrieren, damit die Intention auf das gesprochene Wort verwirklicht wird. Deshalb
hat der *skaz* auch häufig (aber nicht immer) einen komischen Charakter,
indem er auf dem Hintergrund der kanonisierten Literatursprache als
deren Deformierung wahrgenommen wird — als defektive, „unnor-
male" Sprache. Die Fühlbarkeit des Wortes wird dadurch beträchtlich
erhöht — der komische Effekt lenkt, wie immer, unsere Aufmerksamkeit vom Gegenstand, vom Begriff auf den Ausdruck, auf die Wortkonstruktion selbst, d. h. er präsentiert uns die Form außerhalb der
Motivation. Es ist klar, daß Leskov bei seinem konsequenten Streben
nach dem fühlbaren Wort dieses Mittel weithin verwendet und gern
den schönrednerischen Erzählern Raum gibt, die die Worte verball-
hornen und mit „Schnörkeln" reden. Nicht zufällig ist die „Volksetymologie" eines der Hauptverfahren seines *skaz*.

Außer dem bekannten „Skaz vom Linkshänder" gibt es bei Leskov
noch ein vergessenes Werk, das im gleichen Stil gehalten und zu gleicher
Zeit entstanden ist, nämlich „Leon, der Haushofmeisterssohn".[6] Im
Vorwort zu diesem Werk sagt Leskov selbst: „Derartige Überliefe-

---

[6] „Leon, dvoreckij syn (Zastol'nyj chiščnik). Iz narodnych legend novogo slože-
nija." [Leon, der Haushofmeisterssohn (Der Tafelräuber). Aus Volkslegenden neuer
Fassung]. — „Jubilejnaja knižka" izdatel'nicy „Sobranija romanov" E. N. Achmatovoj 1881. In die Werkausgabe Leskovs ist die Geschichte nicht aufgenommen
worden.

rungen betreffen Menschen, deren Lebensbedingungen den Verfassern der Legende unbekannt waren und die sich das Volk mit kindlicher Naivität vorstellte. Daher ist die Fabel der Legenden voll von Unwahrscheinlichkeiten und Widersprüchen, und ihre Sprache ist reich an bizarren Gebilden und falsch gebrauchten Worten aus unterschiedlichstem Milieu. Letzteres beruht natürlich auf dem übertriebenen Bemühen der Verfasser, den Umgangston jener Gesellschaftsschicht zu treffen, der sie die von ihnen vorgeführten Gestalten entnehmen. Unfähig, sich den echten sprachlichen Umgangsstil dieser Menschen anzueignen, glauben sie beim Wiedererzählen echte Lebensähnlichkeit zu erreichen, wenn sie diesen Figuren möglichst buntscheckige und gezierte Worte in den Mund legen, damit es nur anders wird als in der einfachen Rede. Dies macht einen typischen Zug der *mündlichen Volksliteratur* aus, die Personen aus einem Milieu darstellt, das der volkstümlichen Sphäre fern steht. Der Leser muß also zwangsläufig auf diese Dinge stoßen und sich damit abfinden in der Legende von Leon, dem Haushofmeisterssohn, dem Tafelräuber, die seiner Aufmerksamkeit empfohlen sei."

Und wirklich begegnen uns hier auf Schritt und Tritt entstellte Worte und Ausdrücke. Einer der häufigsten Fälle ist das Fremdwort, das mit Hilfe der sogenannten „Volksetymologie" gedeutet wird. Der Beginn dieser Legende ist folgender: „Leon war in allen Wirtschaftssachen behend und geschickt. Über ihm war ein Leib-Meister, aber in jeder Angelegenheit der Wirtschaft verstand Leon mehr als er, denn der Leib-Meister war von hoher Herkunft und konnte keine Sache recht, nach allem mußte er fragen, aber er wußte nicht, wen man wonach zu fragen hatte. Leon aber war vielerfahren, er war ein echter, rechter Hofmann von Geburt, und seines Geschlechts wie seiner Geschicklichkeit halber allerorten berühmt." Im weiteren tauchen Wörter auf wie „chap-frau" [aus ‚Hoffrau' und „chapat'", ‚raffen, ergauern'], „broliantovaja istorija" [statt „brilliantovaja" ‚brillante Geschichte'], „veksel'banty" [statt „aksel'banty" ‚Achselbänder'], „licerin" [gebildet aus „glicerin" und „lico" ‚Gesicht'], „Kvazimorda" [verunstalteter Name des Glöckners in V. Hugos „Notre-Dame de Paris", Quasimodo, wegen „morda" ‚Maul, Schnauze'], „nazidacija" [Kontamination von „nazidanie" ‚Erbauung' und „notacija" ‚Verweis'], „propuganda" [statt „propaganda" wegen „pugat'" ‚erschrecken'], „die rufende Stimme" [statt „Stimme des Rufenden"], „mangral'nyj Darzans' trinken" [statt „mineral'nyj Narzan" ‚Mineralbrunnen'], „bekren' na golove" [für „migren'" ‚Migräne'‚ in Anlehnung an „nosit' šapku na bekren'" ‚Mütze auf einem Ohr tragen'], „bugometrija" [für „buchgalterija" ‚Buchhaltung'], oder Ausdrücke wie „Konzert billiger Studenten" [statt „Wohltätigkeitskonzert für arme Studenten"], „zweischläfriger Ring" [dvuspal'noe kol'co" statt „venčal'noe kol'co", Ehering'], „dreieckiger Zylinder", „regnerischer Schirm" usw. Leons Frau entstellt russische Wörter in französischer Manier: „Weil sie keinen hatte, mit dem sie französisch reden konnte, fing sie an, allen zum Ärger, einfache russische Wörter durch die Nase zu sprechen: eine einfache lepeška (Fladen) nannte sie *„lanpeška"*, einfaches Konfekt war für sie *„vanpas'e"* [statt „Monpensier" (Konfektsorte)], und essen wollte sie keine russischen Möhren mit Rüben, sondern *„vanfli"* [statt „vafli" ‚Waffeln'] und Suppe mit „d'jabki" [statt „diabli" ‚Bouilloneinlage'].

Wenn Formen des *skaz* nicht von dieser Art Sprachkomik gefärbt sind, haben sie gewöhnlich entweder eine rein folkloristische oder eine berufssprachliche Stilbasis. So die Märchen von Dal', Leskovs „Der versiegelte Engel" oder „Am Rande der Welt" usw. Gegen Ende des 19. Jahrhunderts, nachdem der psychologische (beschreibend-darstellende) Roman zu voller Entfaltung gelangt war, beginnt eine neue Renaissance der *skaz*-Form, und zwar vor allem auf folkloristischer Grundlage, wie in den Märchen Remizovs. Es ist bezeichnend, daß gleichzeitig die „literarische" Prosa sich auf das „Ornamentale" hin zu evolutionieren beginnt, es entfaltet sich die „poetische Prosa" Andrej Belyjs und seiner Nachahmer.[7]

Remizov hält sich nicht nur in den Märchen, sondern auch in gewöhnlichen Erzählungen an die Form des *skaz*, wenn er sie auch nicht konsequent durchhält. Bezeichnend sind die Anfänge seiner Erzählungen, die in Syntax und Intonation den Stempel des *skaz* tragen: „Das Haus der Divilins steht am Fluß. Alt, grau, heruntergekommen. Jeder Hund kennt es." Oder: „Ganz gewiß wird jeder, der schon mal in Blagodatnoe war, mit gutem Gewissen und ohne zu heucheln das alte Nest von Borodino loben ... Das Haus ist wie ein Schmuckkästchen, sauber und ordentlich. Eine Bienenwabe ist nichts dagegen!" Oder: „Schön ist's in Batyevo — ein lustiges Dorf. Da hat's, was man braucht: Wald ringsumher, der Fluß gleich vorm Haus. Im Fluß Fische im Übermaß, im Walde Wild von jeder Art, die man sich nur wünschen kann. Bloß nicht geheuer ist es. Nicht gerade zum Spazierengehen. Gehst du aber doch, darfst du dich nicht beklagen. Wenn was passiert, bist du selbst schuld." Auch die Tradition der „Leskovschen" Überschriften wird erneuert — „Die ungebärdige Schellentrommel", „Zarin Mymra" [„mymra" ‚Stubenhocker'], „Ėmaliol'" [„ėmal'" ‚Emaille'], „Čertychanec" [„čert" ‚Teufel'; „chan" ‚Chan']. Hier liegt eindeutig eine Intention auf das Wort vor.

Von Remizov über Zamjatin gehen die Formen des *skaz* auf die

---

[7] Etwas Analoges haben wir in der Tatsache, daß in der 30er Jahren gleichzeitig solche Schriftsteller wie Dal' und Marlinskij auftreten.

junge Belletristengeneration über, wo sie gelegentlich mit deklamatorischer und „poetischer" Ornamentik verknüpft werden, so bei Pil'njak oder bei Vsev. Ivanov. Dieser ornamentale *skaz*, der mit den mündlichen Erzählungen nur noch sehr wenig gemein hat, wird für einige Zeit zu einer sehr verbreiteten Erzählform. Er bewahrt zwar noch Spuren einer folkloristischen Grundlage und der *skaz*-Intonation, aber einen Erzähler als solchen gibt es im Grunde nicht. Es entsteht eine Art Stilisierung des *skaz*. Nikitin z. B. schreibt: „Den Hafen grinste ein Schädel an — das Pazovsche Haus, ein Kaufhof. An der Fassade bröckelten zwei Paar Pfosten; einst weißgekalkte Säulen. Vor dem Hause liegt ein ausgedörrter Platz. Und auf der Pazovschen Treppe sitzt beständig, die Trittstufen abwetzend, der Alte" usw. Oder: „Die Lichtung war so arg zugeweht, selbst eine Horde geschmiedeter Recken in eisernen Schuhen hätte anrücken können, sie hätten nicht hindurchstampfen, sich keinen Weg trampeln können." Es gibt anscheinend kaum einen zeitgenössischen Belletristen, der sich nicht in der einen oder anderen Form am *skaz* oder an einer *skaz*-ähnlichen Manier versucht hätte. Bei den einen, so bei Fedin („Blinki" [‚Plinsen']), prägt sich *skaz* vornehmlich in der Syntax aus, die auf der Grundlage der Sprachintonation gebaut ist; bei den anderen, so bei Vsev. Ivanov, verlagert sich der Schwerpunkt auf die Lexik.

Besonders hervorzuheben sind die Erzählungen Zoščenkos, die den komischen *skaz* in neuer Form wiedererstehen lassen, wobei sie teils auf Leskov, teils auf Gogol' zurückgehen. Seine Humoresken sind bereits in die Repertoires der Vortragskünstler eingegangen und leben jetzt schon faktisch außerhalb des Buches. In seinen Werken wird der Erzähler durch keinerlei Einführung des Autors motiviert, sondern wendet sich direkt an den Hörer: „Ich bin ein Mensch, der alles kann . . . Wenn du willst, bearbeite ich dir dein Land nach dem letzten Stand der Technik; wenn du willst, packe ich jedes Handwerk an, das es nur gibt; mir geht alles nur so von der Hand" (Die Erzählungen des Herrn Nazar Il'ič Sinebrjuchov). Sein Erzähler hat immer ein Lieblingswörtchen, das er ständig einschiebt — in der Art von „entsinn ich mich", „unbedingt", oder eine charakteristische Wendung wie „der ist genau so wie nicht ich". Dabei achtet er auf Vielfalt und Beweglichkeit der Intonationen und auf charakteristische Redewendungen und Ausdrücke: „Was mit mir jetzt los ist? Mir geht jetzt 'n Schuh im Kopf rum — aber futsch ist futsch!" Manchmal ist sein Erzähler nicht so real und der *skaz* nicht so gebaut, daß man ihn einfach als mündliche Rede aufnehmen könnte, aber die Intention auf diese bleibt, auch wenn sie nicht motiviert ist, offensichtlich: „Ein Aussehen hatte der Pope überhaupt nicht. Sah einfach nach nichts aus. Klein von Wuchs — er reichte dem Mütterchen gerade an die Schulter — ein völlig rothaariges Äußeres. Ach, wie oft machte ihm das Mütterchen Vorwürfe im Sinne des unbedeutenden Aussehens. Und wirklich, es ist erstaunlich, wie häufig jetzt die Männer unansehnlich sind" („Ryb'ja samka" [Das Fischweibchen]).

Dieser Zug zum *skaz*, der die moderne Erzählprosa so sehr erfaßt hat, zeugt vom Ungenügen an der traditionellen Literatursprache. Deshalb kann man für die nächste Zukunft nichts so wenig erwarten, wie eine Entwicklung des Romans. Vom *skaz* führt ein natürlicher Weg zur Ausbildung neuer Erzählformen des Buchstils. Etwas Ähnliches wie die Evolution Gogol's von den kleinrussischen Märchen zu „Mirgorod" und zum „Mantel". Bei Zoščenko zeichnet sich eine solche Evolution anscheinend schon ab; seine Erzählung „Die furchtbare Nacht" ist bereits ohne spezielle Orientierung am mündlichen Erzählen geschrieben; dafür tritt der Ton des Autors in den Vordergrund, in Form eines Gesprächs mit dem Leser: „Da schreibt man und schreibt, aber wozu man schreibt, weiß man nicht. Der Leser wird hier vielleicht lachen. Na, und das Geld, wird er sagen. Du kriegst doch Geld, du Trottel, wird er sagen. Und wie die Leute sich mästen, wird er sagen. Ach, verehrter Leser, was ist das schon?" usw. Im Vordergrund steht die Intonation, wenn auch ohne Intention auf den *skaz*.

Die Erzählform ist das Grundproblem der zeitgenössischen russischen Prosa. Nicht zufällig sehen wir in ihr krampfhaftes Hin- und Herpendeln vom deklamatorischen Pathos zum *skaz*, von „ornamentaler" Isographik zu einem absichtlich trockenen und knappen Stil, von der Sprache der „poetischen Prosa" zu Provinzdialekten, zu Jargons, zum „Ganovenlatein" usw. Die Fabelfügung trat in den Hintergrund. Wir stehen vor einer neuen Entwicklung der Erzählformen, in deren Verlauf die Traditionen Dal's, Gogol's und Leskovs wieder aufleben.

Zu gleicher Zeit gibt es allerdings Versuche, einige Formen des Abenteuer- und „Detektiv"-Romans zu erneuern. Diese Versuche haben jedoch zum größeren Teil einen allzu „theoretischen" Charakter und sind von dem Wunsch oder der Hoffnung geleitet, den Leser zu gewinnen, der von der russischen Literatur enttäuscht ist, und den „Westen" zu schlagen. In manchen Fällen ist der Detektivroman mit Berufssprache durchsetzt, und unsere Aufmerksamkeit wendet sich von den Helden und ihrem Schicksal zur Lexik — es entsteht so ein eigenartiger und charakteristischer Kompromiß (V. Kaverins „Konec chazy" [Das Ende einer Bande]). Selbst wenn wir uns dem Abenteuerroman zuwenden, dann ist es nicht der Sujetroman, der auf einer Fabel und einem Helden aufbaut, nicht einer mit Handlungsknoten, sondern der lineare, flächige — die „Chronik", der eine vom Psychologischen oder von der Fabel her bestimmte Perspektive fehlt. Der Sujetroman hat im Augenblick keine Entwicklungsgrundlage. Das Material für ihn muß erst erneut aufbereitet werden in besonderen Genres von der Art der alten „physiologischen" Skizzen.

IV

Mit dem angeführten Material ist wohl der Unterschied zwischen einer Erzählliteratur mit Buchcharakter und einer Erzählliteratur mit Intention auf das mündliche Erzählen, auf den *skaz,* zur Genüge illustriert. Fassen wir zusammen.

Die Erzählprosa, die die Möglichkeiten der Buchkultur und eigens herausgebildete schriftsprachliche Formen und Stile verwendet, tendiert zu großen synkretistischen Formen, welche die Verbindung mit dem Erzählen als solchem verlieren. So entstehen die Formen des beschreibend-darstellenden Romans, die wahrgenommen werden als Verbindung zwischen dem Material der Bemerkungen und dem szenischen Dialog. Der Unterschied zur dramatischen Form bleibt nur in der Freiheit, mit der zeitliche Umstellungen vorgenommen werden, in der Möglichkeit eines Parallelismus von Sujetlinien usw. bewahrt, d. h. in der Verwendung verschiedener Verfahren der Sujetfügung, die auf der Bühne nicht möglich sind. Gleichwohl erweisen sich viele dieser Verfahren (zumindest der Parallelismus) als vollkommen legitim und anwendbar beim Film, der darüber hinaus dem Buch einige technische Vorzüge voraus hat. Einerseits hat der Film dem Roman einen Schlag versetzt, andererseits hat er die Rückwendung der künstlerischen Prosa zum Wort, zum Erzählen veranlaßt. Eine eigenartige Differenzierung der Elemente, die vorher in eine synkretistische Form zusammengeflossen waren, hat stattgefunden. Das Erzählen ist wieder in seine Rechte getreten — es entstand die Tendenz zu den Formen des *skaz.*

Das heißt natürlich nicht, daß sich die Erzählprosa überhaupt auf den *skaz* beschränken muß. Nicht der *skaz* als solcher ist wichtig, sondern die *Intention auf das Wort, auf die Intonation, auf die Stimme,* sei es auch in schriftlicher Transformation. Das ist die natürliche und unabdingbare Grundlage der Erzählprosa. Der *skaz* hat nur als *De-*

monstration dieses Prinzips Gewicht, als Abkehr vom alten Synkretismus. Grundlage der Erzählprosa ist jene spezifische „Stimmregulierung", von der Leskov sprach und die sowohl in den Worten des Erzählers als auch in den Dialogen der Personen fühlbar sein muß. Der stilistische Naturalismus (die Wiedergabe der mündlichen Rede des Erzählers) wie auch jeder andere, bedeutet eine Absage an die Konventionen des alten literarischen Kanons.

Wir leben in einer Epoche der Verschiebungen und unerwarteten Rückwendungen zu entfernten Jahrhunderten, zu vergessenen Traditionen, zu Problemen, die den Menschen des 19. Jahrhunderts längst und endgültig gelöst schienen. Wir fangen vieles gleichsam von vorne an, und eben darin liegt die historische Kraft unserer Zeit. Vieles empfinden wir anders — darunter auch das Wort. Unser Verhältnis zum Wort ist konkreter, empfindlicher, physiologischer geworden. Wir vergessen es im Kino, aber dafür beachten wir es mit um so größerer Intensität im Theater, in der Literatur, auf dem Podium. Mit dem Aufkommen des Kinos ist die theatralische Mimik fad geworden, doch dafür das Wort gestärkt und bereichert. Wir wollen es hören, es fassen, wie eine Sache. So kehrt die „Literatur" zur „Wortkunst" zurück, die Erzählliteratur zum Erzählen.

[1925]

Viktor Šklovskij

DER PARODISTISCHE ROMAN

Sternes[1] „Tristam Shandy"

In diesem Artikel gebe ich keine Analyse des Romans von Laurence Sterne, ich verwende ihn nur zur Illustration allgemeiner Sujetgesetze. Sterne war ein extremer Revolutionär der Form. Typisch für ihn ist die Bloßlegung des Verfahrens. Die künstlerische Form wird außerhalb jeder Motivierung, einfach als solche, dargeboten. Der Unterschied zwischen Sternes Roman und dem Roman gewöhnlichen Typs gleicht genau dem zwischen einem normalen Gedicht mit Lautinstrumentierung und dem Gedicht eines Futuristen in transmentaler Sprache. Über Sterne ist noch nichts geschrieben worden, oder wenn doch, dann nur einige Banalitäten.

Nimmt man Sternes „Tristram Shandy" und fängt an, ihn zu lesen, dann ist der erste Eindruck der eines Chaos.

Die Handlung wird ständig unterbrochen, der Autor blickt ständig zurück oder macht einen Sprung nach vorn in die Basisnovelle, die man noch dazu nicht gleich findet, ständig werden Dutzende von Seiten, die mit grotesken Erörterungen über den Einfluß der Nase oder des Namens auf den Charakter angefüllt sind, oder Gespräche über das Festungswesen eingeschoben.

Zunächst scheint das Buch im Ton einer Autobiographie zu beginnen, verirrt sich aber dann in die Beschreibung der Geburt, doch kommt der Held die ganze Zeit nicht dazu, geboren zu werden, behindert durch das Material, das in das Buch hineingepreßt wird. Das Buch verwandelt sich in die Beschreibung eines einzigen Tages; ich gehe auf ein Zitat von Sterne über:

> „Ich will diesen Satz nicht beenden, bevor ich nicht eine Bemerkung über die eigentümliche Lage der Dinge zwischen dem Leser und mir gemacht habe, in der Sie sich gegenwärtig befinden, — eine Bemerkung, die bis jetzt zu keiner Schrift seit der Erschaffung der Welt gemacht wurde. Deshalb, und sei es nur wegen ihrer Neuheit, muß Ew. Gnaden Aufmerksamkeit verdienen.

---

[1] 1713—1768.

> Ich bin in diesem Monat ein ganzes Jahr älter als zur selben Zeit vor einem
> Jahr und bin, wie Sie sehen, fast bis zur Hälfte meines dritten Bandes und nicht
> weiter als bis zum ersten Tag meines Lebens gediehen; das beweist, daß ich jetzt
> 364 Lebenstage mehr beschreiben muß als zu Beginn meiner Niederschrift. Somit
> bin ich, statt im Verlauf der Arbeit voranzukommen, wie es gewöhnliche Schrift
> steller tun, im Gegenteil, mehrere Bände in Rückstand geraten ..." („Tristram
> Shandy", 3. Buch, Kap. XIII)*.

Aber wenn man anfängt, den Bau des Buches einzusehen, sieht man zu allererst, daß diese Unordnung beabsichtigt ist, daß hier eine eigene Poetik vorliegt. Das ist gesetzmäßig wie ein Bild von Picasso.

In diesem Buch ist alles verschoben und umgestellt. Die Widmung ist ins 1. Buch, Kap. VIII geraten, obwohl sie damit den drei Grundforderungen von Inhalt, Form und Ort widerspricht.

Ebenso ungewöhnlich ist das Vorwort plaziert. Es nimmt etwa einen Druckbogen ein, aber nicht am Anfang des Buches, sondern im 3. Buch, Kap. XX. Daß das Vorwort hier auftaucht, motiviert der Autor so:

> „Keiner meiner Helden ist mir gerade zur Hand, das ist das erste Mal, daß ich
> eine freie Minute habe — ich will sie ausnützen und mein Vorwort schreiben."

Dieses Vorwort ist, natürlich, mit dem ganzen Scharfsinn der Verwirrung geschrieben. Doch wird der Gipfel aller Umstellungen erreicht, wenn im „Tristram Shandy" sogar Kapitel umgestellt sind: im 9. Buch folgen die Kap. XVIII und XIX nach Kap. XXV.

Motiviert ist das so:

> „Mein einziger Wunsch ist es, der Welt eine kleine Lektion zu erteilen, daß sie
> die Leute nicht daran hindere, ihre Geschichten auf eigene Weise zu erzählen."

Aber die Umstellung der Kapitel ist nur die Bloßlegung eines anderen, für Sterne grundlegenden Verfahrens, das die Umstellungen der Handlung bremst.

Am Anfang bringt Sterne die Anekdote vom Geschlechtsakt, den die Frau mit einer Frage unterbricht (1. Buch, Kap. I).

Diese Anekdote ist folgendermaßen montiert. Tristram Shandys Vater hat mit seiner Frau nur am ersten Sonntag jeden Monats Verkehr, und am selben Abend zieht er auch die Uhr auf, um

> „sich gleichzeitig aller häuslichen Pflichten zu entledigen und bis zum nächsten
> Monat Ruhe zu haben".

Daraus hat sich im Kopfe seiner Frau eine unauflösliche Assoziation ergeben: sobald sie hört, daß die Uhr aufgezogen wird, kommt ihr eine

---

* Die Sterne-Zitate werden nach dem bei Šklovskij angeführten Text übersetzt.
Seitenzahlen sind durch Angabe des Buches und Kapitels ersetzt.

ganz andere Sache in Erinnerung — und umgekehrt (1. Buch, Kap. IV).
Und mit eben der Frage:

„Sage, mein Lieber, hast du nicht vergessen, die Uhr aufzuziehen?"

unterbrach Tristrams Mutter das Werk seines Vaters.

Diese Anekdote wird folgendermaßen in das Werk eingeführt:
zuerst kommt eine allgemeine Erörterung über elterliche Unachtsamkeit (1. Buch, Kap. I), dann die Frage der Mutter, von der man noch
nicht weiß, worauf sie sich bezieht. Wir glauben zunächst, daß sie dem
Vater ins Wort fiel. Sterne spielt mit unserem Irrtum.

„‚Ich bin sicher', rief der Vater aus, gleichzeitig bemüht, seine Stimme zu mäßigen,
‚daß noch keine einzige Frau, solange die Welt steht, einen Mann mit einer
so einfältigen Frage abgelenkt hat.' ‚Sagen Sie, wovon sprach doch Ihr Vater
gerade?' — ‚Von nichts'."

Weiter folgt (1. Buch, Kap. II) eine Erörterung über den Homun-
kulus (den Lebenskeim), gewürzt mit anekdotischen Anmerkungen
über sein Recht auf den Schutz des Gesetzes.

Und erst im Kap. IV des 1. Buches erhalten wir Aufklärung
über den ganzen Bau und über die Beschreibung der eigentümlichen
Pedanterie des Vaters in seinen Familienangelegenheiten.

So sehen wir im „Tristram Shandy" von Anfang an eine zeitliche
Verschiebung. Die Ursachen werden nach ihren Wirkungen geschildert,
der Autor legt selbst die Möglichkeiten falscher Lösungen an. So verfährt Sterne ständig. Selbst das kalauerhafte Motiv des an einen fest-
gesetzten Tag gebundenen coitus wird im Roman zu einem durchgehenden Motiv, das von Zeit zu Zeit auftaucht und dadurch die verschiedenartigen Teile dieses meisterhaft und ungewöhnlich kompliziert
gebauten Werkes verbindet.

Wenn man sich die Sache schematisch vorstellt, sieht sie folgendermaßen aus: ein Kegel symbolisiere das Ereignis, seine Spitze das Kau-
salmoment. Im üblichen Roman berührt ein solcher Kegel mit eben
dieser Spitze die Grundlinie des Romans. Bei Sterne dagegen liegt der
Kegel mit seiner Basis an der Hauptnovelle an, — sofort geraten wir
in den Schwarm der Anspielungen.

Solche zeitlichen Umstellungen begegnen in der Poetik des Romans
ziemlich häufig, man denke an die zeitliche Umstellung im „Adelsnest",
wo sie durch die Erinnerung Lavreckijs motiviert ist, oder an den
„Traum Oblomovs". Bei Gogol' in den „Toten Seelen" erfolgen die
Umstellungen ohne Motivation (die Kindheit Čičikovs und die Er-

ziehung Tentetnikovs). Bei Sterne jedoch wird dieses Verfahren auf das ganze Werk ausgedehnt.

Die Exposition, die Vorbereitung auf eine handelnde Person wird immer erst dann vorgenommen, wenn wir schon befremdet vor einem sonderbaren Wort oder Ausruf einer neuen handelnden Person stocken.

Hier liegt eine Bloßlegung des Verfahrens vor. Puškin hat in seinen „Geschichten von Boldino", etwa in der Erzählung „Der Schuß", die zeitliche Umstellung reichlich verwendet. Wir sehen dort Sil'vio zuerst bei Schießübungen, danach hören wir Sil'vio von seinem nicht beendeten Duell berichten, dann begegnen wir dem Grafen, Sil'vios Feind, und erfahren die Lösung der Erzählung. Die Teile erscheinen in der Reihenfolge: II — I — III. Doch sehen wir hier eine Motivierung dieser Umstellung. Sterne lieferte sie in der Bloßstellung.

Wie gesagt ist die Motivierung bei Sterne Selbstzweck.

> „Was ich Ihnen jetzt mitzuteilen habe, — schreibt er an einer Stelle (2. Buch, Kap. XIX) — scheint, ich gebe es zu, nicht so recht an seinem Platz zu stehen, denn man hätte es hundertfünfzig Seiten früher erzählen müssen; doch habe ich damals vorausgesehen, daß es später gelegener käme und gerade hier mehr auffallen würde als an der anderen Stelle."

Als Verfahren bloßgelegt ist bei Sterne auch das Zusammenflicken des Romans aus verschiedenen Novellen. Überhaupt ist bei ihm der Bau des Romans selbst pedalisiert, bei ihm wird das Bewußtwerden der Form mit Hilfe ihrer Auflösung zum Inhalt des Romans.

In der Abhandlung über den „Don Quijote" habe ich bereits auf einige kanonische Mittel des Zusammenwachsens von Novellen zu einem Roman hingewiesen.

Sterne hat sich anderer Mittel bedient oder hat bei Verwendung der alten das Konventionelle an ihnen nicht verborgen, sondern es klar hervortreten lassen und damit gespielt.

Im üblichen Roman wird die eingeschobene Novelle von der Hauptnovelle unterbrochen. Wenn zwei oder mehr Basisnovellen im Roman vorhanden sind, wechseln ihre Einzelteile miteinander ab, wie im „Don Quijote" die Szenen des Abenteuers, das der Ritter am Hof des Herzogs erlebt, mit den Szenen von Sancho Pansas Statthalterschaft. Zelinskij bemerkt etwas völlig Entgegengesetztes bei Homer. Homer stellt nie zwei gleichzeitige Handlungen dar. Selbst wenn sie dem Sinn der Ereignisse nach gleichzeitig sein müßten, werden sie dennoch als aufeinanderfolgend wiedergegeben. Gleichzeitig kann nur das Handeln eines Helden sein und die „Anwesenheit" des anderen, d. h. dessen handlungsloser Zustand.

Sterne hat die Gleichzeitigkeit der Handlung zugelassen, aber die Entfaltung der Novelle und ihre Auffüllung mit neuem Material „parodiert".

Als Material zur Entfaltung dient im ersten Teil die Schilderung der Geburt Tristram Shandys. Diese Schilderung umfaßt 276 Seiten, von denen aber für die Beschreibung der Geburt fast keine einzige verwendet wird. Entfaltet wird hauptsächlich das Gespräch des Vaters des Helden mit Onkel Toby.

Die Entfaltung vollzieht sich auf folgende Weise:

> „,Eigentümlich, was für ein Lärm und Gerenne da oben ist?' sagte mein Vater, indem er sich nach anderthalbstündigem Schweigen an meinen Onkel Toby wandte, der, müssen Sie wissen, auf der gegenüberliegenden Seite am Kamin saß und in stummer Betrachtung der Samthosen, die er anhatte, seine obligate Pfeife rauchte, ,was rennen sie dort', sprach mein Vater, ,wir können einander kaum verstehen.'
>
> ,Ich finde', antwortete Onkel Toby, indem er die Pfeife aus dem Mund nahm und mit ihrem Kopf zwei- oder dreimal auf den Nagel des linken Daumens klopfte, bevor er seinen Satz begann, ,ich finde', sagte er ... Indes, damit Sie die Ansichten von Onkel Toby in dieser Sache richtig verstehen, müssen wir Sie erst, wenigstens teilweise, in seinen Charakter einweihen, den ich Ihnen nur in allgemeinen Zügen darlegen werde, bevor dann der Dialog zwischen ihm und dem Vater mit dem gleichen Erfolg wiederaufgenommen wird" (1. Buch, Kap. XXI).

Es beginnt eine Erörterung über die Unbeständigkeit, die so absonderlich ist, daß man sie nur wiedergeben könnte, indem man sie abschriebe. Etwas weiter unten erinnert sich Sterne ...

> „Indes habe ich meinen Onkel Toby vergessen, den wir die ganze Zeit die Asche aus seiner Pfeife ausklopfen ließen."

Es beginnen Gespräche über Onkel Toby, in welche die Geschichte Tante Dinahs eingeschoben wird. Im 1. Buch, Kap. XXII, besinnt sich Sterne:

> „Ich schickte mich z. B. gerade an, Ihnen in großen Zügen den kapriziösen Charakter von Onkel Toby zu zeigen, als Tante Dinah mit dem Kutscher uns in die Quere kam und uns zu einer absonderlichen Abschweifung verleitete ..."

Leider kann ich nicht den ganzen Sterne abschreiben und fahre daher nach einer langen Auslassung fort:

> „... Sehen Sie, von Anfang an habe ich die Basis und ihre zufälligen Teile mit solchen Unterbrechungen angelegt und die digressiven mit den progressiven Bewegungen so verwirrt und verflochten, habe ein Rad in das andere eingepaßt, daß die Bewegung dieser Maschine überhaupt gewährleistet ist, und — was noch mehr ist — diese Bewegung vierzig Jahre anhalten wird, wenn mich die Quelle

der Gesundheit so lange mit Leben und mit guter Gemütsverfassung segnen mag."

So endet das XXII. Kapitel, danach kommt Kap. XXIII.

„Ich fühle in mir eine starke Neigung, dieses Kapitel auf sehr ungereimte Weise anzufangen: und ich will meinem Wunsch nicht widerstreben und beginne daher so . . ."

Und es folgen neue Abschweifungen.
Zu Beginn des Kap. XXIV eine neue Ermahnung:

„Wenn es nicht meine moralische Überzeugung wäre, daß der Leser jegliche Geduld verloren hat in Erwartung von Onkel Tobys Charakteristik . . ."

Und eine Seite später beginnt die Beschreibung von Onkel Tobys „Steckenpferd", von seiner Manie. Es stellt sich heraus, daß Onkel Toby, der bei der Belagerung von Namur an der Leiste verwundet wurde, sich dem Bau von Spielzeugfestungen verschrieben hat.

Und da, endlich, zu Beginn des Kap. VI im 2. Buch, kann Onkel Toby die Handlung zu Ende bringen, die er zu Beginn des Kap. XXI begonnen hatte:

„,. . . ich finde', antwortete Onkel Toby, indem er, wie gesagt, seine Pfeife aus dem Mund nahm und die Asche ausklopfte, bis er seinen Satz begann, ,ich finde', antwortete er, ,daß es uns nicht hindern sollte, Bruder, das Glöckchen zu läuten.'"

So verfährt Sterne ständig, und er ist sich, wie aus seinen scherzhaften Erinnerungen an Onkel Toby ersichtlich, nicht nur des Hyperbolischen der Entfaltung bewußt, sondern spielt auch damit.

Diese Art der Entfaltung ist für Sterne, wie gesagt, kanonisch. Z. B. am Ende des Kap. XVIII im 2. Buch:

„Ich bedaure', sagte mein Onkel Toby, ,daß Sie nicht gesehen haben, welch ungeheure Armeen wir in Flandern hatten.'"

Anschließend beginnt die Entfaltung des Materials, das die Manie des Vaters liefert. Denn Tristram Shandys Vater verknüpft in sich folgende Manien: vom schädlichen Einfluß des Drucks, den die Wehen einer gebärenden Frau auf den Kopf des Kindes ausüben (2. Buch, Kap. XXXIV), vom Einfluß des Namens auf den Charakter eines Menschen (ein sehr detailliert ausgebreitetes Motiv) und vom Einfluß der Nasengröße auf die Fähigkeiten eines Menschen (dieses Motiv wird mit ungewöhnlicher Üppigkeit entfaltet, etwa vom Kap. XXX des 3. Buches an, danach beginnt mit einer kleinen Unterbrechung die Entfaltung des Stoffs, den die kuriosen Erzählungen über Menschen mit großen Nasen liefern. Besonders bemerkenswert ist die Erzählung von Slawkenbergius. Insgesamt kannte Tristram Shandys Vater zehn Dekaden von Erzählungen des Slawkenbergius. Die Entfaltung der Naseologie endet mit dem Kap. I des 4. Buches.)

An der Entfaltung, von der wir hier sprechen, ist der erste Punkt der

Manie von Herrn Shandy beteiligt, d. h. Sterne lenkt ab, um darüber
zu reden.

Zu Beginn des Kap. I im 3. Buch kehrt die Hauptnovelle wieder.

> „Ich bedaure, Dr. Slop', sagte mein Onkel Toby, indem er noch einmal seinen
> Satz wiederholte, aber um eine Nuance eifriger und aufrichtiger als beim ersten
> Mal, ‚ich bedaure, Dr. Slop', sagte mein Onkel Toby, ‚daß Sie nicht gesehen
> haben, welch ungeheure Armeen wir in Flandern hatten.'"

Wieder wird Stoff zur Entfaltung eingeschoben.
Zu Beginn des Kap. II des 3. Buches heißt es erneut:

> „Welch ungeheure Armeen ihr in Flandern hattet . . ."

Eine bewußte Outrierung der Entfaltung kann bei Sterne auch ohne
die Verwendung eines verbindenden Leitsatzes erfolgen:

> 3. Buch, Kap. XXIX. „Sobald mein Vater auf sein Zimmer gekommen war, warf
> er sich der Länge nach auf das Bett in der ungezügeltsten Unordnung, die man
> sich vorstellen kann, zugleich aber auch in der kläglichsten Lage eines von Schick-
> salsschlägen getroffenen Menschen, die jemals eine Mitleidsträne ins Auge trieb."

Es folgt eine für Sterne sehr charakteristische Beschreibung der Pose:

> „Die rechte Handfläche, auf die er, als er aufs Bett fiel, seine Stirn stützte und
> die seine Augen fast ganz bedeckte, sank langsam mitsamt seinem Kopf (der
> Ellenbogen wich zurück) herab, bis er mit der Nase die Steppdecke berührte.
> Sein linker Arm hing fühllos über den Bettrand, die Fingerknöchel ruhten auf
> dem Henkel des Nachttopfs, der unter dem Bettvorhang hervorschaute; sein
> rechtes Bein (das linke hatte er an den Leib gezogen) hing halb über den Bettrand,
> dessen Kante ihm das Schienbein drückte."

Herrn Shandys Verzweiflung war durch den Umstand hervorgerufen worden, daß seinem Sohn bei der Geburt durch die Geburts-
zangen die Nase eingedrückt worden war. Und hier wird (wie bereits
erwähnt) ein ganzes Poem über Nasen eingeschaltet. Im Kap. II des
4. Buches kehren wir wieder zu dem Liegenden zurück:

> „Mein Vater lag, quer über das Bett gestreckt, so unbeweglich da, als hätte ihn
> die Hand des Todes hingestreckt, ganze anderthalb Stunden lang, bevor er be-
> gann, mit den Zehen seines über den Bettrand hängenden Fußes auf den Boden
> zu klopfen."

Ich kann mich nicht enthalten, einige Worte über Posen bei Sterne
allgemein zu verlieren. Sterne hat als erster die Beschreibung von Posen
in den Roman eingeführt; sie werden bei ihm immer sehr befremdlich
— genauer gesagt — verfremdet dargestellt.

Ich führe noch ein Beispiel an. 3. Buch, Kap. II:

> „Bruder Toby', antwortete mein Vater, indem er mit der rechten Hand die
> Perücke vom Kopf nahm und mit der l i n k e n ein gestreiftes indisches Schnupf-
> tuch aus der [rechten] Tasche zog . . ." usw.

Ich gehe gleich auf Kap. III des 3. Buches über.

> „Es ist unter keinem König eine leichte Sache (außer wenn man eine so hagere
> Person ist wie ich), den Arm diagonal über den ganzen Leib zu strecken, um der
> gegenüberliegenden Tasche auf den Grund zu kommen . . ."

Diese Art der Beschreibung von Posen ist von Sterne auf L. Tolstoj
übergegangen (Ejchenbaum), aber in abgeschwächter Form und mit
psychologischer Motivierung.

Zurück zur Entfaltung. Ich führe einige Beispiele der Entfaltung bei
Sterne an, wobei ich einen Fall auswähle, in dem die Intention deutlich
auf das Verfahren selbst gerichtet ist, d. h. der Inhalt des Werks in der
Bildung seiner Form besteht.

> 4. Buch, Kap. IX. „,Welch ein Kapitel von Zufällen', sagte mein Vater, indem er
> sich auf dem ersten Treppenabsatz umdrehte, als er und Onkel Toby die Treppe
> heruntergingen, ,welch langes Kapitel von Zufällen schlagen für uns die Ereig-
> nisse dieser Welt auf . . .'"

Es folgt eine Erörterung mit einer erotischen Passage, auf die ich
noch zu sprechen komme.

> 4. Buch, Kap. X. „Ist es nicht eine Schande, zwei Kapitel aus dem zu machen, was
> vorging, während sie eine einzige Treppe hinuntergingen. Denn, solange wir
> noch nicht weitergekommen sind als bis zum ersten Treppenabsatz und bis nach
> unten noch 15 Stufen übrigbleiben, und weil mein Vater und mein Onkel Toby in
> gesprächiger Laune sind, so können vielleicht — was weiß ich — so viele Kapitel
> wie Stufen dabei herauskommen."

Sterne widmet dieses ganze Kapitel einer Erörterung über Kapitel.

> 4. Buch, Kap. XI. „,Wir werden alles dadurch ins Lot bringen', sagte mein Vater,
> indem er den einen Fuß zur ersten Stufe nach dem Absatz senkte . . ."
> 4. Buch, Kap. XII. „,Und wie geht es Ihrer Herrin?' rief mein Vater wiederum,
> indem er den ersten Schritt vom Treppenabsatz machte . . ."
> 4. Buch, Kap. XIII. „He, Dienstmann! Hier hast du ein Silberstück. Geh zu dem
> Buchhändler in den Laden und ruf mir einen möglichst seriösen Kritiker heraus.
> Ich gebe jedem von ihnen sehr gern eine Krone, wenn er mir nur hilft, in diesem
> Wirrwarr meinen Vater und meinen Onkel die Treppe hinunterzubringen und sie
> vor einem Jahr und bin, wie Sie sehen, fast bis zur Hälfte meines dritten Bandes
> und nicht weiter als bis zum ersten Tage meines Lebens gediehen; das beweist, daß
> nicht weiter als bis zum ersten Tage meines Lebens gediehen; das beweist, daß
> ich jetzt 364 Lebenstage mehr beschreiben muß, als zu Beginn meiner Nieder-

schrift. Somit bin ich, statt im Verlauf der Arbeit voranzukommen, wie es gewöhnliche Schriftsteller tun, im Gegenteil, mehrere Bände in Rückstand geraten . . ."

Diese Intention auf die Form, und zwar auf ihren kanonischen Teil, erinnert an jene Oktaven und Sonette, die nur mit der Beschreibung ihrer Herstellung angefüllt sind.

Ich führe noch ein Beispiel an, das letzte für die Entfaltung bei Sterne (5. Buch, Kap. V):

> „Meine Mutter ging vorsichtig in der Dunkelheit den Korridor entlang, der in das Gästezimmer führte, als mein Onkel Toby das Wort ‚Frau' aussprach. Es klingt ohnehin ziemlich scharf und kreischend, aber hier war ihm noch Obadiah zu Hilfe gekommen, indem er die Tür nur angelehnt gelassen hatte, so daß meine Mutter genügend erlauschte, um sich vorzustellen, daß Gegenstand der Unterhaltung sie selbst war, und indem sie die Finger an die Lippen legte, den Atem anhielt und den Kopf leicht mit einer Wendung des Halses beugte (nicht zur Tür hin, sondern von ihr weg, so daß das Ohr unmittelbar an den Türspalt zu liegen kam), hörte sie aufmerksam zu: ein lauschender Sklave mit der Göttin des Schweigens im Rücken würde einem Bildhauer keine bessere Idee eingeben.
>
> Und in dieser Stellung will ich sie auf fünf Minuten verlassen, bis ich die Küchenangelegenheiten bis zum selben Zeitpunkt vorangetrieben habe."
>
> 5. Buch, Kap. XI. „Ich bin ja ein rechter Türke! Vergesse ich doch meine Mutter, als hätte ich keine, und die Natur selbst hätte mich zusammengeleimt und mich splitternackt ans Ufer des Nils gesetzt . . ."

Doch auch nach dieser Ermahnung kommt noch eine Abschweifung. Diese Ermahnung selbst ist nur dafür erforderlich, um die Spürbarkeit der „vergessenen Mutter" aufzufrischen, den Eindruck von Entfaltung nicht schwinden zu lassen.

Endlich, im Kap. XIII, wechselt die Mutter die Pose.

> „,Wenn es so ist', rief meine Mutter aus, indem sie die Tür öffnete . . ."

In dem vorliegenden Fall wird die Entfaltung durch Einschaltung einer zweiten, parallelen Novelle erreicht; in solchen Fällen gilt, im Gegensatz zur Entfaltung durch Erörterungen, die Zeit als stillstehend oder sie wird wenigstens nicht mitgezählt. So hat Shakespeare auch die eingefügten Szenen verwendet; in die Haupthandlung eingeschoben, lenken sie uns vom Ablauf der Zeit ab, und selbst wenn das ganze eingefügte Gespräch (selbstverständlich mit neuen handelnden Personen) einige Minuten dauert, hält es der Autor für möglich, die Handlung so weiterzuführen (vermutlich ohne daß der Vorhang fällt, den es wahrscheinlich im Shakespeareschen Theater auf der vorderen Szene gar nicht gab), als ob Stunden oder sogar eine ganze Nacht vergangen wären. (Sbornik istoriko-teatral'noj sekcii. I. Stat'ja Sil'versvana [Sammelband der theatergeschichtlichen Sektion, I. Abhandlung von Sil'versvan]). Sterne nun hat durch diese Erwähnungen und die Erinnerung daran, daß die Mutter die ganze Zeit gebeugt dasteht, das Verfahren realisiert und die Entfaltung fühlbar gemacht.

Es ist interessant, die Rolle der Zeit bei Sterne generell zu verfolgen. Die „literarische" Zeit ist reine Übereinkunft, ihre Gesetze sind nicht mit denen der prosaischen Zeit identisch. Wenn man verfolgt, welch eine Masse von Erzählungen und Ereignissen etwa im „Don Quijote" konzentriert ist, sieht man, daß hier, weil der Eintritt des Tages und der Nacht beim Wechsel der Ereignisse keine kompositorische Rolle spielt, die Dauer eines Tages überhaupt nicht existiert. Das Gleiche gilt für die Erzählweise des Abbé Prévost in „Manon Lescaut", wo der Chevalier Des Grieux in einem Zuge zunächst den ersten Teil — sieben Druckbogen, und dann, nach kurzer Atempause, weitere sieben Bogen erzählt. Ein solches Gespräch würde 16 Stunden dauern, bei schnellem Sprechen wohlgemerkt.

Über die Bedingtheit der Zeit auf der Bühne habe ich schon geschrieben. Bei Sterne wird die Bedingtheit der „literarischen Zeit" bewußt gemacht und als Material für das Spiel verwendet.

2. Buch, Kap. VIII:

„Schon sind ungefähr anderthalb Stunden guten Lesens vergangen, seitdem Onkel Toby geklingelt hatte, um Obadiah den Befehl zu geben, das Pferd zu satteln und den Geburtshelfer, Dr. Slop, zu holen; deshalb darf niemand sagen, ich hätte Obadiah nicht Zeit genug gelassen — poetisch gesprochen und mit Rücksicht auf die Dringlichkeit dieses Falles — um hin- und zurückzureiten, obwohl, offen gesprochen, er vielleicht kaum Zeit gehabt hat, seine Stiefel anzuziehen. Wenn irgendein nörglerischer Kritiker hier einhakt und unbedingt ein Pendel zur Hand nehmen möchte, um den wahren Zeitraum zwischen dem Klingeln und dem Klopfen an der Tür abzumessen, und wenn er daraufhin nicht mehr als zwei Minuten dreizehn drei Fünftel Sekunden herausfindet und mich der Verletzung der Einheit, oder richtiger, der Wahrscheinlichkeit der Zeit bezichtigt, werde ich ihm in Erinnerung rufen, daß die Idee der Dauer und ihrer einfachen Formen einzig von der Reihe und Aufeinanderfolge unserer Gedanken herrührt, daß sie das wahre scholastische Pendel darstellt, mit dem ich als Gelehrter mich in dieser Sache kontrollieren lasse und zugleich die Urteile sämtlicher anderer Pendel ablehne und entschieden zurückweise.

Deshalb würde ich ihn bitten, sich zu vergegenwärtigen, daß es von unserem Haus bis zu dem von Dr. Slop, dem Geburtshelfer, insgesamt an die acht armselige Meilen sind, und daß ich, während Obadiah hin- und zurückritt, Onkel Toby aus Namur durch ganz Flandern und England gebracht habe; daß er in meinen Händen ganze vier Jahre krank war und daß er mit Korporal Trim seitdem bei mir in der vierspännigen Kutsche an die zweihundert Meilen tief in die Grafschaft York gefahren ist. Alles dies zusammengenommen sollte die Einbildungskraft des Lesers für den Auftritt des Doktor Slop vorbereiten, und zwar, wie ich hoffe, mit demselben Erfolg, wie ein Tanz, ein Lied oder ein Intermedium zwischen zwei Akten. Wenn aber mein unbesonnener Kritiker sich als unerbittlich erweist und anfangen wird zu beweisen, daß zwei Minuten dreizehn Sekunden immer noch zwei Minuten dreizehn Sekunden sind, was immer ich auch darüber geredet hätte, und daß mich meine Entschuldigung, möge sie mich auch in dramatischer Rücksicht retten, vom biographischen Standpunkt aus richte, indem sie mein Buch auf der Stelle in einen ausgesprochenen Roman verwandle, während es sich zuvor um ein apokryphes Buch gehandelt habe.

Wenn man mir so zusetzen sollte, werde ich sogleich allen Einwänden und Streitigkeiten darüber ein Ende bereiten, indem ich erkläre, daß Obadiah nicht einmal zehn Schritt vom Pferdestall weggeritten war, als er Dr. Slop begegnete ..."

Von den alten Verfahren verwendete Sterne fast unverändert das Verfahren der „aufgefundenen Handschrift". Auf diese Weise ist in seinen Roman die Predigt Yoricks eingefügt. Doch das Vorlesen dieser aufgefundenen Handschrift stellt keine lange Abschweifung vom Roman dar, sondern wird die ganze Zeit, hauptsächlich durch emotionale Ausrufe, unterbrochen. Das Vorlesen der Predigt nimmt nicht ganz 30 Seiten ein, doch ist sie stark verbreitert durch Einschübe des bei Sterne üblichen Typus.

Die Lesung beginnt mit der Beschreibung der Pose, die der Korporal einnimmt, eine Beschreibung, die nach Sternes üblichem Verfahren absichtlich ungefüge ist (2. Buch, Kap. XVIII):

„Er stand vor ihnen und hatte seinen Körper in einem Winkel von 85,5 Grad gegen die Horizontalebene vorgebeugt und vorgeneigt, was, wie ernsthaften Rednern bekannt, der wahre überzeugende Neigungswinkel ist ..." usw.

Dann von neuem:

„Er stand — ich wiederhole das, um einen allgemeinen Eindruck von seinem Anblick zu geben — mit etwas vorgebeugtem und vorgeneigtem Körper da, wobei er sich auf sein rechtes Bein stützte, das sieben Achtel seines Körpergewichts trug; der Fuß seines linken Beins, dessen Fehler seine Figur durchaus nicht beeinträchtigte, war nicht seitwärts gestellt, aber auch nicht geradeaus, sondern zwischen diesen beiden Richtungen ..." usw.

Die gesamte Beschreibung umfaßt mehr als eine Seite. Die Predigt wird durch die Erzählung über den Bruder des Korporals Trim unterbrochen. Dann kommen die theologischen protestierenden Einwürfe des katholischen Hörers und die Bemerkungen Onkel Tobys über das Festungswesen (siehe „Predigt" im 2. Buch).

Auf diese Weise ist bei Sterne das Lesen der Handschrift weit mehr in den Roman integriert als bei Cervantes.

Die aufgefundene Handschrift in der „Sentimentalen Reise" ist eins von Sternes Lieblingsverfahren geworden. Dort findet er (im 2. Teil:

„Das Fragment. Paris") eine Handschrift von Rabelais, wie er meint; die Handschrift auf dem Einwickelpapier bricht ab, wie es im allgemeinen für Sterne typisch ist. Die nicht beendete Erzählung ist für Sterne sowohl in motivierter als auch in unmotivierter Form kanonisch. Beim Einführen einer Handschrift wird der Abbruch durch das Abhandenkommen des Schlusses motiviert. Durch nichts motiviert ist der Abschluß der Erzählung in Form eines einfachen Abbruchs im „Tristram Shandy". „Tristram Shandy" endet folgendermaßen:

> „‚Mein Gott', rief meine Mutter aus, ‚wovon handelt diese ganze Geschichte?' ‚Vom Hahn und vom Stier', sagte Yorick, ‚von den verschiedensten Dingen, und diese ist eine der besten in dieser Art, die ich je Gelegenheit hatte zu hören.'"
>
> Ende.

Ebenso endet die „Sentimentale Reise":

> „. . . Ich streckte die Hand aus und faßte sie an . . ."
>
> Ende.

Das ist natürlich ein bestimmtes stilistisches Verfahren, das auf Differenzqualitäten beruht. Sterne hat auf dem Hintergrund des Abenteuerromans gearbeitet, mit dessen außerordentlich festen Formen und seiner formalen Regel, mit einer Hochzeit oder Heirat zu schließen. Die Formen des Sterneschen Romans sind eine Verschiebung und Verletzung der üblichen Formen. Ebenso ging Sterne bei den Romanschlüssen vor. In ihnen stürzen wir gleichsam ab; wo wir auf der Treppe einen Absatz erwarten, öffnet sich ein Abgrund. Gogol's „Špon'ka und seine Tante" stellt eine solche Art von Novellenschluß dar, der aber motiviert wird: der Schluß der Handschrift ist beim Kuchenbacken abhanden gekommen (bei Sterne beim Einwickeln von Johannisbeermarmelade). Die Aufzeichnungen des „Kater Murr" von Hoffmann bieten das gleiche Bild, auch mit motiviertem Fehlen des Schlusses, jedoch kompliziert durch zeitliche Umstellung (motiviert mit den durcheinandergebrachten Seiten) und Parallelismus.

Ganz in der alten Art hat Sterne die Geschichte Le Fevers eingefügt.

Sie wird wie folgt eingeführt: Bei Tristrams Geburt beginnt ein Gespräch über die Wahl seines Erziehers. Onkel Toby schlägt den Sohn des armen Le Fever vor, und es beginnt die eingeschobene Geschichte, d i e v o m A u t o r e r z ä h l t w i r d (6. Buch, Kap. VI).

> „In diesem Falle, Bruder Shandy', fuhr mein Onkel Toby fort, indem er sich vom Stuhl erhob und seine Pfeife auf die Seite legte, um auch die zweite Hand meines Vaters zu ergreifen, ‚bitte ich ergebenst, Ihnen den Sohn des armen Le

Fever empfehlen zu dürfen' (bei diesem Vorschlag erglänzte eine Freudenträne
reinsten Wassers in Onkel Tobys Auge und eine weitere, ihr gleiche, im Auge
des Korporals); Sie werden den Grund verstehen, wenn Sie die Erzählung über
Le Fever lesen. Ach, was war ich dumm. Ich kann mich, ohne zu der Stelle zu-
rückzublättern, nicht einmal mehr daran erinnern (und Sie vielleicht auch nicht),
was mich eigentlich gehindert hat, dem Korporal die Möglichkeit zu geben, sie
mit seinen Worten zu erzählen, doch die Gelegenheit ist verpaßt, — und ich muß
sie nun selbst mit meinen erzählen."

Es beginnt die Erzählung über Le Fever. Sie nimmt fast 20 Seiten
ein.

Einen gesonderten Komplex stellt auch die Schilderung von Tristrams Reise dar. Sie umfaßt nahezu 60 Seiten. Diese Episode hat Sterne
später Schritt für Schritt und Motiv für Motiv in der „Sentimentalen
Reise" entfaltet. In die Schilderung ist die Erzählung über die Äbtissin
von Andoüillets eingeschoben (7. Buch, Kap. XXI—XXV).

Dieses ganz verschiedenartige Material, beschwert durch umfangreiche Auszüge aus den Werken verschiedener Pedanten, hätte zweifellos den Roman zerrissen. Deshalb wird er mit Hilfe durchgehender
Motive gebunden. Ein bestimmtes Motiv wird nicht entfaltet oder
realisiert, sondern von Zeit zu Zeit in Erinnerung gebracht; seine
Realisierung wird immer wieder auf später verschoben. Aber allein
sein Vorhandensein während der ganzen Dauer des Romans bindet
dessen Episoden.

Es gibt einige derartige Motive. Eines davon ist das Knotenmotiv.
Es erscheint folgendermaßen. Dr. Slops Ranzen mit den Geburtshelfer-
instrumenten ist mit mehreren Knoten verschnürt.

„,Es ist eine Gnade Gottes', sagte er (Slop), ,daß Frau Shandy dermaßen säumt,
sie hätte sonst schon siebenmal entbunden, bevor wir dazu gekommen wären, die
Hälfte dieser Knoten aufzuschnüren'" (3. Buch, Kap. IX).
3. Buch, Kap. X. „Was die Knoten angeht, unter denen ich erstens keine Ösen
verstehe, weil im weiteren Verlauf meines Lebens und meiner Ansichten ich auf
diese Frage noch zurückkommen werde . . ." usw.

Es beginnt eine Erörterung über Knoten, Ösen, Bänder und so
weiter ohne Ende. Inzwischen nimmt sich Dr. Slop ein Messer und
schneidet die Knoten durch, aber aus Unachtsamkeit verletzt er sich
an der Hand. Da fängt er an zu fluchen, Shandy senior aber schlägt
ihm „mit cervantischem Ernst" vor, nicht ins Blaue hinein,
sondern nach allen Regeln der Kunst zu fluchen, und als Anleitung
bringt er ihm die Exkommunikationsformel der römischen Kirche.
Slop nimmt sie und liest. Diese Formel füllt zwei Seiten. Hier ist die
Motivierung interessant, die Sterne dem Auftauchen des Materials
gibt, das er zur Entfaltung braucht. Gewöhnlich wird dieses Material —

mittelalterliche Gelehrsamkeit, die zu Sternes Zeiten schon als komisch empfunden wurde (wie im Märchen von den Fremden, wo Worte eingestreut sind, die mit Dialektfärbung gesprochen werden, was ebenfalls als komisch empfunden wird) — an die Rolle von Tristrams Vater geknüpft, und das Auftauchen dieses Materials ist durch dessen Manien motiviert. Hier jedoch ist die Motivierung komplizierter. Losgelöst von der Rolle des Vaters findet sich das Material über die pränatale Taufe seines Stammhalters und der scherzhafte Streit der Juristen über die Frage, ob die Mutter Verwandte ihres Sohnes sei.

Im Kap. VIII des 5. Buches taucht wieder das Motiv vom Kapitel über Knopflöcher und Stubenmädchen auf, wobei statt dieses Kapitels das andere über Stubenmädchen, grüne Morgenröcke und alte Hüte vorgeschlagen wird. Doch ist die Frage der Knopflöcher nicht erledigt, sie kreuzt noch ganz am Schluß in Kap. XIV des letzten Buches auf, wiederum in Form eines Versprechens, ein spezielles Kapitel zu schreiben.

Ein ebensolches durchgehendes Motiv ist die Erwähnung Jennys. Jenny wird wie folgt in den Roman eingeführt (1. Buch, Kap. XVIII):

> „Nicht mehr als eine Woche vor dem Tag, an dem ich mein Buch zur Erbauung der Welt zu schreiben begann, nämlich vor dem 7. März 1759, sagte meine liebe, liebe Jenny, die bemerkt hatte, daß ich eine ernsthafte Miene aufsetzte, als sie um ein Stück Seide feilschte, das 25 Schilling pro Yard kostete, zu dem Kaufmann, daß sie es bedaure, ihm soviel Umstände gemacht zu haben, und sie ging sofort weg und kaufte sich einen Stoff, einen Yard breit für 10 Pence den Yard."

Am Ende dieses Kapitels spielt Sterne mit dem Wunsch des Lesers zu erfahren, in welchem Verhältnis er zu Jenny steht.

> „Ich verstehe, daß die zärtlichere Benennung meiner lieben, lieben Jenny zusammen mit einigen anderen da und dort verstreuten Beweisen meiner Kenntnisse auf dem Gebiet des Ehelebens recht leicht selbst den unvoreingenommensten Richter der Welt in die Irre führen und ihn auf diese Weise gegen mich urteilen lassen können. Das einzige, worum ich jetzt bitte, Madame, ist strenge Gerechtigkeit, die Sie mir, wie auch sich selbst, nicht versagen können, nämlich: nicht im voraus über mich zu entscheiden und mich solange nicht zu verurteilen, bis Sie in der Lage sind, ernsthaftere Beweise als jetzt gegen mich ins Feld zu führen. Denken Sie jedoch nicht, Madame, daß ich Ihnen dadurch zu verstehen geben will, daß meine liebe, liebe Jenny meine Maitresse sei; das wäre allzu dreist und unvernünftig von mir, denn es wäre gleichbedeutend mit Eigenlob, wenn auch im anderen Extrem . . ."

> „Ich wünsche nur, daß Sie sich von der vollständigen Unmöglichkeit für Sie selbst und für den scharfsinnigsten Menschen auf Erden überzeugen, den wahren Stand der Dinge früher als nach mehreren Büchern zu erfahren. Es ist durchaus nicht unmöglich, daß meine liebe, liebe Jenny — so herzlich auch diese Benennung sei — mein Kind wäre. Rechnen Sie nach: ich bin achtzehn geboren. Genau

so aber wäre nichts Unnatürliches oder Unwahrscheinliches in der Annahme, daß meine liebe, liebe Jenny — meine Freundin sei — Freundin! — Ja, Freundin! ... Madame, kann es denn zwischen beiden Geschlechtern keine Freundschaft geben, die nicht unbedingt aufrechterhalten wird durch... Ja, Mister Shandy! die durch nichts anderes aufrechterhalten wird, Madame, als durch jenes zärtliche und wundervolle Gefühl, das sich der Freundschaft beimischt, wenn ein Unterschied des Geschlechts besteht..."

Das Motiv Jenny taucht erneut im 4. Buch, Kap. XXXII auf.

„Ich werde auf keinen Fall in fünf Minuten damit fertig: und das fürchtete ich; — worauf ich jedoch hoffe, ist, daß Ew. Ehren und Hochwürden nicht beleidigt sind; — wenn es aber nicht so ist, so können Sie beruhigt sein, ich werde Ihnen im kommenden Jahr Gelegenheit geben, sich zu ärgern, meine Herren — das ist die Gewohnheit meiner teuren Jenny; — aber wer meine Jenny ist und wo das rechte, wo das schlechte Ende einer Frau ist, das ist eine Sache, die man verheimlichen muß: sie wird Ihnen im vorletzten Kapitel nach meinem Kapitel über Knopflöcher eröffnet, und nicht ein Kapitel früher."

Im 7. Buch, Kap. XIII:

„Ich liebe die Pythagoräer (weit mehr, als ich meiner teuren Jenny zu gestehen wage)."

Wiederum eine Erinnerung im 8. Buch, Kap. V und im 9. Buch, Kap. VIII. Die letztere (ich habe mehrere übergangen) ist recht sentimental, was bei Sterne selten vorkommt.

„Ich will darüber nicht urteilen. Die Zeit vergeht zu schnell, jeder Buchstabe, den ich zu Papier bringe, sagt mir, mit welcher Schnelligkeit das Leben meiner Feder nachläuft, ihre Tage und Stunden sind wertvoller als die Rubine an deinem Hals, meine teure Jenny; sie fliegen über unseren Häuptern dahin, gleich leichten Wölkchen an einem windigen Tage, — um nie mehr wiederzukehren; — alles eilt vorwärts... Während du mit dieser Locke spielst, siehe, wird sie schon grau; und jedes Mal, da ich deine Hand zum Abschied küsse — jede Trennung, die ihm folgt — all das sind Vorboten jener ewigen Trennung, die uns nahe bevorsteht! Möge sich der Himmel über uns beide erbarmen."
9. Buch, Kap. IX. „Ich würde nicht einen Groschen dafür geben, um zu erfahren, was die Welt von diesem meinem Ausruf hält."

Damit schließt auch dieses Kapitel.

Es ist interessant, an dieser Stelle ein wenig über Sentimentalität im allgemeinen zu reden. Sentimentalität kann nicht Inhalt der Kunst sein, und sei es nur deshalb, weil es in der Kunst keinen isolierten Inhalt gibt. Die Darstellung von Dingen „vom sentimentalen Standpunkt aus" ist eine besondere Methode der Darstellung, wie z. B. jene vom Standpunkt eines Pferdes (Tolstojs Leinwandmesser) oder eines Riesen (Swift) aus.

Ihrem Wesen nach liegt die Kunst jenseits der Emotion. Man denke daran, wie in Märchen Menschen in eine mit Nägeln ausgeschlagene

Tonne gesetzt und dann ins Meer gerollt werden. Im „Däumling" schneidet der Menschenfresser seinen Töchtern die Köpfe ab, und die Kinder gestatten einem beim Erzählen nicht, dieses Detail auszulassen. Das ist nicht grausam — das ist märchenhaft. In „Vesennjaja obrjadovaja pesnja" [Das brauchtümliche Frühlingslied] führt Professor Aničkov Beispiele von Frühlingstanzliedern an. Diese Lieder erzählen vom schlechten, rauflustigen Mann, vom Tod, von den Würmern. Das ist tragisch, aber es ist eine Liedtragik. Das Blut ist in der Kunst nicht blutig, sondern reimt sich auf „gut", es ist entweder Material für eine Lautkonstruktion oder Material für eine Bildkonstruktion.

Deshalb ist Kunst erbarmungslos oder steht jenseits des Erbarmens, ausgenommen jene Fälle, wo das Gefühl des Mitleids als Material für eine Konstruktion genommen wird. Aber auch hier muß es, wenn man darüber spricht, vom Standpunkt der Komposition aus betrachtet werden, ebenso wie es für das Begreifen einer Maschine nötig ist, den Treibriemen als Detail der Maschine zu sehen und ihn nicht vom Standpunkt eines Vegetariers aus zu beurteilen.

Natürlich steht auch Sterne jenseits des Erbarmens. Ich führe ein Beispiel an. Bobby, der Sohn von Herrn Shandy senior, starb im selben Augenblick, als der Vater schwankte, ob er das Geld, zu dem er zufällig gekommen war, für eine Auslandsreise des Sohnes oder zur Verbesserung des Gutes verwenden sollte.

5. Buch, Kap. II:

„... Mein Onkel Toby las halblaut den Brief.

. . . .

‚Er hat sich davongemacht', sagte mein Onkel Toby. ‚Wohin? Wer?' schrie mein Vater auf. ‚Mein Neffe', sagte mein Onkel Toby. ‚Was? Ohne Erlaubnis, ohne Geld, ohne Erzieher?' rief mein Vater verständnislos. ‚Nein, mein teurer Bruder: er ist tot', sagte mein Onkel Toby."

Hier verwendet Sterne den Tod, um ein „Mißverständnis" zu schaffen, das sehr gebräuchlich ist bei einer Konstruktion, wo zwei Gesprächspartner von Verschiedenem reden und dabei glauben, sie redeten von ein und demselben. Beispiel: das (erste) Gespräch des Stadthauptmanns mit Chlestakov.

Stadthauptmann: Entschuldigen Sie.
Chlestakov: Bitte...
Stadthauptmann: Es ist meine Pflicht als Stadtoberhaupt der hiesigen Stadt, dafür zu sorgen, daß den Durchreisenden und allen Adligen keinerlei Benachteiligungen...
Chlestakov (stottert zuerst etwas, doch gegen Ende seiner Rede spricht er laut): Was soll ich denn tun? ... Ich bin unschuldig... Ich werde zahlen, be-

stimmt. Man wird mir aus meinem Dorf etwas Geld schicken. (Bobčinskij schaut zur Tür herein.) Er ist schuldiger: das Rindfleisch, das er mir gibt, ist hart wie ein Brett; und die Suppe, weiß der Teufel, was er da hineingeschüttet hat, ich habe sie zum Fenster hinausschütten müssen. Ganze Tage läßt er mich hungern ... Der Tee ist auch so eigenartig: er stinkt nach Fisch, aber nicht nach Tee. Und dafür soll ich ... Schöne Bescherung!

S t a d t h a u p t m a n n (schüchtern): Entschuldigen Sie, ich bin unschuldig, wirklich. Auf dem Markt gibt es immer gutes Rindfleisch bei mir. Die Cholmogorsker Kaufleute bringen es, nüchterne Leute von guter Führung ... Weiß ich, woher er so ein Rindfleisch nimmt. Aber wenn etwas nicht stimmt, dann ... Gestatten Sie mir, Ihnen vorzuschlagen, mit mir in ein anderes Quartier überzusiedeln.

C h l e s t a k o v : Nein, das will ich nicht. Ich weiß, was das bedeutet, in ein anderes Quartier: das heißt ins Gefängnis. Was haben Sie denn für ein Recht dazu? Wie können Sie es denn wagen? ... Ich werde ... Ich diene in Petersburg. (Spielt den Mutigen.) Ich, ich, ich ...

S t a d t h a u p t m a n n (zur Seite): Ach du gnädiger Gott, wie er wütend ist! Er hat alles erfahren, die verfluchten Kaufleute haben ihm alles erzählt.

C h l e s t a k o v (faßt sich ein Herz): Und Sie da, selbst wenn Sie hier mit Ihrem ganzen Kommando — ich gehe nicht. Ich wende mich direkt an den Minister! (Schlägt mit der Faust auf den Tisch.) Was denken Sie sich? Was denken Sie sich?

S t a d t h a u p t m a n n (stramm und am ganzen Körper zitternd): Erbarmen Sie sich, stürzen Sie mich nicht ins Verderben! Ich habe Frau, kleine Kinder ... machen Sie einen Menschen nicht unglücklich!

C h l e s t a k o v : Nein, das will ich nicht. Das hätte noch gefehlt! Was geht mich das an? Weil Sie Frau und Kinder haben, soll ich ins Gefängnis gehen, das ist ja großartig! (Bobčinskij schaut zur Tür herein und verbirgt sich erschrocken.) Nein, danke bestens, ich will nicht.

S t a d t h a u p t m a n n (zitternd): Aus Unerfahrenheit, bei Gott, aus Unerfahrenheit. Meine geringen Mittel. Urteilen Sie gütigst selbst: das Beamtengehalt langt doch nicht einmal für Tee und Zucker. Wenn es auch Schmiergelder gab, so doch ganz unbeträchtliche: etwas auf den Tisch und für ein paar Kleider. Was aber die Unteroffizierswitwe betrifft, die Handel treibt und die ich geschlagen haben soll, so ist das Verleumdung, bei Gott, Verleumdung. Das haben sich meine Feinde ausgedacht; das ist ein Volk, die sind bereit, mir nach dem Leben zu trachten.

C h l e s t a k o v : Na und? Die gehen mich überhaupt nichts an ... (denkt nach). Ich weiß aber gar nicht, weshalb Sie von Feinden oder von einer Unteroffizierswitwe reden ... Mit einer Unteroffiziersfrau ist das etwas anderes, aber mich werden Sie nicht wagen zu prügeln, so weit sind Sie noch lange nicht ... Sieh mal einer an! Wer bist du denn! ... Ich werde zahlen, ich zahle das Geld schon, aber jetzt habe ich keins. Deswegen sitze ich ja auch hier, weil ich keine einzige Kopeke habe.

Ein anderes Beispiel: das Gespräch Zagoreckijs mit der tauben Gräfin („Verstand schafft Leiden").

> Z a g o r e c k i j : Nein, Čackij hat ausgelöst diese Querele.
> D i e a l t e G r ä f i n : Was? Čackij sperrte man in die Zelle?
> Z a g o r e c k i j : An der Stirn in den Bergen verletzt, verlor er den Verstand durch diese Wunde.
> D i e a l t e G r ä f i n : Was? Von Freimaurerei das Hirn zersetzt? Erkor er sich das Land der Türkenhunde!

Das gleiche Verfahren mit der gleichen Motivierung (Taubheit) finden wir in einem russischen Volksdrama, doch dient es dort bei der allgemeinen Schwächung des Sujets zu einer Reihe von Kalauern. Die alten Totengräber werden vor den Zaren Maksimilian gerufen.

Z a r   M a k s i m i l i a n : Geh' und hole mir die alten Totengräber.

B o t e : Ich gehe und hole die alten Totengräber. (Der Bote und die Alten)

B o t e : Sind die Alten zu Hause?

1. G r e i s : Was willst du?

B o t e : Du, Alter, Vas'ka, zum Zaren.

1. G r e i s : Zu welchem Bojaren?

B o t e : Doch nicht zum Bojaren, sondern zum Zaren.

1. G r e i s : Sag, ich bin nicht zu Hause. Heute ist Feiertag. Wir haben gerade mit dem Trinken angefangen.

B o t e : Vasilij Ivanovič, zum Zaren wegen Belohnen.

1. G r e i s : Aha, jetzt wird's ernst, deshalb auch Vasilij Ivanovič. Aber wegen welcher Bohnen?

B o t e : Doch nicht wegen Bohnen, sondern wegen Belohnen!

1. G r e i s (zum 2. Greis): Mokej!

2. G r e i s : Was ist, Patrakej?

1. G r e i s : Wir gehen zum Zaren.

2. G r e i s : Warum?

1. G r e i s : Wegen Belohnen.

2. G r e i s : Wegen welcher Bohnen? Jetzt ist Winter, Bohnen wachsen nicht.

1. G r e i s : Doch nicht wegen Bohnen, sondern wegen Belohnen.

2. G r e i s : Und ich dachte wegen Bohnen. Aber wenn wegen Belohnen, dann wollen wir gehen.

1. G r e i s : Nun, gehen wir los!

2. G r e i s : Sag mir aber, wegen welcher Belohnung?

1. G r e i s : Los, gehen wir, ich sag's dir dort.

2. G r e i s : Nein! Sag's sofort!

1. G r e i s : Los, gehen wir, ich sag's dir unterwegs.

2. G r e i s : Nein, sag's jetzt, sonst komme ich nicht mit.

1. G r e i s : Erinnerst du dich, wie wir uns beide im Kampf um Sevastopol' hervorgetan haben?

2. G r e i s : Ja, ich erinnere mich sehr genau.

1. G r e i s : Nun will man uns beiden sicherlich was zum Fäßchen Schnaps zugeben.

2. G r e i s : Aha, dann laß uns gehen.

(N. Ončukov. Severnye narodnye dramy [Volksdramen des Nordens], SPb. 1911, S. 20). Dieses Verfahren ist für das Volksdrama kanonisch und verdrängt dort manchmal restlos die sujet-novellistischen Strukturen. Das Volksdrama haben Roman Jakobson und Petr Bogatyrev in ihrer Arbeit über das russische Volkstheater analysiert.

Nun verwundert der Kalauer mit dem Tode bei Sterne selbst

weniger oder gar nicht, wenn man die Kalauer des Vaters daneben
stellt. Bobby Shandys Tod ist für Sterne vor allem eine Motivierung
der Entfaltung.

> „Gestatten Sie, Ew. Gnaden, daß ich zwischen diese beiden Seiten eine kleine
> Erzählung einschiebe?" (5. Buch, Kap. III).

Und es folgt ein Fragment aus dem Trostbrief von Servius Sulpicius
an Tullius. Die Einführung dieses Fragments wird damit motiviert, daß
Herr Shandy selbst es vorträgt. Dann folgt eine Garnitur klassischer
Anekdoten zum Thema Todesverachtung. Interessant ist, was Sterne
selbst über Herrn Shandys Beredsamkeit sagt.

> „Mein Vater war auf seine Beredsamkeit nicht weniger stolz als Marcus Tullius
> Cicero, und ich bin bis jetzt davon überzeugt, daß er volles Recht dazu hatte:
> sie war wirklich seine Stärke und zugleich seine Schwäche ... — Seine Stärke,
> denn er war von Natur aus beredsam; seine Schwäche, denn er gab sich ihr stünd-
> lich hin: und es brauchte sich nur eine Gelegenheit zu ergeben, wo er seine Fähig-
> keiten zeigen konnte, etwas Kluges, Witziges oder Boshaftes zu sagen — immer
> (es hätte denn schon systematischer Mißerfolg eintreten müssen) hatte er Worte
> bereit. Ein Erfolg, der meinem Vater die Zunge band, und ein Unglück, das sie
> mit Leichtigkeit in Gang setzte, waren für ihn beinahe von gleichem Wert. Manch-
> mal war sogar das Unglück für ihn interessanter — denn setzt man das Ver-
> gnügen an der Rede gleich zehn an, die Erbitterung über einen Mißerfolg nur
> gleich fünf, so ergab sich für meinen Vater halber Gewinn — und er fühlte sich
> wieder großartig, als hätte es nie ein Unglück gegeben" (5. Buch, Kap. III).

Hier ist mit ungewöhnlicher Deutlichkeit der Unterschied gezeigt
zwischen „Glück" und „Unglück" im Leben oder Alltag und den gleichen Erscheinungen, als künstlerisches Material genommen.

Weiterhin muß die Mutter vom Tod des Sohnes erfahren. Das ist
folgendermaßen gemacht: Frau Shandy lauscht an der Tür, aber Sterne
hat sich einfallen lassen, zu dieser Zeit eine Parallelhandlung in der
Küche anzulegen, und wie ich schon gezeigt habe, spielt er damit, wie
lange Zeit die arme Mutter in der unbequemen Pose verharren muß.

Im Studierzimmer findet derweil ein Gespräch über den Tod des
Sohnes statt, das schon in die Materialaufreihung der Erörterungen über den Tod im allgemeinen übergegangen ist und unmerklich
nach einer Erörterung über die Wege der Verbreitung antiker Gelehrsamkeit (5. Buch, Kap. XII) in die Rede des Sokrates vor Gericht
einmündet:

> „... Wenngleich sich meine Mutter nicht durch tiefe Belesenheit auszeichnete, so
> war ihr doch der Inhalt von Sokrates' Rede, den mein Vater gerade Onkel Toby
> wiedergab, nicht ganz neu. Sie lauschte mit einer Miene ruhigen Verständnisses —
> und hätte so bis zum Ende des K a p i t e l s weitergehorcht (die Bedingtheit der

Illusion wird unterstrichen) — wenn nicht mein Vater zu jenem Teil von Sokrates'
Apologie gelangt wäre (bisher hatte ihn nichts dazu veranlaßt) — wo der große
Philosoph seine Bekanntschaften, seine Verbindungen und seine Kinder aufzählt,
aber darauf verzichtet, dieses Mittel anzuwenden, um auf die Stimmung der
Richter zu wirken. «‚Ich habe Freunde, ich habe Verwandte, ich habe drei unglück-
liche Kinder', spricht Sokrates.»
    ‚Wenn es so ist', rief meine Mutter, indem sie die Tür aufriß, ‚dann haben Sie,
Herr Shandy, eines mehr als mir bekannt ist.'
    ‚Der Himmel sei mein Zeuge! Ich habe eines weniger', sagte mein Vater, erhob
sich und verließ das Zimmer."

Ein außerordentlich wichtiges Material der Entfaltung ist bei Sterne
die erotische Verfremdung, die hauptsächlich als Euphemismus erscheint. Über die Grundlagen dieses Phänomens habe ich bereits in
meinem Artikel „Die Kunst als Verfahren" gesprochen. Bei Sterne
finden wir ungewöhnlich vielfältige Arten der erotischen Verfremdung. Ich will einige Beispiele anführen. Es gibt sehr viele. Ich beginne
mit der Stelle, wo es um das Erkennen der Charaktere geht (1. Buch,
Kap. XXIII).

„Ich weiß, daß die Italiener behaupten, sie könnten einen Charaktertyp, den es
bei ihnen gibt, mit mathematischer Genauigkeit nur aufgrund des *forte* oder des
piano eines Blasinstrumentes bestimmen, das bei ihnen in Gebrauch ist und das,
wie sie sagen, ganz unfehlbar sei. Ich wage es nicht, dieses Instrument hier bei
Namen zu nennen, genug, daß es auch bei uns vorhanden ist, nur daß uns nie
einfallen würde, darauf zu spielen; das ist rätselhaft und soll es auch sein; daher
bitte ich Sie, Madame, wenn Sie an diese Stelle kommen, so schnell wie möglich
weiterzulesen, ohne sich auch nur eine Minute mit Fragen aufzuhalten."

Oder eine andere:

„Und da — sei es aufgrund der physikalischen Unmöglichkeit, eine Kastanie in
unbeweglicher Stellung zu halten, wenn ein halbes Dutzend Hände zugleich
unter der Serviette suchen, sei es aus irgendeinem anderen Grund, — geschah es,
daß eine, offenbar runder und lebendiger als die anderen, prompt vom Tisch
fiel; und da Phutatorius mit unter dem Tisch gespreizten Beinen dasaß, fiel sie
senkrecht in jene besondere Öffnung seiner Hosen, für die es — zur Schande
unserer Sprache sei es gesagt — im ganzen Johnsonschen Wörterbuch keinen
ordentlichen und anständigen Namen gibt. Es genügt zu sagen, daß es jene
besondere Öffnung war, welche, wie die Gesetze des Anstands streng vorschreiben,
in jeder guten Gesellschaft geschlossen zu halten ist wie der Tempel des Janus
(wenigstens in Friedenszeiten)."

Für die erotische Verfremdung und das Spiel mit ihr sind zwei
Episoden des „Tristram Shandy" besonders typisch, die sich sehr ähnlich sind, von denen jedoch die eine nur als Episode auftritt, während
die andere zu einem der sich abwechselnden Sujets oder Sujetlinien des

Romans entfaltet wird. Die Hauptlinie ist Onkel Tobys Verletzung.
Onkel Toby war in der Leistengegend schwer verletzt worden. Ihn
umwirbt eine Witwe, die ihn heiraten möchte; aber sie weiß nicht, ob
er durch diese Verletzung nicht kastriert worden ist, und kann sich zugleich nicht entschließen zu fragen. Die Romanze wird dadurch schrecklich erschwert.

> „... der Unterschied zwischen einem Einspänner und der Equipage der Madame
> Pompadour kann nicht auffälliger sein als der zwischen einer einzelnen Lieb-
> schaft und einer so edelverdoppelten, die vierspännig fährt und durch das ganze
> Drama tänzelt",

bemerkt Sterne dazu (3. Buch, Kap. XXIV). Die Romanze wird ständig
unterbrochen und erscheint nur in Form von Anspielungen. Schließlich beginnen sich diese Anspielungen zu verdichten. Das geschieht ungefähr bei Kap. XXXVI des 6. Buches. Doch dann wird das Motiv
der Reise zwischengeschoben. Im Kap. XLIII des 7. Buches scheint
der Aspekt des neuen Materials erschöpft.

> „Ich tanzte durch Narbonne, durch Carcasson, bis ich schließlich in Perdrillos
> Pavillon hineintanzte, wo ich ein schwarzliniertes Papier hervorzog, um gerade-
> wegs, ohne Abschweifungen oder Einlagen, die Geschichte der Liebesabenteuer
> meines Onkels Toby fortzuführen."

Das retardierende Moment in Tobys Romanze mit der Witwe Wadman besteht also in der Verwundung an der Leistengegend und der
Unmöglichkeit für die Frau, sich genau danach zu erkundigen. In
einigen Auszügen werde ich zeigen, wie Sterne diese Bremsung ausgearbeitet hat.

Nach seinem feierlichen Versprechen, die Geschichte von Onkel
Tobys Liebesabenteuern ohne Abschweifung zu erzählen, bremst
Sterne die Handlung durch Abschweifungen innerhalb der Abschweifungen, die durch die Wiederholung ein und desselben Satzes verbunden sind.

> „Die Liebe gleicht in vielem dem Zustand eines betrogenen Ehemannes" (8. Buch,
> Kap. II—IV).

Darauf folgen Liebesmetaphern — die Liebe ist eine warme Mütze,
die Liebe ist ein Kuchen (8. Buch, Kap. XI). Dann kommt die Geschichte der Attacken der Witwe Wadman auf Onkel Toby, doch
wird ihre Beschreibung wiederum durch ein langes „Neckmärchen"
unterbrochen, das Trim erzählt — „Die Geschichte vom böhmischen
König und seinen sieben Schlössern". Die Geschichte ist von demselben Typ wie die, welche Sancho Pansa seinem Herrn in der Nacht
des Abenteuers mit der Walkmühle erzählt, als er der Rosinante die
Beine gefesselt hatte. Ständig unterbricht Onkel Toby mit seinen
kriegstechnischen und stilistischen Bemerkungen die Erzählung. Das
gleiche Verfahren habe ich schon im „Don Quijote" analysiert. Wie
jedes „Neckmärchen" beruht auch dieses darauf, das Verfahren

der Verlangsamung bewußt zu machen, der Zuhörer soll es unterbrechen. An dieser Stelle ist es die Aufgabe des Märchens, den Haupt-
vorgang des Romans zu verlangsamen. Danach gibt Trim die Geschichte vom böhmischen König auf und geht zur Geschichte seiner
Liebe über (9. Buch, Kap. XX—XXII), und endlich erscheint wieder
die Witwe Wadman auf der Bildfläche. Hier findet sich auch das Motiv der Verwundung.

> „Ich habe fürchterliche Angst, Bridget', sagte Witwe Wadman, ‚daß ich den
> armen Hauptmann heiraten werde, er sich aber nicht seiner Gesundheit wird
> erfreuen können wegen dieser schauerlichen Verwundung in der Leistengegend.'
> ‚Nun, sie ist ja vielleicht nicht so groß, Madame, wie Sie denken', beruhigte
> sie Bridget, ‚und außerdem', fügte sie hinzu, ‚bin ich sicher, daß sie schon aus-
> getrocknet ist ... ich bin sicher, daß Mister Trim mir den Hof machen wird: ich
> werde ihn nicht daran hindern', fügte Bridget hinzu, ‚nur um alles aus ihm
> herauszubringen'" (9. Buch, Kap. XXVIII).

Hier wird wieder neues Material eingeschaltet, in diesem Fall Material, das die Realisierung einer Metapher liefert, was bei Sterne überhaupt sehr häufig vorkommt: er realisiert die lexikalische (Sprach-)
Metapher „Steckenpferd" (im Sinne von Marotte), spricht von ihr wie
von einem realen Pferd und bringt als weitere Metapher „Esel" (Körper). Vielleicht muß man die Herkunft dieser Metapher in dem Aus-
spruch des heiligen Franziskus von Assisi über seinen Körper sehen
(„mein Bruder Esel"). Die Metapher „Esel" wird ebenfalls entfaltet,
und es wird außerdem aus ihr eine „Situation des Mißverstehens" gebaut.

Der Vater fragt Onkel Toby nach dem „Esel", dieser meint, das
sei eine euphemistische Benennung des rückwärtigen Körperteils
(9. Buch, Kap. XXXII). Interessant ist ein Detail der weiteren Entfaltung. Was Vater Shandy zu Onkel Toby sagt, ist nichts anderes als
eine Parodie der Rede Don Quijotes zu Sancho Pansa über die Statthalterschaft. Ich will nicht meine eigene Arbeit durch paralleles Zitieren
beider Reden entfalten, um so mehr, als uns die Witwe Wadman erwartet. Onkel Toby und Trim begeben sich zu ihr.

Vater Shandy kommt mit seiner Frau, sie schauen ihnen zu und
unterhalten sich über die bevorstehende Hochzeit. Hier erscheint wiederum das durchgehende Motiv vom kraftlosen Ehemann, der seine
Frau am ersten Sonntag jeden Monats besitzt. Dieses Motiv war ganz
am Anfang des Romans erschienen und taucht nun erneut auf.

> 9. Buch, Kap. XI. „‚... wenn sie nur kein Kind bekommt', sagte meine Mutter.
> ‚Dazu müßte sie erst meinen Bruder Toby überzeugen, daß er ihr dabei hilft.'
> ‚Natürlich, Mister Shandy', bekräftigte meine Mutter. ‚Obwohl, wenn es zum
> Überzeugen kommt ...', sagte mein Vater, ‚dann Gnade ihnen Gott.' ‚Amen',
> sagte meine Mutter. ‚Amen', rief mein Vater aus. ‚Amen', wiederholte meine

Mutter, jedoch mit einem Seufzer, der am Schluß so voll von persönlichem Gram war, daß es meinen Vater ganz durcheinanderbrachte: sogleich holte er seinen Kalender hervor, jedoch bevor er ihn öffnen konnte, antwortete ihm Yoricks Gemeinde, die gerade aus der Kirche zog, zur Hälfte auf das, was er suchen wollte, und meine Mutter, die ihm sagte, daß heute Abendmahltag sei, ließ ihm keinen Zweifel auch in bezug auf die zweite Hälfte. — Deshalb steckte er seinen Kalender wieder in die Tasche zurück. Der erste Lord der Schatzkammer, auf Mittel und Wege sinnend, wäre nicht nachdenklicher heimgekehrt."

Ich habe mir gestattet, diesen Abschnitt ganz zu zitieren, weil ich damit zeigen will, wie bei Sterne das zwischengeschaltete Material nicht einfach von außen herangetragen erscheint, sondern in jedem seiner Bruchstücke zu einer der Kompositionslinien des Romans gehört.

Wiederum folgen Abschweifungen anderer Linien, das Knotenmotiv taucht auf (9. Buch, Kap. XIV). Schließlich erscheint das Motiv der Verwundung, und zwar, wie immer bei Sterne, medias in res.

9. Buch, Kap. XX

. . . .

. . . .

„‚Sie werden nun die Stelle selbst sehen, Madame', sagte mein Onkel Toby.

Frau Wadmann erbleichte — blickte auf die Tür, erbleichte, errötete wieder, — gewann ihr gewöhnliches Aussehen wieder und errötete dann heftiger als zuvor. Das alles wird für den ungebildeten Leser folgendermaßen übersetzt:

    — Gott, ich kann doch da nicht hinsehen!
    — Was würden die Leute sagen, wenn ich dahinsähe?
    — Ich würde ohnmächtig hinfallen, wenn ich hinsähe.
    — Ich möchte aber doch hinsehen.
    — Was für eine Sünde kann es schon sein, hinzusehen?
    — Ich werde hinsehen."

Aber es geschieht etwas anderes.

Onkel Toby denkt, die Witwe interessiere sich für die Örtlichkeit, wo er verwundet wurde, und nicht für die Stelle seiner Wunde am Körper. Dabei weiß auch der Leser nicht, wovon die Rede ist. Hier tritt das Ziel der Sujetverschiebung klar zutage — die Bremsung.

Und Trim bringt der enttäuschten Witwe eine Karte von Namur (Onkel Toby war in Namur verwundet worden). Wiederum folgt das Spiel mit Onkel Tobys Verwundung. Sterne selbst betreibt es jetzt in den Abschweifungen (9. Buch, Kap. XX—XXII). Dann kommt eine berühmte zeitliche Umstellung. Nach Kap. XXV tauchen die vordem ausgelassenen Kapitel XVIII und XIX auf. Die Handlung geht erst ab Kapitel XXVI weiter.

„... Ganz natürlich war ebenso das Bestreben von Frau Wadman, (deren erster Mann die ganze Zeit hindurch an Ischias gelitten hatte) zu erfahren, ob es vom Schenkel bis zur Leiste weit sei, und auch, welche von beiden Krankheiten (die am Gesäß oder die an der Leiste) ihre Gefühle weniger darben lassen würde.

Deshalb las sie von Buchdeckel zu Buchdeckel Drakes Anatomie durch, warf einen Blick in Whartons Werk über das Gehirn; sie machte sich an die Lektüre von Graafs Knochen- und Muskellehre (Anmerkung des Autors: hier irrt Herr Shandy offensichtlich, denn Graaf hat über den Saft der Bauchspeicheldrüse und über Zeugungsorgane geschrieben) — doch alles das half nichts...

Um alle Zweifel zu zerstreuen, fragte sie zweimal Doktor Slop, ob man damit rechnen könne, daß der arme Hauptmann Shandy einst von seiner Verwundung genesen werde.

,Er ist bereits genesen', antwortete Doktor Slop.

,Wie? Vollkommen?'

,Vollkommen, Madame.'

,Doch was verstehen Sie darunter?' fragte Frau Wadman. — Doch Doktor Slop tat sich schwer mit Definitionen."

Frau Wadman erkundigt sich selbst bei Hauptmann Shandy nach seiner Verwundung.

„,Hat sie ständig geschmerzt?'

,War der Schmerz nicht im Bett erträglicher?'

,Konnte er sich in den Sattel setzen?'" usw.

Schließlich wird die Sache folgendermaßen gelöst.

Trim spricht mit der Bediensteten der Witwe, Bridget, über die Verwundung von Hauptmann Shandy.

9. Buch, Kap. XXVIII. „,... und in diesem verfluchten Laufgraben, Fräulein Bridget', sagte der Korporal, indem er sie bei der Hand nahm, ,hat er die Verwundung erhalten, die ihn h i e r so schrecklich zerquetscht hat.' Indem er diese Worte hervorbrachte, drückte er ihre Hand leicht an die Stelle, von der er sprach, und ließ sie wieder los.

,Wir hatten gedacht, Mister Trim, es sei mehr zur Mitte hin gewesen', sagte Fräulein Bridget.

,Das hätte uns ganz und gar ins Unglück gestürzt', sagte der Korporal.

,Und meine Herrin einsam leben lassen', sagte Bridget...

,Na, na!' sagte Bridget, hielt die Fläche ihrer linken Hand horizontal und fuhr darauf mit ihren Fingern entlang, um zu zeigen, daß die Handfläche durchaus eben sei und sich keine Erhöhungen darauf befanden, welche die Bewegung der Finger behindert hätten.

,Das ist bis zur letzten Silbe erlogen', rief der Korporal aus und ließ sie nicht einmal den begonnenen Satz zu Ende reden."

Es ist interessant, jene Handsymbolik mit dem gleichartigen erotischen Euphemismus im vorliegenden Roman zu vergleichen.

Eine kleine vorbereitende Anmerkung. Für die handelnden Personen im Roman ist dies eine Art des wohlanständigen Sprechens, für Sterne aber, d. h. wenn man die gleiche Erscheinung als Material für eine künstlerische Konstruktion nimmt, ist das ein Mittel der Verfremdung. Bemerkenswerterweise begegnet die gleiche Art der Handsymbolik in der speziell männlichen „schmutzigen" anekdotischen

Folklore, wo es bekanntlich keine Anstandsregeln gibt außer dem Bestreben, so unanständig wie möglich zu reden, und auch dort treffen wir auf das Material des Euphemismus, insbesondere der Handsymbolik, hier jedoch bereits als Verfahren der Verfremdung.

Zurück zu Sterne. Wiederum habe ich fast ein ganzes, zum Glück nur kleines Kapitel abzuschreiben.

> 5. Buch, Kap. XVII. „Das war eigentlich nichts! Ich habe keine zwei Tropfen Blut verloren, mit einem Wort, wenn wir einen Feldscher zum Nachbarn gehabt hätten, so hätte es nicht gelohnt, ihn zu rufen!!
>
> . . . .
>
> . . . .
>
> Das Stubenmädchen hatte den . . . nicht unter das Bett gestellt.
>
> ,Können Sie es nicht so einrichten, Sir', sagte Susanna, indem sie mit der einen Hand den Fensterrahmen nahm, mit der anderen mich auf das Fensterbrett setzte, ,können Sie es nicht so einrichten, Schätzchen, ein einziges Mal . . .'
>
> Ich war damals fünf Jahre alt. Susanna hatte sich nicht vergegenwärtigt, daß in unserer Familie nichts ordentlich angebracht war, — und plötzlich fiel der Fallrahmen wie ein Blitz auf uns herab. ,Nichts ist mir übriggeblieben', schrie Susanna auf, ,nichts bleibt mir übrig als heimzulaufen.'" Sie läuft in Onkel Tobys Haus, der sich als der Schuldige an diesem Vorfall erweist, weil sein Diener Trim die Senkbleie aus dem Fallfenster genommen hatte, um daraus Spielzeugkanonen zu gießen.

Wiederum das übliche Verfahren bei Sterne: die Folgen werden vor die Ursachen gestellt. Die Beschreibung dieser Ursache befindet sich im Kap. XVIII des 5. Buches. Er erzählt den Vorfall mit Hilfe von Handsymbolik.

> „Trim verstand mit Hilfe seines Zeigefingers, den er flach auf den Tisch legte, und seiner Handkante, mit der er senkrecht darauf schlug, seine Sache so zu erzählen, daß Priester und Jungfrauen ihn hätten anhören können" (Kap. XIX).

Im weiteren folgt die Entfaltung der Episode von den Gerüchten der Leute über den Vorfall, Abschweifungen, Erörterungen über die Abschweifung usw.

Interessanterweise läuft Vater Shandy, als er von dem Vorfall erfahren hat, zu seinem Sohn . . . mit einem Buch, und es beginnt ein Gespräch über die Beschneidung im allgemeinen. Interessant ist hier, wie Sterne die Motivierung eingeschobener Teile parodiert.

> „. . . Obadiah war bereits in der Lage, ihm einen detaillierten Bericht zu geben, wie es sich genau zugetragen hatte. ,Das habe ich erwartet', sagte mein Vater, raffte seinen Hausrock zusammen und ging so die Treppe hinauf.
>
> Hieraus kann man schließen (ich halte diese Frage übrigens für strittig), daß mein Vater schon früher dieses bemerkenswerte Kapitel der Tristrapaedia geschrieben hatte, daß ich für das originellste und bemerkenswerteste im ganzen

Buch halte, — nämlich das Kapitel über Fallfenster, das mit einer bitteren Phi-
lippika gegen die Vergeßlichkeit der Stubenmädchen schließt.
Nur aus zwei Gründen denke ich anders.

Erstens, wenn er diese Frage erwogen hätte, bevor sich ein solcher Vorfall
ereignete, hätte er natürlich ohne lange Überlegung das Fallfenster zugenagelt —
und Schluß; dabei ist unbestreitbar, wenn man sich vorstellt, mit welcher Mühe
mein Vater Bücher schrieb, daß es ihm zehnmal leichter gefallen wäre, das zu tun,
als ein einziges Kapitel zu schreiben. Ich sehe ein, daß dieses Argument gleichermaßen auch gegen die Möglichkeit einer Niederschrift dieses Kapitels nach oben
erwähntem Ereignis gewendet werden kann; doch erscheint hier ein zweiter
Grund, den ich die Ehre haben werde, der Welt zur Unterstützung meiner Meinung vor Augen zu führen, — daß nämlich mein Vater nicht zu der Zeit, zu der
Sie denken, das Kapitel über Fallfenster und Nachttöpfe geschrieben hat; der
Grund ist der, daß ich selbst zur Vervollständigung der Tristrapaedia dieses
Kapitel geschrieben habe."

Es ist ganz und gar nicht meine Absicht, Sternes Roman erschöp-
fend zu erforschen, denn mich interessiert nicht der Roman, sondern
die Theorie des Sujets. Ich will jetzt einige Worte zum Überfluß an
Zitaten sagen. Natürlich kann man das Material jedes zitierten Abschnitts vollständiger auswerten, weil fast kein Verfahren irgendwo
in seiner reinen Form auftritt, doch das hätte meine Arbeit in eine Art
Interlinearübersetzung mit grammatikalischen Fußnoten verwandelt.
Bei einer derartigen Arbeitsweise hätte ich das Material vollgepfropft
und strapaziert und den Leser der Möglichkeit beraubt es wahrzunehmen.

Bei der Analyse mußte ich dem Gang des Romans folgen, um seine
ganze „Inkonsequenz" zu zeigen. Gerade das Ungewöhnliche an der
Anordnung und Verteilung oft selbst der gewohnten Elemente ist hier
charakteristisch.

Als Abschluß und gleichzeitig als Beweis für die Bewußtheit der
Arbeit Sternes, für sein Spiel mit Pedal, seine Verletzung des normalen Sujetschemas, führe ich hier seine eigenen graphischen Darstellungen über den Fabelverlauf von Tristram Shandy an.

6. Buch, Kap. XL. „Ich beginne jetzt ganz ruhigen Gewissens zu Werk zu gehen,
wobei ich nicht daran zweifle, daß es mir mit Hilfe von vegetarischer Diät und
gelegentlichem Kühlen gelingen wird, Onkel Tobys Geschichte, wie auch meine
eigene, einigermaßen gradlinig fortzusetzen.
Hier die vier Linien, auf denen ich mich in meinem ersten

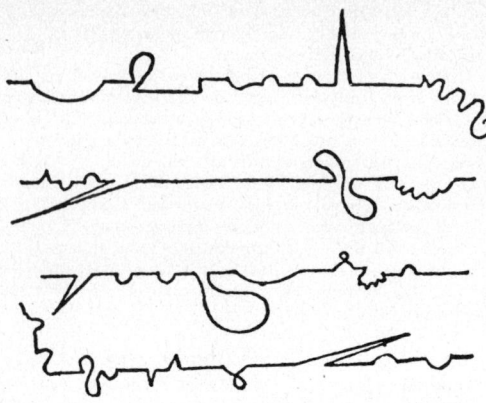

zweiten, dritten und vierten Buch bewegt habe. — Im fünften habe ich mich höchst wohlanständig geführt; die von mir beschriebene Linie ist folgende:

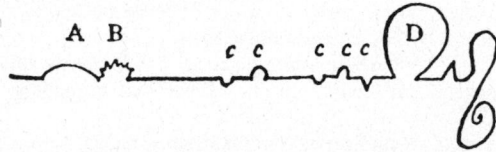

Aus ihr geht hervor, daß außer der mit A bezeichneten Kurve, wo ich den Abstecher nach Navarra machte, und der gezahnten Kurve B, die einer kurzen Verschnaufpause entspricht, die ich mir in der Gesellschaft von Frau Baussière und ihrem Pagen erlaubte, ich mir nicht die geringste Abschweifung gestattet habe, bis die Teufel des John de la Casse mich in den Kreis führten, der mit D bezeichnet ist; was nun c c c c betrifft, so sind es nur Parenthesen, — gewöhnliche Wendungen einmal hierhin, einmal dorthin, gewöhnlich sogar im Leben der höchsten Staatsdiener; im Vergleich zu den Taten anderer Leute, oder selbst meinen eigenen Sünden unter den Buchstaben A, B und D zerfallen sie in nichts."

Sternes Schemata sind annähernd richtig, berücksichtigen jedoch nicht die Überschneidung der Motive.

———

Man verwechselt allzu häufig den Begriff S u j e t mit der Beschreibung von Ereignissen, also mit dem, wofür ich bedingt den Namen F a b e l vorschlage.

In Wirklichkeit ist die Fabel nur das Material für die Sujetformung.

Somit ist das Sujet von „Eugen Onegin" nicht der Roman des Helden mit Tat'jana, sondern die sujetmäßige Verarbeitung dieser Fabel, erreicht durch die Einschaltung von unterbrechenden Abschweifungen. Ein witziger Maler (Vladimir Milaševskij) empfiehlt, bei diesem Roman vor allem die Abschweifungen zu illustrieren („die Füßchen" zum Beispiel), — und vom kompositorischen Standpunkt aus wäre das richtig.

Die Formen der Kunst erklären sich durch ihre künstlerische Gesetzmäßigkeit, und nicht durch ihre außerliterarische Motivierung. Wenn der Künstler die Handlung des Romans nicht durch Einschaltung z. B. von trennenden Figuren, sondern durch einfache Umstellung der Teile bremst, so zeigt er uns damit die ästhetischen Gesetze, die beiden Kompositionsverfahren zugrundeliegen.

Gewöhnlich wird behauptet, der „Tristram Shandy" sei kein Roman; die dies bejahen, halten nur eine Oper für Musik, eine Symphonie für Unordnung.

Der „Tristram Shandy" ist der typischste Roman der Weltliteratur.

[1921]

Jurij Tynjanov

DOSTOEVSKIJ UND GOGOL'

(Zur Theorie der Parodie)

1

Wenn von „literarischer Tradition" oder „Nachfolge" gesprochen wird, so stellt man sich gewöhnlich eine gerade Linie vor, die den jüngeren Vertreter eines bestimmten literarischen Zweiges mit dem älteren verbindet. Die Sache ist indes wesentlich komplizierter. Es gibt keine Fortführung einer geraden Linie, eher handelt es sich um einen Aufbruch, um ein Abstoßen von einem bestimmten Punkt, also um Kampf. Mit den Vertretern eines anderen Zweiges oder einer anderen Tradition gibt es einen solchen Kampf nicht: sie werden einfach verleugnet oder verehrt, umgangen, man bekämpft sie lediglich durch das bloße Faktum der eigenen Existenz. So sah der verschwiegene Kampf nahezu der gesamten russischen Literatur des 19. Jahrhunderts mit Puškin aus, man umging ihn und zugleich verneigte man sich offensichtlich vor ihm. Obwohl Tjutčev von der „älteren" Deržavin-„Linie" kam, erwähnte er seinen Vorfahren mit keinem Wort, Puškin hingegen pries er gern und höchst offiziell. Ebenso verneigte sich Dostoevskij vor Puškin. Er scheute sich sogar nicht, Puškin seinen Stammvater zu nennen; offensichtlich die Fakten mißachtend, auf die schon zu dieser Zeit die Kritik hingewiesen hatte, behauptet er, daß die „Plejade der 60er Jahre" geradewegs von Puškin ausgehe.[1]

Die Zeitgenossen indes erblickten in ihm gerne den direkten Erben Gogol's. Nekrasov spricht zu Belinskij von dem „neuen Gogol'", Belinskij nennt Gogol' den „Vater Dostoevskijs", und sogar bis zu dem in Kaluga sitzenden Ivan Aksakov drang die Kunde von dem „neuen Gogol'". Eine Ablösung war erforderlich geworden, man stellte sie sich als gerade, „lineare" Nachfolge vor.

Nur einzelne Stimmen sprachen von Kampf. (Pletnev: „er jagt Gogol' nach"; „er wollte Gogol' und seine „Aufzeichnungen eines Wahnsinnigen" mit dem „Doppelgänger" vernichten".)

Und erst in den 80er Jahren entschloß sich Strachov davon zu

---

[1] Tagebuch eines Schriftstellers aus dem Jahr 1877. „Anna Karenina als Faktum von besonderer Bedeutung".

sprechen, daß Dostoevskij von den ersten Anfängen seines Schaffens an eine „Korrektur Gogol's" gab. Offen vom Kampf Dostoevskijs mit Gogol' sprach dann schon Rozanov. Jede literarische Nachfolge ist doch primär ein Kampf, die Zerstörung eines alten Ganzen und der neue Aufbau aus alten Elementen.

2

Dostoevskij geht offensichtlich von Gogol' aus, das betont er selbst. In den „Armen Leuten" wird „Der Mantel" genannt, im „Herr Procharčin" wird von dem Sujet der „Nase" gesprochen („Du, du, du bist dumm!" murmelte Semen Ivanovič, „man wird dir die Nase abbeißen, du wirst sie im Brot aufessen, ohne es zu bemerken"). Die Gogol'sche Tradition zeichnet sich in seinen ersten Werken ungleichmäßig ab. „Der Doppelgänger" ist Gogol' unvergleichlich näher als die „Armen Leute", „Die Wirtin" als der „Doppelgänger". Diese Ungleichmäßigkeit ist besonders in der „Wirtin" sichtbar, einem Werk, das bereits nach den „Armen Leuten", dem „Doppelgänger", „Herrn Procharčin" und dem „Roman in neun Briefen" geschrieben wurde. Die handelnden Personen der „Wirtin" stehen den Personen der „Schrecklichen Rache" nahe. Der Stil mit seinen Hyperbeln und Parallelismen (wobei der zweite Teil der Parallele ausführlich entwickelt wird und gleichsam selbständige Bedeutung erhält, ein Zug, der für Gogol' charakteristisch, Dostoevskij hingegen fremd ist. Man vergleiche die Parallele zwischen den schwarzen Fräcken auf dem Ball des Gouverneurs und den Fliegen auf dem Zucker, wo der zweite Teil der Parallele unmäßig entfaltet ist („Tote Seelen"), mit der Paralle zwischen dem Anfall Ordynovs und dem Gewitter („Wirtin", Kap. I) mit einem ebenso selbständigen zweiten Teil): die schwierige Syntax mit ihren Kirchenslavismen (Inversion des Pronomens), der betonte Rhythmus von Perioden, die von daktylischen Klauseln abgeschlossen werden – das alles entlarvt eine plötzlich durchbrechende Schülerschaft.

Noch steht nicht fest, was an Gogol' wesentlich für Dostoevskij ist. Dostoevskij probiert verschiedene Verfahren Gogol's aus, indem er sie kombiniert.

Daher rührt die allgemeine Ähnlichkeit seiner ersten Erzeugnisse mit den Werken Gogol's; „Der Doppelgänger" steht nicht nur der „Nase" nahe, „Netočka Nezvanova" nicht nur dem „Porträt". Einige Episoden der „Netočka Nezvanova" haben ihren Ursprung im „Porträt"[2], andere in der „Schrecklichen Rache"[3], die motorischen Bilder

---

[2] Vgl. Kap. VII: „Mir schien es plötzlich, daß die Augen des Porträts sich verlegen von meinem durchdringend fragenden Blick abwandten, daß sie sich bemühten

des „Doppelgänger" stehen dagegen den Bildern der „Toten Seelen" nahe.[4]

Der Stil Dostoevskijs wiederholt, variiert und kombiniert so offenkundig den Stil Gogol's, daß dies den Zeitgenossen gleich in die Augen fiel (Belinskij über „Gogol'sche Satzwendungen" oder Grigorovič: „der Einfluß Gogol's auf den Satzbau"). Dostoevskij spiegelt zunächst beide Ebenen des Gogol'schen Stils: den hohen und den komischen. Man vergleiche etwa die Namenwiederholung im „Doppelgänger": „Herr Goljadkin sah deutlich, daß die Zeit für einen kühnen Schlag gekommen war. Herr Goljadkin war erregt. Herr Goljadkin verspürte eine Art Begeisterung" usw. mit dem Anfang der „Geschichte, wie Ivan Ivanovič mit Ivan Nikiforovič in Streit geriet" und andere Beispiele mehr.[5] Ein anderer Aspekt des Gogol'schen Stils findet sich in der „Wirtin" und in „Netočka Nezvanova" („Meine Seele erkannte die deine nicht, obwohl es ihr so heiter schien neben ihrer herrlichen Schwester" usw.).[6] Später verwirft Dostoevskij den hohen Stil Gogol's und verwendet fast überall den niedrigen, wobei er ihm manchmal die komische Motivierung entzieht.

Aber es gibt noch ein Zeugnis, nämlich die Briefe Dostoevskijs; Dostoevskij hatte zu seinen Briefen die gleiche Einstellung wie zu künstlerischen Werken. („Solch einen Brief habe ich ihm geschrieben! Mit einem Wort, ein Musterbeispiel der Polemik. Wie ich ihn heruntergemacht habe! Meine Briefe sind ein chef d'œuvre der L e t r i s t i k." Brief aus dem Jahre 1844).

Diese Briefe sind angefüllt mit Gogol'schen Ausdrücken, Namen und Sätzen: „So ein Faulpelz bist du, ein Fetjuk [Griesgram], einfach ein Fetjuk"; „Ein Brief ist Unfug, Briefe schreiben Apotheker."

---

ihm auszuweichen, daß Lüge und Betrug in diesen Augen waren; mir schien, als hätte ich erraten..." usw. (Dostoevskij, Ausg. 1889, Bd. II, S. 185).

[3] Kap. VII (Petr Aleksandrovič am Spiegel): „Mir schien es, als ob er gerade sein Gesicht änderte... sein Gesicht hatte sich völlig verändert. Das Lächeln war verschwunden, wie auf Befehl... Der Blick hatte sich düster hinter den Brillengläsern versteckt" usw. (ibid., S. 190). Man vergleiche dies mit der Verwandlung des Zauberers in der „Schrecklichen Rache".

[4] Man vergleiche die Gesten des jüngeren Goljadkin (Bd. I, Kap. VIII, S. 197) mit den Gesten Čičikovs („Tote Seelen", Bd. II, Kap. II): „Goljadkin schlug mit seinem etwas kurzen Bein aus und huschte weg..." usw.; Čičikov „verneigte sich gewandt... und sprang mit der Leichtigkeit eines Gummiballs zurück" u. a.
Vgl. mit der „Nase": „Das wäre eine Sache... das wäre eine Sache, wenn... z. B. etwas mißlänge, daß irgendein fremder *Pickel* aufginge, oder i r g e n d e i n e a n d e r e U n a n n e h m l i c h k e i t passierte." (Goljadkin am Spiegel.)

[5] Siehe I. Mandel'štam. O charaktere gogolevskogo stilja [Über den Charakter des Gogol'schen Stils], S. 161.

[6] Dostoevskij, Ausgabe von 1889, Bd. II, S. 178.

Dostoevskij spielt in den Briefen gleichsam mit dem Gogol'schen Stil: „Ich habe meinen Abschied eingereicht, weil ich eingereicht habe" (1844), „Diese provinzielle Faulheit richtet dich, mein Lieber, in der Blüte deiner Jahre zugrunde, und weiter nichts ... Überall unglaubliche Verehrung und schreckliche Neugierde, wenn es um mich geht. Ich bin mit einer Unmenge Volks bekannt geworden, lauter sehr ordentlichen Leuten" (1845), „Der Mantel hat seine Qualitäten und seine Unbequemlichkeiten. Die Qualität liegt darin, daß er ungewöhnlich dick, gleichsam doppelt ist und eine gute graue Farbe, wie eine Uniform, besitzt" (1846).

Hier liegt Stilisierung vor; hier wird nicht einem Stil nachgefolgt, eher mit ihm gespielt. Und wenn man daran denkt, wie gerne Dostoevskij Gogol' unterstreicht („Arme Leute", „Herr Procharčin"), wie er zu offenkundig von ihm ausgeht, ohne es zu verbergen, so wird deutlich, daß man eher von Stilisierung sprechen muß, als von „Nachahmung", „Einfluß" usw.

Und noch ein Zug: Dostoevskij verwendet in seinen Briefen und Aufsätzen beständig die Namen Chlestakov, Čičikov und Popriščin und behält auch in seinen Werken die Gogol'schen Namen bei: die Heldin in der „Wirtin" heißt Katerina wie in der „Schrecklichen Rache", der Lakai Goljadkins heißt ebenso wie der Čičikovs Petruška. Die Namen „Pseldonimov, Mlekopitaev" („Eine dumme Geschichte"), „Vidopljasov" („Das Dorf Stepančikovo") repräsentieren das bei Gogol' übliche Verfahren, das hier eingeführt wird, um mit ihm zu spielen. Dostoevskij behält für immer die Nachnamen aus Gogol' bei (vgl. etwa „Ferdyščenko", das an das Gogol'sche „Krutotryščenko" erinnert). Sogar der Name von Raskol'nikovs Mutter, Pul'cherija Aleksandrovna wird aus dem Hintergrund von Gogol's Pul'cherija Ivanovna als stilisierter Name aufgenommen.

Die Stilisierung steht der Parodie nahe. Die eine wie die andere lebt ein Doppelleben: hinter der Ebene des Werkes steht eine zweite, die stilisiert oder parodiert werden soll. Für die Parodie aber ist die Unstimmigkeit zwischen beiden Ebenen, ihre Verschiebung unerläßlich; die Parodie einer Tragödie ist eine Komödie (gleichgültig, ob durch die Unterstreichung des Tragischen oder durch eine entsprechende Vertauschung mit dem Komischen), die Parodie einer Komödie kann eine Tragödie sein. Bei der Stilisierung fehlt diese Unstimmigkeit, es gibt im Gegenteil eine Entsprechung der beiden Ebenen: der stilisierenden und der durchschimmernden stilisierten. Dennoch ist es von der Stilisierung zur Parodie nur ein Schritt; die komisch motivierte oder betonte Stilisierung wird zur Parodie.

Doch gab es von Anfang an bei Gogol' einen Zug, der Dostoevskij zum Kampf herausforderte, um so mehr, als dieser Zug für ihn äußerst wichtig war; gemeint sind die „Charaktere", die „Typen" Gogol's. Strachov schreibt in seinen Erinnerungen (sie betreffen die ausgehenden 50er Jahre): „Ich erinnere mich, daß Fedor Michajlovič eine sehr treffende Bemerkung über die K o n s e q u e n z v e r s c h i e d e n e r C h a r a k t e r e bei Gogol', über die Lebendigkeit aller seiner Figuren: Chlestakov, Podkolesin, Kočkarev u. a. machte."[7] Dostoevskij beurteilt 1858 die „Tausend Seelen" von Pisemskij wie folgt: „Gibt es auch nur einen n e u g e s c h a f f e n e n C h a r a k t e r, der uns bisher noch niemals begegnet ist? Alles ist doch schon dagewesen und seit langem bei unseren Neuerer-Schriftstellern erschienen, besonders bei Gogol'."[8] Im Jahre 1871 freut er sich über die Typen im Roman Leskovs.

„Die Nihilisten sind bis zur Nichtsnutzigkeit verzerrt, dafür aber — profilierte Typen. Wie gekonnt ist die Vanskok! Nichts war jemals typischer und wahrer bei Gogol'."[9] Im gleichen Jahr schreibt er über Belinskij: „er behandelte die T y p e n G o g o l ' s schrecklich oberflächlich und geringschätzig[10] und war nur darüber erfreut, ja begeistert, daß Gogol' entlarvte."[11] Eben diese „Typen" Gogol's sind einer der wichtigen Punkte im Kampf Dostoevskijs mit Gogol'.

3

Gogol' verstand es außergewöhnlich, Dinge zu sehen; dafür gibt es viele Einzelbeispiele; die Beschreibung Mirgorods und Roms, die Behausung Pljuškins mit dem berühmten Haufen, die singenden Türen der „Altväterischen Gutsbesitzer", der Leierkasten von Nozdrev. Das letzte Beispiel verweist auch auf eine andere Besonderheit bei der Zeichnung der Dinge: Gogol' erfaßt die Komik der Sache. Die „Altväterischen Gutsbesitzer" beginnen mit der Parallele: altersschwache Häuschen — altersschwache Bewohner, und stellen im gesamten Verlauf der Erzählung die weitere Entfaltung dieser Parallele dar. Der „Nevskij Prospekt" ist auf dem Effekt der Identifizierung von Kostümen und Kostümteilen mit den Körperteilen der Spaziergänger aufgebaut: „Der eine zeigt einen stutzerhaften Gehrock mit bester Borte, der andere eine wunderschöne griechische Nase, ... eine vierte (trägt) ein Paar nette Augen und ein ungewöhnliches Hütchen" ... usw. Hier wird die Komik durch die sukzessive und einheitlich intonierte Auf-

---

[7] Biografija, pis'ma i zametki F. M. Dostoevskogo [Biographie, Briefe und Notizen F. M. Dostoevskijs], SPb. 1883, S. 176.
[8] ibid., S. 114.
[9] ibid., S. 244.
[10] Hervorhebung in allen Zitaten von mir.
[11] ibid., S. 313.

zählung von Gegenständen, die nicht zueinander passen, erreicht. Das gleiche Verfahren liegt in dem Vergleich des Mantels „mit einer angenehmen Freundin fürs Leben" vor: „und diese Freundin war niemand anders als der Mantel, dick wattiert, mit festem Futter, gut erhalten." Auch hier liegt die Komik in der Unstimmigkeit zweier Bilder: des lebendigen und des dinghaften. Das Verfahren der Sachmetapher ist für die komische Beschreibung kanonisch, vgl. Heine: „als ob die Welt neu angestrichen worden, ... die alten Herren Ratsherren hatten neue Gesichter angezogen" usw.; man vergleiche auch Marlinskijs „Fregatte Hoffnung", wo ein Seeoffizier von der Liebe schreibt und auf sie Termini aus der Seefahrt anwendet, — eine Spielart des Verfahrens. Gerade die Unvollkommenheit der Verbindung, die Unstimmigkeit zwischen beiden Bildern wird hier unterstrichen.

Von hier rührt die Bedeutung des Dinghaften für die komische Beschreibung.

Deshalb erhebt Gogol' die Nature morte zu einem eigenen Prinzip der Literaturtheorie: „Er sagte, daß es für den Erfolg einer Erzählung und überhaupt des Erzählens genüge, wenn der Autor ein ihm bekanntes Zimmer und eine ihm bekannte Straße beschreibt. ‚Wer die Fähigkeit hat, seine Wohnung anschaulich wiederzugeben, der kann später ein ganz ausgezeichneter Autor werden', sagte er" (Annenkov). Hier gewinnt das Ding die Bedeutung eines Themas.

Das Grundverfahren Gogol's bei der Zeichnung von Menschen ist das Verfahren der Maske.

Als Maske kann vor allem die Kleidung, das Kostüm dienen (die große Bedeutung der Kleidung bei Gogol's Beschreibung des Äußeren), als Maske kann auch das betonte Äußere dienen.

Ein Beispiel einer geometrischen Maske:

„Ein Gesicht, in dem man nicht einen einzigen Winkel entdecken konnte, aber gleichzeitig wurde es auch nicht von leichten, abgerundeten Linien gekennzeichnet. Die Stirn senkte sich nicht direkt zur Nase, sondern war völlig abschüssig, wie ein Eisberg zum Schlittenfahren. Die Nase war ihre Verlängerung — groß und stumpf. Nur die Oberlippe schob sich weiter vor. Das Kinn fehlte völlig. Von der Nase führte eine diagonale Linie direkt bis zum Hals. Es war ein Dreieck, dessen Spitze in der Nase lag" („Die Laterne starb").

Öfter allerdings wird eine Maske gegeben, die „Fleisch angesetzt hat"; solche intimen Spitznamen wie „Frätzchen, kleiner Kapaun" (Čičikov zu sich selbst) unterstreichen das. Außerdem werden einfache Sprachmetaphern realisiert und verwandeln sich in eine Wortmaske. Die Gradation des Verfahrens ist folgende: 1) der rauchende Branntweinbrenner, der Schornstein der Branntweinbrennerei, Dampfer, Kanone („Mainacht")[12], 2) die „Hände" in der „Schrecklichen Rache", die Ungeheuer in der ersten Redaktion des „Vij" (Masken — Teile), 3) „Die Nase", wo die Metapher sich zur Maske realisiert (hier der Effekt der zerbrochenen Maske), 4) Korobočka [Schächtelchen], wo die Sachmetapher zur Wortmaske wurde[13], 5) „Akakij Akakievič", wo die Wortmaske die Verbindung zur Semantik bereits verloren und sich im Laut verfestigt hat, lautlich, phonetisch geworden ist.

Die Sachmaske kann zerbrechen — das ist die allgemeine Kontur des Sujets (der „Nase"). Die Wortmaske kann sich in zwei Teile spalten: Bobčinskij und Dobčinskij, Foma der Große und Foma der Kleine, Onkel Mitjaj und Onkel Minjaj; hierher gehören paarige und invertierte Namen: 1) I v a n Ivanovič und I v a n Nikiforovič; Afanasij I v a n o v i č und Pul'cherija I v a n o v n a (paarig), 2) Kifa Mokievič und Mokij Kifovič (mit Inversion). In diesem Sinne spielen lautliche Wiederholungen eine entscheidende Rolle, zunächst eine rein artikulatorische (vgl. hierüber B. M. Ėjchenbaum. „Wie der ‚Mantel' gemacht ist", in: Poėtika, 1919)*, dann auch eine kompositionelle: *1) pul'pul'tik, mon'munja (Die Kutsche), 2) Ljuljukov, Bubunicyn, Tentetnikov, Čičikov, 3) Ivan Ivanovič, Pifagor Pifagorovič (Čertokuckoj), 4) Petr Petrovič Petuch,*

5)	*Ivan* Ivanovič / *Ivan* Nikiforovič	,	*djadja Mitjaj* / *djadja Minjaj*	,	*Kifa Mokievič* / *Mokij Kifovič*

Die Maske ist ebenso dinglich wie gespensterhaft; Akakij Akakievič wird leicht und natürlich von einem Gespenst abgelöst; die Maske des Kosaken im roten Überrock wird von der Maske des Zauberers abgelöst. Gespenstisch ist vor allem die Bewegung der Masken, sie ruft aber gerade den Eindruck von Handlung hervor.

Der Hyperbolismus, der generell zu Gogol's Bildern gehört, ist auch seinen motorischen Bildern eigen. So wie er auf der Straße keinen schnellen Verkehr sehen konnte, weil er sich sofort die überfahrenen Fußgänger vorstellte, schuf er auch die Erzählung von der abgeschnittenen Nase. Die sich bewegende Sache ist dämonisch, der aufstehende Leichnam, die Mehlklöße, die Pazjuk von selbst in den Mund fliegen, das Pferd, das in der „Schrecklichen Rache" rückwärts läuft, die Trojka,

---

* In unserem Band, siehe S. 123—159.

[12] Vgl. ferner: „Das n i e d r i g e G e b ä u d e d e s B r a n n t w e i n b r e n n e r s geriet erneut von dem lauten Lachen ins Wanken."

[13] „Zemljanika" [Walderdbeere] und „Jaičnica" [Eierspeise] sind eine kompliziertere Entfaltung des Verfahrens: das Anheften einer dem Geschlecht nicht entsprechenden Wortmaske, was einen viel größeren komischen Effekt hervorruft. Bei diesen Familiennamen ist ihr formaler Aspekt von Bedeutung.

die Rußland bedeutet. Gogol' genügt es, die Wortmaske zu kennen, um sogleich ihre Bewegung zu bestimmen. Fürst D. A. Obolenskij erzählt, wie Gogol' eine Maske und ihre Bewegung nach einem Wortzeichen schuf: „Auf einer Station fand ich ein Beschwerdebuch und las daraus die recht komische Klage irgendeines Herrn vor. Nachdem Gogol' sich das angehört hatte, fragte er mich: ‚Und wer, glauben Sie, ist dieser Herr? Was für Eigenschaften und welchen Charakter hat dieser Mensch?' ‚Das weiß ich wirklich nicht', antwortete ich. ‚Dann werde ich es Ihnen erzählen.' Und sofort begann er in höchst komischer und origineller Weise mir z u e r s t   d a s   Ä u ß e r e dieses Herrn zu beschreiben, d a n n   e r z ä h l t e   e r   m i r   s e i n e   g a n z e   D i e n s t - k a r r i e r e, wobei er sogar bei einigen Episoden seines Lebens v e r - s c h i e d e n e   P e r s o n e n auftreten ließ. Ich erinnere mich, daß ich wie verrückt lachte, er aber das alles vollkommen ernsthaft d a r s t e l l t e." Die Klage war natürlich unterschrieben; den Nachnamen als Wortmaske formte Gogol' zunächst in eine Sachmaske (das Äußere) um und schuf danach folgerichtig ihre Bewegungen („darstellend") und das Schema des Sujets („Dienstkarriere" und „Episoden"). Auf diese Weise werden die Gesten und das Sujet von den Masken selbst vorbestimmt.[14] „Die Geschichte, wie Ivan Ivanovič mit Ivan Nikiforovič in Streit geriet" entspringt als Ganzes der Ähnlichkeit und Unähnlichkeit der N a m e n. Der Name von Ivan Ivanovič wird zu Beginn des 1. Kapitels

---

[14] Das stimmt im höchsten Maße mit der Ansicht überein, daß die Sujets bei Gogol' traditionell oder anekdotisch sind (B. Ejchenbaum). Sogar das im ersten Moment auffallende Sujet der „Nase" war zur Zeit ihres Erscheinens gar nicht so erstaunlich, da die „Naseologie" als Sujet verbreitet war: man vergleiche Sternes „Tristram Shandy", Marlinskijs „Mulla-Nur", ergötzliche Aufsätze über Rhinoplastik (die organisch wiederhergestellte Nase) (im „Syn otečestva" [Sohn des Vaterlandes] 1820, Teil 64, Nr. 35, S. 95—96 und 1822, Teil 75, Nr. 3, S. 133 bis 137). Auffallend und neu war in der „Nase" offenbar nicht das Sujet selbst, sondern die unmotivierte Verschiebung zweier Masken: 1. „die abgeschnittene und eingebackene   N a s e" — vgl. das zum Hyperbolismus motorischer Bilder bei Gogol' Gesagte, vgl. auch seinen „Nevskij Prospekt", wo Hoffmann Schiller die Nase abschneiden will, 2. die „abgetrennte", selbständige „N a s e" ist eine realisierte Metapher; diese Metapher kommt bei Gogol' (in seinen Briefen) auf den verschiedenen Stufen der Realisierung vor: „M e i n e   N a s e   r i e c h t   sogar ein Schwänzchen von weitem" (Edition Kuliš, V, S. 407), „Glauben Sie mir, daß mich oft der rasende Wunsch überkommt, mich in e i n e   N a s e   zu verwandeln, daß es n i c h t s   a n d e r e s   m e h r   g ä b e   —   k e i n e   A u g e n,   k e i n e   H ä n d e,   k e i n e   F ü ß e,   a u ß e r   d e r   e i n e n   r i e s i g e n   N a s e, deren Nasenlöcher so groß wie Eimer wären, um soviel wie möglich von den Wohlgerüchen des Frühlings aufsaugen zu können" (ibid., S. 319). Gogol' spielt mit dieser unmotivierten   V e r - s c h i e b u n g   der Masken und deckt zum Schluß der Erzählung das Verfahren auf: „Nein, das verstehe ich nicht, verstehe es ganz und gar nicht!" In dieser Verschiebung und nicht im Sujet an sich lag hauptsächlich der komische Effekt des Werks.

vierzehnmal erwähnt; der Name von Ivan Nikiforovič fast ebensooft; zusammen, nebeneinander werden sie bei Vergleichen bis zu sechzehnmal erwähnt. Die Projektion der Unähnlichkeit der Wortmasken auf die Sachmasken ergibt die volle Gegensätzlichkeit der beiden: „Ivan Ivanovič ist mager und groß gewachsen; Ivan Nikiforovič ist etwas kleiner, geht dafür mehr in die Breite. Der Kopf von Ivan Ivanovič gleicht einem Rettich mit dem Schwanz nach unten; der Kopf von Ivan Nikiforovič einem Rettich mit dem Schwanz nach oben" usw. Die Projektion der Ä h n l i c h k e i t der Namen auf die Ä h n l i c h k e i t der Masken: „So wie Ivan Ivanovič, liebt auch Ivan Nikiforovič keine Läuse . . . Im übrigen sind, ungeachtet einiger Unähnlichkeiten, Ivan Ivanovič und Ivan Nikiforovič prächtige Leute." Die Projektion der U n ä h n l i c h k e i t der Wortmasken auf das Sujet ergibt den Streit von Ivan Ivanovič mit Ivan Nikiforovič, die Projektion ihrer Ä h n - l i c h k e i t dagegen ihre Gleichheit auf dem Hintergrund des „langweiligen Lebens".

Analog ergibt die Unähnlichkeit der Namen von Onkel Mitjaj und Minjaj, auf die Sachmaske projiziert, den hohen und den niedrigen Wuchs, die Magerkeit und die Beleibtheit. Die „Charaktere", die „Typen" Gogol's sind Masken, die scharf umrissen, keinerlei „Brüche" oder „Entwicklungen" erfahren. Ein und dasselbe Motiv durchläuft alle Bewegungen und Handlungen des Helden — Gogol's Schaffen ist leitmotivisch. Die Masken können auch unbeweglich, „verschwommen" sein, wie Pljuškin, Manilov, Sobakevič; sie können sich auch in Gesten offenbaren wie bei Čičikov.

Die Masken können entweder komisch oder tragisch sein. Bei Gogol' gibt es zwei Ebenen: die hohe, tragische und die niedrige, komische. Gewöhnlich laufen sie nebeneinander her, folgerichtig einander ablösend. In einem der frühen Artikel Gogol's („Boris Godunov"), wo er von den „zwei feindlichen Naturen des Menschen" spricht, sind bereits die Besonderheiten beider Ebenen gegeben in der Rede von Pollior (die hohe Ebene) und den Gesprächen des „l u s t i g e n   W ü r - f e l s"   m i t   d e m   „k a f f e e b r a u n e n   M a n t e l" (die niedrige). Der Verschiedenheit der Masken entspricht die Verschiedenheit der Stile (der hohe — Amplifikation, Tautologie, Isokolon, Neologismen, Archaismen usw.; der niedrige — Irrationalität, Barbarismen, Dialektzüge usw.). Beide Ebenen unterscheiden sich vor allem in der Lexik und gehen auf verschiedene sprachliche Quellen zurück: die hohe auf das Kirchenslavische, die niedrige auf Dialekte.[15] Die literarischen Genres,

---

[15] Die Dialekteigentümlichkeiten in Gogol's Sprache beschränken sich keineswegs auf klein- und südrussische Besonderheiten; in seinem Notizbuch begegnen uns Wörter

an die vorzugsweise die beiden Ebenen geknüpft sind, gehören verschiedenen Traditionen an: die Tradition der Gogol'schen Komödien und die Tradition seiner Briefe, die auf die Predigten des 18. Jahrhunderts zurückgehen.

Das Hauptverfahren Gogol's aber, das System der Sachmetaphern, der Maske, wird in seinen beiden Ebenen gleichermaßen angewendet. Bei der Behandlung moralisch-religiöser Themen trägt Gogol' sein ganzes Bildsystem in sie hinein und weitet die Metaphern manchmal bis zu den Grenzen der Allegorie aus. Das beweist sein Buch „Ausgewählte Stellen aus dem Briefwechsel mit Freunden" (1847). Man vergleiche die Wiederholung solcher Ausdrücke wie „sie türmten Plunder in ihren Seelen auf", „sie verunreinigten (sie) mit fremdländischem Mist", „seelischer Besitz" (den man vom „himmlischen Hausherrn" erhalten hat und der Zinsen abwerfen oder verteilt werden muß), oder: „Karamzin hatte eine wohlgestimmte Seele"; „Europa wird in zehn Jahren nach Rußland kommen, nicht um Hanf und Talg, sondern um Weisheit zu kaufen"; „Wege, Brücken und verschiedene Verbindungen zu schaffen, ist eine wahrhaft nötige Sache; aber viele innere Wege in Ordnung zu bringen ... ist eine noch notwendigere Sache"; Gott ist der „Himmelsherrscher".

Auf diese Weise übertrug Gogol' auf das Gebiet der Moral die gleichen Bilder, lediglich lexikalisch variiert.

Die Aufgaben der Anwendung des Verfahrens waren aber verschiedenartig: während das Wesen der Sachmetaphern auf der komischen Ebene in dem Empfinden einer Unstimmigkeit zwischen zwei Bildern liegt, besteht hier ihre Bestimmung eben darin, das Empfinden für den Zusammenhang der Bilder zu wecken. Das hatte offenbar

---

aus dem Gouvernement Simbirsk, die er von den Jazykovs notierte; „Wörter aus dem Gouvernement Vladimir", „Wörter eines Wolgagängers"; daneben viele technische Ausdrücke (Fischfang, Jagd, Getreideanbau usw.). Das Interesse am Familienargot wird sichtbar: das Wort „Pikot'", der familiäre Spitzname von Praskov'ja Michajlovna Jazykova, wird notiert. Es kommen ausländische Wörter mit parodistischer, verschobener Semantik vor, falsche Volksetymologien („moschinell" [statt maschinell] von „mošennik" — ‚der Betrüger', „Proletarier" von „proletat'" — ‚vorbeifliegen'), die die Sprache Leskovs vorwegnehmen. In den „Toten Seelen" finden sich nordgroßrussische Wörter (šaniški, razmyčet u. a. m.). Erwähnenswert ist, daß Gogol' zwar die Wörter sehr genau (im Notizbuch) notiert, in der Semantik sich aber nicht selten irrt (so verwechselt er „povalka" und „podvoloka", die eine verschiedene Bedeutung haben, u. ä. m.); offenbar interessiert ihn die Semantik weniger als die Phonetik.

Die Einführung von Dialektzügen (in den „Toten Seelen" nur schwach motiviert) war ein bewußtes künstlerisches Verfahren Gogol's, das von der nachfolgenden Literatur weiterentwickelt wurde. Die Auswahl von Dialektismen und technischen Termini (vgl. im besonderen die Benennung von Hunden: murugie [schwarzbraune Hunde], čistopsovye [reinrassige Hunde], gustopsovye [Hunde mit dichtem Fell am Hals] usw. verrät das Artikulationsprinzip.

Gogol' im Auge, als er schrieb: „Wie kann man den ganzen Müßiggang der Welt in all seinen Spielarten bis zur Ähnlichkeit mit dem städtischen Müßiggang hinabführen? Und wie den städtischen Müßiggang bis zur Verwandlung des Müßiggangs der Welt hinaufführen? Dazu muß man die g e s a m t e Ä h n l i c h k e i t e i n b e z i e h e n und einen stetigen Fortgang erzeugen." Allerdings liegt die Kraft der S a c h metaphern gerade in dem Mangel an Übereinstimmung, in der fehlenden Ähnlichkeit des zu Verbindenden, weshalb das im künstlerischen Bereich legitime Verfahren im moralisch-religiösen und politischen als etwas Illegitimes empfunden wurde.

Vielleicht erklärt sich dadurch teilweise der Eindruck, den der „Briefwechsel mit Freunden" sogar auf Freunde, die mit Gogol' übereinstimmten, machte; Gogol' selbst hielt für die Hauptsache des Mißerfolgs seines Buches die „Ausdrucksweise". Die Zeitgenossen aber waren geneigt, den Mißerfolg eben damit zu erklären, daß Gogol' seine Verfahren geändert hatte.

In Wirklichkeit besteht eine völlige Übereinstimmung zwischen den Verfahren.

Gogol's Ziel ist diesmal, „die Seele zu erkennen", wobei er nach den Gesetzen seines Schaffens verfährt. So bittet er darum, ihm Äußerungen zu seinem „Briefwechsel" zuzuschicken: „Was kostet es Sie, in der Art eines Journals täglich ein wenig, sagen wir, mit folgenden Worten aufzuschreiben: ‚Heute hörte ich folgende Meinung; es sprach sie folgender Mensch aus ... sein Leben kenne ich nicht, denke aber, daß er das oder jenes ist; von Ansehen ist er stattlich oder anständig (oder unanständig); seine Hand hält er so; so schneuzt er sich, mit einem Wort, nichts auslassen, was das Auge von den großen Dingen bis hin zu den Details sieht'" (Brief an Rosset). Das heißt, hier liegt das Gleiche vor wie in der Szene auf der Station, nur der Verlauf ist etwas anders; aus Bewegungen und Äußerem will Gogol' auf den Charakter schließen.

Analog sollte sich auch die Umgestaltung des Lebens nach den Gesetzen seines Schaffens vollziehen (Wechsel der Masken). „Die Poesie Jazykovs oder die ‚Odyssee' in Žukovskijs Übersetzung verwandelt alles; aber man kann sogar einfacher den russischen Menschen verändern: ihn ein Weib, einen Tölpel nennen, sagen, der Deutsche meine, der russische Mensch tauge zu nichts, und — im Nu wird aus ihm ein anderer Mensch." Es gibt auch Bruchstücke von Sujetkonstruktionen. Man kann auf die einfachste und ökonomischste Art eine moralische Revolution bewirken — man muß einfach mal durch Rußland fahren: „Sie können während Ihrer Fahrt sie (die Leute) untereinander bekannt machen und einen wechselseitigen wohltuenden Austausch arrangieren, wie ein geschickter Kaufmann, der Nachrichten in einer Stadt gesammelt hat und sie in einer anderen mit Profit verkauft, alle bereichert und zugleich selbst am reichsten wird." „Der Kauf von Nachrichten" erinnert stark an den „Kauf toter Seelen". Čičikov soll wieder auferstehen, und die Reform wird mit Čičikovs Methode durchgeführt.

Ähnlich wie die Maske des Kosaken im roten Überrock sich in die Maske des Zauberers verwandelt („Schreckliche Rache"), sollte sich sogar Pljuškin, wunderbar und einfach, verwandeln.

4

Auch in der Frage der Charaktere gerät Dostoevskij mit Gogol' in Widerstreit.

Dostoevskij beginnt mit der Brief- und Memoirenform; beide, besonders aber die erste, eignen sich kaum zur Entwicklung eines komplizierten Sujets; aber zunächst bestand seine hauptsächliche Aufgabe (worauf ich teilweise schon hinwies) in der Schaffung und Entwicklung von Charakteren, und erst allmählich wurde sie komplizierter (Verbindung eines schwierigen Sujets mit schwierigen Charakteren). Bereits in den „Armen Leuten" greift Makar eben diese Seite des „Mantel" an: „Das ist einfach unwahrscheinlich, weil es eben nicht passieren kann, daß es so einen Beamten gibt." Hier spricht Makar („Ich habe mein wahres Gesicht nicht gezeigt", sagt Dostoevskij), und die Einführung von Literatur zur Überlistung der handelnden Personen ist ein glückliches und erprobtes Verfahren Dostoevskijs. Doch läßt Dostoevskij die Maske der handelnden Person fallen, und äußert sich selbst dazu sehr bestimmt zu Beginn des 4. Teils des „Idioten". Bei der Analyse der T y p e n Podkolesin und George Dandin spricht sich Dostoevskij gegen die Typen in der Kunst aus: „Romane n u r m i t T y p e n oder sogar, um Interesse zu wecken, einfach mit seltsamen und absonderlichen Menschen anzufüllen, wäre unwahrscheinlich, ja wohl auch u n i n t e r e s s a n t. Unserer Meinung nach muß sich der Schriftsteller bemühen, interessante und belehrende S c h a t t i e r u n g e n sogar noch unter den gewöhnlichen Erscheinungen zu finden"; hier wird auch auf die Schattierungen „einiger gewöhnlicher Personen" hingewiesen: „eine Gewöhnlichkeit, die auf keinen Fall das bleiben will, was sie ist, und unter allen Umständen originell und selbständig werden will." Diese Schattierungen werden durch Kontraste geschaffen; die Charaktere bei Dostoevskij sind vor allem kontrastierend. Die Kontraste werden in den Gesprächen der handelnden Personen offenbar; in diesen

Reden steht der Schluß unvermeidlich in Kontrast zum Anfang, er
kontrastiert nicht nur durch den unerwarteten Übergang zu einem
anderen Thema (die eigenwillige Anwendung der „Zerstörung der
Illusion" in Gesprächen bei Dostoevskij), sondern auch durch die
Intonation: die Reden der Helden beginnen ruhig und enden wütend,
und umgekehrt. Dostoevskij selbst liebte in Gesprächen Kontraste, er
beendete ein ernsthaftes Gespräch mit einer Anekdote (bezeugt von
A. N. Majkov), darüberhinaus baute er seinen Vortrag auf dem Into-
nationskontrast auf:

> Solang der Dichter nicht gefordert
> Zum heil'gen Opfer von Apoll . . .

begann er mit l e i s e m Pathos, l a n g s a m und mit d u m p f e r ,
t i e f e r Stimme; als er aber dann zu den Versen

> Kaum aber hat des Gottes Wort
> Berührt des Dichters feines Ohr, —*

gekommen war, begann seine Stimme v o l l S p a n n u n g in h o h e n
Brusttönen zu strömen und dabei b e w e g t e e r s e i n e H a n d
f l i e ß e n d durch die Luft, als ob er für mich und für sich diese Wogen
der Dichtung z e i c h n e n wollte."[16] Ähnlich äußert sich über Dostoevskijs Vortrag auch Strachov: „Die rechte Hand war krampfhaft nach
unten ausgestreckt und hielt sich offensichtlich von einer sich aufdrän-
genden G e s t e zurück; die Stimme konnte sich b i s z u m S c h r e i e n
steigern." Diese besondere Rolle der kontrastierenden Intonationen
erlaubte es Dostoevskij wohl auch, seine Romane zu d i k t i e r e n .

Deshalb ist die Briefform, die Dostoevskij zu Anfang wählte, bezeichnend: jeder Brief wird nicht nur vom vorhergehenden als n o t -
w e n d i g e r K o n t r a s t gefordert, sondern birgt auch seiner Natur
nach in sich selbst den kontrastierenden Wechsel von fragender, aus-
rufender und aufrufender Intonation. Diese Eigenschaften der Briefform übertrug Dostoevskij in der Folge auf die kontrastierende Anordnung der Kapitel und Dialoge seiner Romane. Brief- wie Memoirenform waren traditionell für Konstruktionen mit schwachem Sujet; die
reine Briefform ist bei Dostoevskij in den „Armen Leuten" gegeben,
die reine Memoirenform in den „Aufzeichnungen aus dem Totenhaus";
den Versuch, die Briefform mit einem stärker entwickelten Sujet zu
verbinden, finden wir im „Roman in neun Briefen", einen gleichen

---

* Die Verse sind dem Puškin-Gedicht „Poèt" [Der Dichter], 1827, entnommen.
[16] „Ein Jahr Arbeit mit einem berühmten Dichter" von V. V. T-va, in: „Istori-
českij Vestnik" [Historischer Anzeiger], 1904, Nr. 2.

Versuch in bezug auf die Memoirenform in den „Erniedrigten und Beleidigten".

In „Schuld und Sühne" ist der Kontrast zwischen dem Sujet und den Charakteren bereits künstlerisch organisiert: in den Rahmen des kriminalistischen Sujets sind die mit ihm kontrastierenden Charaktere eingesetzt: der Mörder, die Prostituierte, der Untersuchungsrichter sind im Sujetschema durch den Revolutionär, die Heilige, den Weisen ersetzt. Im „Idioten" wird das Sujet kontrastierend entfaltet und fällt mit der kontrastierenden Aufdeckung der Charaktere zusammen; der höchste Punkt der Anspannung des Sujets ist zugleich auch Höhepunkt in der Aufdeckung der Charaktere.

Aber es ist interessant, daß Dostoevskij trotz deutlicher Abgrenzung von den „Typen" Gogol's dessen Wort- und Sachmasken benutzt. Einzelne Beispiele führte ich an, hier noch einige: Namen mit Inversion — Petr Ivanovič und Ivan Petrovič („Roman in neun Briefen"); sogar im „Idioten" tritt das Verfahren der Lautwiederholungen auf: Aleksandra, Adelaida, Aglaja.

Die Erscheinungsbilder von Svidrigajlov, Stavrogin und Lambert sind betonte Masken. Vielleicht ist hier noch ein weiterer Kontrast zu finden: die W o r t m a s k e , die den kontrastierenden C h a r a k t e r verdeckt.[17] Auf diese Weise erhält das bei Gogol' organische Verfahren, wenn es Dostoevskij übernimmt, durch die Kategorie des Kontrasts eine neue Bedeutung. Ebenso muß die weitere Forschung klären, wie Dostoevskij die syntaktischen Intonationsfiguren Gogol's verwendet. Vielleicht wird sich dabei herausstellen, daß die gleichen „Satzwendungen" bei Dostoevskij in eine stärker kontrastierende Anordnung gebracht werden als bei Gogol'. Dostoevskij benutzt Gogol's Verfahren, aber sie sind für ihn als solche nicht unbedingt bindend. Das erklärt uns die Parodierung Gogol's durch Dostoevskij: Stilisierung, die mit bestimmten Zielen durchgeführt wird, wird zur Parodie, wenn diese Ziele fehlen.

---

[17] Bereits die Bekanntschaft des Lesers mit den Schwestern Epančin z. B. vollzieht sich auch nach Art eines Kontrasts: außer der komischen Wiederholung (A) in den Namen bereitet ihre erste Erwähnung einen komischen Eindruck vor, der in der Folge völlig zerstört wird: „A l l e d r e i E p a n č i n - M ä d c h e n waren gesunde, blühende, gutgewachsene junge Damen mit erstaunlichen Schultern, großem Busen und k r ä f t i g e n H ä n d e n f a s t w i e b e i M ä n n e r n , und natürlich l i e b t e n s i e e s infolge ihrer Kraft und Gesundheit m a n c h m a l g u t z u e s s e n . . . Außer Tee, Kaffee, Käse, Honig, Butter, den besonderen Pfannkuchen, welche die Generalin selbst über alles liebte, Kotelette u. a. wurde sogar kräftige heiße Brühe gereicht" usw. Hier liegt volle Übereinstimmung der Wortmasken und

5

Dostoevskij führt beständig die Literatur in seine Werke ein; selten, daß die handelnden Personen nicht von ihr sprechen. Das ist natürlich ein sehr bequemes parodistisches Verfahren: es genügt, daß eine bestimmte handelnde Person ihre literarische Meinung ausspricht, damit diese die Färbung i h r e r Meinung erhält; wenn es eine komische Figur ist, so wird auch die Meinung komisch sein.

In „Netočka Nezvanova" wird das Schauspiel Timofeevs „Giacobo Sannazar" parodiert; ein Deutscher, der Pechvogel Karl Fedorovič, liest das Stück laut vor und beginnt danach zu tanzen (er ist ein schlechter Tänzer):

„In diesem Drama wurde von den Unglücksfällen eines großen Künstlers gesprochen, irgendeines Gienaro oder Giacobo, der auf der einen Seite schreit: ‚Ich werde nicht anerkannt!' und auf der anderen: ‚Ich werde anerkannt!' oder: ‚Ich habe kein Talent!' und dann einige Zeilen später: ‚Ich habe Talent!'. Alles endete sehr traurig." In den „Erniedrigten und Beleidigten" kritisiert der alte Ichmenev die „Armen Leute" (wobei die Rezension der „Severnaja Pčela" [Die nordische Melissa] parodiert wird) und spricht viel von Belinskij. In den „Dämonen" werden die Gedichte von Ogarev, Turgenevs „Genug", die Briefe Granovskijs, in der Polemik der Stil Senkovskijs und in den Erinnerungen des Generals Ivolgin die Kriegsmemoiren parodiert. Aber bereits in den „Armen Leuten" wird Gogol' parodiert; außer einigen Parodien, die lediglich eine episodenhafte Rolle spielen, gibt es hier auch eine Parodie auf die „Geschichte, wie Ivan Ivanovič mit Ivan Nikiforovič in Streit geriet": „Kennen Sie Ivan Prokof'evič Želtopuz [Gelbbauch]? Na, derselbe, der Prokofij Ivanovič ins Bein gebissen hat. Ivan Prokof'evič ist ein Mann von heftigem Charakter, aber dafür seltenen Tugenden; im Gegensatz dazu liebt Prokofij Ivanovič Rettich mit Honig über alles. Ja, als Pelageja Antonovna noch mit ihm bekannt war ... Aber kennen Sie Pelageja Antonovna? Na, dieselbe, die immer den Unterrock mit dem Futter nach außen anzieht."

Man vergleiche damit die „Geschichte, wie Ivan Ivanovič mit Ivan Nikiforovič in Streit geriet": 1) Anton Prokof'evič Golopuz [Nacktbauch], 2) „Kennen Sie Agaf'ja Fedoseevna? Dieselbe, die dem Beisitzer das Ohr abgebissen hat", 3) „Ivan Ivanovič hat einen etwas

---

des Ausdrucks „alle drei Mädchen" vor; dadurch besitzt die Wortmaske eine Umgebung, die für den weiteren Kontrast notwendig ist.

ängstlichen Charakter; Ivan Nikiforovič hat im Gegensatz dazu Hosen mit so breiten Falten . . .", 4) „Er hat sie sich noch damals genäht, als Agaf'ja Fedoseevna nicht nach Kiev zu fahren pflegte. Kennen Sie Agaf'ja Fedoseevna?"

Die Parodie ist so offenkundig, daß ein bloßes Nebeneinanderstellen zu ihrem Aufzeigen genügt; auch die kleinsten Details werden eingehalten: die paarweisen Namen Ivan Ivanovič und Ivan Nikiforovič sind durch invertierte Namen ersetzt, und das Verfahren der logischen Syntax wird bei Unsinnigkeiten angewandt; Familiennamen werden parodiert.

Das Wesen der Parodie liegt in der Mechanisierung eines bestimmten Verfahrens, wobei diese Mechanisierung natürlich nur dann spürbar wird, wenn das Verfahren, das sich mechanisiert, bekannt ist. Auf diese Weise erfüllt die Parodie eine doppelte Aufgabe: 1) die Mechanisierung eines bestimmten Verfahrens und 2) die Organisation neuen Materials, zu dem auch das mechanisierte alte Verfahren gehört.

Die Mechanisierung eines Wortverfahrens kann durch seine Wiederholung durchgeführt werden, die nicht mit dem kompositionellen Plan übereinstimmt, ebenso durch Umstellung der Teile (die übliche Parodie — das Lesen eines Gedichts von unten nach oben), durch wortspielerische Verschiebung der Bedeutung (die Schulparodien klassischer Gedichte durch Hinzufügen eines zweideutigen Refrains; der parodistische Refrain in den „Fröschen" des Aristophanes zu den Versen des Euripides: „. . . verlor das Krüglein", ein Lieblingsverfahren besonders der Anekdote) und schließlich durch Loslösen von den analogen und Vereinigung mit den widersprechenden Verfahren.

In der oben angeführten Parodie Dostoevskijs wird das Verfahren keineswegs unterstrichen; als Parodie wird sie nur auf dem Hintergrund eines stilistisch überhaupt nicht mit ihr übereinstimmenden Textes empfunden.

Die Parodie ist nicht nur durch die Briefform motiviert, da sie nur einen episodischen Einschub darstellt; aber diese Form motiviert die Äußerung über den Stil: „Das ist zwar ein wenig drollig und gar zu scherzhaft, aber dafür unschuldig, ohne die geringste Freigeisterei und liberale Gedanken"; motiviert ist auch die Parodie auf die zeitgenössische Kritik, weil sie Makar vorträgt: „Eine gute Sache ist die Literatur, Varin'ka, eine sehr gute Sache; das habe ich vorgestern von ihnen erfahren. Eine tiefe Sache! Festigt das Herz der Menschen, belehrt sie, und Verschiedenes über alles dieses steht da noch bei ihnen im Buch geschrieben. Sehr gut geschrieben! Die Literatur ist ein Gemälde, d. h. in gewisser Weise ein Gemälde und ein Spiegel: Leidenschaften, Ausdruck, sehr feine Kritik, Belehrung zur Erbauung des Gemütes und Dokument."

Aber bereits in „Onkelchens Traum" ist die Parodie durch nichts motiviert: „Mar'ja Aleksandrovna Moskaleva ist natürlich die erste Dame in Mordasovo, und daran kann es keinen Zweifel geben. Sie benimmt sich so, als ob sie niemanden brauchte, sondern im Gegenteil alle sie brauchten ... Ein solches Bedürfnis ist schon das Kennzeichen hoher Politik ... Sie weiß z. B. von manchen Bewohnern Mordasovos solch kapitale und skandalöse Geschichten, daß, würde sie sie bei günstiger Gelegenheit erzählen und so beweisen, wie sie es zu beweisen versteht, in Mordasovo das Erdbeben von Lissabon ausbrechen würde ... Sie versteht es z. B. zu töten, zu zerfleischen, zu vernichten ... Und es ist bekannt, daß ein solcher Zug schon die Zugehörigkeit zur obersten Gesellschaft bedeutet ... Mar'ja Aleksandrovna wurde sogar in mancher Hinsicht mit Napoleon verglichen. Es versteht sich, daß das ihre Feinde spaßeshalber taten, mehr der Karikatur, als der Wahrheit wegen. Erinnern Sie sich, was für eine abscheuliche Geschichte sich bei uns vor anderthalb Jahren zusammenbraute ... Wie die unbequeme, skandalöse Sache verwischt, vertuscht wurde ..."[18]

So beginnt „Onkelchens Traum" (ich habe Auszüge angeführt). Hier sind alle Verfahren nach der Art Gogol's: ein und dasselbe Wort schließt die nebeneinanderstehenden Sätze ab („sie brauchte" — „sie brauchten"), Hyperbel, Synonyma, die eine Klimax bilden („töten, zerfleischen, vernichten", „verwischt, vertuscht", vgl. bei Gogol': „ermunterte, erfrischte", „nebelhaft und unklar" u. a.), Fremdwörter als komisches Verfahren („kapitale und skandalöse Geschichten", vgl. dazu bei Gogol': „sein Verhalten begann über alle Maßen skandalös zu werden") usw.

So hindert uns nichts daran, diesen Ausschnitt als Stilisierung anzusehen. Aber gegen Ende des Kapitels legt Dostoevskij selbst den Parodie-Charakter bloß, indem er die parodistische Maske zur Hälfte herunterreißt (aber nur zur Hälfte, weil die Bloßlegung selbst im gleichen parodierenden Stil vollzogen wird): „Alles, was der geneigte Leser jetzt las, wurde von mir vor fünf Monaten einzig aus Rührung geschrieben ... Ich wollte so etwas wie eine Lobrede auf diese prächtige Dame schreiben und das alles in Form eines scherzhaften Briefes an einen Freund, nach dem Beispiel der Briefe, die in der alten, goldenen,

---

[18] Dostoevskij, Ausgabe von 1889, Bd. II, S. 257—258.

aber, Gott sei Dank, nicht wiederkehrenden Zeit in der „Severnaja Pčela" und den übrigen Periodica abgedruckt wurden."

Dies geht an die falsche Adresse; denn obwohl in der „Severnaja Pčela" auch „Briefe an einen Freund" vorkamen, so wurden sie doch nicht im Stile Gogol's geschrieben. Das hier auf Gogol's Stil bezogene Epitheton „scherzhaft" wird ebenso in der Parodie auf „Ivan Ivanovič und Ivan Nikiforovič" verwendet.

So leicht und unmerklich geht die Stilisierung in die Parodie über; und wer garantiert, daß es bei Dostoevskij wenige solcher unaufgedeckter (weil von ihm selbst nicht aufgezeigter) Parodien gibt? Ist nicht auch die oben angeführte Stelle über die drei Epančin-Mädchen eine Parodie?[19] Vielleicht stellt dieses feine Geflecht von Stilisierung und Parodie über dem tragischen, entwickelten Sujet gerade eine groteske Eigenart Dostoevskijs dar.

Die Parodie ist in dem Maße vorhanden, als durch das Werk die zweite, parodierte Ebene durchschimmert; je enger, bestimmter und begrenzter diese Ebene ist, je deutlicher alle Details des Werkes eine doppelte Nuancierung besitzen, unter doppeltem Blickwinkel wahrgenommen werden, desto ausgeprägter ist der Parodie-Charakter.

Wenn die zweite Ebene sich bis zum allgemeinen Begriff „Stil" ausweitet, so wird die Parodie zu einem der Elemente des dialektischen Wechsels der Schulen und berührt sich mit der Stilisierung, wie das in „Onkelchens Traum" geschieht. Aber was geschieht, wenn die zweite Ebene, vielleicht sogar als bestimmte, existiert, aber nicht ins literarische Bewußtsein gedrungen ist, nicht bemerkt, vergessen wurde? Dann wird die Parodie natürlich nur auf einer Ebene, ausschließlich von der Seite ihrer Organisation her, wahrgenommen, d. h. wie jedes künstlerische Werk.

Ziel dieses Artikels ist es unter anderem, auf die zweite bisher nicht bemerkte Ebene in einem der Romane Dostoevskijs hinzuweisen, auf das Parodistische in seinem „Dorf Stepančikovo". Die Parodie ist in diesem Fall klar bestimmt, die zweite Ebene nur durch ein einziges Werk begrenzt; sie rückt in die Nähe des einfachen Typs der Parodie, wie es die Parodie auf „Ivan Ivanovič und Ivan Nikiforovič" ist. Das weitere kann als Illustrationsmaterial für eben diesen Typus dienen.

---

[19] Vgl. auch den Anfang der „Aufzeichnungen aus dem Totenhaus": „Sie (die Städte) sind gewöhnlich völlig ausreichend mit Kreisrichtern, Beisitzern und den übrigen subalternen Rängen versorgt. Überhaupt ist es ungeachtet der Kälte außerordentlich warm, in Sibirien als Beamter zu arbeiten" usw.

6

„Das Dorf Stepančikovo" erschien im Jahre 1859. Dostoevskij arbeitete lange an diesem Werk und schätzte es hoch ein; vom Publikum aber wurde der Roman kaum beachtet. 1859 schrieb Dostoevskij darüber an seinen Bruder: „Dieser Roman hat natürlich sehr große Schwächen, vor allem wohl seine übermäßige Länge; aber wovon ich überzeugt bin wie von einem Axiom, ist das: Er besitzt zugleich auch große Stärken und ist mein bestes Werk. Ich schrieb zwei Jahre an ihm (m i t e i n e r P a u s e i n d e r M i t t e v o n „O n k e l c h e n s T r a u m").[20] Der Anfang und die Mitte sind sorgfältig bearbeitet, der Schluß ist schnell niedergeschrieben. Aber hier legte ich meine Seele, mein Fleisch und Blut hinein … In ihm gibt es zwei gewaltige t y p i s c h e C h a - r a k t e r e , die fünf Jahre lang geschaffen und aufgezeichnet wurden, die (meiner Meinung nach) tadellos gestaltet sind, vollkommen russische, von der russischen Literatur bisher nicht gewürdigte Charaktere."[21] Der volle Titel des Romans (Dostoevskij selbst nennt ihn in seinen Briefen mal „komischer Roman", mal „Erzählung" [povest']) lautet „Das Dorf Stepančikovo und seine Bewohner. Aus den Aufzeichnungen eines Unbekannten". Der Roman ist, wie auch aus seinem Titel zu ersehen ist, in Memoirenform geschrieben, seine Hauptaufgabe war (wie aus den Briefen hervorgeht) die Darstellung zweier neuer Charaktere. Diese zwei Charaktere sind Foma Opiskin und „Onkel" Rostanev. Der eine von ihnen, Opiskin, ist ein parodistischer Charakter, als Material der Parodie diente die Person Gogol's. Die Reden Fomas parodieren Gogol's „Briefwechsel mit Freunden".[22]

---

[20] Man vergleiche, was oben über das Parodistische in „Onkelchens Traum" gesagt wurde.

[21] „Briefe", S. 121.

[22] Das Verhältnis Dostoevskijs zu Gogol', vor allem zu seiner Person, ist kompliziert. Als sich im Jahre 1846 das Gerücht von Gogol's Tod verbreitete, schrieb Dostoevskij zu einem langen Brief einen charakteristischen Zusatz: „Ich wünsche Euch allen Glück, meine Freunde. Gogol' starb in Florenz vor zwei Monaten." In der Literatur ist Gogol' für ihn offenbar etwas, was man überwinden, über das man unbedingt hinausgehen muß. Vgl. über den „Doppelgänger": „Dir wird er sogar besser als ‚Die toten Seelen' gefallen" (Brief an den Bruder); über den „Roman in neun Briefen": „Er wird besser als Gogol's ‚Prozeß' sein" (an denselben). Die späteren bekannten Urteile Dostoevskijs über Gogol' unterscheiden sich wesentlich von der traditionellen Ansicht der Kritik (vgl. „Die lachende Maske Gogol's", „Der Dämon des Lachens", ferner die Polemik in den „Dämonen" gegen Gogol's Selbstcharakterisierung: „Sichtbares Lachen durch unsichtbare Tränen" usw.). Wir müssen hier in ihm einen Vorläufer der jüngsten Kritiker sehen: Rozanov, Brjusov u. a. Die Einstellung Dostoevskijs zum „Briefwechsel mit Freunden" ist bekannt; schon bei

An dieser Stelle ist eine Ausführung zu meiner Anmerkung von-
nöten: die Feindseligkeit Dostoevskijs gegenüber dem „Briefwechsel mit
Freunden" erklärt keineswegs, warum er ihn parodierte, ebensowenig
wie uns sein Verhältnis zu Gogol' die Parodie auf dessen Charakter
erklären kann. Zufällig fielen diese beiden Momente zusammen, sie
brauchten es aber auch nicht zu tun; das Material für die Parodie kann
beliebig sein, psychologische Voraussetzungen sind dabei nicht notwendig. Im Milieu des orthodoxen Judentums sind Bibelparodien
populär. Obwohl Puškin die Geschichte Karamzins schätzt, parodiert er
sie in der „Chronik des Dorfes Gorjuchino"; er parodiert auch den Stil
der „Ilias" und seinen eigenen berühmten Zweizeiler: „Ich höre den
verstummten Klang der göttlichen hellenischen Sprache" — „Einäugig
war der Dichter Gnedič, der den blinden Homer darbot". Die zahlreichen Parodien der „Äneis" gehen Seite an Seite mit ihrer hohen
Wertschätzung. Das liegt daran, daß das Wesen der Parodie, ihre doppelte Ebene, selbst ein bestimmtes, wertvolles Verfahren ist.[23] Aus die-

---

den ersten Gerüchten darüber schreibt er an seinen Bruder: „Ich will nicht über
Gogol' reden, aber hier hast du ein Faktum." Im „Sovremennik" [Der Zeitge-
nosse] wird nächsten Monat ein Aufsatz Gogol's abgedruckt, sein geistiges
Testament, in dem er sich von allen seinen Werken lossagt und zugibt, daß sie
unnütz sind und sogar noch mehr" ... usw. In dem Prozeß gegen die Petraševcen
wurde, wie bekannt, Dostoevskij vor allem angelastet, daß er den Belinskij-Brief
an Gogol' vorgelesen und zum Abschreiben weitergereicht hatte. Später, nachdem
er mit Belinskij Kreis gebrochen hatte, läßt sich Dostoevskij dem „Briefwechsel"
gegenüber offenbar von seiner noch frischen Erinnerung an diesen Kreis leiten. Denn
fast alle Stellen aus Gogol', die von uns unten zum Vergleich angeführt werden,
finden sich bei Belinskij in seiner Rezension des „Briefwechsels". Dieses Verhältnis
zum „Briefwechsel" scheint sich bei Dostoevskij nicht zu ändern. Im Jahre 1876
schreibt er: „Gogol' ist in seinem ‚Briefwechsel' schwach, aber charakteristisch"
(„Tagebuch eines Schriftstellers"). Ende 1880 lesen wir: „Es ist eine Unaufrichtigkeit,
sich in Wolken von Größe und Herrlichkeit einzuhüllen (der Ton Gogol's z. B. im
‚Briefwechsel mit Freunden'), eine Unaufrichtigkeit aber erkennt sogar der unerfah-
renste Leser gefühlsmäßig. Damit verrät man sich am ehesten" (Brief an Ivan
Aksakov). Wieder in der Freiheit, liest Dostoevskij erneut Gogol', gerade als er am
„Dorf Stepančikovo" und an „Onkelchens Traum" arbeitet (Erinnerungen des Barons
A. E. Vrangel'). Im Jahre 1857 veröffentlichte Kuliš seine Edition mit zwei Bänden
von Briefen Gogol's, durch die unter anderem die Frage des „Briefwechsels" eine
Revision erfuhr (Artikel von Černyševskij). Dostoevskij arbeitete noch bis kurz
vor der Drucklegung intensiv an diesem Roman, änderte ihn ab, u. ä. m. (siehe seinen
Brief an den Bruder aus Tver' vom 28. Oktober 1859). Bisweilen werde ich daher
auch die Briefe Gogol's in der Kuliš-Ausgabe benutzen, als ein Dostoevskij bekanntes
Material. Im übrigen ist hier nicht so sehr der Textvergleich von Bedeutung wie die
Gegenüberstellung der Verfahren selbst. Als Satzmaterial kann für die Parodie
auch anderes verwendet werden (V. Šklovskij), abgesehen natürlich von den Fällen,
in denen die Lexik selbst parodiert werden soll.

[23] Es gibt Leute, die heutzutage behaupten, Parodieren sei „Auslachen", „Feind-
schaft" oder sogar „Haß" auf das Parodierte. Wenn es sich so verhielte, wäre die
Fröhlichkeit der Parodierten, die durch die Parodien auf sie hervorgerufen wird,
völlig unverständlich. So erzählt z. B. A. P. Kern von A. S. Puškin: „Einst stand er
in düsterer Stimmung im Wohnzimmer am Kamin, die Hände auf dem Rücken ver-

sem Grunde werden wir nicht erstaunt sein zu erfahren, daß neben dem feindseligen Verhältnis Dostoevskijs zum „Briefwechsel mit Freunden", neben seiner Parodierung (was übrigens noch zu beweisen ist), Dostoevskij im „Kleinen Helden" (den er in der Festung schrieb) eben diesen „Briefwechsel" benutzt, aber nicht als Material für die Parodie, sondern als Material für die Stilisierung.

Man vergleiche folgende Textstelle aus dem „Kleinen Helden": „Es gibt Frauen, die wie b a r m h e r z i g e S c h w e s t e r n i m L e b e n sind. Vor ihnen braucht man nichts zu verbergen, wenigstens nichts, w a s k r a n k u n d v e r w u n d e t i n d e r S e e l e i s t. Wer leidet, d e r g e h e mutig und mit Hoffnung z u i h n e n und fürchte nicht, lästig zu sein, d e n n nur wenige von uns wissen, wieviel unendlich geduldige Liebe, Mitgefühl und Verzeihung in manchem weiblichen Herzen ist. Ganze Schätze von Sympathie, Trost und Hoffnung ruhen in diesen reinen Herzen, die so oft auch verwundet sind, denn ein Herz, das viel liebt, trauert auch viel, aber wo die W u n d e s o r g f ä l t i g v e r d e c k t ist vor neugierigen Blicken, denn ein tiefes Leid wird meistens schweigen und sich verbergen. Sie aber wird weder die Tiefe der Wunde, noch i h r E i t e r, n o c h i h r G e s t a n k erschrecken; wer an sie herantritt, ist ihrer schon würdig; ja, sie werden übrigens gleichsam zu Heldentaten geboren."

Sowohl dem Thema (vgl. bei Gogol' „Die Frau in der großen Welt") als auch einzelnen Redewendungen nach („barmherzige Schwester im Leben", „Eiter und Gestank"), sowohl dem syntaktischen Bau („der gehe", „was krank und verwundet ist"), als auch dem merklichen Anflug von Kirchenslavismen nach könnten wir dieser Stelle ebenso im „Briefwechsel mit Freunden" begegnen. Was die Person Gogol's angeht, so arbeitete Dostoevskij überhaupt gern an historischem und zeitgenössischem Material. In den „Dämonen" dienten Granovskij und Turgenev als Material für die parodistischen Charaktere; in der „Vita eines großen Sünders" mußten den im Kloster sitzenden Čaadaev Belinskij, Granovskij und Puškin besuchen. Aber sofort rechtfertigt sich Dostoevskij: „Bei mir ist es doch nicht Čaadaev, ich nehme nur jenen T y p in meinen Roman auf." Und wir können nicht garantie-

---

schränkt . . . Illičevskij trat an ihn heran und sagte:
  Am Ofen in Schweigen versunken,
  Den Frack gehoben, wärmte er sich den Rücken,
  Und er wollte niemanden
  Von der ganzen Gesellschaft segnen.
Das erheiterte Puškin, und er wurde sehr liebenswürdig." (L. N. Majkov. Puškin. Biografičeskie materialy i istoriko-literaturnye očerki. [Biographische Materialien und literaturhistorische Skizzen]. SPb. 1899, S. 265).

ren, daß es keine parodistische Färbung bei der Zeichnung Puškins gegeben hätte. Denn Dostoevskij beschäftigt stark die emotionelle Vertauschbarkeit seiner Charaktere; nicht umsonst spricht einer der Helden (im „Idioten") von Ippolit als „Nozdrev in der Tragödie", und Dostoevskij selbst nimmt begeistert die Charakterisierung der Helden der „Dämonen" durch Strachov an: „Das sind Turgenevsche Helden im Alter." Im Roman werden uns anekdotische Züge aus dem Leben Gogol's begegnen; Dostoevskij liebte es überhaupt, solche Züge einzuführen (Straßennamen, Familiennamen von Ärzten: Ippolit sucht Rat bei B-n = Botkin). Führen wir zwei Beispiele an. Im Jahre 1844 schrieb Dostoevskij an seinen Bruder: „In seinem letzten Brief riet mir K. mir nichts, dir nichts, mich nicht von Shakespeare hinreißen zu lassen. Er sagt, Shakespeare und eine Seifenblase, das wäre ein und dasselbe. Ich möchte, daß du diesen komischen Zug verstehst, die Erbitterung über Shakespeare. Nun, was soll hier Shakespeare?" Später, in „Onkelchens Traum", wird diese Erbitterung über Shakespeare als komischer Zug in die Gespräche der Mar'ja Aleksandrovna eingeführt.

Aber Dostoevskij übertrug auch die tragischen Züge des wirklichen Lebens in seine Werke, wobei er allerdings ihre emotionale Färbung manchmal kraß ins Komische verwandelte. Ich bitte um Verzeihung für das grobe Beispiel, aber es ist überzeugend.

Andrej Michajlovič Dostoevskij erinnert sich an das Denkmal auf dem Grab seiner Mutter: „Das Aussuchen der Aufschrift auf dem Grabstein überließ der Vater den Brüdern. Sie beschlossen beide, daß nur Vor- und Nachname, Geburtstag und Sterbedatum angegeben sein sollten. Für die Rückseite des Grabmals jedoch wählten sie ein Epigramm von Karamzin: ,Ruhe, geliebter Staub, bis zum freudigen Morgen'. Diese herrliche Aufschrift wurde ausgeführt."

Im „Idioten" erzählt General Ivolgin von Lebedev, der behauptet, er habe sein linkes Bein verloren und „dieses Bein habe er aufgehoben und nach Hause getragen, es später auf dem Friedhof von Vagan'kov begraben, und er sagt, er habe darüber einen Grabstein errichtet mit der Aufschrift: ,Hier ruht ein Bein des Kollegiensekretärs Lebedev' auf der einen Seite und auf der anderen: ,Ruhe, geliebter Staub, bis zum freudigen Morgen . . .'"

Der Charakter Gogol's ist dadurch parodiert, daß der Gogol' aus der Zeit des „Briefwechsels" in den Charakter eines erfolglosen Literaten, eines „Dauergastes" gesteckt wird.[24]

---

[24] Es ist interessant, daß auch ein anderer parodierter Charakter, Stepan Trofimovič, ebenfalls ein „Dauergast" ist; das gleiche „Vagabundenleben", das gleiche

Foma ist vor allem Literat, Prophet und Sittenlehrer. Darauf beruht sein Einfluß. „Der Onkel glaubte rückhaltlos an die Gelehrsamkeit und Genialität Fomas ... Das Wort ‚Wissenschaft' oder ‚Literatur' verehrte der Onkel in der naivsten und uneigennützigsten Weise"; „Foma hat für die Wahrheit gelitten." Das war ein neues Phänomen, das bereits Gogol' erfaßt und erfahren hatte; vgl.: „Bei uns, im Innern Rußlands wird sogar der, der einfach ein Schreiberling und kein Schriftsteller ist, keine schöne Seele, sondern manchmal sogar direkt ein niederträchtiger Mensch, keineswegs für einen solchen gehalten. Im Gegenteil, es lebt im allgemeinen in allen, sogar in denen, die kaum etwas von Schriftstellern hören, bereits eine Überzeugung, daß der Schriftsteller etwas Höheres sei, daß er unweigerlich edel sein müsse" („Über das Lyrische unserer Dichter").

Der Name Foma Opiskin wurde so sehr bezeichnend („der Typ ist gelungen"), daß ein komischer Schriftsteller des „Satirikon" ihn sich zum Pseudonym wählte. Aber man verstand Foma nicht ganz. Er ist nicht nur ein Schelm, nicht nur Tartuffe, ein Scheinheiliger und Heuchler, sondern „er ist ein unpraktischer Mensch, in seiner Art auch irgendein Dichter", wie Mizinčikov es formuliert.

Dostoevskij blieb sich in der kontrastierenden Darstellung Fomas treu. Dieser Schelm unterwirft sogar Feinde seinem Einfluß (z. B. Bachčeev); unter seinem Einfluß „liebt es Nasten'ka, die Heiligen-Viten zu lesen und spricht zerknirscht davon, daß die gewöhnlichen guten Werke noch nicht genügen, sondern daß man eigentlich alles den Armen geben und in der Armut glücklich sein müßte".

Fomas Eigenliebe ist auch literarisch: „Wer weiß, vielleicht ist diese unförmig ausgewachsene Eigenliebe nur ein falsches, von Beginn an pervertiertes Gefühl der eigenen Würde, das zum ersten Mal vielleicht schon in der Kindheit verletzt wurde — durch Unterdrückung, Armut, Schmutz ...[25] Aber ... Foma Fomič ist zudem auch eine Ausnahme von der allgemeinen Regel ... Er war einst ein Literat und war gekränkt und nicht anerkannt worden; d i e L i t e r a t u r aber, die nicht anerkannte, versteht sich, i s t f ä h i g , n i c h t n u r e i n e n F o m a

---

„Bündel". In den „Dämonen" entspricht dieser parodierenden Verlagerung von Charakteren eine allgemeine Verlagerung: Rußland — Petersburg — eine Gouvernementsstadt (die Handlung findet in einer Gouvernementsstadt statt).

[25] Vgl. Gogol': „In meinem Umgang mit Leuten gab es viel Abstoßendes ... Teilweise (aber) kam das auch von kleinlicher Eigenliebe, die nur denen von uns eigen ist, die sich aus dem Schmutz emporgearbeitet haben und sich im Recht glauben, auf andere hochmütig herabzublicken."

F o m i č z u v e r n i c h t e n."[26] Bis in die kleinsten Einzelheiten bleibt Gogol's Lebensweise gewahrt. Damals gab es zwar wenig Memoiren mit Material über ihn, aber die Züge Gogol's, die später in den Erinnerungen hervortraten, waren natürlich auch damals bekannt. Berg erinnert sich: „Es ist schwer, sich einen verwöhnteren Literaten mit größeren Prätentionen vorzustellen, als es Gogol' zu jener Zeit war. Die Moskauer Freunde Gogol's, genauer gesagt, die ihm Nahestehenden (einen wirklichen Freund hat Gogol', scheint es, sein ganzes Leben lang nicht gehabt), umgaben ihn mit beispielloser, ehrfurchtsvoller Aufmerksamkeit. Bei jedem seiner Moskaubesuche fand er bei irgendeinem von ihnen alles, was man für das ruhigste und komfortabelste Leben braucht: einen Tisch mit seinen Lieblingsgerichten, ein stilles, abgelegenes Zimmer und Bedienung, die bereit war, seine geringsten Launen zu erfüllen ... Sogar die nahen Bekannten des Hausherrn, bei dem Gogol' wohnte, mußten wissen, wie sie sich zu benehmen hatten, falls sie ihn treffen und mit ihm ins Gespräch kommen sollten." Das alles behält der Roman bei: Foma wird mit Essen und Trinken versorgt: „Tee, Tee, Schwesterchen! Aber recht süß, Schwesterchen: Foma Fomič liebt nach dem Schlafen schön süßen Tee"; man behütet die Ruhe und Einsamkeit Fomas: „,Er schreibt an einem Werk!', sagte er manchmal und ging bereits zwei Zimmer vor dem Arbeitsraum von Foma Fomič auf Zehenspitzen"; speziell für Fomas Launen ist Gavrila angestellt; der Onkel gibt seinem Neffen Anweisungen, wie er sich „bei einer Begegnung" zu verhalten habe.

Man vergleiche auch die Beschreibung von Fomas Zimmern: „Größter Komfort umgab den großen Mann" usw. (Kap. 3). Foma benimmt sich bei der Familie Rostanev wie Gogol' bei der Familie Aksakov.

Auch im Äußeren Fomas wird Gogol' gleichsam kopiert: „Mit Recht nannte Gavrila ihn ein z i e m l i c h u n a n s e h n l i c h e s Männchen. Foma war k l e i n v o n G e s t a l t , s t r o h b l o n d [27] mit grauen Strähnen, hatte eine H ö c k e r n a s e und kleine Runzeln im ganzen Gesicht ... Zu meinem Erstaunen war er im S c h l a f r o c k erschienen, allerdings von ausländischem Schnitt ..." (S. 458—459). ... „Foma Fomič saß in einem bequemen Sessel in einer Art Gehrock, der bis zu den Fersen reichte[28], aber dennoch ohne Krawatte" (S. 540).

---

[26] Dostoevskij, Bd. II, S. 394.
[27] Gogol' über sich selbst: „von geringem Wuchs und unansehnlich". Brief an A. S. Danilevskij vom 11. April 1883. Ed. Kuliš, V, S. 306; „Gogol' war semmelblond", S. Aksakov u. a. m.
[28] Vgl. S. Aksakov über Gogol's Kostüm: „ein mantelähnlicher Gehrock".

Hier und dort sind Anspielungen verstreut, die einen gewissen Gogol'-schen Hintergrund geben: Egor Il'ič traf in Petersburg einen Literaten: „und seine Nase ist auch irgendwie ungewöhnlich"; Foma erwähnt in einer seiner Predigten direkt den Namen Gogol's; Foma hat für die Wahrheit gelitten „irgendwann in den vierziger Jahren". Von der zehnten Seite des Romans an beginnen die deutlichen Anspielungen: „Ich habe selbst Fomas Worte im Hause meines Onkels in Stepančikovo gehört, als er dort schon längst zum alleinigen Herrscher und Propheten geworden war: ‚nicht mehr lange werde ich unter euch leben', sagte er so manches Mal mit einer geheimnisvollen Bedeutsamkeit, ‚nicht mehr lange werde ich hier leben! Ich will mir eine Weile alles ansehen, euch alle versorgen, euch zeigen und belehren und dann — lebt wohl: auf nach Moskau, um eine Zeitschrift herauszugeben! D r e i ß i g t a u s e n d M e n s c h e n   w e r d e n   s i c h   a l l m o n a t l i c h   b e i   m e i n e n V o r l e s u n g e n   v e r s a m m e l n. Mein Name wird endlich berühmt werden und dann, wehe meinen Feinden!'" (S. 394, 1. Kap.). Dreißigtausend Menschen bei den Vorlesungen, das sind natürlich die fünfunddreißigtausend Kuriere Chlestakovs, aber vielleicht ist hier auch die Rede von Gogol's mißglückter Professor.

„Aber das Genie, das sich vorläufig erst anschickte, berühmt zu werden, forderte sofortigen Lohn. Es ist überhaupt angenehm, im voraus bezahlt zu werden, und besonders in diesem Fall. Ich weiß, daß er meinen Onkel allen Ernstes davon überzeugt hat, ihm, Foma, stünde eine ganz große Heldentat bevor, derentwegen er auf diese Welt berufen wurde und zu deren Vollendung er gedrängt werde von irgendeinem Menschen mit Flügeln, der ihm nachts zu erscheinen pflege, oder irgend etwas in dieser Art. Und zwar zu schreiben: ein ä u ß e r s t t i e f g r ü n d i g e s   W e r k   v o n   d e r   s e e l e n r e t t e n d e n   A r t, v o n   d e m   e i n   a l l g e m e i n e s   E r d b e b e n   a u s g e h e n   u n d das ganz Rußland zum Erzittern bringen wird. Und wenn dann ganz Rußland bereits erzittert, so wird er, Foma, den Ruhm verschmähend, i n s   K l o s t e r   g e h e n   u n d   d o r t   T a g   u n d   N a c h t   i n   d e n H ö h l e n   v o n   K i e v   f ü r   d a s   G l ü c k   d e s   V a t e r l a n d e s b e t e n" (Kap. I).

Es ist bekannt, welche Bedeutung Gogol' seinem „Briefwechsel" zumaß und welche Folgen er von ihm erwartete. „Es kommt die Zeit, wo alles sich klären wird"; „der Druck des Buches ist für mich und für die anderen notwendig, mit einem Wort, notwendig für das Allgemeinwohl. Das sagt mir mein Herz und die außergewöhnliche Gnade Gottes" usw. „Er wird ins Kloster gehen" usw. ist eine Anspielung auf Gogol's Reise nach Jerusalem; vgl. Gogol's „Testament": „am Grabe des Herrn werde ich für alle meine Landsleute beten, ohne einen einzigen auszuschließen." Über dieses Testament schrieb 1846 Dostoevskij schon an seinen Bruder: „Er sagt, er werde sein ganzes Leben lang nicht die Feder ergreifen, denn seine Sache sei zu beten" usw. Das „E r d - b e b e n" parodiert vielleicht auch Gogol's Aufsatz über Jazykovs Ge- dicht „Das Erdbeben": „Findest du Worte, so finden sich die Aus- drücke; F l a m m e n statt Worten werden aus ihr hervorlodern, wie bei den alten Propheten" . . . „Den wahrhaft russischen Menschen wirst du in den Kampf sogar gegen die Verzagtheit führen, d u w i r s t i h n ü b e r d i e Furcht und die Z w e i f e l d e r W e l t e m p o r h e b e n, wie er den Dichter in seinem ‚Erdbeben'."[29]

Foma Fomič ist stark mit der Bauernfrage beschäftigt. Unter seinen posthumen Schriften fand man nicht umsonst „eine sinnlose Abhand- lung ü b e r d i e B e d e u t u n g u n d d i e B e s c h a f f e n h e i t d e s r u s s i s c h e n B a u e r n u n d d a r ü b e r, w i e m a n m i t i h m u m g e h e n m u ß" (S. 539). Er schreibt auch „über die Produktions- kräfte" (S. 398): „Nachdem er mit den Bauern ein wenig über die Wirtschaft geplaudert hatte, obwohl er selbst nicht Hafer von Weizen unterscheiden konnte, nachdem er wohltönend d i e h e i l i g e n P f l i c h t e n d e s B a u e r n d e m H e r r n g e g e n ü b e r erklärt hatte, flüchtig die Elektrizität und die A r b e i t s t e i l u n g berührt hatte, wovon er natürlich selbst keine Zeile verstand, nachdem er seinen Hörern erläutert hatte, auf welche Weise sich die Erde um die Sonne dreht, begann er schließlich, in der Seele zutiefst von der eigenen Be- redsamkeit gerührt, von den Ministern zu sprechen. Ich verstand das . . . die Bauern (aber) hörten Foma Fomič die ganze Zeit voller Ergeben- heit zu" (S. 398).

Das aber ist genau das Programm zweier Abhandlungen im „Brief- wechsel": „Der russische Gutsbesitzer" und „An einen hochgestellten Mann"; man vergleiche speziell über die Minister: „Der General- gouverneur ist ein Innenminister, der seine Durchreise unterbrochen hat" . . . Der Generalgouverneur wird entsandt, um . . . „allem einen Anstoß zu geben, durch seine Vollmacht die Schwierigkeiten mancher Instanzen in ihren Beziehungen zu den weit entfernten Ministerien zu erleichtern" usw. Im Anschluß daran liest man über die „Arbeits- teilung": „Erstens, jedes Amt in seine gesetzlichen Grenzen zu weisen und jedem Beamten des Gouvernements seine Amtspflichten voll be- wußt zu machen . . . Jedes Amt auf seinen gesetzlichen Bereich zurück- zuführen, ist jetzt umso schwieriger geworden . . ." usw. Die Abschieds-

---

[29] Vgl. außerdem den Beginn des Auszugs mit dem Auszug aus der Abhandlung: „Der Historienmaler Ivanov": „Ich werde ein Werk schaffen, das euch einst in Erstaunen versetzen wird, aber darüber kann ich jetzt nicht sprechen, weil vieles mir selbst auch noch nicht ganz klar ist, ihr aber wartet geduldig, solange ich an der Arbeit sitze, und gebt mir Geld für meinen Unterhalt." Diese Worte sind dem Maler in den Mund gelegt.

predigt Fomas entwickelt ausführlicher den Leitgedanken des Aufsatzes „Der russische Gutsbesitzer":

„Sie sind ein Gutsbesitzer, Sie müßten wie ein Brillant auf ihren Gütern erstrahlen" ... (S. 548).

„,Nun also, bedenken Sie, daß Sie ein Gutsbesitzer sind', fuhr Foma fort ... ,Glauben Sie nicht, daß Muße und Wollust dem Gutsbesitzer, seinem Stand vorherbestimmt sind. Ein verderblicher Gedanke! Nicht Muße, sondern Pflichterfüllung, und zwar Pflichterfüllung gegenüber Gott, Zar und Vaterland! Zu arbeiten, zu arbeiten hat der Gutsbesitzer, und nochmals zu arbeiten, wie der letzte unter seinen Bauern!'

,Was, soll ich etwa für den Bauern anfangen zu pflügen', murmelte Bachčeev ...

,Nun wende ich mich an euch, Hausleute', fuhr Foma fort ... ,liebt eure Herrschaft und erfüllt ihren Willen ergeben und mit Demut. Dafür wird euch auch eure Herrschaft liebgewinnen. Und Sie, Oberst, seien Sie gerecht zu ihnen und mitfühlend. Denn dieser Mensch, ein sozusagen unmündiges Ebenbild Gottes, ist Ihnen wie ein Kind von Zar und Vaterland anvertraut worden. Groß ist die Pflicht, aber groß ist auch Euer Verdienst!'" Man vergleiche bei Gogol': „Geh die Aufgabe des Gutsbesitzers so an, wie es richtig und rechtens ist ... (S. 156) ... Gott wird dich zur Verantwortung ziehen, wenn du diesen Stand mit einem anderen vertauschst, denn ein jeder muß auf seinem Platz Gott dienen ..." (S. 157).

„Und du, der du bisher noch auf keinem Arbeitsgebiet eifrig gedient hast, wirst in dem Stand eines Gutsbesitzers dem Herrscher einen solchen Dienst leisten, wie ihn manch ein Mensch so hohen Ranges nicht leistet (S. 165) ... sei ein Patriarch, der alles selbst beginnt und in allen Tätigkeiten vorangeht ... und speisen sollst du mit ihnen (den Bauern) zusammen und mit ihnen zusammen zur Arbeit gehen und auch bei der Arbeit der erste sein, der alle anspornt, wacker zu arbeiten" ... (S. 160).

„Spende auch Kraft mit den Worten: ,Los, Leute, alle vereint angepackt, zu-gleich!' Nimm selbst die Axt oder die Sense in die Hand; das wird dir zum Heil gereichen ..." (ibid. im „Russischen Gutsbesitzer"). Die gleichen Gedanken entwickelt Tentetnikov: „Ich bin ein Gutsbesitzer; dieser Stand heißt nicht Müßiggang. Wenn ich mich um die Bewahrung, Erhaltung und Besserung der mir anvertrauten Leute kümmere, worin ist dann mein Dienst schlechter als der irgendeines Abteilungsleiters?"

Die Überlegungen Fomas zur Literatur, welche sich unmittelbar an seine Erörterungen über die „Tänze des russischen Volkes" anschließen, parodieren den Aufsatz „Themen für den lyrischen Dichter" und teilweise den Aufsatz „Über das Theater, über die einseitige Betrachtung des Theaters usw."

„„Ich wundere mich, Pavel Semenovič', fuhr er fort: ‚was denn eigentlich alle diese zeitgenössischen Literaten, Dichter, Gelehrten und Denker tun? Wie können sie nicht darauf achten, welche Lieder das russische Volk singt und zu welchen Liedern das russische Volk tanzt. Was haben eigentlich bisher alle diese Puškin, Lermontov und Borozdna getan? Ich bin erstaunt. Das Volk tanzt den Komarinskij, diese Apotheose der Trunksucht, sie aber besingen irgendwelche Vergißmeinnicht! Warum schreiben sie denn nicht sittsamere Lieder für den Gebrauch des Volkes und geben ihre Vergißmeinnicht auf? Das ist eine soziale Frage. Sollen sie meinetwegen den Bauern darstellen, aber dann doch den veredelten Bauern, sozusagen den Landmann, und nicht den Bauern. Sollen sie den Weisen des Dorfes in seiner Einfachheit darstellen, meinetwegen sogar in Bastschuhen — ich bin auch damit einverstanden — aber dann doch von Tugenden erfüllt, um die ihn — ich wage das zu sagen — sogar irgendein übermäßig gerühmter Alexander der Große beneiden kann. Ich kenne Rußland und Rußland kennt mich: daher sage ich das auch. Sie mögen diesen Bauern meinetwegen mit einer Familie belastet, grauhaarig, in einer stickigen Hütte, meinetwegen sogar hungrig darstellen, aber er soll dabei zufrieden sein, nicht murren, sondern seine Armut segnen und gleichgültig sein gegenüber dem Gold des Reichen. Der Reiche selbst soll ihm schließlich, in seiner Seele gerührt, das Gold bringen; es soll sogar bei dieser Gelegenheit eine Vereinigung der Tugend des Bauern mit den Tugenden seines Herrn und möglicherweise noch eines Würdenträgers stattfinden. Landmann und Würdenträger, auf den Stufen der Gesellschaft so weit voneinander entfernt, vereinigen sich schließlich in den Tugenden — das ist ein hoher Gedanke!'"

Zum Vergleich bei Gogol': „Unterscheiden Sie doch bloß zwischen dem zu Recht so genannten höheren Theater und allen Balletthopsereien... die der Verderbnis des Geschmacks oder der Verderbnis des Herzens einen Dienst erweisen..." („Über das Theater", S. 84).

Mit den „Vergißmeinnicht" vergleiche man den Ausdruck Gogol's:

„Vers-Spielzeuge" (ibid.). Mit der Episode von dem Würdenträger und dem Armen vergleiche man bei Gogol': „Verherrliche in einem feierlichen Hymnus den still, unermüdlich Arbeitenden, der — zur Ehre der hohen russischen Art — mitten unter den dreistesten bestechlichen Beamten lebt... Preise ihn, seine Familie und sein edles Weib, das lieber bereit war, eine altmodische Haube zu tragen und zum Gegenstand des Spottes der anderen zu werden, als zuzulassen, daß ihr Mann eine Ungerechtigkeit oder Niederträchtigkeit begeht. Stelle ihre w u n d e r b a r e A r m u t so heraus, daß sie wie ein Heiligtum in aller Augen erstrahlt und j e d e r v o n i h n e n nun s e l b s t g e r n e a r m s e i n m ö c h t e." („Themen für den lyrischen Dichter in unserer Zeit", S. 101).

Über die Leiden als Weg zur Tugend predigt Foma schon mit direkter Berufung auf Gogol': „Von mir aber kann ich sagen, daß das Unglück vielleicht die Mutter der Tugend ist. Das sagte, glaube ich, Gogol', ein leichtsinniger Schriftsteller, bei dem aber manchmal körnige Gedanken vorkommen. Die Verbannung ist ein Unglück! Als Wanderer werde ich jetzt mit meinem Stab durch die Welt ziehen, und wer weiß, vielleicht werde ich durch mein Unglück noch tugendsamer werden! Dieser Gedanke ist der einzige Trost, der mir noch bleibt!" (S. 569).

Dazu bei Gogol': „Das Unglück macht den Menschen weicher; seine Natur wird dann empfindsamer und leichter zugänglich für das Verstehen von Dingen, die das Verständnis eines Menschen, der sich in einer gewöhnlichen und alltäglichen Lage befindet, übersteigen"... („Über die Armenhilfe"); ibid.: ... „der heilige und tiefe Sinn des Unglücks" (S. 41).

7

Die angeführten Reden Fomas zeichnen sich durch ihren Stil aus, und Foma selbst kommentiert seinen Stil. So sagt der Onkel, den Worten Fomas nach, daß er „sogar irgendetwas M e l o d i s c h e s in seinem Stil" habe (S. 465); Besonderheiten seines feierlichen Stils bilden allerdings solche Ausdrücke wie: Freßsack, Mops, Chaldäer*, Chamlet**, holländische Fratze usw.

Hier liegt ein System, eine Absicht vor. „Mit Absicht nannte ich ihn eine holländische Fratze, Pavel Semenovič", bemerkte er... „ja, und überhaupt, ich finde es nicht nötig, meine Ausdrücke in irgendeinem Fall abzuschwächen. W a h r h e i t m u ß W a h r h e i t b l e i b e n.

---

* Russ. Chaldej bedeutet sowohl ‚Chaldäer', als auch ‚Schwindler'.
** verballhorntes Hamlet, russ. Gamlet, wegen „cham", ‚grober, gemeiner Mensch'

Und womit man den Schmutz auch bedeckt, er bleibt dennoch Schmutz. Was soll man sich auch abmühen, etwas abzuschwächen? Das hieße, sich und die Leute zu betrügen' (S. 460) . . . ,Sie verstehen vom Schönen — verzeihen Sie mir, Oberst — soviel wie, zum Beispiel, der Stier vom Rindfleisch! Das ist stark, grob — das gebe ich zu, zumindest aber ist es o f f e n h e r z i g u n d w a h r. Das werden Sie von Ihren Schmeichlern nicht zu hören bekommen, Oberst' (S. 469) . . . ,Warum haben Sie mir nicht gleich zu Anfang den Hals umgedreht, wie irgendeinem Hahn, dafür daß . . . nun sei es, zum Beispiel, nur dafür, daß er keine Eier legt? Ja, genau so? Ich stehe für diesen Vergleich ein, Oberst, wenn er auch dem p r o v i n z i e l l e n L e b e n entnommen ist und an den t r i v i a l e n T o n d e r z e i t g e n ö s s i s c h e n L i t e r a t u r erinnert'" (S. 483).

Der „Briefwechsel mit Freunden" ist eine Mischung aus hohem Stil und Ausdrücken wie: „ungewaschene Fratze", „Schurke", „es schrieb ein Schreiberchen, sein Name ist Köterchen". Die Mischung war beabsichtigt. Gogol' selbst erklärte sie so: Ich „habe fast mit Absicht zahlreiche solcher Stellen eingefügt, die durch ihre Heftigkeit geeignet sind, manchem einen Stachel ins Fleisch zu treiben" (aus einem Brief an Rosset).[30]

Auch der hohe Stil wird streng eingehalten.

In der Abschiedspredigt Fomas (wie auch in Gogol's Predigten) fallen vom Stil her wirtschaftliche Belehrungen mit moralischen zusammen: „Auf der Wiese von Charino ist bei Ihnen bisher das Gras noch nicht gemäht. Säumen Sie nicht: mähen Sie es ab und mähen Sie es möglichst schnell ab. Dies ist mein Rat . . . Sie wollten, ich weiß das wohl, das Waldgebiet in Zarjanov abholzen: holzen Sie es nicht ab, das ist mein zweiter Rat. Erhalten Sie die Wälder, denn die Wälder halten die Feuchtigkeit an der Erdoberfläche . . . Es ist schade, daß Sie so spät das Sommergetreide gesät haben; es ist erstaunlich, wie spät Sie das Sommergetreide gesät haben!" (S. 549). Damit vergleiche man den berühmten Brief Gogol's an Danilevskij: „. . . Aber höre: jetzt mußt Du mein Wort hören, da doch mein Wort doppelt mächtig über Dich ist und jedem, der, wer es auch sei, nicht auf mein Wort hört, Leid widerfährt . . . Überwinde Dich und beschäftige Dich ein Jahr, nur ein Jahr mit Deinem Dorf. Führe nichts ein, vervollkommne nichts, unterstütze auch nichts, sondern arbeite Dich in alles ein — achte auf die

---

[30] Auf diesen Stil richtete hauptsächlich Belinskij seine Aufmerksamkeit. Siehe seine Rezension des „Briefwechsels" in der Ausgabe von Soldatenkov, Bd. II, S. 85 bis 86, wo folgende Ausdrücke aufgezählt sind: „Dumme Schlauköpfe", „Sie begann Blödsinn zu quatschen", „Ungewaschene Fresse" u. a.m.

Bauern, den Gutsverwalter . . . Und so erfülle ohne Murren und ohne Widerspruch diese meine Bitte" usw.[31]

Außerdem werden einzelne Verfahren des Gogol'schen Stils parodiert.

„Wem glichen Sie, bevor ich erschien? Aber jetzt habe ich den Funken des himmlischen Feuers in Sie gesenkt, das nun in Ihrer Seele brennt. Habe ich den Funken des himmlischen Feuers in Sie gesenkt oder nicht? . . . Antworten Sie, habe ich den Funken in Sie gesenkt oder nicht? . . . Antworten Sie doch: brennt der Funke in Ihnen oder nicht?" usw. (S. 399).

„,Nun, spüren Sie jetzt nicht', sagte der Peiniger, ,daß es Ihnen plötzlich leichter ums Herz geworden ist, als ob irgendein Engel in Ihre Seele herabgeschwebt wäre. Spüren Sie die Anwesenheit dieses Engels? Antworten Sie mir!'" usw. (S. 487).

„Warum kam er denn nicht früher zu mir gelaufen, glücklich und schön — denn die Liebe verschönt das Gesicht — warum warf er sich damals nicht in meine Arme, weinte nicht an meiner Brust Tränen grenzenlosen Glücks und erzählte mir nicht alles, alles? Bin ich denn ein Krokodil, das Sie nur gefressen hätte und Ihnen keinen nützlichen Rat gegeben hätte? Oder bin ich irgendein ekelhafter Käfer" . . . usw. (S. 562).

Man vergleiche damit bei Gogol':

„Ja, bin ich denn schon ganz um den Verstand gekommen? . . . Und woraus hast Du geschlossen, daß der zweite Band eben jetzt benötigt wird? Bist Du etwa in meinen Kopf gekrochen? Hast Du das Vorhandensein des zweiten Bandes gespürt? . . . Wer von uns hat denn recht? Der, bei dem der zweite Band schon im Kopf sitzt, oder der, der nicht einmal weiß, woraus der zweite Band besteht?" („3. Brief aus Anlaß der ,Toten Seelen'").

„Wer hat Ihnen gesagt, daß diese Krankheiten unheilbar sind? Was denn, sind Sie etwa ein allwissender Arzt? Und warum haben Sie sich nicht mit der Bitte um Hilfe an andere gewandt? Habe ich Sie umsonst gebeten, alles mitzuteilen, was auch immer in ihrer Stadt sich ereignet . . . Warum haben Sie das denn nicht getan, um so mehr, als Sie selbst mir einige Menschenkenntnis, die doch nicht jeder besitzt, zuschreiben . . . Denken Sie etwa wirklich, daß ich es nicht auch vermocht hätte, Ihren unheilbaren Kranken zu helfen?" („Was eine Gouverneursgattin ist", S. 141).

Die Parodie Dostoevskijs beruht in diesem Fall auf einer unterschiedlichen Kombination der B i l d e r : Bilder, wie „Funke des himmlischen Feuers", „der herabgeschwebte Engel" stehen den Bildern

---

[31] Ed. Kuliš, V, S. 447.

des Gogol'schen „Briefwechsels" nahe (vgl. etwa „der elektrische Funke des poetischen Feuers", in: „Worin besteht am Ende das Wesen der russischen Dichtung", S. 236), aber bei Gogol' fallen sie nicht mit der syntaktischen Form der nachdrücklichen Fragen zusammen; die Komik besteht hier in der Unstimmigkeit zwischen Syntax und Semantik.

Dostoevskij parodiert auch die Nachdrücklichkeit durch Wiederholung irgendeines Wortes:

„Sie sind voll Eigenliebe, voll faßbarer Eigenliebe!... Sie sind ein Egoist und sogar ein finsterer Egoist... Sie sind grob. Sie drängen sich so grob in das menschliche Herz hinein, so voller Eigenliebe drängen Sie sich auf, um Aufmerksamkeit zu erregen" usw. (S. 488).

Vergleiche dazu bei Gogol': „Und Du bist voller Stolz, Du willst auch jetzt schon nichts sehen; Du bist voll Selbstüberheblichkeit: Du denkst, daß Du schon alles weißt; Du denkst, daß alle Verhältnisse Rußlands Dir bekannt sind; Du denkst, daß Dich schon niemand mehr belehren kann" usw. („An einen hochgestellten Mann", S. 192).

So sind zwei äußerst wichtige Stellen aus Gogol' parodiert:

1) „Ich werde dieses Geheimnis preisgeben', kreischte Foma: ‚und ich werde die edelste aller Taten tun! I c h b i n v o n G o t t s e l b s t g e s a n d t , u m d i e g a n z e W e l t i n i h r e n W i d e r w ä r t i g - k e i t e n z u e n t l a r v e n! Ich bin bereit, auf das Strohdach einer Bauernhütte zu klettern und von dort aus allen benachbarten Gutsbesitzern und allen Durchreisenden schreiend Ihre abscheuliche Tat zu verkünden!'"... (S. 550).

Vgl. bei Gogol': „Seien Sie nicht verwirrt von den Gemeinheiten und berichten Sie mir jede Gemeinheit. Die Gemeinheit ist nichts Ungewohntes für mich: ich bin selbst ziemlich gemein. Solange ich noch wenig Einblick hatte in die Gemeinheit, verwirrte mich jede Gemeinheit, aber seitdem ich begann, tiefer hineinzublicken in die Gemeinheit, bin ich zu höherer geistiger Klarheit gelangt... Und jetzt danke ich Gott am meisten dafür, daß er mich fähig machte, wenigstens teilweise die Gemeinheit zu erkennen"... („Was eine Gouverneursgattin ist", S. 155).

Man vergleiche ebenfalls: „Noch kein Schriftsteller hatte diese Fähigkeit, so klar die Niederträchtigkeit des Lebens herauszustellen, mit solcher Kraft die Niederträchtigkeit eines niederträchtigen Menschen skizzieren zu können, damit alle diese Kleinigkeiten, die man aus dem Auge verliert, allen ganz groß vor Augen aufleuchten" („3. Brief aus Anlaß der ‚Toten Seelen'", S. 116—117).

2) „Ich will lieben, den Menschen lieben', schrie Foma, ‚aber man läßt mich nicht, man verbietet mir zu lieben, man nimmt mir den Menschen weg! Gebt mir, gebt mir einen Menschen, damit ich ihn lieben kann.

Wo ist dieser Mensch? Wo hat sich dieser Mensch versteckt? Wie Diogenes mit der Laterne suche ich ihn mein ganzes Leben lang und kann ihn nicht finden, und kann niemanden lieben, bis ich diesen Menschen gefunden habe. Wehe dem, der mich zum Menschenhasser gemacht hat! Ich schreie: ,Gebt mir einen Menschen, damit ich ihn lieben kann', und man schiebt mir Falalej zu! Werde ich denn Falalej liebgewinnen? Werde ich Falalej liebgewinnen wollen? Kann ich, schließlich, Falalej lieben, selbst wenn ich es wollte? Nein. Warum nicht? Weil er Falalej ist. Warum liebe ich die Menschen nicht? Weil alles, was es auf der Welt auch gibt, Falalej ist oder Falalej ähnlich sieht! Ich will Falalej nicht, ich hasse Falalej, ich spucke auf Falalej, ich werde Falalej zertreten, und wenn ich zu wählen hätte, so würde ich eher Asmodi als Falalej liebgewinnen!'" (S. 569).

Man vergleiche bei Gogol': „Ich kann diesen Menschen nicht umarmen, er ist gemein, er besitzt eine niederträchtige Seele, er hat sich mit der ehrlosesten Tat befleckt; ich lasse diesen Menschen nicht einmal in mein Vorzimmer; ich möchte nicht einmal dieselbe Luft mit ihm atmen; ich werde einen Bogen machen, um ihn zu umfahren und ihm nicht zu begegnen. Mit schlechten und verachtenswerten Menschen kann ich nicht zusammenleben — soll ich etwa solch einen Menschen wie einen Bruder umarmen können?" („Ostersonntag", S. 279).

Man vergleiche ebenfalls: 1) „Ich liebe das Gute, ich suche es und reibe mich dafür auf; aber ich liebe meine Gemeinheiten nicht und halte ihnen nicht die Hand, wie meine Helden; ich liebe diejenigen meiner Niedrigkeiten nicht, die mich vom Guten entfernen. Ich kämpfe mit ihnen und werde kämpfen, und ich werde sie vertreiben, darin wird mir Gott beistehen" („3. Brief aus Anlaß der ‚Toten Seelen'", S. 122).

2) „Aber wie soll man die Brüder liebgewinnen? Wie soll man die Menschen liebgewinnen? Die Seele will nur das Schöne lieben; die armen Menschen aber sind so unvollkommen und es ist so wenig Schönes an ihnen! Wie soll man denn das machen?" („Rußland muß man lieben", S. 127).

Schon die Namenwiederholung ist ein Verfahren, das Gogol' häufig anwendet; vgl. z. B. „man muß, wie Ivanov, für alle Verlockungen des Lebens sterben, wie Ivanov lernen, wie Ivanov eine einfache Plüschjoppe anziehen...; wie Ivanov alles erdulden" („Der Historienmaler Ivanov", S. 175).

In beiden angeführten Auszügen erreicht die Parodie höchste Genauigkeit im Unterstreichen der Gogol'schen Tautologie; schon der Name Falalej ist eine typische, semantisch bedeutsame (Falalej — rotozej [Gaffer]) Wortmaske; hier ist auch die Frage des „schönen Menschen", der idealen Maske bei Gogol', angeschnitten, und es wird Dostoevskijs übliche Antwort gegeben: schön ist der unvollkommene Mensch.

8

Dostoevskij hat im „Dorf Stepančikovo" alle Mittel der W o r t - parodie genutzt. Der Wortschatz des „Briefwechsels" selbst wird parodiert: „,O, errichtet mir kein Monument!' schrie Foma. ,Errichtet es mir nicht! Ich brauche keine Monumente! Errichtet mir in euren Herzen ein Monument, und weiter brauche ich nichts, brauche nichts, brauche nichts!'" (S. 559).

Vgl. bei Gogol': „Ich bestimme hiermit mir keinerlei Denkmal zu errichten und nicht an solchen Unsinn, der eines Christen unwürdig ist, zu denken. Wem ich aber von meinen Nächsten wirklich teuer war, der wird mir auf andere Weise ein Denkmal errichten: er wird es in sich selbst errichten durch seine unerschütterliche Festigkeit im Lauf des Lebens, durch Ermutigung und Erquickung aller, die um ihn sind. Wer nach meinem Tode geistig höher emporwachsen wird, als er zu meinen Lebzeiten war, der wird zeigen, daß er mich wirklich geliebt hat und mein Freund war, und nur damit wird er mir ein Denkmal errichten" ... („Das Testament", S. 18). Die Wortparodie ist hier ungewöhnlich einfach gemacht: statt des russischen „pamjatnik" [Denkmal] steht das Fremdwort „monument". Auf dem komischen Effekt von Fremdwörtern, die in den Text eingesetzt werden, beruht bekanntlich der Makkaronische Vers; diesen Vers verwendete sehr oft Heine. In der russischen Prosa wird er als komisches Verfahren von Gogol' gebraucht: „Die Damen der Stadt N. waren das, was man präsentabel nennt", „eine kleine Inkommodität in Form eines Erbschens am rechten Fuß" usw. Dostoevskij variiert dieses Verfahren ungemein; bei ihm tritt es auch ohne den komischen Anstrich auf, was möglicherweise ein Rudiment von Karamzins sprachlichem Einfluß ist: „mephitische Luft" („Aufzeichnungen aus dem Totenhaus"), „infernalisch" usw. Die „Winterlichen Aufzeichnungen von sommerlichen Eindrücken" sind fast durchweg in einem parodierenden Jargon geschrieben, wobei entweder russische Worte in französischer Transkription und Aussprache wiedergegeben werden: un outchitel (učitel' ,der Lehrer'), la baboulinka (babulin'ka ,Großmütterchen') — oder französische Worte russifiziert: èpuzy.*

Besonders gern verwendet Dostoevskij in den Parodien das Verfahren der Maskierung von Worten; so wird in den „Dämonen" Turgenevs „Genug" zum „Merci" Karmazinovs.

---

* Aus „épouse" mit russ. Pluralbildung auf -y, wie z. B. „puzy", plur. zu „puzo" ,Wanst'.

Es bleibt noch auf die Verstärkung des komischen Effekts durch die Verwendung des Plurals hinzuweisen: „ich brauche keine M o n u - m e n t e."

Ebenfalls ein Verfahren der Wortparodie ist das Abreißen eines Epithetons vom näher zu kennzeichnenden Wort und sein Ankleben an ein anderes Wort.

Foma sagt: „... Gogol' ist ein leichtsinniger Schriftsteller, bei dem aber manchmal k ö r n i g e G e d a n k e n vorkommen" (S. 568).

Vgl. bei Gogol': „Über die Kostbarkeit unserer Sprache kann man nur staunen, jeder Laut ist ein Geschenk; alles ist k ö r n i g, groß, wie P e r l e n, und wahrlich ist manche Benennung noch kostbarer als die Sache selbst" („Themen für den lyrischen Dichter", S. 99).

„Die körnige Perle der Sprache" — „körnige Sprache" — „körniger Gedanke" — so sieht der Verlauf des Absprengens aus: ein Epitheton, das nur zu einem Bild gehört, wird aus dem Zusammenhang der Bilder („Perle der Sprache") unmittelbar auf ein zweites übertragen, dieses zweite Bild aber wird mit einem anderen vertauscht, das ihm nahesteht; ein solches Losreißen ist eines der mechanisierenden Verfahren.

Das Verfahren der Mechanisierung mittels Wiederholung haben wir schon am Beispiel „Funken des himmlischen Feuers" gesehen. Noch verstärkt wird dieses Verfahren, wenn eine andere handelnde Person die Wiederholung übernimmt.

„... Ich sage dies, indem ich in eine Herzensklage ausbreche und nicht triumphiere oder mich über Sie erhebe, wie Sie es vielleicht denken."

„Aber ich breche selbst in eine Herzensklage aus, Foma, ich versichere dir das"... (Rede des Onkels).

Vgl. bei Gogol': „Woher wollen wir es wissen? Vielleicht werden diese Leiden und diese Qualen, die Dir beschert werden, Dir eben deshalb beschert, um in Dir jene Seelenklage hervorzurufen, die Dir ohne diese Leiden sicher nicht hätte entlockt werden können ... Vielleicht muß gerade diese Deine Seelenklage der Schmelzofen Deiner Dichtung sein ... Alles ist hier Seelenklage und eine ungeheuchelte Gottesbegeisterung"... (Brief an N. M. Jazykov in der Edition Kuliš, Bd. VI, S. 48 u. 50).[32]

Die Helden Dostoevskijs parodieren sich oft gegenseitig, in der Art, wie Sancho Pansa in seinen Gesprächen Don Quijote parodiert (V. Šklovskij). Aber bei Dostoevskij werden die Äußerungen der Helden

---

[32] Gerade der Wortschatz des „Briefwechsels" hat sich in Dostoevskijs Gedächtnis eingeprägt. Schon in den „Dämonen" parodiert er das Wort „hat sich herausgesungen": der Kapitän Lebjadkin sagt, als er Stavrogin seine Verse deklamiert, daß diese sich aus ihm „herausgesungen" hätten, wie bei Gogol' in seiner „Abschiedserzählung".

vom Autor gleichsam in Anführungszeichen gesetzt und werden zu übertragbaren parodistischen Schablonen. So wird der Satz Fomas: „Ich kenne Rußland und Rußland kennt mich" bereits aus dem Kontext gelöst in den „Winterlichen Aufzeichnungen von sommerlichen Eindrücken" verwendet. Die Äußerung des Invaliden in den „Winterlichen Aufzeichnungen" über Rousseaus: „L'Homme de la nature et de la vérité" wird ohne Bezug auf Rousseau in die „Aufzeichnungen aus dem Kellerloch" übertragen.

Aber manchmal überträgt Dostoevskij einfach ganze Ausdrücke aus dem „Briefwechsel"; so geben die Worte Fomas über den „Anstand in der Ausdrucksweise": „N u r   i n   e i n e m   d u m m e n   w e l t m ä n - n i s c h e n   S c h ä d e l konnte das Bedürfnis nach solch unsinnigem Anstand entstehen" (S. 440) wörtlich den Satz aus dem „3. Brief aus Anlaß der ‚Toten Seelen'" (S. 122) wieder: „N u r   i n   e i n e m   d u m - m e n   w e l t m ä n n i s c h e n   S c h ä d e l konnte sich so ein dummer Gedanke bilden." Der hier gesperrt gesetzte Ausdruck wird übrigens ebenso in Belinskijs Rezension des „Briefwechsels" hervorgehoben (siehe die Ausgabe von Soldatenkov, Bd. VII, S. 89).

9

Das Faktum, daß der parodistische Charakter des „Dorfes Stepan-čikovo" nicht ins literarische Bewußtsein gedrungen ist, ist zwar interessant, aber nicht einmalig. Die Parodien der Sujetschemata sind tief verborgen, und es hätte wohl kaum jemand den parodistischen Charakter des „Grafen Nulin" erkannt, wenn nicht Puškin selbst ihn bezeugt hätte. Aber wie viele solcher unaufgedeckter Parodien gibt es? Wird die Parodie nicht aufgedeckt, ändert sich das Werk; eigentlich ändert sich so jedes literarische Werk, das von der Ebene gelöst wird, von der es sich abhob. Aber auch die Parodie, deren Hauptelement in stilistischen Details liegt, verliert, wenn sie ihrer zweiten Ebene beraubt wird (die einfach vergessen werden kann) natürlich ihren parodistischen Charakter. Das entscheidet weitgehend die Frage nach der Parodie als einem komischen Genre. Die Komik ist gewöhnlich die Färbung, die die Parodie begleitet, aber keineswegs die Färbung des parodistischen Charakters selbst. Der parodistische Charakter läßt sich abstreifen, die Färbung aber bleibt. Die Parodie beruht ganz auf dem dialekti-schen Spiel mit dem Verfahren. Wenn die Parodie einer Tragödie eine Komödie wird, so kann die Parodie einer Komödie eine Tragödie sein.

[1921]

Roman Jakobson

ÜBER DEN REALISMUS IN DER KUNST

Bis vor nicht allzulanger Zeit war die Kunstgeschichte, insbesondere die Literaturgeschichte, keine Wissenschaft, sondern causerie. Sie folgte allen Gesetzen der causerie. Gewandt sprang sie von Thema zu Thema, von lyrischen Wortergüssen über die Schönheit der Form zu Anekdoten aus dem Leben des Künstlers, von psychologischen Binsenwahrheiten zur Frage nach dem philosophischen Gehalt und dem sozialen Milieu. Über Leben und Epoche aufgrund literarischer Werke zu reden, ist eine so dankbare und leichte Aufgabe; nach einer Skulptur zu kopieren, ist dankbarer und leichter als einen lebenden Körper zu zeichnen. Die causerie kennt keine exakte Terminologie. Im Gegenteil, die Verschiedenartigkeit der Benennungen, die Aequivocatio, die Möglichkeiten zu calembours bietet, all das verleiht dem Gespräch oft große Anmut. So kannte auch die Kunstgeschichte keine wissenschaftliche Terminologie, bediente sich gängiger Worte, ohne sie kritisch zu filtern, ohne sie exakt einzugrenzen, ohne ihre Vieldeutigkeit zu berücksichtigen. Beispielsweise vermengten die Literarhistoriker heillos den Idealismus, der ein bestimmtes philosophisches Weltverständnis kennzeichnet, mit dem Idealismus, der Selbstlosigkeit meint und die Ablehnung, sich von eng materiellen Antrieben leiten zu lassen. Um den Begriff „Form" herrschte eine noch hoffnungslosere Verwirrung, die in Anton Martys Arbeiten zur allgemeinen Grammatik in glänzender Weise aufgedeckt wurde. Am schlimmsten aber stand es in dieser Hinsicht mit dem Terminus „Realismus". Der unkritische Gebrauch dieses seinem Gehalt nach überaus unbestimmten Wortes führte zu verhängnisvollen Folgen.

Was versteht ein Kunsttheoretiker unter Realismus? Es ist eine Kunstströmung mit dem Ziel, die Realität durch Streben nach einem Maximum an Wahrscheinlichkeit möglichst unverfälscht wiederzugeben. Für realistisch halten wir die Werke, die uns die Realität unverfälscht wiederzugeben, die wahrscheinlich zu sein scheinen. Und schon wird die Zweideutigkeit augenscheinlich:

1. Es handelt sich um ein Streben, eine Tendenz, d. h. unter einem realistischen Werk wird ein Werk verstanden, das von einem bestimmten Autor als wahrscheinlich konzipiert worden ist (Bedeutung A).

2. Realistisch wird ein Werk genannt, das ich kraft meines Urteilsvermögens als wahrscheinlich rezipiere (Bedeutung B).

Im ersten Falle sind wir gezwungen, immanent zu werten, im zweiten ist mein Eindruck das entscheidende Kriterium. Die Kunstgeschichte pflegt diese beiden Bedeutungen des Terminus „Realismus" in hoffnungsloser Weise zu vermengen. Meinem, dem persönlichen, standortgebundenen Blickpunkt wird eine objektive, unbedingt glaubwürdige Bedeutung zugeschrieben. Die Frage: Realismus oder Irrealismus bei diesen oder jenen künstlerischen Schöpfungen wird unausgesprochen zur Frage nach meinem Verhältnis zu ihnen. Die Bedeutung *A* wird unmerklich gegen die Bedeutung *B* ausgetauscht.

Die Klassiker, die Sentimentalisten, zum Teil die Romantiker, sogar die „Realisten" des 19. Jahrhunderts, in bedeutendem Maße die Modernisten und schließlich die Futuristen, die Expressionisten und andere haben immer wieder Wirklichkeitstreue, ein Maximum an Wahrscheinlichkeit, kurz, Realismus nachdrücklich als Hauptlosung ihres künstlerischen Programms verkündet. Im 19. Jahrhundert bildet diese Losung den Ausgangspunkt für die Bezeichnung einer Kunstrichtung. Die heutige Kunstgeschichte, vor allem die Literaturgeschichte, ist vorwiegend von Epigonen dieser Richtung verfaßt worden. Aus diesem Grunde versteht sich ein besonderer Fall, eine einzelne Kunstströmung als vollkommene Verwirklichung der betrachteten Tendenz und pflegt den Grad des Realismus vorangegangener und nachfolgender Kunstrichtungen an sich selbst zu messen. Auf diese Weise findet unausgesprochen eine neue Identifikation statt, wird dem Wort „Realismus" eine dritte Bedeutung unterschoben *(Bedeutung C), die die Summe charakteristischer Merkmale einer bestimmten Kunstrichtung des 19. Jahrhunderts meint.* Mit anderen Worten, die realistischen Werke des vorigen Jahrhunderts gelten dem Literarhistoriker als die wahrscheinlichsten.

Den Begriff der künstlerischen Wahrscheinlichkeit wollen wir einer Analyse unterwerfen. Wenn man in der Malerei und in den bildenden Künsten in die Illusion verfallen kann, daß eine gewisse objektive und absolute Wirklichkeitstreue möglich ist, so entbehrt die Frage nach der „natürlichen" (in der Terminologie Platons) Wahrscheinlichkeit eines verbalen Ausdrucks, einer literarischen Beschreibung, ganz offensichtlich jeden Sinns. Kann etwa die Frage nach größerer Wahrscheinlichkeit dieser oder jener Art von poetischen Tropen auftauchen, kann man etwa sagen, daß eine bestimmte Metapher oder Metonymie objektiv realer ist? Ja, auch in der Malerei ist die Realität bedingt, sie ist sozusagen figürlich. Bedingt sind die Methoden, nach denen ein dreidimensionaler Raum auf eine Fläche projiziert wird, bedingt sind die Farbgebung, die Abstraktion, die Vereinfachung des wiederzugebenden Gegenstandes, die Auswahl der zu reproduzierenden Merkmale. Die bedingte Sprache der Malerei hat man zu erlernen, um ein Bild sehen zu können, ähnlich wie man ohne Kenntnis der Sprache etwas Gesagtes nicht verstehen kann. Diese Bedingtheit, die Traditionalität malerischer Darbietung bedingen in bedeutendem Maße den eigentlichen Akt unserer visuellen Wahrnehmung. Je nach dem Akkumulationsgrad von Tradition wird ein gemaltes Bild zu einem Ideogramm, zu einer Formel, mit der unverzüglich aufgrund der Korrespondenz ein Gegenstand verbunden wird. Das Wiedererkennen vollzieht sich in Sekundenschnelle. Wir hören auf, ein Bild zu sehen. Das Ideogramm muß deformiert werden. Der Maler als Neuerer muß an den Dingen sehen, was man gestern nicht sah, muß der Wahrnehmung eine neue Form geben. Der Gegenstand erscheint in einer ungewöhnlichen perspektivischen Verkürzung. Die von den Vorgängern kanonisierte Komposition wird verletzt. So berichtet Kramskoj, einer der Begründer der sogenannten realistischen Schule der russischen Malerei, in seinen Memoiren, wie er bestrebt war, die akademische Komposition so weit wie möglich zu deformieren, wobei diese „Unordnung" mit einer Annäherung an die Realität motiviert wurde. Das ist die typische Motivierung des ‚Sturm und Drang' neuer Kunstrichtungen, d. h. die Motivierung der Deformation von Ideogrammen.

In der praktischen Sprache gibt es eine Reihe von Euphemismen — Höflichkeitsformeln, umschreibende, andeutende, der Konvention gemäß eingesetzte Worte. Wenn wir von der Sprache Wahrhaftigkeit, Natürlichkeit und Ausdruckskraft verlangen, werfen wir das gewohnte Salonrequisit von uns, nennen die Dinge beim Namen, und diese Benennungen klingen, sie sind frisch, wir sagen von ihnen: c'est le mot. Aber in unserem Wortgebrauch ist eben der Name mit dem bezeichneten Gegenstand eins geworden, und da ist es umgekehrt: wollen wir eine ausdruckskräftige Benennung haben, greifen wir zur Metapher, zur Anspielung, zum umschreibenden Ausdruck. Diese Benennung klingt feinfühliger, sie ist *signifikanter*. Mit anderen Worten: in unserem Bestreben, das wahre Wort zu finden, das uns den Gegenstand zeigen könnte, gebrauchen wir ein weit hergeholtes, uns ungewohntes Wort, dem zumindest in dieser Verwendung Gewalt angetan worden ist. Ein solch unerwartetes Wort kann sowohl die figürliche als auch die eigentliche Benennung eines Gegenstandes sein — abhängig davon, was gängig ist. Beispiele hierfür gibt es in Hülle und Fülle, speziell in der Geschichte des unanständigen Wortschatzes. Einen Akt bei seinem Namen nennen, klingt deftig; wenn jedoch in einem bestimmten Milieu ein hartes Wörtchen nicht ungewöhnlich ist, wirkt eine Trope, ein Euphemismus stärker, überzeugender. Von dieser Art ist der russische Husaren-Ausdruck „utilisieren". Aus diesem Grunde sind ausländische Termini schimpflicher, weshalb sie für diese Zwecke gern übernommen werden. Daher rührt auch, daß die Wirksamkeit eines Terminus vervielfacht wird durch das undenkbare Epitheton *holländisch* oder *walrössisch,* welches von einem fluchenden Russen dem Namen eines Gegenstandes beigegeben wird, obwohl er weder zu Walrossen noch zu Holland die geringste Beziehung hat. Aus dem gleichen Grunde gibt ein Bauer statt der gängigen Erwähnung des Koitus mit der Mutter (in sattsam bekannten Schimpfformeln) dem phantastischen Bild des Koitus mit der Seele den Vorzug, wobei er zur Verstärkung noch die Form des negativen Parallelismus („deine Seele, nicht die Mutter") gebraucht.

So muß man auch den revolutionären Realismus in der Literatur verstehen. Die Worte der gestrigen Erzählweise sagen nichts mehr. Und so wird ein Gegenstand aufgrund von Merkmalen charakterisiert, die gestern als die am wenigsten charakteristischen und am wenigsten der Wiedergabe würdigen galten und die man nicht bemerkte. „Er hält sich gern beim Unwesentlichen auf" — so lautet das klassische Urteil der konservativen Kritik aller Zeiten über den zeitgenössischen Neuerer. Ich werde es den Liebhabern von Zitaten anheimstellen, sich selbst die entsprechenden Materialien aus den kritischen Äußerungen der Zeitgenossen über Puškin, Gogol', Tolstoj, Andrej Belyj usw. zusammenzusuchen. Eine derartige auf die unwesentlichen Merkmale gestützte Charakteristik erscheint den Adepten der neuen Strömung realer als die versteinerte Tradition, die ihnen vorausging. Die Wahrnehmung anderer — der Konservativsten — wird weiterhin vom alten Kanon bestimmt, und aus diesem Grunde erscheint ihnen dessen von der neuen Strömung vollzogene Deformation als Absage an die Wahrscheinlichkeit, als Abweichung vom Realismus; sie pflegen weiterhin die alten Kanones, die sie als die einzig realistischen ansehen. Sofern wir also oben von der Bedeutung *A* des Terminus Realismus, d. h. von der Tendenz zur Wahrscheinlichkeit in der Kunst gesprochen haben, sehen wir nun, daß eine derartige Definition einer doppelten Deutung Raum gibt:

A_1 *ist die Tendenz zur Deformation bestehender künstlerischer Kanones, aufgefaßt als Annäherung an die Realität.*

A_2 *ist die konservative Tendenz im Rahmen einer herrschenden künstlerischen Tradition, die als Wirklichkeitsireue aufgefaßt wird.*

Die Bedeutung *B* berücksichtigt meine subjektive Einschätzung einer gegebenen Erscheinung in der Kunst als wirklichkeitsgetreu; folglich erhalten wir aufgrund der bereits gewonnenen Ergebnisse:

Die Bedeutung B_1, d. h. Ich bin ein Revolutionär in bezug auf die bestehenden künstlerischen Gewohnheiten, und ihre Deformation rezipiere ich als Annäherung an die Realität.

Die Bedeutung B_2, d. h. Ich bin ein Konservativer, und die Deformation bestehender künstlerischer Gewohnheiten rezipiere ich als Verzerrung der Realität.

Im letztgenannten Fall können nur künstlerische Äußerungen, die meiner Ansicht nach den bestehenden künstlerischen Gewohnheiten nicht widersprechen, realistisch genannt werden; aber, da von meinem Standpunkt aus gerade das mir Gewohnte am realistischsten ist (die Tradition, zu der ich gehöre), nehme ich im Hinblick darauf, daß im Rahmen anderer, dem mir Gewohnten nicht unbedingt widersprechender Traditionen dieses nicht in vollem Maße verwirklicht worden ist, in diesen Traditionen nur einen partiellen, rudimentären, nicht voll entfalteten oder dekadenten Realismus wahr, während für den einzig echten Realismus derjenige ausgegeben wird, in dem ich erzogen worden bin. Umgekehrt verhalte ich mich im Fall B_1 zu allen künstlerischen Formeln, die den bestehenden, für mich unannehmbaren künstlerischen Gewohnheiten widersprechen, so, wie ich mich im Fall B_2 zu den NICHT-widersprechenden Formen verhalten würde. In diesem Fall kann ich Formen eine realistische Tendenz (im Sinne von A_1) zuschreiben, die absolut nicht als solche konzipiert worden sind. So wurden häufig Primitive unter dem Gesichtswinkel von B_1 interpretiert. Es fiel ihr Gegensatz zu den Kanones, in denen wir erzogen worden sind, auf, während ihre Treue zu ihrem eigenen Kanon, das Verhaftetsein in der Tradition unberücksichtigt blieb (A_2 wurde als A_1 interpretiert). Genau so können Schriftstücke, die absolut nicht als poetische konzipiert worden sind, als solche wahrgenommen und interpretiert werden. Vgl. Gogol's Äußerung über den poetischen Charakter der Inventarliste des Schatzes der Moskauer Zaren, die Bemerkung von

Novalis zum poetischen Charakter des ABC, die Erklärung des Futuristen Kručenych über den poetischen Klang des Zählens in einer Wäscherei oder des Dichters Chlebnikov darüber, wie mitunter ein Druckfehler ein Wort künstlerisch entstellt.

Der konkrete Inhalt von A_1, A_2, B_1 und B_2 ist äußerst relativ. So wird ein zeitgenössischer Beurteiler Realismus bei Delacroix, nicht aber bei Delaroche, bei El Greco und Andrej Rublev, nicht aber bei Guido Reni, in der skythischen Bauersfrau, nicht aber im Laokoon sehen. Genau umgekehrt hätte ein Akademiezögling des vorigen Jahrhunderts geurteilt. Wer bei Racine Wahrscheinlichkeit zu erkennen vermag, erkennt sie nicht bei Shakespeare und umgekehrt.

Es ist die zweite Hälfte des 19. Jahrhunderts. Eine Gruppe von Künstlern kämpft in Rußland für den Realismus (erste Phase von C, d. h. ein spezieller Fall von A_1). Einer von ihnen, nämlich Repin, malt das Bild „Ivan der Schreckliche nach der Ermordung seines Sohnes". Repins Mitstreiter begrüßen es als realistisch (C als spezieller Fall von B_1). Im Gegensatz hierzu ist Repins Lehrer an der Akademie empört über die Nicht-Realität des Bildes, er zählt die Verstöße gegen die Wahrscheinlichkeit bei Repin im Vergleich zu dem von ihm als allein für wahrscheinlich gehaltenen Akademiekanon detailliert auf (d. h. vom Standpunkt B_2 aus). Die Akademietradition ist jedoch überlebt, man eignet sich den Kanon der „Realisten", der ,Peredvižniki'* an, er wird zum sozialen Faktum. Neue Tendenzen tauchen in der Malerei auf, es beginnt ein neuer ,Sturm und Drang' — umgesetzt in die Sprache programmatischer Deklarationen heißt das: man sucht eine neue Wahrheit. Dem heutigen Künstler erscheint das Bild Repins daher verständlicherweise unnatürlich, unwahrscheinlich (vom Standpunkt B_1 aus), und lediglich ein Konservativer verehrt die „realistischen Vermächtnisse" und bemüht sich, mit den Augen Repins zu sehen (zweite Phase von C, d. h. ein spezieller Fall von B_2). Repin seinerseits nimmt bei Degas und Cézanne nichts als Geziertheit und Verzerrungen wahr (vom Standpunkt B_2 aus). Diese Beispiele machen die ganze Relativität des Begriffs „Realismus" offensichtlich; indessen gehören die Kunsthistoriker ihren ästhetischen Gewohnheiten nach, wie wir bereits kritisch feststellten, in der Mehrzahl zu den Epigonen des „Realismus" (C der zweiten Phase), willkürlich setzen sie ein Gleichheitszeichen zwischen C und B_2, obwohl C tatsächlich nur ein spezieller Fall von B ist. Wie wir wissen, wird A immer wieder unausgesprochen die Bedeutung von B untergeschoben, wobei der prinzipielle Unterschied zwi-

---

* Mitglieder der Gesellschaft für künstlerische Wanderausstellungen (Tovariščestvo peredvižnych chudožestvennych vystavok), die 1870 von G. G. Mjasoedov, I. N. Kramskoj, V. G. Perov, I. J. Repin u. a. gegründet wurde, und die damals die fortschrittliche, die „realistische" Gruppe der Maler anführte.

schen A_1 und A_2 jeweils außer acht gelassen wird, die Zerstörung von Ideogrammen wird nur als ein Mittel zur Schaffung neuer bewußt; das sich selbst genügende ästhetische Moment in der Deformation nimmt der Konservative verständlicherweise nicht wahr. Auf diese Weise appellieren die Kunsthistoriker, die A (eigentlich A_2) im Blick zu haben meinen, de facto an C. Verkündet ein Literarhistoriker beispielgebend: „der russischen Literatur ist Realismus eigen", so klingt das deshalb wie der Aphorismus „dem Menschen ist es eigen, zwanzig zu sein".

In dem Maße, in dem sich die Tradition durchgesetzt hat, daß Realismus gleichbedeutend mit C ist, sind die neuen realistischen Künstler (im Sinne A_1 dieses Terminus) gezwungen, sich zu Neorealisten zu erklären, zu Realisten in einem höheren Sinne des Wortes, zu Naturalisten, und müssen einen Unterschied zwischen einem ungefähren, angeblichen Realismus (C) und dem für ihre Begriffe echten (d. h. ihrem eigenen) konstatieren. Ich bin Realist, jedoch nur in einem höheren Sinne des Wortes, erklärte bereits Dostoevskij. Und fast den gleichen Satz wiederholten der Reihe nach die Symbolisten, die italienischen und russischen Futuristen, die deutschen Expressionisten usf., usf. Zuweilen identifizierten diese Neorealisten ihre ästhetische Position endgültig mit dem Realismus überhaupt, weshalb sie gezwungen waren, beim Bewerten von Vertretern der Gruppe C, diese aus dem Realismus zu verstoßen. So wurde von der Kritik der Realismus Gogol's, Dostoevskijs, Tolstojs, Turgenevs und Ostrovskijs nach deren Tode angezweifelt.

C selbst wird von Kunsthistorikern (insbesondere von Literarhistorikern) sehr unbestimmt und verschwommen charakterisiert, wobei man nicht vergessen darf, daß Epigonen die Charakterisierung vornehmen. Eine sehr genaue Analyse wird C zweifellos durch eine Reihe von Größen mit genauer bestimmten Gehalt ersetzen und wird aufzeigen, daß einzelne Verfahren, die wir unterschiedslos C zuordnen, bei weitem nicht für alle Vertreter der sogenannten realistischen Schule charakteristisch sind, und sich umgekehrt auch immer wieder außerhalb dieser Schule finden lassen.

Wir sprachen bereits vom fortschrittlichen Realismus als von einem Charakterisieren durch unwesentliche Merkmale. Eines der Verfahren derartigen Charakterisierens, das übrigens von einer Reihe von Vertretern der Schule C (in Rußland ist das die sogenannte Gogol'sche Schule) kultiviert worden ist und daher bisweilen zu Unrecht mit C überhaupt gleichgesetzt wurde, ist die Verdichtung des Erzählens *mit Hilfe von Bildern, die aufgrund ihrer Korrespondenz herangezogen werden, d. h. also der Übergang vom eigentlichen Terminus zur Metonymie und Synekdoche.* Diese „Verdichtung" wird gegen die Intrige verwirklicht oder hebt die Intrige völlig auf. Nehmen wir einmal ein grobes Beispiel: zwei literarische Selbstmorde, den der Armen Liza und den der Anna Karenina. Der Selbstmord Annas wird von Tolstoj dargestellt, indem er hauptsächlich über ihr Täschchen schreibt. Dieses unwesentliche Merkmal wäre Karamzin sinnlos erschienen, obwohl auch die Erzählung Karamzins verglichen mit dem Abenteuerroman des 18. Jahrhunderts eine Folge von unwesentlichen Merkmalen darstellt. Wenn im Abenteuerroman des 18. Jahrhunderts der Held einen Passanten traf, so handelte es sich just um den, den er oder zumindest die Intrige brauchte. Bei Gogol' oder Tolstoj oder Dostoevskij aber wird der Held unter Garantie zuerst einen nicht nötigen, vom Standpunkt der Fabel überflüssigen Passanten treffen, wird mit ihm ins Gespräch kommen, was für die Fabel ohne Folgen bleibt. Da ein derartiges Verfahren häufig realistisch genannt wird, wollen wir es mit *D* bezeichnen und dabei wiederholen, daß *D* häufig in *C* vertreten zu sein pflegt.

Einem Jungen wird die Aufgabe gestellt: aus einem Käfig ist ein Vogel fortgeflogen. Wie lange brauchte er für den Flug bis zum Wald, wenn er pro Minute soundsoviel flog und die Entfernung zwischen Käfig und Wald soundsoviel betrug? Der Junge fragt: und welche Farbe hatte der Käfig? Dieser Junge war ein typischer Realist im Sinne von *D*.

Oder noch eine Anekdote, ein „armenisches Rätsel": es hängt in einem Gastzimmer und ist grün. Was ist das? Es stellt sich heraus: ein Hering. Warum in einem Gastzimmer? Warum sollte man ihn nicht dort aufhängen? Warum grün? Man hat ihn gefärbt. Und warum? Um das Erraten zu erschweren. Dieses Bestreben, das Erraten zu erschweren, diese Tendenz zur Retardierung des Wiedererkennens führt zur Akzentuierung eines neuen Merkmals, zu einem weit hergeholten Epitheton. Dostoevskij schrieb, daß in der Kunst Übertreibungen unumgänglich sind; um eine Sache zeigen zu können, muß man ihren gestrigen Habitus deformieren, muß man sie färben, wie man Präparate zur Betrachtung unter dem Mikroskop färbt. Man koloriert einen Gegenstand auf neue Weise und denkt: er ist jetzt besser zu bemerken, *fällt mehr in die Augen,* ist realer (A_1). Der Kubist vervielfachte im Bild einen Gegenstand, zeigte ihn aus mehreren Perspektiven und machte ihn fühlbarer. Das ist ein Verfahren der Malerei. Aber es gibt auch die Möglichkeit, im Bild selbst dieses Verfahren zu motivieren und zu rechtfertigen; z.B.: der Gegenstand ist in einem Spiegel reflektiert. Genau so ist es in der Literatur. Der Hering ist grün, denn man hat ihn gefärbt, das frappierende Epitheton ist realisiert, die Trope verwandelt sich in ein episches Motiv. Eine Antwort, warum man ihn gefärbt hat, wird der

Autor schon finden, tatsächlich ist jedoch e i n e Antwort gerechtfertigt: damit das Erraten erschwert sei. Auf diese Weise kann ein Gegenstand mit einem uneigentlichen Terminus belegt werden, oder der Terminus kann als spezielle Konzeption dieses Gegenstandes gegeben sein. Ein negativer Parallelismus lehnt im Namen des eigentlichen Terminus die Metapher ab. „Ich bin kein Baum, ich bin eine Frau", sagt ein Mädchen in einem Gedicht des tschechischen Dichters Šrámek. Diese literarische Bauform kann gerechtfertigt sein, kann aus einem Zug des *skaz* zu einem Detail der Sujetentwicklung werden. „Die einen sagten: ‚das sind die Spuren eines Hermelins', andere antworteten: ‚nein, das sind nicht die Spuren eines Hermelins, hier ging Čurila Plenkovič'." Der umgekehrte negative Parallelismus lehnt den eigentlichen Terminus zugunsten der Metapher ab (in dem zitierten Gedicht Šrámeks: „ich bin keine Frau, ich bin ein Baum" oder im Theaterstück eines anderen tschechischen Dichters, nämlich Čapeks: „Was ist das?" „Ein Taschentuch." „Das ist kein Taschentuch. Das ist eine schöne Frau, die am Fenster steht. Sie ist weiß gekleidet und träumt von der Liebe . . .").

In russischen erotischen Märchen wird das Bild des Koitus häufig durch Termini des umgekehrten Parallelismus wiedergegeben ähnlich wie auch in Hochzeitsliedern, jedoch mit dem Unterschied, daß in diesen Liedern die metaphorische Konstruktion gewöhnlich durch nichts gerechtfertigt ist, wohingegen diese Metaphern in Märchen motiviert werden als Mittel, das der arglistige Märchenheld anwendet, um ein Mädchen zu verführen, oder aber diese einen Koitus beschreibenden Metaphern werden als von Tieren vorgenommene Deutung des für sie unverständlichen menschlichen Aktes motiviert. Die konsequente Motivierung, die Rechtfertigung von poetischen Konstruktionen, wird zuweilen ebenfalls als Realismus bezeichnet. „Ein realistisches Kapitel", so nennt der tschechische Romanschriftsteller Čapek-Chód halb scherzhaft die Motivierung der „romantischen" Phantastik durch einen Typhus-Fiebertraum im ersten Kapitel seines Romans „Der westlichste Slave".

Einen derartigen Realismus, d. h. *die Forderung nach konsequenter Motivierung, nach Realisierung der poetischen Verfahren* wollen wir mit *E* bezeichnen. Dieses *E* wird häufig mit *C, B* usw. vermengt. Wie Kunsttheoretiker und -historiker (insbesondere Literaturtheoretiker und- historiker) die sich hinter dem Terminus „Realismus" verbergenden verschiedenartigen Begriffe nicht unterscheiden, so gehen sie mit ihm um wie mit einem unendlich dehnbaren Sack, in dem man alles, was man will, verstauen kann.

Man mag einwenden: nein, nicht alles, was man will. Niemand wird die Phantastik Hoffmanns Realismus nennen. Das bedeutet also, daß es doch irgend e i n e Bedeutung des Wortes „Realismus" gibt, irgendetwas kann ausgeklammert werden.

Hierauf antworte ich: niemand wird einen Spaten eine Sense nennen, was jedoch nicht heißt, daß das Wort *kosa* [= Sense, Zopf] insgesamt nur eine Bedeutung haben kann. Die verschiedenen Bedeutungen des Wortes *„Realismus"* lassen sich nicht ungestraft gleichsetzen, ebensowenig wie es zulässig ist, — sofern man nicht riskieren will, für verrückt gehalten zu werden — den Zopf einer Frau [kosa] mit einer Sense [kosa] zu verwechseln. Natürlich ist die erste Vermengung leichter, denn die unterschiedlichen Begriffe, die sich hinter dem einen Terminus *„ključ"* [Schlüssel, Quelle] verbergen, sind scharf gegeneinander abgegrenzt, wohingegen Fakten denkbar wären, von denen man gleichzeitig sagen könnte: das ist Realismus in der Bedeutung *C, B, A₁* usw. Trotzdem wäre es unzulässig, *C, B, A₁* usw. zu vermengen. Wahrscheinlich existieren in Afrika Neger, die auch im Spiel Betrüger sind.* Zweifellos gibt es Louis mit dem Taufnamen Ludwig. Das kann nicht der Anlaß sein, jeden Ludwig einen Louis zu nennen, und gibt keine Grundlage her für Schlußfolgerungen darüber, wie Neger Karten spielen. Die Forderung leuchtet auch dem Dümmsten von selbst ein, nichtsdestoweniger versündigen sich unablässig diejenigen dagegen, die vom künstlerischen Realismus reden.

[1921]

---

* Russ. arap ‚Neger, Betrüger'.

Jurij Tynjanov

DAS LITERARISCHE FAKTUM

Für Viktor Šklovskij

Was ist Literatur?
Was ist Genre?
Jedes Lehrbuch der Literaturtheorie, das etwas auf sich hält, beginnt unvermeidlich mit diesen Definitionen. Starrsinnig wetteifert die Literaturtheorie mit der Mathematik um im höchsten Maße gesicherte und überzeugende statische Definitionen, wobei sie allerdings vergißt, daß sich zwar die Mathematik auf Definitionen aufbaut, in der Literaturtheorie hingegen diese keineswegs die Grundlage, sondern vielmehr eine Folgerung darstellen, die ständig durch das evolutionierende literarische Faktum variiert wird. Und die Definitionen werden immer schwieriger. In der Sprache existieren Begriffe wie „Schrifttum", „Literatur", „Dichtung", und es entsteht das Bedürfnis, sie der Wissenschaft, die doch die Definitionen so tief verehrt, einzugliedern und dienstbar zu machen.

Es entstehen drei Etagen: die unterste ist das Schrifttum, die oberste die Dichtung und die mittlere die Literatur. Zu klären, worin sie sich voneinander unterscheiden, ist recht schwierig.

Und es ist noch gut, wenn man so wie in der alten, guten Zeit schreibt, das Schrifttum sei ausnahmslos alles Geschriebene, die Dichtung hingegen das Denken in Bildern. Gut deshalb, weil klar ist, daß einerseits Dichtung nicht Denken ist und andererseits Denken in Bildern nicht Dichtung. Im Grunde könnte man sich die Mühe sparen, alle bestehenden Termini exakt zu bestimmen und sie somit in den Rang wissenschaftlicher Definitionen zu erheben, um so mehr, als es mit den Definitionen nicht gerade zum Guten bestellt ist. Versuchen wir doch z. B. die Definition des Begriffs P o e m , d. h. eines Genres zu geben. Alle Bemühungen um eine einheitliche statische Definition scheitern. Man braucht nur einen Blick auf die russische Literatur zu werfen, um sich davon zu überzeugen. Der revolutionäre Charakter von Puškins „Poem" „Ruslan und Ljudmila" lag eben darin, daß es

„Nicht-Poem" war (das gleiche gilt für „Der Gefangene im Kaukasus"). Als Anwärter auf die Stelle des heroischen Poems erschien die leichte „Märchenerzählung" des 18. Jahrhunderts, ohne sich jedoch für ihre Leichtigkeit zu entschuldigen. Die Kritik spürte, daß hier ein Verstoß gegen das System vorlag. In Wirklichkeit war es aber eine V e r s c h i e b u n g des Systems. Das gleiche galt für die einzelnen Elemente des Poems: der „Held" als „Charakter" war von Puškin in „Der Gefangene im Kaukasus" absichtlich für die Kritiker geschaffen worden, das Sujet war eine „tour de force". U n d w i e d e r n a h m d a s d i e K r i t i k a l s V e r s t o ß g e g e n d a s S y s t e m , a l s F e h l e r , w a h r , u n d w i e d e r l a g e i n e V e r s c h i e b u n g d e s S y s t e m s v o r. Puškin veränderte die Bedeutung des Helden, aber man nahm ihn auf dem Hintergrund des hohen Helden wahr und sprach vom „Absinken". „Über ‚Die Zigeuner' bemerkte eine Dame, daß im ganzen Poem nur ein ehrlicher Mensch vorkomme, und das sei der Bär. Der verstorbene Ryleev rügte, daß Aleko den Bären führt und noch dazu Geld von der gaffenden Menge sammelt. Vjazemskij wiederholte die gleiche Feststellung. Ryleev bat mich, aus Aleko wenigstens einen Schmied zu machen, was unvergleichlich edler wäre. Am besten wäre es, aus ihm einen Beamten oder Gutsbesitzer zu machen und keinen Zigeuner. In diesem Falle würde es zwar das ganze Poem nicht geben: ma tanto meglio."

D a s i s t n i c h t p l a n m ä ß i g e E v o l u t i o n , s o n d e r n S p r u n g , n i c h t E n t w i c k l u n g , s o n d e r n V e r s c h i e b u n g. Das Genre war nicht wiederzuerkennen und dennoch blieb in ihm ein ausreichender Rest zurück, damit dieses „Nicht-Poem" auch noch Poem war. Dieser ausreichende Rest besteht nicht aus den „grundlegenden", den „großen" Unterscheidungsmerkmalen des Genres, sondern aus den zweitrangigen Zügen, die als selbstverständlich gelten und von denen es scheint, als ob sie das Genre überhaupt nicht charakterisierten. Als Unterscheidungsmerkmal, das zur Bewahrung des Genres notwendig ist, erweist sich im vorliegenden Fall die G r ö ß e.

Der Begriff der „Größe" ist zunächst ein energetischer Begriff: wir sind geneigt, als „große Form" diejenige zu bezeichnen, für deren Konstruktion wir mehr Energie brauchen. Eine „große Form", das Poem, kann mit einer kleinen Anzahl von Versen gegeben sein (vgl. Puškins „Der Gefangene im Kaukasus"). Die ihrem Umfang nach „große Form" pflegt das Resultat einer energetischen Form zu sein. Auch sie bestimmt in einigen historischen Epochen die Gesetze der Konstruktion. Der Roman unterscheidet sich von der Novelle dadurch, daß er eine g r o ß e Form ist, ebenso das „Poem" vom einfachen „Gedicht". Überlegungen im Hinblick auf die große Form unterscheiden sich von solchen zur kleinen, jedes Detail, jedes stilistische Verfahren besitzt je nach der Größe der Konstruktion eine andere Funktion, verfügt über eine andere Kraft, erhält unterschiedliches Gewicht.

Bleibt dieses Konstruktionsprinzip gewahrt, dann bleibt in diesem Fall auch das Empfinden für das Genre erhalten. Die Konstruktion aber kann sich bei Wahrung dieses Prinzips in unbegrenzter Breite verschieben. Dem hohen Poem kann die leichte Märchenerzählung untergeschoben werden, dem hohen Helden (bei Puškin parodiert als „Senator", „Literat") der prosaische, die Fabel kann zurücktreten usw.

Dann aber wird klar, daß es unmöglich ist, eine s t a t i s c h e Definition des Genres zu geben, die alle seine Erscheinungsformen umfassen würde: das Genre v e r s c h i e b t sich. Wir haben es hier mit einer gebrochenen und keiner geraden Linie seiner Evolution zu tun — und diese Evolution vollzieht sich gerade auf Kosten der „grundlegenden" Züge des Genres: des Epos als Erzählvorgang, der Lyrik als emotionaler Kunst usw. Ausreichende und unerläßliche Bedingung für die Einheit des Genres im Lauf der Epochen sind die „zweitrangigen" Züge, wie etwa die Größe der Konstruktion.

Aber auch das G e n r e als solches ist kein beständiges, unveränderliches System. Es ist interessant, wie der Begriff des Genres schwankt, wenn wir ein Bruchstück, ein Fragment vor uns haben. Das Bruchstück eines Poems kann als Bruchstück eines P o e m s, also als Poem empfunden werden, aber auch als B r u c h s t ü c k, d. h. das Fragment kann als ein Genre begriffen werden. Dieses Empfinden des Genres hängt nicht von der Willkür des Rezipierenden ab, sondern von der Vorherrschaft oder überhaupt vom Vorhandensein eines bestimmten Genres: im 18. Jahrhundert ist das Bruchstück ein F r a g m e n t, zur Zeit Puškins ein P o e m. Es ist interessant, daß die Funktionen aller stilistischen Mittel und Verfahren sich in Abhängigkeit von der Definition des Genres befinden: im Poem sind diese Funktionen anders als im Bruchstück.

Das Genre als System kann auf diese Weise schwanken. Es entsteht (aus Verstößen und Ansätzen in anderen Systemen) und zerfällt wieder, um sich in Rudimente anderer Systeme zu verwandeln. Die Funktion eines bestimmten Verfahrens im Genre ist nicht unverrückbar.

Sich das Genre als statisches System vorzustellen, ist schon deshalb nicht möglich, weil das Genre überhaupt erst als Resultat des Zusammenstoßens mit dem traditionellen Genre bewußt wird (d. h. als Ergebnis des Empfindens für die, wenn auch nur teilweise, Ablösung des traditionellen Genres durch das „neue", das seinen Platz einnimmt).

Es geht darum, daß die neue Erscheinung die alte a b l ö s t , ihren Platz einnimmt und, obwohl sie keine „Entwicklung" der alten ist, dennoch an ihre Stelle tritt. Wenn keine solche „Vertretung" stattfindet, so verschwindet, zerfällt das Genre als solches.

Das gleiche gilt auch in bezug auf die „Literatur". Alle festen statischen Definitionen von Literatur werden durch das Faktum der Evolution hinweggefegt.

Jene Definitionen von Literatur, die mit ihrem „grundsätzlichen" Zügen operieren, stoßen sich am lebendigen l i t e r a r i s c h e n F a k t u m. Während es immer schwieriger wird, eine feste D e f i n i t i o n v o n L i t e r a t u r zu geben, wird jeder beliebige Zeitgenosse mit dem Finger darauf weisen können, was ein l i t e r a r i s c h e s F a k t u m ist. Er wird sagen, daß dieses nicht zur Literatur gehört, da es ein Faktum des Außerliterarischen oder des persönlichen Lebens des Dichters ist, jenes dagegen gerade als literarisches Faktum erscheint. Ein betagter Zeitgenosse, der ein, zwei oder auch mehrere literarische Revolutionen miterlebt hat, wird bemerken, daß zu seiner Zeit diese oder jene Erscheinung kein literarisches Faktum war, heute aber dazu geworden ist, und umgekehrt. Zeitschriften und Almanache gab es auch vor unserer Zeit, aber erst jetzt werden sie als „literarisches Werk", als „literarisches Faktum" betrachtet. Die transmentale Sprache gab es schon immer: in der Kindersprache, in der Sprache der Sektierer usw., aber erst in unserer Zeit wurde sie zu einem literarischen Faktum. Und umgekehrt wird das, was heute ein literarisches Faktum ist, morgen zu einem einfachen Faktum des Lebens und verschwindet aus der Literatur. Für uns sind Scharaden und Logogriphen ein Spiel für Kinder, in der Epoche Karamzins mit ihrem Hervorheben der sprachlichen Kleinigkeiten und ihrem Spielen mit Verfahren, war dieses Spiel ein literarisches Genre. Hier erweisen sich nicht nur die G r e n z e n , die „Peripherie", die Grenzgebiete der Literatur als fließend, nein, es geht um das „Zentrum" selbst: nicht, daß im Zentrum ein uralter ererbter Strom fließt und evolutioniert und die neuen Erscheinungen nur an seinen Ufern auftauchen — nein, eben diese ganz neuen Erscheinungsformen rücken ins Zentrum vor, das Zentrum hingegen gleitet an die Peripherie.

J e d e s b e l i e b i g e G e n r e r ü c k t i n d e r E p o c h e s e i n e s V e r f a l l s a u s d e m Z e n t r u m a n d i e P e r i p h e r i e , a n s e i n e m P l a t z a b e r t a u c h t a u s d e n K l e i n i g k e i t e n d e r L i t e r a t u r , a u s i h r e n H i n t e r h ö f e n u n d N i e d e r u n g e n e i n e n e u e E r s c h e i n u n g i m Z e n t r u m a u f. (Das ist jene Erscheinung der „Kanonisierung der jüngeren Genres", von der

Viktor Šklovskij spricht.) Der Abenteuerroman wurde auf diese Weise zum Boulevardroman, ebenso wird jetzt die psychologische Erzählung zur Boulevardliteratur.

Das gleiche gilt, wenn literarische Strömungen einander ablösen: in den 30er und 40er Jahren geht der „Puškin-Vers" (d. h. nicht Puškins Vers, sondern seine gängigen Elemente) auf seine Epigonen über. Auf den Seiten literarischer Zeitschriften erreicht er eine außerordentliche Dürftigkeit und wird vulgarisiert (Baron Rozen, V. Ščastnyj, A. A. Krylov u. a.). Er wird im wahrsten Sinne des Wortes zum Boulevardvers der Epoche, ins Zentrum aber gelangen Erscheinungen aus anderen historischen Traditionen und Schichten.

Beim Aufstellen einer „festen", „ontologischen" Definition von Literatur als eines „Wesens" waren die Literarhistoriker gezwungen, auch die Phänomene der historischen Ablösung als Erscheinungen einer friedlichen Erbfolge zu betrachten, als eine friedliche und planmäßige Entfaltung dieses „Wesens". Es ergab sich ein harmonisches Bild: „Lomonosov zeugte Deržavin, Deržavin zeugte Žukovskij, Žukovskij zeugte Puškin, Puškin zeugte Lermontov."

Dabei entgingen eindeutige Äußerungen Puškins über seine vermeintlichen Ahnen (Deržavin „war ein wunderlicher Kauz, der nicht einmal Russisch lesen und schreiben konnte", Lomonosov „hatte einen schädlichen Einfluß auf die Literatur". Es entging die Tatsache, daß Deržavin der Erbe Lomonosovs wurde, indem er lediglich d e s s e n O d e v e r d r ä n g t e; daß Puškin der großen Form des 18. Jahrhunderts nachfolgte, i n d e m e r d i e K l e i n i g k e i t e n d e r K a r a m z i n i s t e n z u r g r o ß e n F o r m m a c h t e; daß sie alle ihre Vorgänger nur deshalb beerben konnten, weil sie deren Stil und Genres v e r d r ä n g t e n. Es entging die Tatsache, daß jede neue Erscheinung die alte a b l ö s t und daß jeder Vorgang einer solchen Ablösung außerordentlich schwierig in seiner Zusammensetzung ist; daß v o n e i n e r E r b f o l g e n u r b e i d e m A u f t r e t e n e i n e r S c h u l e, e i n e s E p i g o n e n t u m s g e s p r o c h e n w e r d e n k a n n, a b e r n i c h t b e i E r s c h e i n u n g e n e i n e r l i t e r a r i s c h e n E v o l u t i o n, d e r e n P r i n z i p K a m p f u n d A b l ö s u n g i s t. Vollkommen entgingen ihnen außerdem jene Erscheinungen, die über eine außerordentliche Dynamik verfügen und deren Bedeutung für die Evolution der Literatur gewaltig ist, die aber nicht am üblichen, gewohnten Material auftreten und daher keine hinreichend deutlichen statischen „Spuren" hinterlassen und deren Konstruktion sich dermaßen von den Erscheinungen der vorhergehenden Literatur abhebt, daß sie keinen Platz im „Lehrbuch" findet. (Solcherart

ist z. B. die „transmentale Sprache" und auch das u m f a n g r e i c h e
Gebiet der Briefliteratur des 19. Jahrhunderts. Alle diese Erscheinungen vollzogen sich an ungewohntem Material. Innerhalb der literarischen Evolution kommt ihnen gewaltige Bedeutung zu, aus einer
statischen Definition des literarischen Faktums aber fallen sie heraus.)
Auch hier wird offenbar, wie ungerechtfertigt der statische Ansatz ist.

Eine Gewehrkugel kann man nicht nach Farbe, Geschmack oder
Geruch, sondern nur vom Standpunkt ihrer Dynamik aus beurteilen.
Es ist unvorsichtig, in bezug auf ein literarisches Werk, welcher Art
es auch sei, von seinen ästhetischen Qualitäten an sich zu sprechen.
(Übrigens wird von allen möglichen Seiten immer häufiger und immer
wieder von „ästhetischen Werten an sich", von „Schönheit an sich"
gesprochen.)

Wenn der Forscher das literarische Werk isoliert, so stellt er es
damit noch keineswegs außerhalb der historischen Projektionen, er
geht es nur mit dem mangelhaften, historisch unvollständigen Apparat
des Zeitgenossen einer fremden Epoche an.

Eine literarische Epoche, die literarische Gegenwart, ist keineswegs
ein unbewegliches System, das in Gegensatz zur beweglichen, evolutionierenden historischen Reihe stünde.

In der Gegenwart vollzieht sich derselbe historische Kampf zwischen
verschiedenen Schichten und Gebilden wie in der historischen Reihe,
die verschiedene Zeiten umfaßt. Wie alle Zeitgenossen setzen wir ein
Gleichheitszeichen zwischen „neu" und „gut". Und gibt es Epochen,
in denen alle Dichter „gut" schreiben, dann ist der „schlechte" Dichter
genial. Die „unmögliche", unannehmbare Form Nekrasovs, seine „häß-
lichen" Verse waren deshalb gut, weil sie den automatisierten Vers ins
Gleiten brachten, weil sie n e u waren. Betrachtet man ein Werk außerhalb dieses evolutionären Moments, so fällt es aus der Literatur heraus.
Die einzelnen Verfahren können zwar untersucht werden, wir riskieren
jedoch, sie außerhalb ihrer eigentlichen Funktion zu untersuchen. Denn
d a s   W e s e n   d e r   n e u e n   K o n s t r u k t i o n   k a n n   g e r a d e   i n
d e r   n e u e n   V e r w e n d u n g   a l t e r   V e r f a h r e n ,   i n   i h r e r
n e u e n   k o n s t r u k t i v e n   B e d e u t u n g   liegen, und gerade das
verschwindet bei einer „statischen" Betrachtung aus dem Blickfeld.

(Das heißt nicht, daß Werke nicht „jahrhundertelang leben" können. Automatisiertes kann genutzt werden. Jede Epoche rückt bestimmte vergangene Erscheinungen, die ihr verwandt sind, in den Vordergrund und vergißt andere. Aber das sind natürlich sekundäre Erscheinungen, das ist neue Arbeit am fertigen Material. Der historische
Puškin unterscheidet sich vom Puškin der Symbolisten, der Puškin der

Symbolisten wiederum läßt sich mit der Bedeutung Puškins für die Evolution der russischen Literatur gar nicht vergleichen; eine Epoche sucht sich immer das Material zusammen, das sie braucht, aber die Auswertung dieses Materials charakterisiert nur die Epoche selbst.)

Isolieren wir ein literarisches Werk oder einen Autor, so werden wir auch nicht bis zur Individualität des Autors vordringen. Die Individualität des Autors ist kein statisches System, eine literarische Persönlichkeit ist ebenso dynamisch wie eine literarische Epoche, mit der und in der sie sich entwickelt. Sie ist nicht einem geschlossenen Raum zu vergleichen, in dem etwas Bestimmtes vorhanden ist, sie ist eher eine gebrochene Linie, die von der literarischen Epoche gebrochen und gelenkt wird.

(Übrigens ist jetzt üblich geworden, die Frage nach der „literarischen Individualität" mit der Frage nach der „Individualität des Literaten" zu vertauschen. Die Frage nach der Evolution und Ablösung der literarischen Erscheinungen wird mit der Frage der psychologischen Genesis jeder Erscheinung vertauscht, und es wird vorgeschlagen, statt der Literatur „die Persönlichkeit des Schöpfers" zu untersuchen. Es ist klar, daß die Genesis jeder Erscheinung eine Frage für sich darstellt, ihre Bedeutung für die Evolution und ihr Platz in der evolutionierenden Reihe wiederum eine andere. Von der persönlichen Psychologie des Schöpfers zu sprechen, in ihr die Eigenart der Erscheinung und deren Bedeutung für die Evolution der Literatur zu sehen, ist das gleiche, als wenn man bei der Erklärung von Herkunft und Bedeutung der russischen Revolution davon sprechen wollte, daß sie stattfand als Folge der persönlichen Eigenheiten der Führer, die an der Spitze der kämpfenden Parteien standen.)

Ich will bei dieser Gelegenheit einen interessanten Beweis dafür anführen, daß wir mit der „Psychologie des Schaffens" äußerst vorsichtig umgehen müssen, sogar in Fragen, die das „Thema" oder den „Thematismus" betreffen, die so gern mit der Psychologie des Autors verbunden werden. Vjazemskij schreibt an A. Turgenev, der glaubte, in Vjazemskijs Gedichten persönliche Erlebnisse entdeckt zu haben:

„Wäre ich, wie du glaubst, verliebt und würde ich an die Unsterblichkeit der Seele glauben, hätte ich vielleicht nicht, dir zur Freude, gesagt:

> Jenseits des Lebens wird sie leben in der Unsterblichkeit der Liebe,
> Die Seele, die nicht stirbt,

Oft habe ich zum Beispiel bemerkt, daß gerade da, wo mein Herz böse ist, meine Zunge stockt. Auf einen Fremden, der von irgendwo daherkommt, schießt sie los. Diderot sagt: ‚Wozu den Autor in seinen Figuren suchen? Was ist Gemeinsames zwischen Racine und Athalie, Molière und Tartuffe?' Was er vom dramatischen Autor sagt, gilt von jedem. Das Hauptcharakteristikum ist nicht die Wahl der Gegenstände, sondern das Verfahren: wie und von welcher Seite man eine Sache betrachtet, was man alles an ihr sieht und herausfindet, das von anderen nicht bemerkt wird. Über den Charakter des Sängers können wir nicht nach den Worten urteilen, die er singt ... Batjuškov ist in Wirklichkeit doch wohl kaum der gleiche wie in seinen Gedichten. Die Wollust paßt so gar nicht zu ihm."[1]

Die statische Isolierung eröffnet keineswegs den Weg zur literarischen Persönlichkeit des Autors und versucht nur in unangemessener Weise dem Begriff der literarischen Evolution und literarischen Genesis den der psychologischen Genesis zu unterschieben.

Das Resultat einer solchen statischen Isolierung liegt uns in der Puškinforschung vor. Puškin wird aus seiner Epoche und der Evolutionslinie herausgelöst und unabhängig von ihr untersucht (gewöhnlich wird die ganze literarische Epoche unter seinem Vorzeichen betrachtet). Und viele Literarhistoriker fahren deshalb (und nur deshalb) fort zu behaupten, die letzte Etappe der Lyrik Puškins sei der Höhepunkt ihrer Entwicklung, ohne zu bemerken, daß die lyrische Produktion Puškins in dieser Periode gerade absinkt und sich sein Hinwenden zu den der künstlerischen Literatur benachbarten Reihen, der Zeitschrift und der Geschichte, abzuzeichnen beginnt.

Ersetzt man die evolutionäre Betrachtungsweise durch eine statische, so können leicht viele bedeutende und wertvolle Erscheinungen der Literatur verurteilt werden. Jener erfolglose Literaturkritiker, der jetzt die Erscheinungen des frühen Futurismus verspottet, trägt einen leichten Sieg davon: ein dynamisches Faktum von einem statischen Standpunkt aus zu bewerten, ist das gleiche, wie die Beurteilung der Eigenschaften einer Kanonenkugel ohne Berücksichtigung der ballistischen Frage. Die „Kugel" kann äußerlich sehr gut aussehen und nicht fliegen, d. h. keine Kanonenkugel sein, kann aber auch „ungelenk" und „häßlich" aussehen, dafür aber gut fliegen, also eine Kanonenkugel sein.

Und einzig in der Evolution wird es uns gelingen, die „Definition" von Literatur zu analysieren. Dabei wird sich herausstellen, daß die Eigenschaften der L i t e r a t u r, die g r u n d l e g e n d, primär scheinen, sich endlos verändern und die Literatur als solche nicht charakterisieren. Dazu gehört der Begriff des „Ästhetischen" im Sinne des „Schönen".

Als beständig aber erweist sich, was selbstverständlich scheint. Die Literatur ist eine Sprachkonstruktion, die eben als Konstruktion emp-

---

[1] Ostaf. arch., Bd. I, S. 382; Brief a. d. Jahre 1819.

funden wird, d. h. daß die Literatur eine d y n a m i s c h e   S p r a c h -
k o n s t r u k t i o n ist.

Die Forderung nach ununterbrochener Dynamik ruft Evolution
hervor, da jedes dynamische System sich notwendig automatisiert und
somit sich das entgegengesetzte Konstruktionsprinzip dialektisch ab-
zeichnet.[2]

Die Eigenart eines literarischen Werkes liegt in der Anwendung
des konstruktiven Faktors auf das Material, in der „Formung" (d. h.
eigentlich in der Deformation) des Materials. Jedes Werk ist ein Exzen-
triker, bei dem der konstruktive Faktor nicht im Material aufgeht, ihm
nicht „entspricht", sondern exzentrisch mit ihm verbunden ist und an
ihm auftritt.

Dabei ist das „Material" für sich genommen keineswegs der „Form"
entgegenzusetzen, es ist auch „formal", da es außerhalb des konstruktiven Materials nicht existiert. Versuche über die Konstruktion hinauszugelangen, führen zu ähnlichen Resultaten, wie bei der Theorie
Potebnjas; im Punkt X (der Idee), zu dem das Bild strebt, können sich
offensichtlich mehrere Bilder treffen, wodurch die verschiedenartigsten
spezifischen Konstruktionen zusammenfließen. Das Material ist ein
zugunsten der hervorgehobenen konstruktiven Formelemente unter-
geordnetes Element der Form.

Im Vers ist ein solcher zentraler konstruktiver Faktor der R h y t h -
m u s , Material im weiten Sinn sind die s e m a n t i s c h e n G r u p -
p e n ; in der Prosa ist die s e m a n t i s c h e G r u p p i e r u n g (das
Sujet) der zentrale konstruktive Faktor, die im weiten Sinn rhythmischen Elemente des Wortes aber sind das Material.

Jedes Konstruktionsprinzip stellt diese oder jene konkreten Verbindungen innerhalb solcher konstruktiver Reihen her, diese oder
jene Beziehung des konstruktiven Faktors zu den untergeordneten
Faktoren. (Dabei kann das Konstruktionsprinzip auch eine bestimmte
I n t e n t i o n auf diese oder jene Bedeutung oder Verwendung einer

---

[2] Über die Funktionen der literarischen Reihe s. den Essay „Die literarische
Evolution" im gleichen Band. Die Definition der Literatur als dynamische Sprachkonstruktion fordert von sich aus noch nicht die Bloßlegung des Verfahrens. Es gibt
Epochen, in denen ein bloßgelegtes Verfahren sich, so wie jedes andere, automatisiert,
und dann natürlich die Forderung nach dem ihm entgegengesetzten verdeckten Verfahren hervorruft. Unter solchen Umständen wird dieses verdeckte Verfahren dyna-
mischer sein als das bloßgelegte, da es die bereits gewohnte Beziehung zwischen Konstruktionsprinzip und Material ablösen, folglich sie auch unterstreichen wird. „Das
negative Kennzeichen" der verdeckten Form kann sich als wirksam erweisen bei der
Automatisierung des „positiven Kennzeichens" der bloßgelegten Form.

Konstruktion einbeziehen. Dazu ein ganz einfaches Beispiel: zum Konstruktionsprinzip der oratorischen Rede oder sogar der oratorischen Lyrik gehört die Intention auf das v o r g e t r a g e n e Wort.) Während auf diese Weise der „konstruktive Faktor" und das „Material" feststehende Begriffe bestimmter Konstruktionen sind, stellt das Konstruktionsprinzip einen sich ständig ändernden, komplexen und evolutionierenden Begriff dar. Das Wesen der „neuen Form" liegt gerade im neuen Konstruktionsprinzip, in der neuen Verwendung der Beziehungen zwischen dem konstruktiven Faktor und den untergeordneten Faktoren, also dem Material.

Die Wechselwirkung zwischen konstruktivem Faktor und Material muß stets verschieden sein, schwanken und ihr Aussehen verändern, um dynamisch zu sein.

Es ist leicht, an ein Werk einer fremden Epoche, das sich bereits automatisiert hat, mit dem eigenen Gepäck der Apperzeption heranzugehen und statt eines originellen Konstruktionsprinzips nur erstarrte, indifferente Verbindungen zu erblicken, die gefärbt sind durch die Brille unserer Apperzeption. Dagegen spürt der Z e i t g e n o s s e stets diese Beziehungen und Wechselwirkungen in ihrer Dynamik. Er unterscheidet nicht zwischen „Metrum" und „Wortschatz", erkennt aber immer die Neuartigkeit ihrer Beziehung. Diese Neuartigkeit aber ist das Bewußtsein von Evolution.

Eines der Gesetze der Dynamik der Form ist ein möglichst weites Schwanken, eine größtmögliche Veränderlichkeit in der Beziehung zwischen Konstruktionsprinzip und Material.

Puškin nimmt z. B. in Gedichten mit einer bestimmten Strophenform seine Zuflucht zu L e e r s t e l l e n. (Nicht „Auslassungen", denn die Verse werden in diesem Fall aus Gründen der Konstruktion ausgelassen und in manchen Fällen sind die Leerstellen ganz ohne Text gemacht, wie im „Eugen Onegin".)

Die gleiche Erscheinung finden wir bei Annenskij und Majakovskij („Darüber").

Hier liegt keine Pause vor, sondern eben ein Vers außerhalb des Sprachmaterials; die Semantik ist beliebig, „irgendeine"; als Resultat wird der konstruktive Faktor, das Metrum, bloßgelegt und seine Rolle unterstrichen.

Die Konstruktion ist hier an einem nullwertigen Sprachmaterial gegeben. So weit sind die Grenzen des Materials in der Wortkunst. Die tiefsten Risse und Spalten sind zulässig, der konstruktive Faktor überbrückt sie. Das Hinwegsetzen über das Material, das nullwertige Material, unterstreicht nur die Kohärenz des Konstruktionsprinzips.

Bei der Analyse der literarischen Evolution stoßen wir nun auf folgende Etappen: 1) in dialektischer Beziehung zum automatisierten Konstruktionsprinzip kündigt sich ein entgegengesetztes Konstruktionsprinzip an; 2) es vollzieht sich seine Anwendung, das Konstruktionsprinzip sucht sich die leichteste Anwendungsmöglichkeit; 3) das Konstruktionsprinzip dehnt sich auf eine größtmögliche Zahl von Erscheinungen aus; 4) es wird automatisiert und ruft entgegengesetzte Konstruktionsprinzipien hervor.

In einer Epoche des Zerfalls der zentralen vorherrschenden Strömungen zeichnet sich dialektisch ein neues Konstruktionsprinzip ab. Indem sich die großen Formen automatisieren, unterstreichen sie die Bedeutung der kleinen Formen (und umgekehrt). Das Bild, das aus einer Wortarabeske oder einem semantischen Bruch besteht, erhellt, indem es sich automatisiert, die Bedeutung des Bildes, das durch einen Gegenstand motiviert wird (und umgekehrt).

Doch wäre es seltsam zu glauben, die neue Strömung und Ablösung käme so plötzlich ans Licht der Welt, wie Minerva aus Jupiters Haupt.

Nein, diesem wichtigen Faktor der evolutionären Ablösung geht ein komplizierter Prozeß voraus.

Zunächst zeichnet sich das entgegengesetzte Konstruktionsprinzip ab. Es zeichnet sich ab auf der Grundlage „z u f ä l l i g e r" R e s u l t a t e und „z u f ä l l i g e r" V e r s t ö ß e, F e h l e r. Ein solch „zufälliges" Resultat ist z. B. während der Vorherrschaft der k l e i n e n Form (in der Lyrik das Sonett, das Quatrain usw.) eine beliebige Vereinigung von Sonetten, Quatrains usw. in einem S a m m e l b a n d.

Wenn aber die kleine Form sich nun automatisiert, so v e r f e s t i g t sich dieses z u f ä l l i g e R e s u l t a t, d e r S a m m e l b a n d als solcher wird als Konstruktion anerkannt, d. h. es entsteht eine große Form.

So nannte Aug. Schlegel die Sonette Petrarcas einen fragmentarischen lyrischen Roman. So verwendet Heine — im „Buch der Lieder" und den anderen Zyklen der „kleinen Gedichte" ein Dichter der kleinen Form — als eines der wichtigsten konstruktiven Elemente das Moment der V e r e i n i g u n g im Sammelband, des Zusammenhangs, und schafft so Sammelbände, die lyrische Romane sind, in denen jedes kleine Gedicht die Rolle eines Kapitels übernimmt.

Und umgekehrt ist eines der „zufälligen" Resultate der großen Form das Erfassen der Unabgeschlossenheit, der Bruchstückhaftigkeit als Verfahren, als Methode der Konstruktion, was direkt zur kleinen Form führt. Aber es ist klar, daß diese „Unabgeschlossenheit" und „Bruchstückhaftigkeit" als Fehler, als Verstöße gegen das System wahrgenommen werden. Und erst wenn das System selbst sich automatisiert, zeichnet sich auf seinem Hintergrund dieser Fehler als neues Konstruktionsprinzip ab.

Im Grunde genommen birgt jede Verunstaltung, jeder „Fehler" und jede „Unrichtigkeit" der normativen Poetik potentiell ein neues Konstruktionsprinzip in sich (dazu zählt speziell die Verwendung von sprachlichen Nachlässigkeiten und „Fehlern" als Mittel der semantischen Verschiebung bei den Futuristen).[3]

Indem sich das Konstruktionsprinzip entwickelt, sucht es nach Anwendungsmöglichkeiten. Nun sind besondere Bedingungen erforderlich, damit ein beliebiges Konstruktionsprinzip in der Praxis angewandt werden kann, und zwar sind die günstigsten Bedingungen erforderlich.

So steht es z. B. zur Zeit mit dem russischen Abenteuerroman. Das Prinzip des Sujetromans tauchte als dialektischer Widerspruch zum Prinzip der sujetlosen Erzählung und des sujetlosen Romans auf. Das Konstruktionsprinzip hat aber noch nicht die notwendige Anwendungsmöglichkeit gefunden und wird daher an ausländischem Material durchgeführt. Um aber mit dem russischen Material zu verschmelzen, benötigt es noch irgendwelche besonderen Bedingungen. Diese Vereinigung ist gar nicht so einfach zu vollziehen. Die Wechselwirkung zwischen Stil und Sujet erfolgt erst unter Bedingungen, die das ganze Geheimnis ausmachen. Und wenn sie nicht gegeben sind, bleibt diese Erscheinung ein Versuch.

Je „feiner" und ungewöhnlicher eine Erscheinung ist, desto deutlicher zeichnet sich das neue Konstruktionsprinzip ab. Die Kunst findet solche Erscheinungen im a u ß e r l i t e r a r i s c h e n L e b e n. Dort wimmelt es von Rudimenten verschiedener intellektueller Tätigkeiten. In seiner Zusammensetzung ist das außerliterarische Leben rudimentäre Wissenschaft, rudimentäre Kunst und Technik. Es unterscheidet sich von der entwickelten Wissenschaft, Kunst und Technik durch die Methode des Umgangs mit ihnen. Das „künstlerische Leben" ist deshalb, entsprechend der funktionalen Rolle, die die Kunst in ihm spielt, etwas von der Kunst Unterschiedenes, in ihren Erscheinungsformen aber berühren sie sich. Die unterschiedlichen Methoden des Umgangs mit denselben Erscheinungen begünstigen eine unterschiedliche Aus-

---

[3] Deshalb ist jeder „Purismus" ein spezifischer „Purismus", der auf einem bestimmten System beruht, aber kein „Purismus an sich". Das gilt auch für den sprachlichen Purismus. Seitenweise werden in der archaistischen „Galatea" (1829 und 1830) Listen von „Fehlern" und „Unrichtigkeiten" Puškins angeführt. Die zeitgenössische russische Prosa ist „prüde" nach zwei Seiten: man fürchtet den einfachen Satz und vermeidet völlig Nachlässigkeiten, die von der Sprache her durchaus motiviert wären. Pisemskij fürchtete dies nicht und schrieb: „Der von dort ausströmende Geruch des Tabaks und nach irgendwelcher sauergewordener Kohlsuppe machte für ihm das Leben fast unerträglich" (Bd. IV, S. 46).

wahl dieser Erscheinungen, und deshalb unterscheiden sich auch die Formen des künstlerischen Lebens von der Kunst. In dem Moment aber, da das grundlegende, zentrale Konstruktionsprinzip sich in der Kunst entwickelt, sucht das neue Konstruktionsprinzip nach „neuen", frischen und „ihm nicht zugehörigen" Erscheinungen. Die alten gewohnten Erscheinungen können dies nicht sein, da sie mit dem bereits sich auflösenden Konstruktionsprinzip verbunden sind.

Und so verfällt das neue Konstruktionsprinzip auf frische, ihm nahestehende Erscheinungen des außerliterarischen Lebens.

Ich will ein Beispiel anführen.

In der ersten Hälfte des 18. Jahrhunderts war der Briefwechsel ungefähr das, was er noch vor kurzem auch für uns war — ausschließlich eine Erscheinung des außerliterarischen Lebens. In die Literatur mischten sich die Briefe nicht ein. Sie entlehnten vieles aus dem literarischen Prosastil, blieben aber von der Literatur weit entfernt. Es waren Notizen, Bestätigungen, Bittschriften, freundschaftliche Benachrichtigungen usw.

Führend im Bereich der Literatur war die Poesie; in ihr wiederum waren es die hohen Genres. Jene Tür, jenen Spalt, durch den der Brief zu einem literarischen Faktum hätte werden können, gab es noch nicht. Nun aber erschöpft sich dieser Strom, das Interesse an der Prosa und den jüngeren Genres beginnt die hohe Ode zu verdrängen.

Die Ode — das führende Genre — beginnt in den Bereich der „Gelegenheitsverse", d. h. der Verse, die die Bittsteller bei jeweiliger Gelegenheit vortrugen, abzusinken — ins außerliterarische Leben. Das Konstruktionsprinzip der neuen Strömung wird dialektisch fühlbar.

Das Hauptprinzip der „Erhabenheit" des 18. Jahrhunderts war eine oratorische, emotional irritierende Funktion des dichterischen Wortes. Das Bild bei Lomonosov wurde nach dem Prinzip der Übertragung einer Sache auf eine „ungeziemende", ihr unangemessene Stelle konstruiert. Das Prinzip der „Kopplung weit auseinanderliegender Ideen" machte die Zusammenfügung von bedeutungsmäßig weit auseinanderliegenden Worten zum Gesetz. Das Bild entstand als semantischer „Bruch", nicht als „anschauliches Bild" (wobei das Prinzip der lautlichen Verknüpfung der Worte in den Vordergrund trat). Die („erhabene") Emotion schwoll abwechselnd an oder ab („Ruhestellen", „Schwächen", farblosere Stellen waren vorgesehen).

Der Allegorismus und Antipsychologismus der hohen Literatur des 18. Jahrhunderts stehen damit im Zusammenhang.

Die oratorische Ode entwickelt sich zu der Ode Deržavins, in der sich das Erhabene in der Kombination von „hohen" und „niederen"

Worten, von Ode und komischen Elementen des satirischen Verses äußert.

Die Zerstörung der erhabenen Lyrik vollzieht sich in der Epoche Karamzins. Im Gegensatz zur oratorischen Rede erlangt nun die Romanze, das Lied, eine besondere Bedeutung. Da das Bild als semantischer Bruch sich automatisiert hat, erweckt es eine Neigung zum Bild, das sich an den nächstliegenden Assoziationen orientiert.

Die kleine Form, die kleine Emotion treten in den Vordergrund, der Psychologismus löst die Allegorien ab. Auf diese Weise setzen sich die Konstruktionsprinzipien dialektisch von den alten ab.

Für ihre Anwendung aber sind möglichst durchsichtige und gefügige Erscheinungen erforderlich, und diese eben werden im außerliterarischen Leben gefunden. Die Salons, die Plaudereien „liebenswürdiger Frauen", die Alben kultivieren die kleine Form der „Bagatelle": „Lieder", Quatrains, Rondeaus, Akrosticha, Scharaden, bouts rimés und Spiele werden zu einer wichtigen literarischen Erscheinung.

Und schließlich der B r i e f.

Hier in den Briefen fanden sich die gefügigsten, leichtesten und am dringendsten erforderlichen Erscheinungen, die die neuen Konstruktionsprinzipien mit ungewöhnlicher Kraft herauszustellen vermochten: das Nicht-zu-Ende-Sprechen, das Fragmentarische, die Anspielungen und die „häusliche" kleine Form des Briefes motivierten die Einführung von Kleinigkeiten und solchen stilistischen Verfahren, die den „erhabenen" Verfahren des 18. Jahrhunderts entgegengesetzt waren. Dieses erforderliche Material gab es außerhalb der Literatur, im „Leben". Aus einem außerliterarischen Dokument wird der Brief zum Zentrum der Literatur. Die Briefe Karamzins an Petrov überholen seine eigenen Versuche in der alten kanonischen oratorischen Prosa und führen ihn zu den „Briefen eines russischen Reisenden", wo der Reisebrief zum G e n r e geworden ist. Dem Reisebrief gelingt es, zur Rechtfertigung des Genres zu werden und die neuen Kunstgriffe genregemäß zu verknüpfen. Vgl. hierzu das Vorwort Karamzins:

„Heterogener und unebener Stil ist die Folge verschiedener Faktoren, die auf die Seele... des Reisenden einwirkten; er... beschrieb seine Eindrücke nicht in einer Mußestunde, nicht in der Stille des Kabinetts, sondern wo und wie es sich gerade traf, unterwegs, auf Zetteln, mit Bleistift. Viel Unwichtiges, Kleinigkeiten — das gebe ich zu... Warum soll man aber auch dem Reisenden nicht einige belanglose Einzelheiten verzeihen? Ein Mann im Reisekleid mit dem Stab in der Hand und dem Felleisen auf dem Rücken ist nicht verpflichtet, mit der wählerischen Vorsichtigkeit irgendeines Höflings zu sprechen, der von ebensolchen Höflingen umgeben ist, oder gar eines Professors, der mit einer spanischen Perücke auf dem hohen Katheder der Wissenschaft thront."

Daneben besteht aber der Brief im außerliterarischen Leben weiter. Im Zentrum der Literatur befinden sich nicht nur und nicht vollständig die Genres, die im Druck vorliegen, sondern auch der Brief des außerliterarischen Lebens mit seinen eingestreuten Verseinschüben, Witzen und Erzählungen. Dieser Brief ist nicht mehr „Benachrichtigung" und „Bestätigung".

Der Brief, der ein Dokument war, ist zum literarischen Faktum geworden.

Bei den jüngeren Karamzinisten, bei A. Turgenev und P. Vjazemskij, vollzieht sich dann eine unaufhaltsame Evolution des außerliterarischen Briefes. Die Briefe werden nicht nur von ihren Empfängern gelesen. In den Antwortbriefen werden sie untersucht und beurteilt wie literarische Werke. Der Typ des Karamzinschen Briefes — ein Mosaik aus eingefügten Versen, unerwarteten Übergängen und abgerundeten Sentenzen — hält sich lange (vgl. die ersten Briefe Puškins an Vjazemskij und V. Puškin). Der Briefstil aber evolutioniert. Von Anfang an spielten der intime freundschaftliche Witz, die scherzhafte Periphrase, Parodie und Neckerei sowie die erotische Anspielung im Brief eine gewisse Rolle. Das unterstrich Intimität und unliterarischen Charakter des Genres. Auf dieser Linie vollzieht sich auch die Entwicklung, die Evolution des Briefes bei A. Turgenev, Vjazemskij und besonders Puškin, aber hier bereits auf einer anderen Linie.

Allmählich verschwand die Manieriertheit, ebenso wie die Periphrase wurde sie ausgetrieben, die Evolution führte zu großer Einfachheit (bei Puškin nicht ohne den Einfluß der Archaisten, die sich für eine „ursprüngliche Einfachheit" gegen den Ästhetizismus der Karamzinschule einsetzten). Das war nun nicht die indifferente Einfachheit von Dokument, Benachrichtigung oder Bestätigung, sondern eine neu gefundene literarische Einfachheit. Wie ehedem wurde im Genre der außerliterarische Charakter, die Intimität betont, sie wurde aber jetzt durch absichtliche Grobheit, intime Anzüglichkeit und derbe Erotik unterstrichen. Zugleich erkennen die Schriftsteller dieses Genre als tief literarisches Genre an; die Briefe werden gelesen und verbreitet. Vjazemskij beabsichtigte einen russischen „Manuel du style épistolaire" zu schreiben. Puškin schreibt Konzepte von anspruchslosen persönlichen Briefen. Eifersüchtig wacht er über seinen Briefstil, um seine Einfachheit gegen die Manieriertheiten der Karamzinisten zu schützen. („Adieu, Fürst und Fürstin Leichtfuß! Du siehst, es fehlt mir für den Briefwechsel schon an eigener Einfachheit." An Vjazemskij, 1826.)

Als Umgangssprache diente vorwiegend das Französische, doch tadelt Puškin seinen Bruder, daß er in seinen Briefen das Französische mit dem Russischen mische wie die Moskauer Kousine.

Obwohl der B r i e f persönlich und unliterarisch blieb, war er zugleich und gerade deshalb ein literarisches Faktum von besonderer Bedeutung. Dieses literarische Faktum prägte das kanonisierte Genre des „literarischen Briefwechsels", blieb aber auch in seiner reinen Form ein literarisches Faktum.

Auch ist es nicht schwierig, Epochen zu finden, in denen der Brief, nachdem er seine literarische Rolle ausgespielt hat, wieder ins außerliterarische Leben absinkt und die Literatur nicht mehr berührt, zu einem außerliterarischen Faktum, zum Dokument oder zur Bestätigung wird. Aber unter den entsprechenden Bedingungen wird dieses außerliterarische Faktum wieder zum literarischen.

Es ist interessant festzustellen, wie Literaturhistoriker und -theoretiker, die sich um eine feste Definition von Literatur bemühen, die außergewöhnliche Bedeutung des literarischen Faktums, das aus dem außerliterarischen Leben emportaucht und in ihm wieder absinkt, einfach übersehen haben. Puškins Briefe werden bislang nur als Informationsquelle oder gar zur Lüftung von Bettgeheimnissen genutzt. Niemand hat bisher die Briefe Vjazemskijs, A. Turgenevs und Batjuškovs als literarisches Faktum untersucht.[4]

In dem hier untersuchten Fall (Karamzin) diente der Brief zur Rechtfertigung spezieller Verfahren der Konstruktion. Er war noch eine frische, „unfertige" Erscheinung des außerliterarischen Lebens und entsprach dem neuen Konstruktionsprinzip besser als alle „fertigen" literarischen Erscheinungen.

Aber es kann noch eine andere Literarisierung von außerliterarischen Erscheinungen, eine andere Wandlung des außerliterarischen Faktums in ein literarisches stattfinden.

E i n   K o n s t r u k t i o n s p r i n z i p ,   d a s   a u f   i r g e n d e i n e m G e b i e t   a n g e w a n d t   w i r d ,   i s t   b e s t r e b t ,   s i c h   z u   v e r - b r e i t e n ,   s i c h   a u f   m ö g l i c h s t   w e i t e   G e b i e t e   a u s z u - d e h n e n .

Wir können hier vom „Imperialismus" des Konstruktionsprinzips sprechen. Diesen Imperialismus, dieses Streben nach der Besetzung eines möglichst großen Gebietes, können wir in jedem beliebigen Bereich verfolgen. Solcherart z. B. die Verallgemeinerung des Epithetons, auf die Veselovskij verweist: wenn wir heute bei den Dichtern

---

[4] Dies wurde 1924 geschrieben. Inzwischen liegt uns ein Aufsatz N. Stepanovs u. ä. m. vor.

„goldene Sonne" und „goldene Haare" haben, so wird es morgen auch „goldenen Himmel", „goldene Erde" und „goldenes Blut" geben. Gleiches gilt für das Faktum der Orientierung an der Form oder dem Genre, das gesiegt hat: der Zusammenfall von Perioden der rhythmischen Prosa mit der Vorherrschaft der Poesie über die Prosa. Die Entwicklung des vers libre beweist, daß die konstruktive Bedeutung des Rhythmus genügend bewußt wurde, um sie auf eine möglichst große Reihe von Erscheinungen auszudehnen.

Das Konstruktionsprinzip strebt danach, die ihm gewohnten Grenzen zu überschreiten, da es sich schnell automatisiert, wenn es im Bereich der gewohnten Erscheinungen bleibt. Dies erklärt auch den Wechsel der Themen bei den Dichtern.

Hierzu ein Beispiel. Heine baut seine Kunst auf dem Bruch, auf der Dissonanz auf. In der letzten Zeile durchbricht er die gerade Linie des ganzen Gedichts (pointe). Das Bild baut er auf dem Kontrastprinzip auf. Gerade unter diesem Gesichtspunkt ist das Thema der Liebe von ihm bearbeitet worden. Gottschall schreibt dazu: „So hatte Heine die Kontraste der Empfindungen und des menschlichen Wesens, der heiligen und profanen Liebe bis zu einem Extrem ausgebeutet, das aus der Poesie herauszufallen drohte. Die Variationen dieses Themas wurden zuletzt unmelodisch; denn die ewige Selbstvernichtung erinnerte an den Tod des Bajazzo im Zirkus. Der Humor mußte sich weitere Kreise suchen, aus der engen Welt des Herzens heraustreten, den Staat, die Literatur und Kunst ins Auge fassen, die objektive Weite der Anschauung und Betrachtung gewinnen."[5]

Das Konstruktionsprinzip breitet sich auf immer weitere Gebiete aus und strebt dann danach, über die Grenze des spezifisch Literarischen, des „Abgenutzten", hinauszugelangen und trifft schließlich auf das außerliterarische Leben. Auf diese Weise wird z. B. ein Konstruktionsfaktor der Prosa, nämlich die Dynamik des S u j e t s , zum beherrschenden Konstruktionsprinzip und strebt nach maximaler Entfaltung. Sogar Werke mit m i n i m a l e r F a b e l oder mit einer Entwicklung des Sujets außerhalb der Fabel werden als vom Sujet bestimmt begriffen. (Vgl. V. Šklovskij. Tristram Shandy. Das läßt sich mit der Erscheinung des vers libre vergleichen, der abseits vom üblichen Verssystem liegt und daher den Vers unterstreicht.)

Und eben dieses Konstruktionsprinzip trifft heute auf das außerliterarische Leben. Zeitungen und Zeitschriften gibt es bereits viele

---

[5] R. v. Gottschall. Die deutsche Nationalliteratur des neunzehnten Jahrhunderts, Bd. II, S. 94. [Zitiert nach der 7. Auflage, Breslau 1901.] Davon zu sprechen, daß der Themenwechsel durch außerliterarische Ursachen (z. B. persönliche Erlebnisse) bedingt sei, heißt die Begriffe Genesis und Evolution durcheinanderwerfen. Die psychologische Genesis einer Erscheinung entspricht keineswegs deren evolutionärer Bedeutung.

Jahre, aber sie existierten als außerliterarisches Faktum. Heutzutage jedoch konzentriert sich das Interesse auf die Zeitung, die Zeitschrift und den Almanach als eigenständiges literarisches Werk, als Konstruktion.

Das außerliterarische Faktum wird durch seine konstruktive Seite wirksam. Wir stehen der Montage einer Zeitung oder Zeitschrift nicht gleichgültig gegenüber. Die Zeitschrift kann vom Material her gut sein und dennoch können wir sie in bezug auf die Konstruktion, die Montage, als stümperhaft beurteilen und daher als Zeitschrift verurteilen. Verfolgt man die Evolution der Zeitschrift, ihre Ablösung durch den Almanach usw., so wird klar, daß sich diese Evolution nicht auf einer Geraden vollzieht: einmal ist die Zeitschrift ein indifferenter außerliterarischer Faktor, wobei das Moment der Montage für sie keine Rolle spielt, das andere Mal wird sie zum literarischen Faktum. Während der Intensivierung und Entfaltung solcher Faktoren wie der „bruchstückhaften Komposition" in Erzählung und Roman, die das Sujet aus absichtlich unzusammenhängenden Abschnitten aufbaut, geht dieses Konstruktionsprinzip ganz natürlich auf benachbarte und später auch auf weiter entfernte Erscheinungen über.

Es gibt noch eine charakteristische Erscheinung, an der man sehen kann, wie ein Konstruktionsprinzip, dem es im rein literarischen Material zu eng wird, auf außerliterarische Erscheinungen übergeht. Ich meine die „literarische Persönlichkeit".

Es gibt Erscheinungen des Stils, die uns zur P e r s o n des Autors führen. Das läßt sich in Ansätzen bereits an einer gewöhnlichen Erzählung beobachten: die Besonderheiten der Lexik, der Syntax, vor allem aber das Schema der Satzintonation, deuten mehr oder weniger auf irgendwelche ungreifbaren und zugleich konkreten Züge des Erzählers. Wenn die Erzählung mit Intention auf den Erzähler von seiner Person her geführt wird, so konkretisieren sich die nicht faßbaren Züge bis zum Greifbaren, fügen sich zu einer konkreten Gestalt. (Hier ist eine spezifische, weit von der Anschaulichkeit der Malerei entfernte Konkretheit gemeint. Und wenn man uns fragen würde, wie z. B. dieser Erzähler a u s s i e h t, so wäre unsere Antwort notgedrungen subjektiv.) Die äußerste Grenze der literarischen Konkretheit dieser durch den Stil gegebenen Gestalt ist die B e n e n n u n g.

Die Bezeichnung einer Person vermittelt sofort eine Menge von Einzelzügen, die sich keineswegs in den gegebenen Begriffen erschöpfen. Wenn ein Dichter des 19. Jahrhunderts unter seinen Artikel statt des Namens die Unterschrift: „Ein Bewohner des Neuen Dorfes" setzte, so ging es ihm keineswegs darum, dem Leser zu verstehen zu geben, daß der Autor im Neuen Dorf lebt, da dies zu wissen für den Leser vollkommen unnötig ist.

Aber gerade infolge dieser „Zwecklosigkeit" gewannen andere Züge des Namens an Bedeutung, und der Leser wählte aus den Begriffen nur das C h a r a k t e r i s t i s c h e aus, nur die auf die eine oder andere Weise vom Autor angedeuteten Züge, und fügte diese Züge zu denen hinzu, die sich für ihn aus dem Stil oder den Besonderheiten des „skaz" oder auch aus dem Assortiment bereits vorhandener ähnlicher Namen ergaben. So lag für den Leser das Neue Dorf „am Rande", der Autor des Artikels war ein „Einsiedler".

Noch ausdrucksvoller sind Vor- und Familiennamen. Im außerliterarischen Leben sind für uns beide mit ihrem Träger identisch. Nennt man uns einen unbekannten Namen, so sagen wir: „Dieser Name sagt mir nichts." Im Kunstwerk gibt es keine nichtssagenden Namen. Im Kunstwerk gibt es auch keine unbekannten Namen. Alle Namen sagen etwas aus. Jeder Name, der im Werk genannt wird, ist bereits eine Kennzeichnung, die in allen Farben spielt, die ihr nur zur Verfügung stehen. Mit ungewöhnlicher Kraft bildet er alle Schattierungen aus, an denen wir im Leben vorbeigehen. „Ivan Petrovič Ivanov" ist keineswegs ein farbloser Name für einen Helden, denn Farblosigkeit ist nur im außerliterarischen Leben ein negatives Kennzeichen, in der Konstruktion aber wird sie gleich zu einem positiven Kennzeichen. Daher sind Autorunterschriften wie „Ein Bewohner des Dorfes T e n t e l e v o" oder „Ein Starec aus L u ž n i k i", die scheinbar einfache Orts- (oder Alters-)angaben sind, bereits sehr charakteristisch und äußerst konkret. Sie sind dies nicht nur kraft der Züge, die mit den Worten „Starec" und „Dorfbewohner" gegeben sind, sondern auch durch die große Ausdruckskraft der Namen „Tentelevo" und „Lužniki"

Im übrigen gibt es und wird es im künstlerischen Leben immer die Einrichtung des P s e u d o n y m s geben. Im außerliterarischen Leben steht das Pseudonym in einer Linie mit der Erscheinung der Anonymität. Seine außerliterarischen und historischen Bedingungen und Ursachen sind kompliziert und brauchen uns hier nicht zu interessieren. Aber in den Perioden der Literatur, in denen die „Persönlichkeit des Autors" in den Vordergrund tritt, wird die dem außerliterarischen Leben entstammende Erscheinung in der Literatur genutzt.

In den 20er Jahren wurden die Pseudonyme, von denen ich Beispiele brachte, „verdichtet" und, in dem Maß wie die stilistischen Erscheinungen des „skaz" anwuchsen, konkretisiert. Dieser Vorgang führte in den 30er Jahren zur Schaffung der literarischen Persönlichkeit des Baron Brambeus.

Später entstand so die „Persönlichkeit" des Koz'ma Prutkov. Das juristische Faktum, das hauptsächlich mit der Frage nach dem Recht und der Verantwortung des Autors verbunden ist, das im Schriftstellerverband gemeldete Etikett, wird unter den besonderen Bedingungen der literarischen Evolution zum l i t e r a r i s c h e n F a k t u m.

In der Literatur gibt es Erscheinungen verschiedener Schichten. In diesem Sinne gibt es keine vollständige Ablösung einer literarischen Strömung durch eine andere. Diese Ablösung gibt es jedoch in dem Sinne, daß die f ü h r e n d e n Strömungen und Genres sich ablösen.

Wie breit und zahlreich die einzelnen Zweige der Literatur auch immer sind, welche Vielzahl individueller Züge auch immer charakteristisch für die einzelnen Zweige der Literatur ist, die Geschichte lenkt sie in bestimmten Bahnen: unvermeidbar sind die Augenblicke, da eine scheinbar unendlich vielfältige Strömung versandet und von Erscheinungen, die zunächst klein und unscheinbar sind, abgelöst wird.

Unendlich vielfältig ist die „Verschmelzung von Konstruktionsprinzip und Material", von der ich sprach. Sie vollzieht sich in einer Fülle verschiedenartiger Formen. Unausweichlich aber kommt für jede literarische Strömung die Stunde der historischen Generalisierung, die Reduktion auf das Einfache und Unkomplizierte.

Hierher gehören die Erscheinungen des Epigonentums, die die Ablösung der führenden Strömung beschleunigen. Und hier, bei dieser Ablösung, finden Revolutionen von unterschiedlicher Wucht und Tiefe statt. Da gibt es häusliche, „politische" und „soziale" Revolutionen sui generis. Letztere sprengen gemeinhin das eigentliche Gebiet der „Literatur" und greifen auch auf den außerliterarischen Bereich über.

Diese verschiedenartige Zusammensetzung des literarischen Faktums muß jedesmal berücksichtigt werden, wenn von „L i t e r a t u r" gesprochen wird.

Das literarische Faktum ist auf verschiedene Weise zusammengesetzt, und in diesem Sinne ist die Literatur eine mit Unterbrechungen evolutionierende Reihe.

Jeder Terminus einer Literaturtheorie muß die konkrete Folge konkreter Fakten sein. Es geht nicht an, von außer- und überliterarischen Höhen einer metaphysischen Ästhetik auszugehen und mit Gewalt zum Terminus „passende" Erscheinungen „zusammenzusuchen". Der Terminus ist konkret, die Definition evolutioniert, wie das literarische Faktum selbst evolutioniert.

[1924]

Jurij Tynjanov

ÜBER DIE LITERARISCHE EVOLUTION

Für Boris Ejchenbaum

1. Die Literaturgeschichte befindet sich im Vergleich zu anderen Kulturwissenschaften noch immer in der Situation einer Kolonie. Einerseits wird sie (besonders im Westen) in beträchtlichem Maß vom individualistischen Psychologismus beherrscht, wo der Frage nach der Literatur unangemessen die Frage nach der Dichter-Psychologie, der Frage nach der literarischen Evolution aber die Frage nach der Genesis literarischer Erscheinungen unterschoben wird. Andererseits führt die vereinfachte kausale Betrachtung der literarischen Reihe zu einer Diskrepanz zwischen dem Standpunkt, von dem aus die literarische Reihe betrachtet wird (als solch ein Standpunkt erweisen sich immer die wichtigsten, aber auch die entferntesten sozialen Reihen), und der literarischen Reihe selbst. Die Konstruktion einer abgeschlossenen literarischen Reihe und die isolierte Analyse ihrer Evolution stößt ununterbrochen auf die benachbarten kulturellen und gesellschaftlichen, auf die im weitesten Sinn sozialen Reihen und ist folglich zur Unvollständigkeit verurteilt. Die Werttheorie in der Literaturwissenschaft rief die Gefahr hervor, daß die wichtigsten, aber auch die isolierten Erscheinungen untersucht wurden und führte dazu, daß die Literaturgeschichte das Aussehen einer „Geschichte der Generale" erhielt. Der blinde Widerstand gegen die „Geschichte der Generale" rief seinerseits das Interesse an der Erforschung der Massenliteratur hervor, ohne sich jedoch über ihre Untersuchungsmethoden und ihre Bedeutung theoretisch klar bewußt zu sein.

Schließlich erweist sich die Verbindung zwischen Literaturgeschichte und lebendiger zeitgenössischer Literatur — eine für die Wissenschaft vorteilhafte und notwendige Verbindung — nicht immer als notwendig und vorteilhaft für die sich noch entwickelnde Literatur, deren Vertreter bereit sind, Literaturgeschichte als Aufstellung bestimmter traditioneller Normen und Gesetze anzusehen und die „Historizität" der literarischen Erscheinung mit dem „Historismus" im Verhältnis zu ihr zu verwechseln. Als Folge dieses Konflikts entstand die Tendenz, einzelne

Werke und die Gesetze ihres Aufbaus auf ahistorischer Ebene zu erforschen (was der Abschaffung der Literaturgeschichte gleichkommt).
2. Die Literaturgeschichte muß, um endlich zu einer Wissenschaft
werden zu können, Anspruch auf Zuverlässigkeit erheben. Alle ihre
Termini müssen einer Revision unterworfen werden, vor allem der
Terminus „Literaturgeschichte" selbst. Dieser Begriff erweist sich als
ungewöhnlich weit, da er sowohl die Geschichte des Materials der künstlerischen Literatur als auch die Geschichte der Literatur und des Schrifttums überhaupt umfaßt. Außerdem erweist er sich als prätentiös, da
„Literaturgeschichte" von vornherein als Disziplin gedacht wird, die
fähig ist, in ihrer Eigenschaft als wissenschaftlich zurechtpräparierte
Reihe in die „Kulturgeschichte" einzugehen. Über Anrechte darauf verfügt sie bislang nicht.

Dabei zerfallen die historischen Forschungen, je nach der Betrachtungsweise, in mindestens zwei wichtige Typen: in die Erforschung der
G e n e s i s literarischer Erscheinungen und die Erforschung der E v o -
l u t i o n der literarischen Reihe, der literarischen Veränderlichkeit.

Vom Blickwinkel hängt nicht nur die Bedeutung, sondern auch der
Charakter der zu untersuchenden Erscheinung ab: das Moment der
Genesis hat bei der Erforschung der literarischen Evolution seine Bedeutung und seinen Charakter, die aber selbstverständlich nicht die
gleichen, wie bei der Erforschung der Genesis sind.

Des weiteren muß die Erforschung der literarischen Evolution oder
Veränderlichkeit mit den Theorien der naiven Wertung brechen, die
sich als Resultat der Vermengung verschiedener Standpunkte erweist:
die Wertung wird aus einem Epochensystem auf das andere übertragen.
Die Bewertung selbst muß dabei ihre subjektive Färbung verlieren und
der „Wert" dieser oder jener literarischen Erscheinung ist als „evolutionäre Bedeutung und Besonderheit" zu betrachten.

Das gleiche muß auch mit solchen bisher wertenden Begriffen geschehen, wie „Epigonentum", „Dilettantismus" oder „Massenliteratur".[1]

---

[1] Es genügt, die Massenliteratur der 20er und der 30er Jahre zu analysieren, um
sich von deren kolossalem, evolutionärem Unterschied zu überzeugen. In den 30er
Jahren, den Jahren der Automatisierung vorausgehender Traditionen, den Jahren
der Arbeit am abgelagerten literarischen Material, erhält der „Dilettantismus" plötzlich eine ungeheure Bedeutung für die Evolution. Gerade aus dem Dilettantismus,
aus der Atmosphäre von „Versnotizen am Buchrand" entsteht eine neue Erscheinung,
Tjutčev, der mit seinen intimen Intonationen die poetische Sprache und die Genres
umformt. Das a l l t ä g l i c h e V e r h ä l t n i s zur L i t e r a t u r, das vom

Der Grundbegriff der alten Literaturgeschichte, die „Tradition", erweist sich als unrechtmäßige Abstraktion eines oder mehrerer literarischer Elemente desselben Systems, in dem sie das gleiche „emploi" haben und die gleiche Rolle spielen, und als deren Kontraktion mit eben diesen Elementen eines anderen Systems, in dem sie ein anderes „emploi" besitzen, zu einer vermeintlich einheitlichen, scheinbar ungeteilten Reihe.

Als Hauptbegriff der literarischen Evolution erweist sich die A b - l ö s u n g der Systeme, die Frage der „Traditionen" aber verlagert sich auf eine andere Ebene.

3. Um nun diese grundsätzliche Frage zu analysieren, muß man sich zunächst darüber einigen, daß das literarische Werk ein System darstellt, und ebenso die Literatur. Nur vermittels dieser grundlegenden Vereinbarung ist der Aufbau einer Literaturwissenschaft überhaupt möglich, die nicht das Chaos der verschiedenartigen Erscheinungen und Reihen betrachtet, sondern diese wissenschaftlich untersucht. Die Frage nach der Rolle der benachbarten Reihen bei der literarischen Evolution wird damit nicht verworfen, sondern, im Gegenteil, erst gestellt.

Die analytische Arbeit über einzelne Elemente des Werks, wie Sujet und Stil, Rhythmus und Syntax in der Prosa, Rhythmus und Semantik im Gedicht usw. hat sich gelohnt, weil sie zu der Überzeugung führte, daß die Abstraktion dieser Elemente als A r b e i t s h y p o t h e s e in gewissen Grenzen zulässig ist, daß aber alle diese Elemente in einer K o r r e l a t i o n stehen und sich in Wechselwirkung befinden. Die Untersuchung des Rhythmus in der Lyrik und in der Prosa mußte deutlich machen, daß die Rolle des gleichen Elements in den verschiedenen Systemen verschieden ist.

Die Korrelation eines jeden Elements des literarischen Werks als

---

wertenden Standpunkt aus als Zerfall der Literatur erscheint, f o r m t d a s l i t e - r a r i s c h e S y s t e m u m. Übrigens wurden der „Dilettantismus" und die „Massenliteratur" der 20er Jahre, der Jahre der „Meister" und der Schaffung neuer poetischer Genres, als „Graphomanie" bezeichnet; und während die (vom Standpunkt ihrer evolutionären Bedeutung aus) „erstrangigen" Dichter der 30er Jahre im Kampf mit den vorausgehenden Normen unter den Bedingungen des „Dilettantismus" (Tjutčev, Poležaev), des „Epigonen- und Eleventums" (Lermontov) standen, hatten in der Epoche der 20er Jahre sogar die „zweitrangigen" Dichter den Anstrich von erstrangigen Meistern. Vgl. die „Universalität" und „Erhabenheit" der Genres bei solchen Massendichtern wie Olin. Es ist klar, daß die evolutionäre Bedeutung solcher Erscheinungen wie des „Dilettantismus" und des „Epigonentums" usw. von Epoche zu Epoche verschieden ist, und die stolze, bewertende Haltung zu diesen Erscheinungen ist das Erbe der alten Literaturgeschichte.

System zu anderen Elementen und folglich zum ganzen System nenne ich die konstruktive F u n k t i o n des betreffenden Elements.

Bei näherer Untersuchung stellt sich heraus, daß eine solche Funktion einen komplizierten Begriff darstellt. Das Element steht gleichzeitig in Korrelation: einerseits zu der Reihe entsprechender Elemente anderer Werk-Systeme und sogar zu anderen Reihen, andererseits zu anderen Elementen des vorgegebenen Systems (Autofunktion und Synfunktion).

So steht die Lexik eines bestimmten Werks gleichzeitig in Korrelation sowohl zur literarischen und zur alltagssprachlichen Lexik als auch zu anderen Elementen des gegebenen Werks. Diese beiden Komponenten, oder genauer, diese beiden gleich wirkenden Funktionen sind nicht gleichberechtigt.

Die Funktion der Archaismen z. B. hängt gänzlich vom S y s t e m ab, in dem sie verwendet werden. Im System Lomonosovs haben sie z. B. die Funktion des sogenannten „hohen" Wortgebrauchs, da innerhalb dieses Systems hier die lexikalische Färbung die dominierende Rolle spielt (die Archaismen werden nach ihren lexikalischen Assoziationen zur Kirchensprache verwendet). In Tjutčevs System gelten andere Funktionen der Archaismen, sie sind in einer Reihe von Fällen abstrakt: fontan — vodomet [Fontäne — Springbrunnen]. Ein interessantes Beispiel liefern die Archaismen in ironischer Funktion:

Pušek grom i m u s i k i j a — [Der Kanonen Donner und Musik]

bei einem Dichter der solche Worte, wie „musikijskij"* in völlig anderer Funktion verwendet. Die Autofunktion ist nicht entscheidend, sie ist nur Möglichkeit, sie erscheint als Bedingung der Synfunktion. (So gab es bereits zur Zeit Tjutčevs eine im 18. und 19. Jahrhundert entstandene, umfangreiche parodistische Literatur, in der die Archaismen eine parodistische Funktion besaßen.) Aber in unserem Falle entscheidet natürlich das System der Semantik und der Intonation im betreffenden Werk darüber, daß der vorliegende Ausdruck nicht zum „hohen", sondern zum „ironischen" Wortgebrauch in Beziehung gebracht werden darf. Dadurch wird seine Funktion bestimmt.

Es ist falsch, einzelne Elemente aus dem System herauszureißen und sie, außerhalb des Systems, d. h. ohne Berücksichtigung ihrer konstruktiven Funktion, mit ähnlichen Reihen anderer Systeme in Korrelation zu setzen.

4. Ist die sogenannte „immanente" Erforschung des Werks als System außerhalb einer Korrelation zum System der Literatur überhaupt möglich? Eine solche isolierte Erforschung des Werks stellt die gleiche Ab-

---

* „Musikija" — arch. ‚Musik'. „Musikijskij" ist das dazugehörige Adjektiv.

straktion dar, wie die einzelner Elemente des Werks. In bezug auf zeitgenössische Werke wird sie auf Schritt und Tritt angewandt und gelingt auch in der Kritik, weil die Korrelation zwischen zeitgenössischem Werk und zeitgenössischer Literatur ein stillschweigend vorausgesetztes Faktum ist. (Hierher gehört die Korrelation des Werks zu den anderen Werken des Autors, seine Korrelation zum Genre usw.)

Aber schon in bezug auf zeitgenössische Literatur ist der Weg der isolierten Erforschung unmöglich.

Daß ein Faktum als l i t e r a r i s c h e s Faktum existiert, hängt von seiner Differenzqualität ab (d. h. von seiner Korrelation sei es zur literarischen, sei es zur außerliterarischen Reihe), mit anderen Worten, von seiner Funktion.

Was in der einen Epoche als literarisches Faktum erscheint, gilt für die andere als alltagssprachliche, außerliterarische Erscheinung (und umgekehrt), je nachdem, in welchem literarischen System sich das betreffende Faktum befindet.

So ist der Freundesbrief Deržavins ein außerliterarisches, der Freundesbrief in der Epoche Karamzins und Puškins dagegen ein literarisches Faktum. Vgl. den literarischen Charakter der Memoiren und Tagebücher in dem einen literarischen System und ihren außerliterarischen Charakter im anderen.

Untersuchen wir ein Werk isoliert, so können wir nicht sicher sein, daß wir in der richtigen Weise von seiner Konstruktion, der Konstruktion gerade dieses Werks sprechen.

Es gilt noch einen Umstand zu bedenken. Die Autofunktion, d. h. die Korrelation eines beliebigen Elements zur Reihe analoger Elemente in anderen Systemen und anderen Reihen, stellt die Bedingung der Synfunktion, der konstruktiven Funktion des betreffenden Elements dar.

Daher ist es nicht gleichgültig, ob ein solches Element „abgegriffen" und „blaß" ist oder nicht. Was ist die „Abgegriffenheit" und „Blässe" des Verses, des Metrums, des Sujets usw.? Mit anderen Worten, was ist die „Automatisierung" dieses oder jenes Elements?

Ich möchte ein Beispiel aus der Linguistik anführen: wenn die Vorstellung von der Bedeutung „verblaßt", so wird das Wort, das eine Vorstellung hervorruft, zum Ausdruck einer Verbindung, einer Beziehung, es wird zum Hilfswort. Mit anderen Worten, seine Funktion ändert sich. Das gleiche gilt für die Automatisierung, für das „Verblassen" eines jeden literarischen Elements: es verschwindet nicht, nur seine Funktion ändert sich, wird eine dienende. Wenn das Metrum im Gedicht

„abgegriffen" ist, werden auf seine Kosten andere Merkmale des Verses und andere Elemente des Werks wichtig, das Metrum aber übernimmt andere Funktionen.

So bedient sich das in Versen geschriebene „kleine Feuilleton" in der Zeitung vorwiegend abgegriffener, banaler Metren, die die Poesie längst hinter sich gelassen hat. Es als „Gedicht" zu lesen, das in Korrelation zur „Poesie" steht, würde niemandem einfallen. Das abgegriffene Metrum ist hier ein Mittel der V e r k l a m m e r u n g des aktuellen, außerliterarischen Feuilletonmaterials mit der literarischen Reihe. Seine Funktion ist eine völlig andere als im dichterischen Werk, sie ist eine dienende. Zur gleichen Reihe von Fakten gehört auch die „Parodie" im versifizierten „kleinen Feuilleton". Die Parodie ist solange literarisch lebendig, solange das Parodierte lebendig ist. Welche literarische Bedeutung kann die sicherlich tausendste Parodie auf Lermontovs „Wenn die gelbe Flur wogt" und auf Puškins „Der Prophet" haben? Unterdessen benutzt sie das „kleine Feuilleton" in Versen auf Schritt und Tritt. Auch hier handelt es sich um das gleiche: die Funktion der Parodie ist eine dienende geworden, sie dient der *Verklammerung* außerliterarischer Fakten mit der literarischen Reihe.

Wenn die sogenannte Sujet-Prosa „abgegriffen" ist, so hat die Fabel im Werk andere Funktionen als dort, wo die „Sujet"-Prosa im literarischen System nicht „abgegriffen" ist. Die Fabel kann lediglich eine Motivierung für den Stil oder für die Art der Materialentfaltung sein.

Grob gesprochen: Während wir in Entsprechung zu dem betreffenden literarischen System geneigt wären, den Naturbeschreibungen in alten Romanen eine dienende Rolle, die Rolle eines verbindenden oder retardierenden Elements zuzuschreiben (und sie also fast zu übergehen), würden wir, auf ein anderes literarisches System bezogen, dazu bereit sein, die Naturbeschreibung für ein entscheidendes, dominierendes Element zu halten, weil natürlich eine Konstellation möglich ist, in der die Fabel lediglich die Motivierung, den Anlaß für die Entfaltung von „statischen Beschreibungen" liefert.

5. Auf ähnliche Weise ist eine sehr schwierige und sehr wenig erforschte Frage zu lösen: das Problem der literarischen Genres. Der Roman, der ein in sich geschlossenes, innerhalb seiner Grenzen im Verlauf von Jahrhunderten sich entwickelndes Genre zu sein scheint, erweist sich als nicht einheitlich, sondern veränderlich, sein Material ändert sich von einem literarischen System zum anderen, es ändert sich die Methode der Einführung außerliterarischen Sprachmaterials in die Literatur, und auch die Merkmale des Genres selbst evolutionieren. Die

Genres des „rasskaz" und der „povest'" wurden im System der 20er
bis 40er Jahre, wie schon aus den Benennungen ersichtlich, durch andere
Merkmale, als wir sie benutzen, definiert.[2] Wir neigen dazu, die Genres
nach *zweitrangigen resultativen Merkmalen,* grob gesagt, nach dem
Umfang zu benennen. Die Bezeichnungen rasskaz, povest' und roman
sind für uns gleichbedeutend mit einer Definition nach der Anzahl der
bedruckten Blätter. Das beweist nicht so sehr die „Automatisiertheit"
der Genres für unser literarisches System, als vielmehr, daß die Genres
bei uns nach anderen Merkmalen definiert werden. Der Umfang des
Werks, seine sprachliche Ausdehnung ist kein unwesentliches Merkmal.
In einem vom System isolierten Werk aber sind wir überhaupt nicht in
der Lage, das Genre zu bestimmen, da z. B. die Bezeichnung der Ode
als solcher in den 20er Jahren des 19. Jahrhunderts oder schließlich bei

---

[2] Vgl. den Gebrauch des Wortes „rasskaz" 1825 im „Moskovskij Telegraf" in
einer Rezension des „Eugen Onegin": „Wer von den Dichtern hatte sich den *rasskaz,
d. h. die Ausführung des Poems* zum Ziel gesetzt, ja sogar, wer von den Prosaschrift-
stellern tat das in einem umfangreichen Werk? Im Tristram Shandy, wo offenbar
alles im *rasskaz* liegt, ist der *rasskaz* keineswegs das Ziel des Poems" („Moskovskij
Telegraf", 1825, Nr. 15, Spezieller Anhang, S. 5). Das heißt, der *rasskaz* steht hier
offensichtlich unserem Terminus „skaz" nahe. Diese Terminologie ist keineswegs zufällig und hat sich lange gehalten. Vgl. die Definition der Genres bei Družinin im
Jahre 1849: „Der Autor selbst (Zagoskin) hat dieses Werk („Die Russen zu Beginn
des 18. Jahrhunderts") einen r a s s k a z genannt; in der Überschrift aber wird es
mit dem Namen R o m a n bezeichnet; was es nun aber tatsächlich ist, kann schwerlich bestimmt werden, da es nicht abgeschlossen ist ... Meiner Ansicht nach ist
das weder ein rasskaz, noch ein Roman. Es ist k e i n r a s s k a z, weil die D a r -
l e g u n g n i c h t v o m A u t o r oder von irgendeiner N e b e n f i g u r erfolgt,
sondern im Gegenteil dramatisiert (oder vielmehr dialogisiert) ist, so daß Szenen und
Gespräche einander ständig ablösen; das Erzählen nimmt den geringsten Raum ein.
Und es ist k e i n R o m a n, weil mit diesem Wort Forderungen nach poetischem
Schaffen, nach künstlerischer D a r s t e l l u n g d e r C h a r a k t e r e und
S i t u a t i o n e n der handelnden Personen verbunden sind ... Ich werde ihn von
nun an Roman nennen, weil er alle Ansprüche darauf erhebt" (Družinin, Bd. 6,
S. 41, „Briefe eines auswärtigen Abonnenten"). Ich möchte hier gleich eine inter-
essante Frage stellen.
   Zu verschiedener Zeit, in verschiedenen Nationalliteraturen bemerken wir den
Typ eines „rasskaz", wo in den ersten Zeilen ein Erzähler eingeführt wird, der im
weiteren keine Rolle mehr für das Sujet spielt, die Erzählung aber aus seiner Perspektive geführt wird (Maupassant, Turgenev). Die Funktion des Erzählers für das
Sujet zu erklären, ist schwierig. Wenn wir die ersten Zeilen, die ihn kennzeichnen,
streichen würden, bliebe das Sujet unverändert. (Die gewöhnliche Schablone des
Anfangs in solchen Erzählungen lautet: „N. N. zündete sich eine Zigarre an und
begann zu erzählen.") Ich glaube, daß es sich hier nicht um eine Erscheinung des
Sujets, sondern des Genres handelt. Der „Erzähler" ist hier: die Etikette des Genres,
das Signal des Genres „rasskaz" in einem bestimmten literarischen System.
   Diese Signalisierung zeigt an, daß das Genre, zu dem der Autor sein Werk in
Korrelation stellt, sich bereits stabilisiert hat. Daher ist der „Erzähler" hier genre-
mäßig ein Rudiment des alten Genres. So war es möglich, daß der „skaz" bei Leskov
zuerst aus der „Intention" auf das alte Genre als Mittel der „Wiederbelebung", der
Erneuerung des alten Genres entstand, und erst in der Folge über seine Genre-
Funktion hinauswuchs. Diese Frage verlangt natürlich eine spezielle Untersuchung.

Fet nicht von jenen Merkmalen bestimmt wurde, wie zur Zeit Lomonosovs.

Auf dieser Grundlage kommen wir zum Schluß: die Erforschung isolierter Genres ohne Berücksichtigung der Zeichen des Genresystems, mit dem sie in Korrelation stehen, ist unmöglich. Der historische Roman Tolstojs steht in Korrelation nicht zum historischen Roman Zagoskins, sondern zur zeitgenössischen Prosa.

6. Genau genommen darf es keine Untersuchung der literarischen Erscheinungen außerhalb ihrer Korrelation geben. Hierher gehört z. B. das Problem der Prosa und Poesie. Stillschweigend halten wir metrische Prosa für Prosa und den nicht metrischen vers libre für Versdichtung, wobei wir uns keine Rechenschaft darüber ablegen, daß wir damit in einem anderen literarischen System in eine schwierige Lage geraten würden. Es handelt sich darum, daß Prosa und Poesie in Korrelation stehen, daß es eine wechselseitige Funktion von Prosa und Versdichtung gibt. (Vgl. die von B. Éjchenbaum aufgedeckte Wechselbeziehung der Entwicklung von Prosa und Versdichtung, ihre Korrelation.)

In einem bestimmten literarischen System wurde die Funktion des Verses durch das formale Element des Metrums erfüllt.

Aber die Prosa differenziert sich und evolutioniert, und gleichzeitig evolutioniert der Vers. Die Veränderung eines korrelativen Typs bewirkt, oder besser gesagt, hängt zusammen mit der Veränderung des anderen korrelativen Typs. Es entsteht die metrische Prosa (z. B. Andrej Belyj). Das hängt zusammen mit der Übertragung der Versfunktion im Vers vom Metrum auf andere Merkmale, die teilweise zweitrangig und resultativ sind: auf den Rhythmus als Zeichen von Verseinheiten, eine besondere Syntax, besondere Lexik usw. Die Funktion der Prosa für die Versdichtung bleibt bestehen, aber die formalen Elemente, die sie erfüllen, sind andere geworden.

Die weitere Evolution der Formen kann entweder im Laufe der Jahrhunderte die Funktion der Versdichtung für die Prosa fixieren und sie auf eine ganze Reihe von anderen Merkmalen übertragen oder sie auflösen und unwesentlich werden lassen. Wie in der zeitgenössischen Literatur die Korrelation der Genres nach zweitrangigen, resultativen Merkmalen kaum wesentlich ist, kann eine Periode kommen, in der es für ein Werk unwesentlich sein wird, ob es in Versen oder Prosa geschrieben ist.

7. Das evolutionäre Verhältnis von Funktion und formalem Element ist eine völlig unerforschte Frage. Ich führte ein Beispiel an, wie die Evolution der Formen eine Veränderung der Funktionen bewirkt. Die Beispiele, wie eine Form mit unbestimmter Funktion eine neue hervor-

ruft, sie bestimmt, sind zahlreich. Es gibt auch Beispiele anderer Art: die Funktion sucht sich ihre Form. Ich möchte ein Beispiel anführen, in dem beide Momente verknüpft sind.

In den 20er Jahren entsteht in der literarischen Strömung der Archaisten die Funktion des hohen und volkstümlichen Versepos. D i e K o r - r e l a t i o n z w i s c h e n L i t e r a t u r u n d s o z i a l e r R e i h e f ü h r t d i e A r c h a i s t e n z u r g r o ß e n V e r s f o r m. Die formalen Elemente aber fehlen, es zeigt sich, daß der „Auftrag" der sozialen Reihe nicht dem literarischen „Auftrag" gleicht und in der Luft hängt. Die Suche nach den formalen Elementen beginnt. Im Jahre 1824 stellt Katenin die O k t a v e als formales Element des Versepos heraus. Die Leidenschaftlichkeit der Debatten um die doch so harmlos aussehende Oktave entspricht ganz dem tragischen Verwaistsein der Funktion ohne Form. Das Epos der Archaisten mißlingt. Sechs Jahre später wird diese Form von Ševyrev und Puškin in anderer Funktion benutzt als Bruchstücke des vierfüßigen jambischen Epos und des neuen niedrigeren (nicht mehr „hohen"), prosaisch gewordenen Epos („Das Häuschen in Kolomna").

Die Verbindung von Funktion und Form ist nicht zufällig. Ebensowenig zufällig ist die Verbindung der Lexik eines bestimmten Typs mit den Metren eines bestimmten Typs bei Katenin und 20 bis 30 Jahre später bei Nekrasov, der aller Wahrscheinlichkeit nach von Katenin nichts wußte.

Die Veränderlichkeit der Funktionen eines bestimmten formalen Elements, die Entstehung einer bestimmten neuen Funktion des formalen Elements, seine Verankerung an der Funktion, das alles sind wichtige Fragen der literarischen Evolution, die zu beantworten und zu untersuchen hier vorläufig nicht der Raum ist.

Ich will nur soviel sagen, daß hier von den weiteren Forschungen das gesamte Problem der Literatur als Reihe und als System abhängt.

8. Die Vorstellung ist nicht ganz richtig, daß die Korrelation der literarischen Erscheinungen sich nach dem folgenden Typ vollziehe: das Werk wird in ein synchrones literarisches System hineingestellt und „setzt" dort Funktion „an". Schon der Begriff eines unaufhörlich evolutionierenden synchronen Systems ist widersprüchlich. Das System der literarischen Reihe ist vor allem e i n S y s t e m v o n F u n k t i o n e n d e r l i t e r a r i s c h e n R e i h e, d a s i n s t ä n d i g e r K o r r e - l a t i o n z u a n d e r e n R e i h e n s t e h t. Die Reihen ändern sich in ihrer Zusammensetzung, die Differenziertheit der menschlichen Tätigkeiten aber bleibt bestehen. Die Evolution der Literatur wie auch anderer kultureller Reihen fällt weder dem Tempo noch dem Charakter nach (im Hinblick auf das Spezifische des Materials, mit dem es arbeitet)

mit den Reihen zusammen, zu denen sie in Korrelation steht. Die Evolution der konstruktiven Funktion vollzieht sich rasch. Die Evolution der literarischen Funktion vollzieht sich von Epoche zu Epoche, die Evolution der Funktionen der ganzen literarischen Reihe im Verhältnis zu den benachbarten Reihen in Jahrhunderten.

9. In Anbetracht dessen, daß das System keine gleichberechtigte Wechselwirkung aller Elemente bedeutet, sondern die exponierte Stellung einer Gruppe von Elementen (die „Dominante") und die Deformation der übrigen Elemente voraussetzt, geht das Werk in die Literatur ein und erlangt seine literarische Funktion mit Hilfe eben dieser Dominante. So setzen wir die Verse nicht nach allen ihren Besonderheiten, sondern nur nach einigen wenigen, in Korrelation zur Versreihe (und nicht zur Prosareihe). Das gleiche gilt auch für die Wechselbeziehung der Genres. Wir setzen heute einen Roman nach dem Merkmal des Umfangs und der Art der Sujetentwicklung in Korrelation zum „Roman"; einst unterschied man ihn nach dem Vorhandensein einer Liebesintrige.

Es bleibt noch ein vom Standpunkt der Evolution interessantes Faktum. Ein Werk wird in Korrelation gesetzt zu der einen oder anderen literarischen Reihe, im Hinblick auf seine „Abweichung", seine „Differenz", von eben jener literarischen Reihe, in der es verbreitet wird. So entstand z. B. die Frage nach dem Genre des Puškin-Poems für die Kritik der 20er Jahre in dieser ungewöhnlichen Schärfe nur deswegen, weil Puškins Genre sich als ein kombiniertes, vermischtes, neues Genre ohne fertige „Bezeichnung" erwies. Je stärker die Abweichung von der einen oder anderen literarischen Reihe, um so mehr wird eben jenes System betont, zu dem eine Abweichung, eine Differenz besteht. So hat der vers libre das Versprinzip durch Merkmale, die *außerhalb des Metrums* liegen, hervorgehoben, und der Roman Sternes das Sujetprinzip durch Merkmale *außerhalb der Fabel* (Šklovskij). Eine Analogie aus der Linguistik: „Die Variabilität der Wortwurzel zwingt dazu, das Maximum an Ausdruck auf sie zu konzentrieren und sie aus dem Netz der Präfixe, die sich nicht verändern, herauszustellen" (Vendryès).

10. Worin besteht die Korrelation der Literatur und der benachbarten Reihen?

Ferner, welcher Art sind die benachbarten Reihen?

Die Antwort haben wir alle bereit: das außerliterarische Leben.

Um aber die Frage nach der Korrelation zwischen den literarischen Reihen und dem außerliterarischen Leben zu beantworten, stellen wir folgende Frage: w i e und w o d u r c h steht das a u ß e r l i t e r a r i s c h e L e b e n in Korrelation zur Literatur? Das außerliterarische Leben ist doch seiner Zusammensetzung nach vielschichtig und vielseitig, und nur die Funktion aller seiner Momente ist in ihm spezifisch. Das außerliterarische Leben steht vor allem durch sein sprachliches Moment in Korrelation zur Literatur. Ebenso ist die Korrelation zwischen literarischen Reihen und außerliterarischem Leben. Diese Korrelation von literarischen und außerliterarischen Reihen vollzieht sich auf der sprachlichen Linie; die Literatur besitzt in bezug auf das außerliterarische Leben eine sprachliche Funktion.

Wir kennen das Wort „Intention". Es bezeichnet in etwa die „schöpferische Absicht des Autors". Aber es kommt doch vor, daß „die Absicht trefflich, die Ausführung aber kläglich" ist. Fügen wir hinzu: die Absicht des Autors kann lediglich ein Ferment sein. Indem er mit dem spezifisch literarischen Material arbeitet, sich ihm unterwirft, weicht er von seiner Absicht ab. So sollte „Verstand schafft Leiden", „hoch" und sogar „prächtig" werden (nach der Terminologie des Autors, die unserer nicht entspricht), wurde aber zu einer politischen, „archaistischen", pamphlethaften Komödie. So sollte „Eugen Onegin" zuerst ein „satirisches Poem" werden, in dem der Autor „Gift und Galle spuckt". Aber schon während der Arbeit am 4. Kapitel schreibt Puškin: „Wo ist Satire bei mir? Keine Spur mehr ist von ihr im ‚Eugen Onegin'."

Die konstruktive Funktion, die Korrelation der Elemente innerhalb des Werks, verwandelt die „Absicht des Autors" in ein Ferment, und nicht mehr. Die „schöpferische Freiheit" erweist sich als optimistische Losung, entspricht aber nicht der Realität und macht der „schöpferischen Notwendigkeit" Platz.

Die literarische Funktion, die Korrelation des Werks mit literarischen Reihen, vollendet den Vorgang.

Streichen wir die teleologische, zielgerichtete Nuance, die „Absicht" aus dem Wort „Intention". Was kommt heraus? Die „Intention" des literarischen Werks (der Reihe) erweist sich als seine sprachliche Funktion, als seine Korrelation zum außerliterarischen Leben.

Die Intention der „Ode" Lomonosovs, ihre sprachliche Funktion ist eine oratorische. Das Wort „intendiert" auf den Vortrag. Weitere Assoziationen des außerliterarischen Lebens — Vortrag in einem großen Saal, in einem Schloßsaal. In der Zeit bis Karamzin hat sich die Ode literarisch „verschlissen". Die Intention war in ihrer Bedeutung verlorengegangen oder hatte sich verengt und auf andere, bereits außerliterarische Formen übertragen. Gratulationsoden und alle möglichen anderen Oden waren zu „Gelegenheitsversen" geworden, zu einer rein außerliterarischen Angelegenheit. Es gibt keine abgeschlossenen literarischen Genres. Und so nehmen außerliterarische sprachliche Erscheinungen deren Platz ein. Die sprachliche Funktion, die Intention, sucht sich eine Form und findet sie in der Romanze, im Scherz, im Reimspiel, in bouts rimés, in der Scharade usw. Und hier erlangt das Moment der G e n e s i s , das V o r h a n d e n s e i n b e s t i m m t e r a u ß e r l i t e r a r i - s c h e r s p r a c h l i c h e r F o r m e n seine evolutionäre Bedeutung. Die weiteren außerliterarischen Reihen dieser sprachlichen Erscheinungen liefert in der Epoche Karamzins der Salon. Der Salon — ein außerliterarisches Faktum — wird in dieser Zeit zu einem literarischen Faktum. In dieser Art erfolgt die Fixierung von außerliterarischen Formen auf eine literarische Funktion.

Ähnlich steht es mit der familiären, intimen und auf enge Kreise begrenzten Semantik, die immer existiert, aber in bestimmten Perioden literarische Funktion erlangt.

Ebenso sieht es in der Literatur mit der Fixierung z u f ä l l i g e r R e s u l t a t e aus: die konzipierten Versprogramme und „Szenarien" Puškins werden zu seiner P r o s a in R e i n s c h r i f t . Dies ist nur bei der Evolution einer ganzen Reihe, bei der E v o l u t i o n i h r e r I n - t e n t i o n möglich.

Eine Analogie aus unserer Zeit zu dem Kampf zweier Intentionen: die Intention des Gedichts auf Vortrag vor großem Publikum bei Majakovskij („Ode") kämpft mit der Intention auf die Kammerromanze bei Esenin („Elegie").

11. Die sprachliche Funktion muß auch bei der Frage nach der umgekehrten E x p a n s i o n d e r L i t e r a t u r i n d a s a u ß e r - l i t e r a r i s c h e L e b e n beachtet werden. Die „literarische Persönlichkeit", die „Dichterpersönlichkeit", der „Held" erscheinen zu verschiedenen Zeiten als s p r a c h l i c h e Intention der Literatur und gelangen von dort ins außerliterarische Leben. So verhält es sich mit den lyrischen Helden Byrons, die in einer Wechselbeziehung mit seiner „literarischen Persönlichkeit" standen — mit jener Persönlichkeit, die für die Leser aus den Versen lebendig wurde — und in das außerliterarische Leben übergingen. So steht es auch mit der „literarischen Persönlichkeit" Heines, die weit entfernt ist vom biographisch echten Heine. Die Biographie erweist sich in bestimmten Perioden als mündliche, apokryphe Literatur. Das vollzieht sich gesetzmäßig, im Zusammenhang mit der sprachlichen Intention des jeweiligen Systems: Puškin, Tolstoj, Blok, Majakovskij, Esenin — vgl. damit das Fehlen der literarischen Persönlichkeit bei Leskov, Turgenev, Fet, Majkov, Gumilev u. a., was mit dem Fehlen der sprachlichen Intention auf die „literarische Persönlichkeit" verbunden ist. Für die Expansion der Literatur in das außerliterarische Leben sind selbstverständlich besondere außerliterarische Bedingungen erforderlich.

12. Ebenso verhält es sich mit der n ä c h s t l i e g e n d e n s o z i a - l e n F u n k t i o n der Literatur. Nur durch die Untersuchung der nächstliegenden Reihen ist die Bestimmung und Erforschung dieser

Funktion möglich. Nur bei der Betrachtung der nächstliegenden Bedingungen ist dies möglich und nicht bei einem gewaltsamen Heranziehen weit entfernter, sei es auch wichtiger, Kausalreihen.

Und noch eine Bemerkung: der Begriff der „Intention" der sprachlichen Funktion bezieht sich auf die literarische Reihe oder das literarische System und nicht auf ein einzelnes Werk. Das einzelne Werk muß in Korrelation zur literarischen Reihe gestellt werden, bevor man von seiner Intention spricht. Das Gesetz der großen Zahlen ist auf die kleinen nicht anwendbar. Wenn wir gleich die weiteren kausalen Reihen für einzelne Werke und Autoren aufstellen, so untersuchen wir nicht die Evolution der Literatur, sondern ihre Modifikation und auch nicht die Literatur, wie sie sich in Korrelation zu anderen Reihen verändert, evolutioniert, sondern wie die benachbarten Reihen sie deformieren, eine Frage, die zwar untersucht werden müßte, aber eben auf einer ganz anderen Ebene.

Als besonders unzuverlässig erweist sich hier das geradlinige Verfahren der Erforschung der Autorpsychologie und der kausale Brückenschlag vom Milieu, vom außerliterarischen Leben und von der Klassenzugehörigkeit des A u t o r s zu seinen Werken. Die erotische Poesie Batjuškovs entstand aus seiner Arbeit an der poetischen Sprache (vgl. seine Rede „Die Wirkung der leichten Poesie auf die Sprache"), und Vjazemskij lehnte es ab, ihre Genesis in der Psychologie Batjuškovs zu suchen (siehe „Das literarische Faktum", S. 407). Der Dichter Polonskij, der niemals Theoretiker war, aber als Dichter, als Meister seines Fachs dieses Metier sehr wohl beherrschte, schreibt über Benediktov: „Es ist durchaus möglich, daß die rauhe Natur: die Wälder, die Felder ... auf die empfängliche Seele des Kindes, des zukünftigen Dichters, einwirkten, aber wie wirkten sie ein? Diese Frage ist schwierig, und niemand wird sie ohne Gewaltsamkeiten beantworten können. Nicht die Natur, die für alle gleich ist, spielt hier die entscheidende Rolle." Typisch sind die Umbrüche bei Künstlern, die durch persönliche Krisen nicht zu erklären sind: Typen von Umbrüchen, wie wir sie bei Deržavin und Nekrasov finden, bei denen in der Jugend die „hohe" Poesie neben der „niedrigen", satirischen, steht und unter objektiven Bedingungen mit ihr verschmilzt und somit neue Erscheinungen hervorbringt. Es ist klar, daß das Problem hier nicht in den individuellen psychischen Bedingungen liegt, sondern in den objektiven, in der Evolution von Funktionen der literarischen Reihe im Verhältnis zur nächstliegenden sozialen Reihe.

13. Daher muß eine der schwierigsten Fragen der Evolution von Literatur einer Revision unterzogen werden: die Frage nach dem „Einfluß". Es gibt tiefe psychologische und außerliterarische Einflüsse auf das Individuum, die sich in keiner Weise im literarischen Bereich wider-

spiegeln (Čaadaev und Puškin). Es gibt Einflüsse, die die Literatur modifizieren und deformieren, aber keine Bedeutung für die Evolution haben (Michajlovskij und Gleb Uspenskij). Am erstaunlichsten ist die Tatsache, daß die äußeren Gegebenheiten für die Annahme eines Einflusses sprechen können, ein solcher aber gar nicht vorliegt. Das Beispiel von Katenin und Nekrasov führte ich an. Diese Beispiele könnten fortgesetzt werden. Südamerikanische Stämme schaffen ohne den Einfluß der Antike den Prometheus-Mythos. Wir haben es mit Fakten von K o n v e r g e n z, von Entsprechung zu tun. Diese Fakten haben eine solche Bedeutung, daß sie den psychologischen Zugang zur Frage nach dem Einfluß ganz zurücktreten und die Frage nach der Chronologie — „wer hat es zuerst gesagt" — als unwesentlich erscheinen lassen. Der „Einfluß" kann zu einem gewissen Zeitpunkt und in bestimmter Richtung nur dann erfolgen, wenn dafür literarische Bedingungen vorliegen. Bei Übereinstimmung der Funktionen überläßt er dem Künstler die formalen Elemente zur Entwicklung und Fixierung dieser Funktion. Fehlt dieser „Einfluß", so kann eine analoge Funktion auch ohne ihn zu analogen formalen Elementen führen.

14. Es ist nun an der Zeit, das Problem des wichtigsten Terminus, mit dem die Literaturgeschichte operiert, aufzuwerfen: der „Tradition". Wenn wir darin übereinkommen, daß die Evolution eine Veränderung der Korrelation von Gliedern eines Systems bedeutet, d. h. eine Veränderung der Funktionen und formalen Elemente ist, so erweist sich die Evolution als „Ablösung" des Systems. Diese Ablösungen haben von Epoche zu Epoche bald einen langsameren, bald einen sprunghaften Charakter und setzen keine plötzliche und völlige Erneuerung und keinen Tausch der formalen Elemente, sondern e i n e n e u e F u n k - t i o n d i e s e r f o r m a l e n E l e m e n t e voraus. Daher muß auch der Vergleich bestimmter literarischer Erscheinungen anhand von Funktionen und nicht allein anhand von Formen gezogen werden. Die dem Aussehen nach nicht im geringsten ähnlichen Erscheinungen verschiedener funktionaler Systeme können ihren Funktionen nach ähnlich sein, und umgekehrt. Das Problem wird hier dadurch verdeckt, daß jede literarische Richtung in einer bestimmten Periode sich ihren Rückhalt in den vorausgegangenen Systemen sucht, — was man als „Traditionalität" bezeichnen kann.

So sind vielleicht die Funktionen der Prosa Puškins den Funktionen der Tolstojschen Prosa näher, als die Funktionen des Puškin-Verses den Funktionen seiner Nachahmer in den 30er Jahren und Majkovs.

15. Ich fasse zusammen: die Erforschung der Evolution der Literatur ist nur möglich, wenn man die Literatur als Reihe, als System ansieht,

das mit anderen Reihen und Systemen in Korrelation steht, durch sie bedingt ist. Die Betrachtung muß von der konstruktiven zur literarischen Funktion und von der literarischen Funktion zur sprachlichen gelangen. Sie muß die evolutionäre Wechselwirkung von Funktionen und Formen klären. Die Untersuchung der Evolution muß von der literarischen Reihe zu den nächstliegenden Korrelationsreihen geführt werden und nicht zu den weiter entfernten, auch wenn sie die wichtigeren sein sollten. Die dominierende Bedeutung der wichtigsten sozialen Faktoren wird damit nicht bestritten, sondern soll in ihrem vollen Umfang geklärt werden, aber eben als Frage nach der E v o l u t i o n der Literatur, wogegen die unmittelbare Bestimmung des „Einflusses" der wichtigsten sozialen Faktoren der Untersuchung der E v o l u t i o n von Literatur die Untersuchung der M o d i f i k a t i o n e n literarischer Werke, ihrer Deformation, unterschiebt.

[1927]

Boris Ějchenbaum

DAS LITERARISCHE LEBEN

1

Wir überblicken nicht alle Fakten auf einmal, nicht immer betrachten wir dieselben Fakten und nicht immer interessiert uns die Aufdeckung derselben Wechselbeziehungen. Nicht alles, was wir kennen und zu erkennen vermögen, verbindet sich in unserer Vorstellung mit einem Bedeutungsvorzeichen, verwandelt sich aus einer Zufälligkeit in ein Faktum von bestimmter Bedeutung. Das in Dokumenten und Memoiren verschiedener Art ruhende ungeheuer umfangreiche Material der Vergangenheit wird nur unvollständig erfaßt (und nicht immer das gleiche), soweit uns die Theorie das Recht und die Möglichkeit gibt, einen Teil davon unter einem bestimmten Bedeutungsvorzeichen in ein System einzufügen. Außerhalb der Theorie gibt es auch kein historisches System, weil das Prinzip zur Auswahl und Bearbeitung der Fakten fehlt.

Jede Theorie aber ist eine Arbeitshypothese, die vom Interesse an den Fakten selbst bestimmt wird. Sie ist unentbehrlich, um die nötigen Fakten auszusondern und in ein System zu bringen, aber nicht mehr. Das Bedürfnis aber gerade nach diesen oder jenen Fakten, das Erfordernis des einen oder anderen Bedeutungsvorzeichens, wird von der Gegenwart diktiert, von Problemen, die gerade aktuell sind. Die Geschichte ist im Grunde genommen eine Wissenschaft komplizierter Analogien, eine Wissenschaft von zweifacher Betrachtungsweise: die historischen Fakten werden von uns als bedeutsame Fakten unterschieden und gehen, unabänderlich und unausweichlich, in das System unter dem Vorzeichen gegenwärtiger Probleme ein. So werden Probleme durch andere abgelöst, Fakten durch andere verdeckt. In diesem Sinn ist die Geschichte eine besondere Methode zur Erforschung der Gegenwart mit Hilfe von Fakten der Vergangenheit.

Der Wechsel der Probleme und Bedeutungsvorzeichen führt zur Umgruppierung des traditionellen Materials und zur Einführung neuer Fakten, die aus dem früheren System wegen dessen natürlicher Begrenztheit herausfielen. Die Einbeziehung einer neuen Reihe von Fakten (gleich unter welchen Vorzeichen ihrer Wechselbeziehung) stellt gleichsam ihre Entdeckung dar, da ein Dasein außerhalb des Systems („Zufälligkeit") vom wissenschaftlichen Standpunkt aus der Nichtexistenz gleichzusetzen ist.

Für die Literaturwissenschaft (und teilweise auch für die Kritik, soweit beide durch die Theorie verbunden sind) ergibt sich jetzt das folgende Problem: die literarische Gegenwart hat eine Reihe von Fakten herausgestellt, die der Überlegung und der Aufnahme in ein System bedürfen. Mit anderen Worten, es besteht das Bedürfnis, neue Probleme aufzuwerfen und neue theoretische Hypothesen aufzustellen, in deren Licht sich diese vom Leben herausgestellten Fakten als bedeutsam erweisen.

Die Aufmerksamkeit der Literaturwissenschaftler und Kritiker richtete sich in den letzten Jahren hauptsächlich auf Fragen der literarischen „Technologie" und auf die Klärung spezifischer Besonderheiten der literarischen Evolution, und zwar auf die Erhellung der inneren Dialektik der Stile und Genres. Das war die natürliche Folge des von uns miterlebten Aufschwungs der Literatur, den eine literarische Revolution abschloß (Symbolismus und Futurismus). Dieser Aufschwung ist auch von der ungeheuer umfangreichen theoretischen Literatur, die im Verlauf der letzten 15 Jahre entstand, untermauert worden. Es ist bezeichnend und charakteristisch zugleich, daß die *Geschichte* der Literatur im eigentlichen Sinne dieses Wortes links liegenblieb, ja noch mehr, ihr wissenschaftlicher Wert selbst angezweifelt wurde. Das ist verständlich, wenn man berücksichtigt, welche Fragen aktuell waren und nach Analyse und Verbreitung verlangten, nämlich: „Wie soll man überhaupt schreiben" und „was soll man weiterhin schreiben". Die technologische und theoretische (im Sinne der Erforschung der evolutionären Tendenzen selbst) Ausrichtung der Literaturwissenschaft wurde von der Situation der Literatur selbst diktiert: die Bilanz des miterlebten Aufschwungs war zu ziehen, und es mußten Fragen erörtert werden, die sich der neuen literarischen Generation stellten. Die Untersuchung, wie ein literarisches Werk „gemacht" ist oder wie es gemacht werden kann, sollte die erste Frage beantworten, die Aufstellung eigener konkreter „Gesetze" der literarischen Evolution die zweite.

Beides ist in dem Maße erfüllt worden, wie es für die Generation unumgänglich war, die vor 10 Jahren in die Literatur eintrat, und ist nun in beträchtlichem Maße Gemeingut der akademischen Wissenschaft, Gegenstand der „Lehre" geworden. Die Geschichte gab diese Fragen (wie das immer zu sein pflegt) an die Epigonen weiter, die mit vortrefflichem Eifer (und oft auf vortrefflichem Papier), aber ohne Temperament sich der Erfindung einer Nomenklatur und der Schaustellung ihrer Gelehrsamkeit widmen.

Die gegenwärtige Lage unserer Literatur stellt neue Fragen und rückt neue Fakten in den Vordergrund.

Die literarische Evolution, die sich noch vor kurzem so klar in der Dynamik von Formen und Stilen äußerte, ist gleichsam unterbrochen und zum Stillstand gekommen. Der literarische Kampf hat seinen früheren spezifischen Charakter verloren: verschwunden ist die frühere rein literarische Polemik, es fehlen die deutlichen Gruppierungen der Zeitschriften, es mangelt an scharf profilierten literarischen Schulen, und schließlich gibt es keine führende Kritik und keinen beharrlichen Leser. Jeder Schriftsteller schreibt gleichsam für sich, die literarischen Gruppierungen, wenn es sie überhaupt gibt, schließen sich nach irgendwelchen „außerliterarischen" Merkmalen, die man Merkmale des literarischen Lebens nennen kann, zusammen. Zugleich haben die Fragen der Technologie deutlich anderen Fragen Platz gemacht, in deren Zentrum das Problem des literarischen Berufes selbst und des *„Geschäfts der Literatur"* steht. Die Frage „wie soll man schreiben" wurde abgelöst oder zumindest durch die andere Frage, *„wie ist man Schriftsteller"*, kompliziert. Mit anderen Worten, das Problem der Literatur als solcher wurde durch das Problem des Schriftstellers verdrängt.

Wir können durchaus davon sprechen, daß jetzt nicht die Literatur selbst, sondern ihre soziale Stellung eine Krise durchmacht. Die berufliche Situation des Schriftstellers hat sich ebenso geändert, wie die Beziehung zwischen Schriftsteller und Leser, gewandelt haben sich die gewohnten Bedingungen und Formen der literarischen Arbeit. Auf dem Gebiete des literarischen Lebens trat ein entscheidender Wandel ein, der eine Reihe von Abhängigkeitsfaktoren der Literatur und ihrer Evolution von außerhalb ihrer sich bildenden Bedingungen bloßlegte. Die durch die Revolution hervorgerufene soziale Umgruppierung und der Übergang zu einer neuen ökonomischen Ordnung haben den Schriftsteller einer Reihe von Momenten beraubt, die seinen Beruf (zumindest in der Vergangenheit) zu stützen vermochten (eine stabile Leserschicht von hohem Niveau, verschiedenartige Zeitschriften- und Verlagsorganisationen usw.). Zugleich wurde der Schriftsteller gezwungen, in stärkerem Maße als dies früher der Fall war, professionell zu werden. Die Lage des Schriftstellers kam der Lage des Handwerkers nahe, der im Auftrag arbeitete oder sich verdingte. Der Begriff des literarischen „Auftrages" selbst blieb indes unbestimmt und widersprach den Vorstellungen des Schriftstellers von seinen literarischen Rechten und Pflichten. Ein besonderer Schriftstellertyp kam auf, der professionell arbeitende Dilettant, der, ohne sich über das Wesen des Problems oder seines schriftstellerischen Schicksals Gedanken zu machen, auf den Auftrag mit „Pfuscherei" reagiert. Die Situation wurde kompliziert durch das Zusammentreffen zweier literarischer Generationen, von denen die ältere den Sinn und die Aufgaben ihres Berufes anders sah als die jüngere. Es geschah etwas, was uns an die Lage der russischen Literatur und des russischen Schriftstellers zu Beginn der 60er Jahre erinnert, nur vollzog es sich jetzt in weit komplizierteren und unbekannten Formen.

Es ist nur natürlich, daß bei dieser Situation gerade die Fragen, die das literarische Leben betrafen, besondere Schärfe und Aktualität bekamen und die Gruppierung der Schriftsteller sich um diese Kategorien herausbildete. Nicht so sehr die Fakten der Evolution (zumindest so wie sie früher verstanden wurde) traten an die erste Stelle, sondern mehr die Fakten der *Genesis,* womit sich für die Literaturwissenschaft ein neues theoretisches Problem erhob — *das Problem der Beziehung zwischen den Fakten der literarischen Evolution und des literarischen Lebens.* In dem Komplex des früheren literarhistorischen Systems hatte dieses Problem einfach deshalb keinen Platz, weil die Situation der Literatur selbst diese Fakten nicht in den Vordergrund stellte. Jetzt ist die wissenschaftliche Erforschung dieser Fakten an der Tagesordnung, da sonst der Prozeß der literarischen Evolution in der Form, wie er sich vor unseren Augen vollzieht, nicht verstanden werden kann.

Mit anderen Worten, vor uns steht erneut die Frage, was ein literarhistorisches Faktum ist. Die Literaturgeschichte muß erneut als wissenschaftliche Disziplin gerechtfertigt werden, die zur Klärung zeitgenössischer literarischer Probleme unerläßlich ist. Die Kraftlosigkeit unserer heutigen Kritik und ihre teilweise Rückkehr zu alten, verbrauchten Prinzipien erklärt sich in beträchtlichem Maße durch die Dürftigkeit des literarhistorischen Bewußtseins.

2

Das traditionelle literarhistorische System baute sich ohne prinzipielle Unterscheidung gerade dieser beiden Begriffe, Evolution und Genesis, auf, weil es sie als Synonyme auffaßte. Ebenso versäumte man zu definieren, was ein literarhistorisches Faktum ist. Daher die naive

Theorie der „Nachfolge", des „Einflusses" und auch der naive individuell-psychologische Biographismus.

In Überwindung dieses Systems sagten sich die Forscher in den letzten Jahren vom traditionellen literarhistorischen Material (darunter auch dem biographischen) los und konzentrierten ihre Aufmerksamkeit auf allgemeine Probleme der literarischen Evolution. Die literarhistorischen Fakten dienten hauptsächlich zur Illustration der allgemeinen theoretischen Grundlagen. Literarhistorische Themen als solche sind in den Hintergrund getreten. Wenn nun die alten Arbeiten der Literaturhistoriker sich oft durch eine prinzipienlose Vermengung verschiedenartiger Fakten hervortaten, von denen man nicht wußte, was sie miteinander verband, so beobachten wir bei den neuen Arbeiten die entgegengesetzte Tendenz: das prinzipielle Verwerfen alles dessen, was keine unmittelbare Beziehung zum Problem der literarischen Evolution als solcher hat. Das war nicht allein Polemik, sondern auch Notwendigkeit, ja mehr noch, historische Pflicht: so mußte das wissenschaftliche Pathos der neuen Generation aussehen, die den Weg vom Symbolismus zum Futurismus gegangen war.

Nicht nur die Literatur evolutioniert, sondern mit ihr auch die Literaturwissenschaft. Das wissenschaftliche Pathos ändert seine Richtung so wie sich die Beziehungen zwischen den lebendigen literarischen Fakten und Problemen selbst ändern. Der Augenblick ist gekommen, in dem sich das Pathos der Umgruppierung des alten Materials und der Einfügung neuer Fakten in das literarhistorische System zuwenden muß. Die Literaturgeschichte rückt erneut in den Vordergrund, nicht einfach als Thema, sondern als wissenschaftliches Prinzip.

Die Hinwendung zum Material des literarischen Lebens bedeutet keineswegs, wie es manchen scheinen will, eine Abwendung vom literarischen Faktum oder vom Problem der literarischen Evolution. Es bedeutet, daß in das theoretische System der Evolution, wie es in den letzten Jahren ausgearbeitet worden ist, Fakten der Genesis aufgenommen werden, zumindest solche, die als historisch, als mit den Fakten der *Evolution* und der *Geschichte* verbunden begriffen werden können und müssen. Für die Erforschung der allgemeinen Gesetze der literarischen Evolution, besonders in ihrer Anwendung auf Probleme der Technologie, war die Frage nach der Bedeutung der mannigfaltigen historischen Beziehungen und Wechselwirkungen zweitrangig oder sogar unerheblich. Jetzt aber ist eben diese Frage in den Mittelpunkt gerückt.

Das Material des literarischen Lebens, das heutzutage so deutlich wahrnehmbar ist, liegt ungenutzt, obwohl es gerade, wie mir scheint,

Grundlage der zeitgenössischen literatursoziologischen Arbeiten sein müßte. Das liegt daran, daß bisher in diesen Arbeiten das Problem des literarhistorischen Faktums nicht aufgeworfen und daher weder die Umgruppierung des alten, noch die Eingliederung des neuen Materials vorgenommen wurde. Statt die früher gemachten Beobachtungen zu den spezifischen Besonderheiten der literarischen Evolution (die ja keineswegs dem echten soziologischen Standpunkt widersprechen, sondern ihn sogar stützen) unter ein neues Bedeutungsvorzeichen zu stellen und sie zu nutzen, machten sich unsere literarischen „Soziologisten" daran, die metaphysischen *Urgründe* der literarischen Evolution und der literarischen Formen selbst zu ergründen. Ihnen boten sich zwei Möglichkeiten an, die schon reichlich verbraucht und nicht imstande waren, ein neues literarhistorisches System aufzubauen: eine Analyse der Werke vom Standpunkt der Klassenideologie des Schriftstellers (ein rein psychologischer Weg, für den die Kunst das ungeeignetste und in keiner Hinsicht charakteristische Material ist) und eine nach dem Prinzip Ursache—Wirkung erfolgende Ableitung literarischer Formen und Stile aus den allgemeinen sozialökonomischen und wirtschaftlichen Formen der Epoche (z. B. die Poesie Lermontovs und der Getreideexport der 30er Jahre), ein Weg, der die Literaturwissenschaft unweigerlich ihrer Selbständigkeit und Konkretheit beraubt und am allerwenigsten „materialistisch" genannt werden kann. Nicht umsonst warnte schon Engels in seinen Briefen von 1890 vor diesem Weg und entrüstete sich über Versuche solcher Art: „Auch die materialistische Geschichtsauffassung hat deren [sc. Freunde] heute eine Menge, denen sie als Vorwand dient Geschichte n i c h t zu studieren. [...] Statt dessen aber dient die Phrase des historischen Materialismus (man kann eben a l l e s zur Phrase machen) nur zu vielen jüngeren Deutschen nur dazu ihre eigenen relativ dürftigen historischen Kenntnisse [...] schleunigst systematisch zurechtzukonstruieren und sich dann sehr gewaltig vorzukommen. [...] Was den Herren allen fehlt, ist Dialektik. Sie sehen stets nur hier Ursache, dort Wirkung. Daß dies eine hohle Abstraktion ist, daß in der wirklichen Welt solche metaphysische polare Gegensätze nur in Krisen existieren, daß der ganze große Verlauf aber in der Form der Wechselwirkung [...] vor sich geht [...], das sehen sie nun einmal nicht..."*

Kein Wunder, daß die literatursoziologischen Versuche der letzten Jahre nicht nur keine neuen Resultate erbrachten, sondern sogar sich

---

* Zitate aus den Briefen von Friedrich Engels an Conrad Schmidt vom 5. August und 27. Oktober 1890 (zitiert nach: Sozialistische Monatshefte, 26. Jg., 55. Bd., 1920 II, S. 796, 797 und 875).

als ein Schritt zurück, als die Rückkehr zum literarhistorischen Impressionismus erwiesen. Keine Erforschung der Genesis, wie weit sie auch immer gehen mag, ist in der Lage, uns den Urgrund zu zeigen, wenn nur wissenschaftliche und nicht religiöse Aufgaben anstehen. Die Wissenschaft generell erklärt nicht, sie stellt nur die spezifischen Eigenschaften und die Beziehungen zwischen den Erscheinungen fest. Die Geschichte kann kein einziges „Warum", sondern nur die Frage „Was bedeutet das" beantworten.

Die Literatur, wie auch jede beliebige andere spezifische Reihe von Erscheinungen, wird nicht durch Fakten anderer Reihen erzeugt und ist somit von ihnen nicht *abzuleiten*. Die Beziehungen zwischen den Fakten der literarischen Reihe und den Fakten, die außerhalb ihrer liegen, können keineswegs ursächliche sein, sie beruhen vielmehr auf Entsprechungen, Wechselwirkungen, Abhängigkeiten oder Bedingtheiten. Diese Beziehungen wechseln mit den Veränderungen des literarischen Faktums (siehe den Essay von *Ju. Tynjanov* „Das literarische Faktum" in „Lef", 1925, Nr. 2).[1] Einmal dringen sie in die Evolution ein und bestimmen aktiv den literarhistorischen Prozeß (Abhängigkeit oder Bedingtheit), das andere Mal nehmen sie einen mehr passiven Charakter an, wobei die genetische Reihe „außerliterarisch" bleibt und als solche in den Bereich der allgemeinen kulturhistorischen Faktoren eingeht (Entsprechung oder Wechselwirkung). So besitzt in manchen Epochen die Zeitschrift und selbst das redaktionelle Leben die Bedeutung eines literarischen Faktums, zu anderen Zeiten sind das Gesellschaften, Zirkel und Salons. Daher müssen die eigentliche Auswahl des Materials aus dem literarischen Leben und die Prinzipien seiner Eingliederung vom Charakter der Verbindungen und Wechselbeziehungen bestimmt sein, unter deren Vorzeichen sich die literarische Evolution im gegebenen Moment vollzieht.

3

Wenn die Literatur nicht von einer anderen Reihe ableitbar ist und nicht einfach deren Erzeugnis sein kann, so darf man jedoch nicht annehmen, daß alle ihre konstruktiven Elemente genetisch bedingt wären. Das literarhistorische Faktum stellt ein in sich kompliziertes Gebilde dar, in dem eine grundlegende Rolle die *Literaturhaftigkeit* selbst spielt,

---

[1] Aufgenommen in den Essayband „Archaisten und Neuerer" (Leningrad, Giz., 1929). [Siehe in unserer Sammlung S. 393—431.]

ein derart spezifisches Element, daß seine Erforschung nur auf der Ebene der eigentlichen Evolution fruchtbringend zu sein vermag. Der vierfüßige Jambus Puškins z. B. läßt sich unmöglich (nicht nur auf kausaler Ebene, sondern auch auf der Ebene der Bedingtheit) mit den allgemeinen sozialökonomischen Bedingungen der Epoche Nikolaus I. oder etwa mit den Besonderheiten des literarischen Lebens jener Epoche verbinden. Puškins Übergang zur Zeitschriftenprosa aber und damit die Evolution seines Schaffens in diesem Moment sind bedingt durch die allgemeine Professionalisierung der literarischen Arbeit zu Beginn der 30er Jahre und durch die neue Bedeutung des Journalismus als eines literarischen Faktums. Diese Beziehung ist natürlich keine ursächliche; sie bedeutet einfach die Nutzung neuer Bedingungen des literarischen Lebens, die es zuvor nicht gegeben hatte: die Ausweitung der Leserschicht über die Hof- und Adelskreise hinaus, das gleichzeitige Auftauchen von Buchhändlern und besonderen professionellen Herausgebern (wie Smirdin), der Wandel der Almanache, die einen „Liebhaber"-Charakter hatten, zu periodischen Ausgaben kommerziellen Typs („Biblioteka dlja čtenija" [Lesebibliothek] von Senkovskij) usw. Im Zusammenhang damit erhält auch die leidenschaftliche Polemik um die Frage nach dem Beruf des Schriftstellers und nach der „kommerziellen Ausrichtung unserer neuen Literatur" (der berühmte Artikel von Ševyrev „Literatur und Handel", wo es, um unsere zeitgenössische Terminologie zu verwenden, um „Auftrag" und „Pfuscherei" geht) eine literarhistorische Bedeutung. Diese Fakten weisen uns auf eine ältere Erscheinung, den für die Buchhändler unerwarteten kommerziellen Erfolg des Almanachs „Poljarnaja zvezda" [Polarstern] (1823) und von Puškins Poem „Der Springquell von Bachčisaraj" (1824). Um dieses Poem entfachte sich sogar eine eigene „außerliterarische" Polemik, an der Literaten (Bulgarin und Vjazemskij) und Buchhändler teilnahmen. Bei den Zeitschriften war noch 1826 das Honorar eine große Seltenheit. Bulgarin schrieb an Pogodin, als er erfuhr, daß dieser beabsichtigte, beim „Moskovskij Vestnik" [Moskauer Bote] ein Honorar zu zahlen: „Ihre Ankündigung, daß Sie 100 Rubel pro Bogen zahlen wollen, ist unmöglich." Puškin charakterisiert treffend die Veränderung in der Situation der Literatur und des Schriftstellers, als er 1836 an Barante schreibt: „Erst seit etwa 20 Jahren ist die Literatur bei uns ein bedeutender Industriezweig geworden. Bis dahin wurde sie nur als eine schöne und aristokratische Beschäftigung angesehen..."

Gleichzeitig mit diesem Übergang in die „Industrie" löst sich der

Schriftsteller der 30er Jahre aus seiner früheren Abhängigkeit von der herrschenden Klasse und wird zum Professionellen. Die Zeitschriften der 50er und 60er Jahre sind bestimmte Formen einer professionellen Schriftstellerorganisation, die ihren Einfluß auf die Evolution der Literatur ausüben. Sie stehen im Zentrum des literarischen Lebens, zu ihren Redakteuren und Herausgebern werden die Schriftsteller selbst. Das Verhältnis zur Frage des literarischen Professionalismus gewinnt prinzipielle Bedeutung und trennt die Schriftstellergruppen voneinander. Charakteristisch und bedeutsam im literarischen Sinne erweist sich dann der umgekehrte Prozeß: der Austritt aus dem literarischen Beruf in einen „zweiten Beruf", wie das bei Tolstoj und Fet der Fall war. Jasnaja Poljana, wohin Tolstoj sich zurückgezogen hatte, stellte sich damals der Redaktion des „Sovremennik" [Der Zeitgenosse] mit seinem pulsierenden literarischen Leben entgegen, ein krasser Lebenskontrast, als Herausforderung des Schriftstellers und Gutsbesitzers an den Berufsschriftsteller, den „Literaten" (zu dem, z. B. Saltykov geworden war). Man kann sagen, daß der Roman „Krieg und Frieden" nicht nur an die Zeitschriftenbelletristik jener Zeit eine Herausforderung darstellte, sondern auch an den „Zeitschriftendespotismus", über den sich 1874 I. Aksakov bei N. Leskov beklagte: „Ich nehme an, es reicht aus, die Leser nur mit dem Anfang des Werkes mittels der Zeitschriften bekanntzumachen, es dann aber gesondert zu präsentieren. So hat es Graf Lev Tolstoj mit seinem Roman gemacht."

Das waren einzelne Illustrationen zum Begriff des literarischen Lebens und zur Frage seiner Wechselbeziehung zu den Fakten der Evolution. Die Formen und Möglichkeiten literarischen Schaffens als Beruf ändern sich mit den sozialen Bedingungen der Epoche. Ein Schriftstellertum, das zum Beruf geworden ist, deklassiert den Schriftsteller, stellt ihn aber dafür in Abhängigkeit vom Verbraucher, vom „Auftraggeber". Die Unterhaltungspresse entwickelt sich, wie das in den 60er Jahren der Fall war, das Feuilleton tritt hervor, die hohen Genres sinken ab. Als Antwort darauf vollführt die Literatur nach der Gesetzmäßigkeit ihrer evolutionären Dialektik eine Umgehungsbewegung: neben Nekrasov erscheint Fet, dessen „Klassenzugehörigkeit" ein Mittel des literarischen Kampfes mit der Zeitschriftenpoesie ist, neben Saltykov oder Dostoevskij Tolstoj, dessen „Klassenzugehörigkeit" Fet zu Beginn der 60er Jahre bezeugt: „Die adlige Literatur ging in ihrer Begeisterung selbst bis zur Opposition gegen die grundlegenden Adelsinteressen,

worüber sich der frische, ungebrochene Instinkt Lev Tolstojs empörte."
Für die Literaturgeschichte ist der Begriff der „Klasse" als solcher nicht
so wichtig wie für die Wirtschaftswissenschaften. Ebenso wenig Bedeutung besitzt er bei der Ermittlung der „Ideologie" eines Schriftstellers,
die oft überhaupt keine literarische Bedeutung hat. Wichtig ist der Begriff in seiner Funktion für die Literatur und das literarische Leben und
folglich dann, wenn die „Klassenzugehörigkeit" in dieser ihrer Funktion hervortritt. Für die russische Dichtung des 18. Jahrhunderts, eine
durchweg dienende Poesie, war die „Klassenzugehörigkeit" des Dichters nicht charakteristisch, wie sie andererseits auch nicht charakteristisch
oder sogar gleichgültig ist für die russische Literatur am Ende des 19.
Jahrhunderts, die sich im Milieu der „Intelligencija" entwickelte. So
wie der soziale Auftrag nicht immer mit dem literarischen übereinstimmt, so fällt auch der Klassenkampf nicht immer mit dem literarischen Kampf und den literarischen Gruppierungen zusammen. Mit den
Termini und Begriffen fremder, wenn auch naher Wissenschaften muß
man vorsichtig und gewissenhaft umgehen. Die Literaturwissenschaft
hat sich nicht deswegen unter solchen Anstrengungen vom Dienst an
der Kulturgeschichte, Philosophie, Psychologie usw. frei gemacht, um
Dienerin der juristischen und ökonomischen Wissenschaften zu werden
und als angewandte Publizistik ein elendes Dasein zu fristen.

Die Gegenwart hat uns an das Material des literarischen Lebens
herangeführt, aber nicht um von der Literatur wegzuführen und über
dem in den letzten Jahren Erreichten das Kreuz zu schlagen (ich denke
hier an die Literaturwissenschaft), sondern um die Frage nach der Er-
richtung eines literarhistorischen Systems neu zu stellen und zu verstehen, was die unter unseren Augen sich vollziehenden evolutionären
Prozesse bedeuten. Sie sind unbestimmt, weil die Funktionen der Literatur selbst zu einem verworrenen Knoten verschlungen sind. Die Frage
hat sich zugespitzt: neben dem ausgesprochenen Professionalismus, der
den Schriftsteller in die Unterhaltungspresse und ins „Übersetzertum"
wegführt, wächst die Tendenz, sich von ihm durch die Entwicklung
eines „zweiten Berufes" zu befreien, nicht allein um Brot zu verdienen,
sondern auch um sich beruflich unabhängig zu fühlen. Wir, Erforscher
der Literatur und Kritiker, müssen mithelfen, diesen Knoten zu ent-
wirren und nicht, ihn noch stärker zu verwickeln, indem wir künstliche
Gruppierungen erfinden, die „Ideologien" ausweglos überspitzen und
publizistische Forderungen aufladen. Die Mittel und Wege solcher Kritik sind erschöpft, es wird endlich Zeit, über Literatur zu reden.

[1929]

NAMEN-INDEX

WERKTITEL-INDEX

UTB

Uni-Taschenbücher GmbH
Stuttgart

 WILHELM FINK VERLAG MÜNCHEN

Eine wichtige Ergänzung zum vorliegenden Band "Russischer Formalismus"!

Texte der russischen Formalisten

Band 2: Texte zur Theorie des Verses und der poetischen Sprache. Zweisprachig. Eingeleitet und herausgegeben von Wolf-Dieter Stempel. Anmerkungen und Redaktion: Inge Paulmann. (Theorie und Geschichte der Literatur und der schönen Künste 6/II) Zus. 504 S. Ln. DM 54,—; kart. DM 32,—.

"Der vorliegende Band ist eine beachtliche editorische und übersetzerische Leistung. Seine Zweisprachigkeit sowie die glänzende Einleitung werden eine Auseinandersetzung mit der großen Leistung der russischen Formalisten wesentlich erleichtern."

Prof. Dr. Günther Wytrzens

"Daß die Texte der russischen Formalisten nun in dieser wesentlichen Auswahl vorgelegt werden, ist für die gegenwärtige ästhetische Diskussion hoch an der Zeit. Das Interesse und die Bedeutung, die der Strukturalismus so rasch gewonnen hat, kommt nun auch seinem Ahnherrn, dem russischen Formalismus, zugute."

Wissenschaftlicher Literaturanzeiger

"Das methodologische Streitgespräch wird in Zukunft an konkreter Substanz und zeitgenössischer Orientierung gewinnen, denn die Arbeiten der oft genannten, aber selten gelesenen Russen sind jetzt in einer systematischen Anthologie zugänglich."

Peter Demetz, Die Zeit

 WILHELM FINK VERLAG MÜNCHEN

THEORIE UND GESCHICHTE DER LITERATUR UND DER SCHÖNEN KÜNSTE
TEXTE UND ABHANDLUNGEN

Herausgegeben von Max Imdahl, Wolfgang Iser, Hans Robert Jauß, Wolfgang Preisendanz, Jurij Striedter.

14. **Jurij M. Lotman: Vorlesungen zu einer strukturalen Poetik**

Einführung, Theorie des Verses
Herausgegeben und mit einem Nachwort versehen von Karl Eimermacher. Aus dem Russischen von Waltraud Jachnow. 234 S. Ln. DM 32,−; kart. DM 19,−

Aus dem Inhalt: Probleme einer allgemeinen Kunsttheorie − Probleme der Versstruktur − Die Strukturen innerhalb und außerhalb des Textes.

25. **Jurij N. Tynjanov: Das Problem der Verssprache**

Aus dem Russischen übersetzt, eingeleitet und mit Registern versehen von Inge Paulmann. Ca. 240 S. kart. DM 36,−

Der klassische Text der formalistischen Verstheorie, der die spezifischen Sinn- und Bedeutungsveränderungen des Wortes in Abhängigkeit von der Verskonstruktion analysiert.

33. **F.V. Vodička: Die Entwicklung der Struktur**

Beiträge zur Literaturwissenschaft. Mit einer Einleitung von Jurij Striedter. Ca. 320 S. kart. ca. DM 48,−

Inhalt: Die Literaturgeschichte. Ihre Probleme und Aufgaben − Die Genese literarischer Werke und deren Bezug zur historischen Wirklichkeit − Die Rezeptionsgeschichte − Literarhistorische Kategorien − Die Rekonstruktion der literarischen Bewegung − Nationale Individualität und Kosmopolitismus − Künstlerische Realisationen proletarischer Poesie − Modernität in der Literatur − Kontinuität − Romantik und Realismus − Die Konkretisation des literarischen Werks.

36. **Miroslav Červenka: Der Bedeutungsaufbau des literarischen Werkes**

Übersetzung aus dem Tschechischen. Mit einer ausführlichen Einleitung von Wolf-Dieter Stempel. Ca. 240 S. kart. ca. DM 36,−

Aus dem Inhalt: Die Stellung des literarischen Werkes − Das literarische Werk als Äußerung − Die wissenschaftliche Analyse des literarischen Werkes − Bedeutung und Bedeutungsträger im literarischen Werk − Das literarische Werk als Zeichen.

(Bitte fordern Sie unsere Prospekte an!)

 WILHELM FINK VERLAG MÜNCHEN